D1730952

Michael Farrenkopf, Torsten Meyer (Hrsg.)
Authentizität und industriekulturelles Erbe

Veröffentlichungen aus dem Deutschen Bergbau-Museum Bochum

—

Band 238

Michael Farrenkopf, Torsten Meyer (Hrsg.)

Authentizität und industriekulturelles Erbe

Zugänge und Beispiele

Veröffentlichungen aus dem Deutschen Bergbau-Museum Bochum, Nr. 238
= Schriften des Montanhistorischen Dokumentationszentrums, Nr. 39

gefördert von der
RAG-Stiftung, Essen

und vom Leibniz-Forschungsverbund
Historische Authentizität

Aus Gründen der besseren Lesbarkeit wird bei Personenbezeichnungen stets das generische Maskulinum verwendet. Soweit aus dem Kontext nichts Anderes hervorgeht, sind jedoch immer alle Geschlechter gemeint.

Redaktion: Michael Farrenkopf, Torsten Meyer
Lektorat: Chris Buchholz, Deutsches Bergbau-Museum Bochum

ISBN 978-3-11-068300-4
e-ISBN (PDF) 978-3-11-068310-3
e-ISBN (EPUB) 978-3-11-068318-9
ISSN 1616-9212

Library of Congress Control Number: 2020937330

Bibliografische Information der Deutschen Nationalbibliothek
Die Deutsche Nationalbibliothek verzeichnet diese Publikation in der
Deutschen Nationalbibliografie; detaillierte bibliografische Daten
sind im Internet über http://dnb.dnb.de abrufbar.

Coverabbildung: Sprengversuch des Fördergerüstes von Schacht 7 des Bergwerkes Schlägel &
Eisen in Herten-Langenbochum im Oktober 2013 © Nikolai Ingenerf, Bochum
Satz/Datenkonvertierung: bsix information exchange GmbH, Braunschweig
Druck und Bindung: CPI books GmbH, Leck

www.degruyter.com

Inhalt

Methoden und Perspektiven

Aspekte & Ausprägungen

Anhang

Vorwort

Der vorliegende Sammelband vereinigt die Vorträge der Tagung „Authentizität und industriekulturelles Erbe", die im April 2017 an der Technischen Universität Bergakademie Freiberg stattfand. Die Veranstaltung wurde im Rahmen des von der RAG-Stiftung geförderten, am Forschungsbereich Bergbaugeschichte und am Montanhistorischen Dokumentationszentrum (montan.dok) des Deutschen Bergbau-Museums Bochum (DBM) angesiedelten Forschungsprojekts „Vom Boom zur Krise – Der deutsche Steinkohlenbergbau nach 1945" konzipiert und realisiert. Dabei liegt einer der beiden Forschungsschwerpunkte auf dem Themenfeld des industriekulturellen Erbes und gab das Tagungsthema vor. Die Tagung sollte nicht nur Wissenschaftlerinnen und Wissenschaftler aus verschiedenen Disziplinen zum Meinungsaustausch zusammenführen, sondern diente auch dazu, die ersten Ergebnisse der Projektmitarbeitenden zu präsentieren und zur Diskussion zu stellen.

Dass unsere Tagung an der traditionsreichen TU Bergakademie Freiberg durchgeführt werden konnte, ist unserem Projektpartner, Helmuth Albrecht, geschuldet. Seinem Freiberger Team, allen voran und namentlich Kathrin Kruner, Cynthia Sternkopf und Florian Fichtner, sei für die Vor-Ort-Organisation unserer Veranstaltung auf das Herzlichste gedankt. Dank gebührt auch den Kooperationspartnern der Tagung – Stefan Berger (Institut für soziale Bewegungen der Ruhr-Universität Bochum), Christoph Bernhardt (Leibniz-Institut für Raumbezogene Sozialforschung, Erkner) und Christoph Rauhut (Deutsches Nationalkomitee für Denkmalschutz, jetzt Landesdenkmalamt Berlin). Jana Golombek (DBM, jetzt LWL-Industriemuseum) unterstützte die inhaltliche Konzeption der Tagung maßgeblich, hierfür sagen wir an dieser Stelle Dank. Dieser geht auch an Chris Buchholz (DBM), der das hausinterne Lektorat übernahm. Besonders dankbar sind wir der RAG-Stiftung und dem Leibniz-Forschungsverbund Historische Authentizität, der, wie auch das Institut für Industriearchäologie, Wissenschafts- und Technikgeschichte der TU Bergakademie Freiberg, als Mitveranstalter operierte, für die generöse finanzielle Unterstützung der Tagung und des vorliegenden Sammelbandes. Nicht zuletzt danken wir den Autorinnen und Autoren für ihre Geduld bei der Drucklegung und für ihr Verständnis zahlreicher „Sonderwünsche" der Herausgeber.

Bochum im Herbst 2020
Michael Farrenkopf
Torsten Meyer

https://doi.org/10.1515/9783110683103-203

Torsten Meyer und Michael Farrenkopf
Einleitung

Authentizität hat Konjunktur. Die subjektorientierte Forderung „Sei authentisch!" oder das dem Objekt zugewiesene „Das ist (aber) authentisch!" sind aus dem Alltag nicht mehr wegzudenken. Ebenso wenig kommt der Erhalt des materiellen und immateriellen Erbes ohne den Rekurs auf die Kategorie Authentizität aus, wie allzu deutlich Chartas, Konventionen und Richtlinien wichtiger internationaler Institutionen wie der UNESCO oder ICOMOS verdeutlichen.[1] Und auch in der historischen Forschung ist seit einigen Jahren ein verstärktes Interesse an der Thematik zu konstatieren, im deutschen Sprachraum am sinnfälligsten gespiegelt durch den Leibniz-Forschungsverbund Historische Authentizität. Seine Aktivitäten spüren den historischen Dimensionen des Authentischen nach, der Sehnsucht nach dem Wahren und Echten, dem, wie es Achim Saupe, der Koordinator des Verbundes, unlängst in einen Forschungsüberblick treffend formulierte „Sehnsuchtsort historischer Selbstvergewisserung".[2] Indem der Verbund die Historisierung dieser „Sehnsuchtsorte" auf die Forschungsagenda setzte, knüpfte er nicht nur an Fragen an, die ursprünglich in der Anthropologie, den Kulturwissenschaften oder der Philosophie zur Debatte standen, sondern erweiterte zugleich den Fragehorizont: Den forschenden Blick auf Prozesse der Authentisierung und Authentifizierung gerichtet, gerät eine Vielzahl unterschiedlicher Akteure und Institutionen ebenso in den Betrachtungsfokus, wie die Kakophonie semantischer und rhetorischer Strategien.[3]

Gleichwohl thematisch breitgefächert, griffen diese Forschungen Fragen nach dem Authentischen des industriekulturellen Erbes eher am Rande auf.[4] Dies mag auch daran liegen, dass das Themenfeld Industriekultur, zumindest

---

1 Vgl. hierzu die Beiträge von Friederike Hansell, Gerhard Lenz und Torsten Meyer.

2 Saupe, Achim: Historische Authentizität. Individuen und Gesellschaften auf der Suche nach dem Selbst – ein Forschungsbericht, in: HSoz-Kult vom 15.08.2017 (http://hsozkult.geschichte. hu-berlin.de/forum/2017-08-001, letzter Abruf am 22.01.2018), S. 2.

3 Vgl. z. B. die folgenden Publikationen, die aus den Verbundforschungen hervorgingen: Sabrow, Martin/ Saupe, Achim (Hg.): Historische Authentizität, Göttingen 2016; Bernhardt, Christoph/ Sabrow, Martin/ Saupe, Achim (Hg.): Gebaute Geschichte. Historische Authentizität im Stadtraum, Göttingen 2017; Eser, Thomas u. a. (Hg.): Authentisierung im Museum. Ein Werkstatt-Bericht (RGZM-Tagungen 32), Mainz 2017.

4 Vgl. z. B.: Farrenkopf, Michael: Stereo-Panoramen des Deutschen Bergbau-Museums Bochum. Objekte zur Entdeckung einer authentischen Arbeitswelt des Bergmanns, in: Eser u. a. (Hg.): Authentisierung, S. 69–82; Siemer, Stefan: Taubenuhr und Abbauhammer. Erinnerungsobjekte in Bergbausammlungen des Ruhrgebiets, in: Ebd., S. 33–44.

https://doi.org/10.1515/9783110683103-001

wenn die aktuelle Begriffsfassung, die nicht mehr nur die materiellen Hinterlassenschaften, sondern auch die immateriellen inkludiert, zugrunde gelegt wird, mindestens ebenso heterogen ist, wie jenes zur Authentizität, mithin die Vielschichtigkeit verkompliziert. Dessen ungeachtet, gar ein wenig paradoxal, bietet der gegenwärtig geführte wissenschaftliche Diskurs über Authentizität für industriekulturelle Forschungen analytische Anknüpfungspunkte. Im Rahmen des von der RAG-Stiftung geförderten, am Forschungsbereich Bergbaugeschichte und am Montanhistorischen Dokumentationszentrum (montan.dok) des Deutschen Bergbau-Museums Bochum (DBM) angesiedelten Forschungsprojekts „Vom Boom zur Krise – Der deutsche Steinkohlenbergbau nach 1945" knüpften einzelne Forschungsvorhaben hieran explizit oder implizit an. Im Zentrum des Projekts stehen die tiefgreifenden ökonomischen, technischen, sozialen und kulturellen Umbrüche und Transformationen des deutschen Steinkohlenbergbaus nach 1945. Diese gesamtgesellschaftlichen Prozesse werden aus ganz unterschiedlichen Perspektiven bearbeitet, wobei sich die Themenlinie „Transformation von Industrielandschaften" ausdrücklich methodisch divergent dem Thema Industriekultur widmet.[5] Vor diesem Hintergrund wurde die Tagung „Authentizität und industriekulturelles Erbe" als Bestandteil des genannten Forschungsprojekts konzipiert.

Zum Konzept der Tagung

Die De-Industrialisierungsprozesse seit den 1970/80er Jahren führten in den altindustriellen Kernregionen Westeuropas und Nordamerikas zu erheblichen sozio-ökonomischen Verwerfungen.[6] Seit dem politischen Umbruch der 1990er Jahre trafen sie auch mittel- und osteuropäische Staaten oft in zuvor nicht ge-

---

5 Zum Projekt vgl. die Projekthomepage: http://www.bergbaumuseum.de/index.php/de/forschung/projekte/sgm-boom-krise (letzter Abruf am 19.01.2018). Die Beiträge von Jana Golombek, Kathrin Kruner, Torsten Meyer und Eva-E. Schulte gingen aus der Projektmitarbeit hervor und dokumentieren den vielseitigen Ansatz.
6 Eine aktuelle, vielschichtige Bestandsaufnahme bietet: High, Steven u. a. (Hg.): The Deindustrialized World. Confronting Ruination in Postindustrial Places, Vancouver 2017; knapp zusammenfassend immer noch lesenswert: Wengenroth, Ulrich: Technischer Fortschritt, Deindustrialisierung und Konsum. Eine Herausforderung für die Technikgeschichte, in: Technikgeschichte 64 (1997:1), S. 1–18; für das Ruhrgebiet: Goch, Stefan: Eine Region im Kampf mit dem Strukturwandel. Bewältigung von Strukturwandel und Strukturpolitik im Ruhrgebiet, Essen 2002.

kanntem Tempo und Umfang.[7] Diese tiefgreifenden Strukturbrüche versuchte das politische System mit flankierenden Maßnahmen abzufedern, beispielsweise durch neue wirtschaftspolitische Impulse und, exemplarisch im Ruhrgebiet, den forcierten Auf- und Ausbau von höheren Bildungseinrichtungen.

Der ökonomische und soziale Strukturwandel fand seine kulturellen Entsprechungen in der post-industriellen „Landschaftsreparatur" und in der „Musealisierung" industrieller Hinterlassenschaft.[8] Die Strategien der In-Wert-Setzung des industriekulturellen Erbes ließen neue Orte und Landschaften der Erinnerung entstehen, die zu zentralen Ankerpunkten regionaler, post-industrieller Identitäten wurden. Essentiell für die In-Wert-Setzungs-Prozesse wurde die Authentizität des industriekulturellen Erbes. An diesem Punkt setzte die Tagung, die vom 27.04.2017 bis 29.04.2017 an der TU Bergakademie Freiberg stattfand, an. Sie thematisierte Erinnerungskulturen und -orte, Prozesse der Authentisierung des industriekulturellen Erbes sowie dessen räumliche Grenzen im europäischen und internationalen Vergleich, wobei ein Fokus auf ehemalige Montanreviere gelegt wurde.

Leitfragen und zentrale analytische Begrifflichkeiten

Industriekultur: Die Karriere des Begriffes Industriekultur ist eng verbunden mit der Emergenz der Authentizitätsproblematik. Seine Historisierung adressiert Fragen nach dem semantischen Feld, den involvierten und prägenden Akteuren und Institutionen, aber auch der Emergenz und den Konjunkturen des Begriffes selbst. Insofern interessieren die „regimes of meaning", den semantischen Interaktionen und Relationen zwischen Industriekultur und Authentizität gilt besonderes, systematisches Augenmerk.

---

7 Für einen deutsch-deutschen Vgl.: Bayerl, Günter: Deindustrialisierung und Nachhaltigkeit in altindustriellen Regionen. Aspekte einer vergleichenden Betrachtung von Ruhrgebiet und Niederlausitz, in: Rasch, Manfred/ Bleidick, Dietmar (Hg.): Technikgeschichte im Ruhrgebiet. Technikgeschichte für das Ruhrgebiet, Essen 2004, S. 958–978; zu Rumänien aktuell: Chivu, Luminiţa u. a.: Deindustrialization and Reindustrialization in Romania. Economic Strategy Challenges, Cham 2017; zu Russland vgl.: Götz, Roland: Strukturwandel, Deindustrialisierung und Strukturpolitik in Rußland, Köln 1995.
8 Vgl. z. B.: Hauser, Susanne: Metamorphosen des Abfalls. Konzepte für alte Industrieareale, Frankfurt (Main)/ New York 2001; Roe, Maggie/ Taylor, Ken (Hg.): New Cultural Landscapes, London/ New York 2014.

Räume des Authentischen: Authentizität wird nicht nur einzelnen Objekten ein- und zugeschrieben, sondern auch scheinbar klar abgrenzbaren Räumen. Seinen normativ-institutionellen Niederschlag findet dies vor allem in den UNESCO Konventionen über die „cultural landscapes", aber auch in der *European Landscape Convention*. Diese räumliche Dimension von Authentizität adressiert vielfältige Aspekte; sie reichen von der nur scheinbar banalen Frage, wie unter industriellen und postindustriellen Bedingungen (Industrie-)Kulturlandschaften begrifflich zu konturieren sind, über solche der kartographischen Repräsentation des räumlich Authentischen bis hin zur Frage nach den raumkonstituierenden Akteuren und Bedingungen. Im Kern stehen damit die „networks of relation" zwischen Objekten, Räumen und Akteuren zur Debatte.

Grenzen des Authentischen: Prozesse der Authentisierung legen fest, was als authentisch gilt bzw. gelten soll. Ihre Mechanismen sind bislang wenig untersucht, sie sollen exemplarisch für industriekulturelle sowie städtebauliche Objekte und Ensembles thematisiert werden. In den Fokus rücken somit die Relationen zwischen Akteuren und baulichen Überlieferungen, Fragen nach Persistenz und Dynamik und nach lokaler Selbst- und nicht-lokaler Fremdzuschreibung des Authentisierten.

Authentizität und Identität: In (Industrie-)Bauten materiell geronnene Authentizität bildet einen zentralen Ankerpunkt lokaler und regionaler Identität, die von Migrationsprozessen stets beeinflusst wurde. Thematisiert werden sollen daher zum einen, wie Migranten Authentizität rezipieren, neu- und umdeuten, zum anderen auch Persistenzen und (Eigen-)Dynamiken des vorgefundenen Authentischen.

Authentizität und (Bau-)Denkmal: Mit der *Charta von Venedig* begann 1964 der Aufstieg des Begriffes Authentizität zum Schlüsselbegriff des (internationalen) Denkmalpflegediskurses, der mit dem *Nara Dokument über Authentizität* von 1994 nochmals an Dynamik gewann. Vor diesem Hintergrund erscheint die Rede über Authentizität als Ideologie der Moderne, die es kritisch zu de-konstruieren gilt. Hier richtete sich das Interesse auf Beiträge, die vergleichend Prozesse der Authentisierung industriekultureller und kulturhistorischer Denkmale vornehmen und systematisch das denkmalpflegerische Spannungsfeld von historischer Authentizität, Neu- bzw. Nachnutzung und Rekonstruktion thematisieren.

Zu den Beiträgen

In thematischen Sektionen gingen die auf der Tagung präsentierten Vorträge methodischen Fragestellungen und konkreten Beispielen der Authentisierung und Authentifizierung des industriekulturellen Erbes nach. Der vorliegende Tagungsband löst diese Binnengliederung auf, er trennt zwischen methodisch orientierten und beispielhaft konkreten Texten. Der den Band eröffnende Abschnitt „Methoden & Perspektiven" versammelt die Beiträge von ANDREAS PUTZ, UTA BRETSCHNEIDER, ANNA STORM, JANA GOLOMBEK, HEIKE OEVERMANN und TORSTEN MEYER.

Die materiellen industriekulturellen Hinterlassenschaft haben sich seit den 1980er Jahren einen neuen, globalen Stellenwert erobert, wurden doch in diesem Jahrzehnt mit der norwegischen Bergbaustadt Røros (1980) oder den englischen Industriedenkmälern im Tal von Ironbridge (1986) erste industriekulturelle Hinterlassenschaften in die Welterbeliste der UNESCO aufgenommen.[9] Im Kontext solcher Prozesse fällt dem Begriff Authentizität essentieller Stellenwert zu. Dies nimmt der Beitrag „Grenzziehung – Grenzen und das ‚Authentische'" von MEYER indirekt zum Ausgangspunkt seiner Überlegungen über den UNESCO-Authentizitätsdiskurs. Gleichwohl scheinbar objektiver Bewertungsmaßstab verdeutlicht MEYER, dass Authentizität im Kontext der UNESCO ein politisch aufgeladener Begriff ist. Indem MEYER diesen in Verbindung setzt mit der allgemeinen und spezifischen Funktion von Grenzen, spiegelt sich, dass insbesondere für flächenhafte Weltkulturerbestätten das Konzept Authentizität möglicherweise wenig hilfreich für die Identifizierung von Welterbestätten ist. Hieran anschließend geht der Beitrag der Architektin und Architekturhistorikerin OEVERMANN den Zusammenhängen zwischen städtebaulicher Identität und Authentizität nach. An Beispielen der Nachnutzung industrieller Areale diskutiert OEVERMANN eine städtebauliche Typologie, die zum einen genutzt werden kann, um Merkmale des Authentischen zu identifizieren, zum anderen aber auch, aus Sicht der Denkmalpflege, Handlungsspielräume aufzeigen kann.

---

9 Ein Überblick über die industriellen Welterbestätten findet sich in: Höhmann, Rolf: Europäische industrielle Kulturlandschaften im Welterbe-Kontext. Ein erweiterter Ansatz zur Etablierung von Industrie und Technik im Welterbe, in: ICOMOS Deutschland (Hg.): Industrielle Kulturlandschaften im Welterbe-Kontext. Internationale Tagung von ICOMOS Deutschland und TICCIH Deutschland in Zusammenarbeit mit der Stiftung Industriedenkmalpflege und Geschichtskultur und den Partnern im Welterbe-Projekt „Industrielle Kulturlandschaft Ruhrgebiet" (ICOMOS. Hefte des Deutschen Nationalkomitees LXI), Berlin 2016, S. 18–25, hier S. 19.

Widmen sich die beiden genannten Beiträge beinahe schon klassischen Thematiken des recht jungen Forschungsfeldes der historischen Authentizität,[10] so erkundet Putz in seinem Artikel „Bitte in Farbe - Authentisierung durch Kolorierung" Neuland. Vor dem Hintergrund des Konzeptes der „Colorized History", das sich vor allem in Laienkreisen großer Beliebtheit erfreut, thematisiert Putz Farbgebungen und -vorstellungen in denkmalpflegerischen Kontexten und unterstreicht signifikant den Aushandlungscharakter von Authentizität. Steht bei Putz die farbliche Inszenierung des Authentischen im Vordergrund, so fokussieren die Beiträge von Bretschneider und Golombek auf spezifische, postindustrielle Aneignungskonzepte des industriekulturellen Erbes. Bretschneider untersucht die „Lost Places", die aufgegebenen, nicht nachgenutzten Industriebrachen, auf die das Interesse der „Urban Exploring"-Bewegung zielt. Sie entdeckt und eignet sich durch das Medium der Fotographie das industriekulturelle Erbe an, leistet aber auch einer eigenständigen ästhetischen Inszenierung Vorschub, die sich jedoch von jener des „Ruin Porn" abgrenzt. Hieran knüpft der Beitrag von Golombek an, der den dezidiert anti-voyeuristisch ausgerichteten „Rust Belt Chic" in das Zentrum rückt. Mit dieser, im ehemals schwerindustriell geprägten Raum um Pittsburgh (USA) entstandenen Bewegung wird auch die Frage adressiert, wie industriekulturelles Erinnern ohne materielle Hinterlassenschaft möglich ist. Beide Beiträge verbindet letztlich das Plädoyer, derartige Bewegungen und ihre Aneignungspraktiken des industriekulturellen Erbes stärker als bislang im wissenschaftlichen Kontext zu reflektieren. Die das Themenfeld abschließenden Überlegungen von Storm zum Doppelcharakter postindustrieller Landschaften nehmen den „Heritage"-Diskurs zum Ausgangspunkt, da ihm ein für die Bewahrungspraxis essentielles Verständnis von Authentizität unterliegt. Mit der Metapher der „scar",[11] der Narbe, plädiert Storm dafür, unser Verständnis des Überlieferungswürdigen zu erweitern, zugleich aber erlaubt dieser Begriff auch eine Erweiterung des aktuellen Verständnisses von Industriekultur.

Die Beiträge des zweiten Themenblocks „Aspekte & Ausprägungen" exemplifizieren Aspekte der Authentizität des industriekulturellen Erbes in seiner immateriellen und materiellen Ausprägung. Carla-Marinka Schorr, Susanne Abeck und Uta C. Schmidt sowie Katarzyna Nogueira spüren zunächst Prozessen der Authentifizierung und Authentisierung des immateriellen Industriekulturerbes nach. Schorr thematisiert und problematisiert Authentisierungsprozesse in der Muse-

---

10 Vgl. hierzu die Forschungen des bereits genannten Leibniz-Forschungsverbundes Historische Authentizität: http://www.leibniz-historische-authentizitaet.de/start/ (letzter Abruf am 19.01.2018).
11 Vgl. grundlegend: Storm, Anna: Post-Industrial Landscape Scars (Palgrave Studies in the History of Science and Technology), New York 2014.

umspraxis. Indem sie das museal Inszenatorische dieser Prozesse hervorhebt, unterstreicht sie die ethischen Verpflichtungen der Museumspraktiker in der Vermittlung des (vermeintlich) Authentischen. Zeitzeugen spielen für Authentizitätszuschreibungen des immateriellen Industriekulturerbes eine essentielle Rolle. Sie stehen im Zentrum der Überlegungen von Nogueira. Mit dem Topos des „professionellen Zeitzeugen" sensibilisiert sie u. a. für die Problematik der Stereotypisierung des Authentischen. Die seit 1991 durchgeführten Geschichtswettbewerbe des „Forum Geschichtskultur an Ruhr und Emscher" stehen im Zentrum der Ausführungen von Abeck und Schmidt. Die Autorinnen fokussieren damit auf die Konstruktion des Authentischen als Ausgangspunkt einer neuen regionalen Identität. Ihre bewusst thesenhaft formulierten Überlegungen regen zu weiterem Nachdenken über Aspekte des Authentischen im Kontext des immateriellen industriekulturellen Erbes an.

Nahmen sich diese drei Beiträge Themen des weit gefassten Begriffs von Industriekultur an, so stehen vor allem die materiellen Hinterlassenschaften des Industriezeitalters, mithin das klassische Thema der Industriekultur, im Fokus der nachfolgenden Artikel. Helen Wagner spürt in ihrem Beitrag dem Transformationsprozess des Ruhrgebietes von einer Industrielandschaft zu einer „Kulturlandschaft neuen Typus" nach. Sie problematisiert dabei vor allem die Elementarisierung der Kulturlandschaft in Hinblick auf die kulturlandschaftliche Authentizitätszuschreibung. Gerhard A. Stadler geht in seinem Überblicksbeitrag zum facettenreichen baulichen Erbe der Habsburger Monarchie dem Spannungsverhältnis von Altlast und Chance nach. Diesen ambivalenten Charakter spiegelt auch die von Stadler diskutierte Entwicklung der Denkmalpflegeinstitutionen in den Nachfolgestaaten der k. u. k. Monarchie. Er verdeutlicht, wie wichtig ein denkmalpflegerisch reflektierter Umgang mit den baulichen Hinterlassenschaften ist, damit diese sinnhafter Bestandteil einer post-industriellen Identität werden können. Sönke Friedreich macht in seinem Artikel dann am Beispiel der sächsischen Textilindustrie darauf aufmerksam, dass die Rede über das Authentische im industriekulturellen Kontext aus mehrfacher Sicht kompliziert ist – nicht nur durch die ständigen baulichen Veränderungen, sondern auch durch das Verschwinden der Bauten des Industriezeitalters,[12] gerade in Industriezweigen, die bisher nicht im zentralen Fokus des industriekulturellen Interesses standen. Mit den beiden sich anschließenden Beiträgen von Eva-E. Schulte und Kathrin Kruner steht dann im deutsch-deutschen Vergleich die Frage nach den Vorstellungen industriedenkmalpflegerischer Authentizität zur Debatte.

---

12 Hassler, Uta/ Kohler, Niklaus: Das Verschwinden der Bauten des Industriezeitalters: Lebenszyklen industrieller Baubestände und Methoden transdisziplinärer Forschung, Tübingen 2004.

KRUNER thematisiert in ihrem Beitrag die Institutionen und Akteure, die in der international vergleichsweise früh sich entfaltenden Industriedenkmalpflege der DDR aktiv waren. Insbesondere widmet sie sich den Aktivitäten des Kulturbundes und beleuchtet erstmals diese Institution in ihrer Bedeutung für industriedenkmalpflegerische Belange. KRUNER verdeutlicht dabei auch, welche ideologische Aufladung das Konzept der Authentizität in der DDR erfahren konnte. SCHULTE hingegen behandelt die institutionelle Absicherung der Industriedenkmalpflege in der BRD, mit einem besonderen Fokus auf das Land Nordrhein-Westfalen. Vor diesem Hintergrund untersucht sie exemplarische Formen denkmalpflegerischer Konzepte des Umgangs mit den baulichen Hinterlassenschaften des Industriezeitalters und unterstreicht so, dass Konzepte des Authentischen auch zusammenhängen mit intendierten Nachnutzungen der baulichen Relikte, mithin stets ein auszuhandelndes Spannungsfeld darstellen.

Die beiden den Band abschließenden Artikel von GERHARD LENZ und FRIEDERIKE HANSELL widmen sich mit dem Weltkulturerbe im Harz und der Montanregion Erzgebirge/Krušnohoří, deren Listung als UNESCO-Weltkulturerbe zwischenzeitlich erfolgte, dem Themenfeld der Authentizität im kulturlandschaftlichen Maßstab.[13] LENZ betont in seinem Beitrag, dass sich Authentizität und Inszenierung insbesondere in großräumigen Erbestätten nicht ausschließen müssen, sondern sich miteinander verzahnen können. HANSELL hingegen thematisiert anschaulich und ausdrücklich die Bedeutung, aber auch die Problematik, des für die Listung von Welterbestätte zentralen Begriffs der Authentizität, wobei sie auch einen Blick auf eine weitere Schlüsselkategorie der UNESCO, der Integrität, wirft.

Literatur

Bayerl, Günter: Deindustrialisierung und Nachhaltigkeit in altindustriellen Regionen. Aspekte einer vergleichenden Betrachtung von Ruhrgebiet und Niederlausitz, in: Manfred Rasch/ Dietmar Bleidick (Hg.): Technikgeschichte im Ruhrgebiet. Technikgeschichte für das Ruhrgebiet, Essen 2004, S. 958–978.

Bernhardt, Christoph/ Sabrow, Martin/ Saupe, Achim (Hg.): Gebaute Geschichte. Historische Authentizität im Stadtraum, Göttingen 2017.

Chivu, Luminița u. a.: Deindustrialization and Reindustrialization in Romania. Economic Strategy Challenges, Cham 2017.

Eser, Thomas u. a. (Hg.): Authentisierung im Museum. Ein Werkstatt-Bericht (RGZM-Tagungen 32), Mainz 2017.

---

13 Kulturlandschaften wurden erst 1992 als eigenständige Kategorie des UNSECO Welterbes festgelegt.

Farrenkopf, Michael: Stereo-Panoramen des Deutschen Bergbau-Museums Bochum. Objekte zur Entdeckung einer authentischen Arbeitswelt des Bergmanns, in: Thomas Eser u. a. (Hg.): Authentisierung im Museum. Ein Werkstatt-Bericht (RGZM-Tagungen 32), Mainz 2017, S. 69–82.

Goch, Stefan: Eine Region im Kampf mit dem Strukturwandel. Bewältigung von Strukturwandel und Strukturpolitik im Ruhrgebiet, Essen 2002.

Götz, Roland: Strukturwandel, Deindustrialisierung und Strukturpolitik in Rußland, Köln 1995.

Hassler, Uta/ Kohler, Niklaus: Das Verschwinden der Bauten des Industriezeitalters: Lebenszyklen industrieller Baubestände und Methoden transdisziplinärer Forschung, Tübingen 2004.

Hauser, Susanne: Metamorphosen des Abfalls. Konzepte für alte Industrieareale, Frankfurt (Main)/ New York 2001.

High, Steven u. a. (Hg.): The Deindustrialized World. Confronting Ruination in Postindustrial Places, Vancouver 2017.

Höhmann, Rolf: Europäische industrielle Kulturlandschaften im Welterbe-Kontext. Ein erweiterter Ansatz zur Etablierung von Industrie und Technik im Welterbe, in: ICOMOS Deutschland (Hg.): Industrielle Kulturlandschaften im Welterbe-Kontext. Internationale Tagung von ICOMOS Deutschland und TICCIH Deutschland in Zusammenarbeit mit der Stiftung Industriedenkmalpflege und Geschichtskultur und den Partnern im Welterbe-Projekt „Industrielle Kulturlandschaft Ruhrgebiet" (ICOMOS. Hefte des Deutschen Nationalkomitees LXI), Berlin 2016, S. 18–25.

Roe, Maggie/ Taylor, Ken (Hg.): New Cultural Landscapes, London/ New York 2014.

Sabrow, Martin/ Saupe, Achim (Hg.): Historische Authentizität, Göttingen 2016.

Saupe, Achim: Historische Authentizität: Individuen und Gesellschaften auf der Suche nach dem Selbst – ein Forschungsbericht, in: HSoz-Kult vom 15.08.2017 (http://hsozkult.geschichte.hu-berlin.de/forum/2017-08-001, letzter Abruf am 22.01.2018).

Siemer, Stefan: Taubenuhr und Abbauhammer. Erinnerungsobjekte in Bergbausammlungen des Ruhrgebiets, in: Thomas Eser u. a. (Hg.): Authentisierung im Museum. Ein Werkstatt-Bericht (RGZM-Tagungen 32), Mainz 2017, S. 33–44.

Storm, Anna: Post-Industrial Landscape Scars (Palgrave Studies in the History of Science and Technology), New York 2014.

Wengenroth, Ulrich: Technischer Fortschritt, Deindustrialisierung und Konsum. Eine Herausforderung für die Technikgeschichte, in: Technikgeschichte 64 (1997:1), S. 1–18.

Internet-Ressourcen

http://www.bergbaumuseum.de/index.php/de/forschung/projekte/sgm-boom-krise (letzter Abruf am 19.01.2018).

http://www.leibniz-historische-authentizitaet.de/start/ (letzter Abruf am 19.01.2018).

Methoden und Perspektiven

Torsten Meyer

Grenzziehung – Grenzen und das ‚Authentische'

Einleitung

Authentizität ist der Containerbegriff der Moderne, omnipräsent und uneindeutig mäandert er durch unsere postmoderne Gegenwart.[1] Über ihn zu reden ist mithin schwierig, wenn nicht gar unmöglich, so zumindest wenn man der Berliner Bloggerin Julia Schmitz, alias „Fräulein Julia", Glauben schenkt. Lautete doch ihr Fazit einer abendlichen Bloggerdiskussion lakonisch: „Authentizität, das bedeutet für jeden etwas anderes!"[2] Eine Aussage, die in veränderter Form auch im wissenschaftlichen Diskurs gilt, wenn beispielsweise der Singular in den Plural überführt, nicht über Authentizität, sondern Authentizitäten geredet wird.[3]

Eng verbunden mit dieser Begriffspluralisierung erscheint das wissenschaftliche Erkenntnisinteresse, Prozessen, Praktiken und Diskursen der Authentisierung und der Authentifizierung hohen Stellenwert zu zuschreiben.[4] Zugleich ha-

---

1 Paulmann, Johannes/ Rehling, Andrea: Historische Authentizität jenseits von »Original« und »Fälschung«. Ästhetische Wahrnehmung – gespeicherte Erfahrung – gegenwärtige Performanz, in: Martin Sabrow/ Achim Saupe (Hg.): Historische Authentizität, Göttingen 2016, S. 91–125, hier S. 92. Diese Omnipräsenz muss in einem engen Wechselverhältnis mit der Postmoderne gesehen werden. Vgl.: Mager, Tino: Immaterielle Architektur. Kulturspezifische Relationen von Authentizität und materieller Substanz, in: Christoph Bernhardt/ Martin Sabrow/ Achim Saupe (Hg.): Gebaute Geschichte. Historische Authentizität im Stadtraum, Göttingen 2017, S. 165–179, hier bes. S. 166–168; ausführlicher zu diesem Zusammenhang im Kontext des Bauerbes auch: Ders.: Schillernde Unschärfe. Der Begriff der Authentizität im architektonischen Erbe, Berlin 2016.
2 http://www.fraeuleinjulia.de/die-sache-mit-der-authentizitaet/ (letzter Abruf am 25.04.2017).
3 Vgl. z. B.: Saupe, Achim: Empirische, materiale, personale und kollektive Authentizitätskonstruktionen und die Historizität des Authentischen, in: Martin Fitzenreiter (Hg.): Authentizität. Artefakt und Versprechen in der Archäologie (IBAES. Internet-Beiträge zur Ägyptologie und Sudanarchäologie XV), London 2014, S. 19–26; Seidenspinner, Wolfgang: Woran ist Authentizität gebunden? Von der Authentizität zu den Authentizitäten des Denkmals, in: kunsttexte.de 3/2007 (http://edoc.hu-berlin.de/kunsttexte/2007-3/seidenspinner-wolfgang-2/PDF/seidenspinner.pdf).
4 Vgl. Sabrow, Martin/ Saupe, Achim: Historische Authentizität. Zur Kartierung eines Forschungsfeldes, in: Dies. (Hg.): Historische Authentizität, S. 7–28; Bernhardt, Christoph/ Sabrow, Martin/ Saupe, Achim: Authentizität und Bauerbe. Transdisziplinäre Perspektiven, in: Dies. (Hg.): Gebaute Geschichte, S. 9–22, bes. S. 9–12.

https://doi.org/10.1515/9783110683103-002

ben die konstruktivistischen Ansätze aus den Kultur- und Sozialwissenschaften in den letzten Jahren immer offensichtlicher werden lassen, dass „Authentizität [...] eine Chimäre" ist.[5] Das Chimärenhafte der Authentizität – und damit auch des ‚Authentischen' – gilt in besonderen Maßen für das baulich-materielle Erbe, wie sich sinnfällig u. a. in der sehr spezifisch deutschen Debatte um das Pro und Contra von Rekonstruktionen in der Denkmalpflege spiegelt.[6]

Vor diesem skizzierten Hintergrund diskutiert der folgende Text die Authentizitätskonstruktionen des UNESCO-Welterbes, wobei die Überlegungen auf das materielle Weltkulturerbe fokussieren,[7] das immaterielle Weltkulturerbe, dem die UNESCO 2003 eine eigenständige Konvention widmete,[8] bleibt unberücksichtigt. In den Blick geraten damit die Authentifizierung, abgesichert durch Normativa der UNESCO, und Aspekte der Authentisierung des Weltkulturerbes, die im Folgenden ausschließlich im globalen Expertendiskurs gespiegelt werden, sich mithin auf einer Meta-Ebene bewegen. Besonderes Augenmerk schenkt die Argumentation dem *Nara Document on Authenticity* aus dem Jahr 1994.[9] Nicht im Detail thematisiert der Text allerdings Kategorien der UNESCO, die in Verbindung mit dem Topos Authentizität stehen, wie beispielsweise *outstanding universal value* und *integrity*.[10]

Inkludiert das Weltkulturerbe nicht nur Einzelobjekte, sondern auch Ensembles und Kulturlandschaften, erscheint es naheliegend und plausibel, sich in einem zweiten, kürzeren Schritt den räumlichen Dimensionen des Welterbes zu widmen. Argumentativ nehmen die Überlegungen ihren Ausgangspunkt in der Formulierung, dass „[t]he delineation of boundaries is an essential require-

---

5 Bernhardt/ Sabrow/ Saupe: Authentizität und Bauerbe, S. 9.
6 Vgl. zu den gegensätzlichen Positionen: Hassler, Uta/ Nerdinger, Winfried (Hg.): Das Prinzip Rekonstruktion, Zürich 2010; Nerdinger, Winfried (Hg.): Geschichte der Rekonstruktion. Konstruktion der Geschichte, München 2010; von Buttlar, Adrian u. a. (Hg.): Denkmalpflege statt Attrappenkult. Gegen die Rekonstruktion von Baudenkmälern – eine Anthologie (Bauwelt Fundamente 14), Gütersloh u. a. 2010.
7 Im Folgenden nur noch Weltkulturerbe genannt.
8 UNESCO (Hg.): Convention for the Safeguarding of the Intangible Cultural Heritage, Paris 2003. Die Ausführungsbestimmungen wurden erstmals 2008 verabschiedet und in den folgenden Jahren mehrfach geändert, die letzte Änderung datiert auf das Jahr 2016, vgl.: UNESCO (Hg.): Operational Directives for the Implementation of the Convention for the Safeguarding of the Intangible Cultural Heritage, Paris 2016. Die Diskussionen über den Schutz des immateriellen Kulturerbes selbst reichen bis in die 1970er Jahre zurück. Vgl.: o. V.: Zerstörung und Wiederaufbau, in: Deutsches Archäologisches Institut (Hg.): Archäologie Weltweit. Magazin des Deutschen Archäologischen Instituts 5 (2017:1), S. 14 (Sonderausgabe. Die neue Bauakademie. Ein thinktank für die internationale Kooperation).
9 The Nara Document on Authenticity (1994) (http://www.icomos.org/charters/nara-e.pdf).
10 Vgl. hierzu den Beitrag von Friederike Hansell.

ment in the establishment of effective protection of nominated properties",[11] die sich in den aktuellen, im Oktober 2016 verabschiedeten *Operational Guidelines for the Implementation of the World Heritage Convention*, im Folgenden als *Operational Guidelines* bezeichnet, findet. Es interessiert mithin die allgemeine Bedeutung von bzw. Bedeutungszuschreibung an Grenzen, wobei diese mit der Kategorie Raum in Verbindung gesetzt werden. Hieran anknüpfend problematisieren die abschließenden Thesen das UNESCO-Authentizitätskonzept.

UNESCO-Authentifizierungen und Authentisierungen

Authentizität im Kontext der UNESCO zu thematisieren, ist nicht möglich, ohne die auf dem zweiten Internationalen Kongress der Architekten und Denkmalpfleger am 31. Mai 1964 verabschiedete *Charta von Venedig* zu erwähnen. Sie muss nicht nur angesprochen werden, da sie nach wie vor als „*der* Grundlagentext der internationalen Denkmalpflege" gilt,[12] sondern vor allem, da der ein Jahr später, 1965, in Warschau gegründete *International Council on Monuments and Sites* (ICOMOS) sie als sein Gründungsdokument annahm und ICOMOS von der Authentifizierungsinstitution UNESCO als „Evaluierungsbehörde" für die Nominierung des Weltkulturerbes eingesetzt wurde.[13] In der Präambel der *Charta von Venedig* heißt es:

„Die Menschheit, die sich der universellen Geltung menschlicher Werte mehr und mehr bewusst wird, sieht in den Denkmälern ein gemeinsames Erbe und fühlt sich kommenden Generationen gegenüber für ihre Bewahrung gemeinsam verantwortlich. Sie hat die Verpflichtung, ihnen die Denkmäler im ganzen Reichtum ihrer Authentizität weiterzugeben."[14]

---

11 UNESCO World Heritage Centre (Hg.): Operational Guidelines for the Implementation of the World Heritage Convention. WHC.16/01, Paris 2016, S. 21.

12 Meier, Hans-Rudolf: 50 Jahre Charta von Venedig. Geschichte, Rezeption, Perspektiven, in: Österreichische Zeitschrift für Kunst und Denkmalpflege LXIX (2015:1-2), S. 156–157, hier S. 156, Herv. i. O. Zur Charta vgl. auch die Beiträge im erwähnten Band der Zeitschrift für Kunst und Denkmalpflege, bei dem es sich um die Dokumentation der Tagung des Arbeitskreis Theorie und Lehre der Denkmalpflege, ICOMOS Deutschland, Luxemburg, Österreich, Schweiz und dem österreichischen Bundesdenkmalamt aus dem Jahr 2014 handelt.

13 Falser, Michael: Theory-Scapes transkulturell. Zur Karriere des Begriffs Authentizität in der globalen Denkmalpflege, in: Österreichische Zeitschrift für Kunst und Denkmalpflege LXIX (2015:1-2), S. 33–40, hier S. 34.

14 Internationale Charta über die Konservierung und Restaurierung von Denkmälern und Ensembles, in: Nationalkomitee der Bundesrepublik Deutschland (Hg.): Grundsätze der Denkmal-

Wurde zwar in der Charta ein universalistischer Blick auf das kulturelle Erbe formuliert, so galt andererseits ein europäisches, auf die Originalsubstanz fokussierendes Denkmal-Verständnis.[15] Dieses konnte seit den 1970er Jahren globale Wirkmächtigkeit entfalten, da es zunächst das Authentizitätskonzept der UNESCO prägte. Findet sich in der 1972 verabschiedeten, 1976 in Kraft getretenen UNESCO *Convention concerning the protection of the World Cultural and Natural Heritage*,[16] im Folgenden als *Convention* bezeichnet, der Begriff „Authentizität" nicht, so konzeptualisierten die 1977 erstmals beschlossenen *Operational Guidelines* ihn. In deren *General Principles* zur Etablierung der Welterbeliste heißt es, zunächst mit Bezug auf die Schlüsselkategorie des UNESCO-Welterbes, dem *oustanding universal value*, die in den *Operational Guidelines* mit einem Kriterienkatalog hinterlegt wurde:[17]

„The definition of ‚universal' in the phrase ‚outstanding universal value' requires comment. Some properties may not be recognized by all people, everywhere, to be of great importance and significance. Opinions may vary from one culture or period to another. As far as **cultural property is concerned** the term ‚universal' must be interpreted as referring to a property which is highly representative of the culture of which it forms part."[18] Bereits der Hinweis, ein integraler Begriffsbestandteil benötige eine Kommentierung, deutet auf die Problematik des universalistischen Anspruchs in einer Welt kultureller Vielfalt hin, das Welterbe für die „Menschheit als Ganzes" („mankind as a whole"), wie es

---

pflege (ICOMOS. Hefte des Deutschen Nationalkomitees 10), München 1992, S. 45–49, hier S. 45.

15 Vgl. z. B. unlängst: Lindl, Stefan: Kategorien historischer Authentizität in Architektur und Denkmalschutz, Augsburg 2016, S. 18–22 (OpenAccess. Universitätsbibliothek Augsburg, OPUS).

16 UNESCO (Hg.): Convention Concerning the Protection of the World Cultural and Natural Heritage. Adopted by the General Conference at its Seventeenth Session Paris, 16 november 1972.

17 Zu den Kriterien, auf die hier nicht weiter eingegangen wird, und zum Konzept des *outstanding universal value* vgl. grundlegend: Jokelihto, Jukka (mit Beiträgen von Christina Cameron und Michal Petzelt): The World Heritage List. What is OUV? Defining the Outstanding Universal Value of Cultural World Heritage Properties (ICOMOS. Monuments and Sites XVI), Berlin 2008; vgl. auch knapp: Cameron, Christina: The Evolution of the Concept of Outstanding Universal Value, in: Nicholas Stanley-Price/ Joseph King (Hg.): Conserving the Authentic. Essays in Honour of Jukka Jokilehto (ICCROM Conservation Studies 10), Rom 2009, S. 127–136.

18 UNESCO. Intergovernmental Committee for the Protection of the World Cultural and Natural Heritage (Hg.): Operational Guidelines for the Implementation of the World Heritage Convention. CC-77/CONF.001/8 Rev. 20. October 1977, Paris 1977, S. 3, Herv. d. Vf. Dieser Fassung lag ein erster Entwurf der *Operational Guidelines* des World Heritage Committee vom 30. Juni 1977 zugrunde. UNESCO. World Heritage Committee (Hg.): Operational Guidelines for the World Heritage Committee. CC-77/CONF. 001/8. 30. June 1977, Paris 1977.

noch programmatisch die Einleitung der *Operational Guidelines* verkündete,[19] zu schützen. Von Anfang an etablierte die Authentifizierungsinstitution UNESCO somit den Gegensatz von Universalismus und Partikularismus. Hiermit einher ging, dass sich die UNESCO seit der Implementierung der *Operational Guidelines* einer doppelten Sammlungsstrategie verschrieb: Ging es für das Kulturerbe „[e]rkennbar [...] um das Sammeln kultureller Vielfalt", so sollte für das Naturerbe „[...] offensichtlich Herausragendes konserviert werden", wie Andrea Rehling betonte –[20] und wie es auch die *Operational Guidelines* bereits 1977 festschrieben. Damit anerkannte die Authentifzierungsinstitution zwar die Pluralität der Kulturen, leistete aber langfristig einer Re-Nationalisierung des Welterbes Vorschub.[21]

Zur praktikablen Operationalisierung der institutionalisierten Authentifizierungsprozesse führten die *Operational Guidelines* den *test of authenticity* ein: „In addition, the property should meet the test of <u>authenticity</u> in design, materials, workmanship and setting; authenticity does not limit consideration to original form and structure but includes all subsequent modifications and additions over the course of time, which in themselves possess artistic or historical values."[22] In diesem *test of authenticity* spiegelt sich ein Konzept von Authentizität, das an jenem der europäischen Denkmalpflegetradition orientiert – gleichwohl bauliche Veränderungen und Ergänzungen akzeptabel waren, blieb die Originalsubtanz zentral für die Bewertung. Aber, wie Johannes Paulmann und Andrea Rehling treffend zusammenfassten: „Gleichzeitig blieb diese Setzung [...] mit ästhetischen Traditionen und den Konjunkturen historischer Deutungen verknüpft. Das führte dazu, dass trotz der Bekenntnisse, die immer wieder eine Orientierung auf die Originalsubstanz einforderten, bei den Einschreibungen der Welterbestätten auch andere Aspekte von Authentizität, welche den Stätten ‚universale Bedeutung' verliehen, zum Tragen kamen oder in der Beurteilung der Bewerbungen mitschwangen. Zunächst schien gerade darin die Möglichkeit zu liegen, den schon früh als Problem diskutierten Ursprung in der europäischen Denkmalpflege gleichsam auszuhebeln, indem man beanspruchte, die weiterreichende Bedeutung für die jeweilige Kultur zu berücksichtigen."[23]

---

19 Vgl. UNESCO (Hg.): Operational Guidelines, CC-77/CONF.001/8 Rev, S. 1; Falser: Theory-Scapes transkulturell, S. 34.

20 Rehling, Andrea: Universalismen und Partikularismen im Widerstreit. Zur Genese des UNESCO-Welterbes, in: Zeithistorische Forschungen 8 (2011), S. 414–436, hier S. 431.

21 Zum Spannungsverhältnis Universalismus und Partikularismus grundlegend: Rehling: Universalismen und Partikularismen.

22 UNESCO (Hg.): Operational Guidelines, CC-77/CONF.001/8 Rev, S. 3, Herv. i. O.

23 Paulmann/ Rehling: Historische Authentizität jenseits von »Original« und »Fälschung«, S. 101f.

Wie schwierig jedoch dieser subversive Ansatz in der UNESCO-Authentifizierungspraxis der 1970/80er umzusetzen war, verdeutlicht schlaglichtartig die hochkontroverse Diskussion innerhalb von ICOMOS um die Listung der wiederaufgebauten Warschauer Altstadt Ausgang der 1970er Jahre, sah man sich doch hier mit der denkmalpflegerisch verbrämten Rekonstruktion konfrontiert.[24] Zugleich allerdings unterstützt die Aufnahme des Ensembles in die Welterbeliste eine These von Andrea Rehling und Johannes Paulmann. Sie konstatierten: „Bei allem berechtigten Widerspruch gegen den Eurozentrismus der Authentifizierungsinstitutionen und -agenturen [der sich seit den 1980er Jahren artikulierte] gerät so leicht aus dem Blick, dass das Authentizitätsverständnis, von dem sich die Kritiker abgrenzen, in seiner extremen Zuspitzung auf originale Substanz, das Monumentale und den originellen Schöpfer unseres Erachtens tatsächlich erst in der Kritik am Begriff in den neunziger Jahren des 20. Jahrhunderts entstanden ist und so eindeutig in den Fassungen der 1970er Jahre nicht enthalten war."[25]

Die angesprochene Kritik am Eurozentrismus fand ihren ersten Ausdruck 1992, dem Jahr, in dem die UNESCO die Erbekategorie *cultural landscapes* neu aufnahm,[26] deutete sich doch mit dieser Weltkulturerbekategorie ein Paradigmenwechsel des Verständnisses von Authentizität im UNESCO-Kontext an: „The addition of cultural landscapes has also been accompanied by the recognition of industrial archaeology of technological heritage, modern architecture and contemporary towns, also the involvement of local, indigenous peoples in the inscription and management stages. The last-mentioned factor is likely to become important as more non-monumental cultures and cultural landscapes are considered."[27] Allerdings sollte es das 1994 verabschiedete *Nara Document on Authenticity* sein, das langfristige Impulse auf den globalen Expertendiskurs über

---

24 Vgl. hierzu knapp: Cameron, Christina: From Warsaw to Mostar. The World Heritage Committee and Authenticity, in: APT Bulletin. Journal of Preservation Technology 39 (2008:2-3), S. 19–24, bes. S. 19 f. In der Post Nara Ära sollten dann solche Diskussion nicht mehr in der argumentativen Schärfe der späten 1970er Jahre geführt werden, wie beispielsweise und prominent die Listung der wiederaufgebauten Brücke (und Altstadt) von Mostar (2005) zeigt. Vgl. z. B.: Cameron: From Warsaw to Mostar; Jokilehto, Jukka: Considerations on Authenticity and Integrity in World Heritage Context, in: City & Time 2 (1) (2006:1), S. 1–16, hier S. 10.

25 Paulmann/ Rehling: Historische Authentizität jenseits von »Original« und »Fälschung«, S. 101 f.

26 Vgl. hierzu: Fowler, Peter J.: World Heritage Cultural Landscapes 1992–2002 (World Heritage papers 6), Paris 2003. Auf die herausragende Bedeutung des Postkolonialismus, der cultural studies und des Post-Strukturalismus für diese Kritik weist Andrea Rehling hin. Vgl. Rehling: Universalismen und Partikularismen, bes. S. 421 f.

27 Pocock, Douglas: Some Reflections on World Heritage, in: Area 29 (1997:3), S. 260–268, hier S. 265.

Authentizität setzte. Herb Stovel, maßgeblich am Entwurf dieser Charta beteiligt und einer der führenden und einflussreichsten Akteure der globalen Denkmalpflege-Expertenkultur in den 1990er Jahren,[28] bewertet es als „a watershed moment in modern conservation history".[29] Diese Bewertung gründet bei Stovel auf vier zentralen Argumenten:

1. Nara räume mit der Vorstellung auf, Authentizität sei ein Wert per se;
2. Nara verdeutliche, dass Authentizität nicht absolut, sondern relativ sei – oder anders formuliert: nicht universal, sondern partikular;
3. Nara unterstriche, dass Authentizität nicht in allen Kategorien des *outstanding universal value* gegeben sein müsse, um dieser UNESCO-Norm zu entsprechen;
4. Nara fokussiere erstmals auf das „warum" der Authentizität, spricht also ein, zumindest latent vorhandenes Bedürfnis nach dem Authentischen an, kontextualisiert Authentizität mithin gesellschaftlich.[30]

Das *Nara Document on Authenticity* spiegelt, dass je spezifische, global divergierende kulturelle Werte erst die Bedeutung des jeweiligen Erbes konstruieren. Darüber hinaus ließ die Charta erkennen, dass: „[...] cultural heritage values are dynamic, not static; they can be intangible as well as tangible; and they might well be quite numerous and diverse."[31] Das ehemals zuvorderst materiell geprägte Verständnis von Authentizität wandelte sich zu einem durch anthropologische Sichtweisen geprägten. Signifikant schlug sich dies auch in der Konzeptualisierung der *conditions of authenticity*, die seit 2008 in den *Operational Guidelines* den *test of authenticity* ersetzten,[32] nieder. Während der *test of authenticity* ausschließlich die vier Authentizitätskriterien „design, materials, workmanship and setting" kannte, so dehnten die *conditions of authenticity* diese stark aus, u. a. auf die kulturell geprägten Kriterien „traditions, techniques and management systems;[...] language, and other forms of intangible heritage; spirit and feeling; and other internal and external factors."[33]

---

28 Vgl. zur Biographie von Herb Stovel z. B. die Nachrufe auf: http://whc.unesco.org/en/news/850/ (letzter Abruf am 14.04.2017); http://ip51.icomos.org/~fleblanc/in-memoriam/stovel-herb/im_stovel_testimonials.pdf (letzter am Abruf 14.04.2017); http://www.iccrom.org/ifrcdn/eng/news_en/2012_en/various_en/03_16obitStovel_en.shtml (letzter Abruf am 17.04.2017).
29 Stovel, Herb: Origins and Influence of the Nara Document on Authenticity, in: APT Bulletin. Journal of Preservation Technology 39 (2008:2-3), S. 9–17, hier S. 9.
30 Vgl. ebd., S. 10.
31 Passfield, Robert W.: Evaluating Authenticity. Reconstructed Timber Swing Bridges, in: IA. The Journal of the Society for Industrial Archeology 31 (2005:2), S. 5–26, hier S. 5.
32 UNESCO. World Heritage Centre (Hg.): Operational Guidelines for the Implementation of the World Heritage Convention WHC. 08/01, January 2008, Paris 2008, S. 21 f.
33 Ebd., S. 22.

Diese begriffliche Inhaltserweiterung wirft die Frage nach den Folgen von Nara auf. Zuerst ist auf das Bestreben der global vernetzen Denkmalpflege-Experten zu verweisen, die einerseits versuchten, eine Ausdifferenzierung des Authentizitätsbegriffes voranzutreiben, andererseits zugleich aber auch die Standards der Denkmalpflege global vereinheitlichen wollten.[34] Eindrücklich künden die Operational Guidelines von diesem Trend: Bis 2016 wurden sie 27 mal überarbeitet, ihr Inhalt wuchs von ursprünglich 27 auf 290 Paragraphen an, zudem finden sich in der gegenwärtig gültigen Fassung 16 Anhänge.[35] Dieser ausufernde Prozess der UNESCO-Formalisierung kann, muss wohl gar, als paradoxal bewertet werden, hatte doch ihre „Evaluierungsbehörde" ICOMOS in den 2003 ratifizierten *Principles for the Analysis, Conservation and Structural Restoration of Architectural Heritage* Zweifel an global geltenden Standards von Denkmalkriterien geäußert. In § 1.2. der *General Criteria* verlautbarte diese Charta: „Value and authenticity of architectural heritage cannot be based on fix criteria because the respect due to all cultures also requires that its physical heritage be considered within the cultural context to which it belongs."[36]

Des Weiteren setzte der anthropologisch aufgeladene Authentizitätsbegriff in der Post-Nara Ära das Problem des Kulturrelativismus neu auf die UNESCO-Agenda bzw. verstärkte es. Jukka Jokilehto, seit den 1980er Jahren einflussreich in der internationalen Denkmalpflege-Community aktiv,[37] skizziert diese Herausforderung treffend, wenn er festhält: „Taking the discussion back to cultural relativism, we may agree with the idea that each culture has its own characteristics and identity [...] On the other hand, this does not mean that all values should be equal [...] Recognising the creative diversity of human mind, the question is to identify genuine/authentic examples of such creative and spiritual response. Considering also the notion of cultural diversity, we can observe that different cultures can have generated comparable responses. It is therefore

---

34 Falser: Theory-scapes transkulturell, S. 34 f.; vgl. auch: Jokilehto: Considerations.

35 Was folgerichtig ist, hieß es doch bereits in der ersten Fassung der *Operational Guidelines* (1977): „These Guidelines, which will need adjusting or expanding to reflect later decisions of the Committee, are of crucial importance, in that they provide a clear and comprehensive statement of the principles which are to guide the Committee in its future work." UNESCO: Operational Guidelines, CC-77/CONF.001/8 Rev, S. 1, FN 1.

36 ICOMOS: ICOMOS Charter – Principles for the Analysis, Conservation and Structural Restoration of Architectural Heritage (2003). Ratified by the ICOMOS 14th General Assembly in Victoria Falls, Zimbabwe, in 2003, S. 1. Auf diese Paradoxie wies zuerst, soweit ich sehe, Michael S. Falser hin. Vgl. Falser: Theory-scape transkulturell, S. 35.

37 Vgl. die Kurzbiographie auf: https://www.york.ac.uk/archaeology/people/honorary-visiting/jukka-jokilehto/ (letzter Abruf am 03.08.2020).

necessary to raise the issue of **representivity**, making sure that the significant responses to particular themes in the different cultures are **adequately represented on the List.**"[38]

Drittens verschärfte sich der Dualismus von Universalismus und Partikularismus re-nationalisierend und essentialisierend. Stellvertretend sei hier auf die *Charter for the Conservation of Unprotected Architectural Heritage and Sides of India* aus dem Jahr 2004 verwiesen, die durch die konstatierte symbiotische Beziehung von traditionellem Wissen und gebauter Umwelt letztere essentialisierte oder der australischen *Burra Charter* (1999), die das Erbe der Ureinwohner, der Aborigines, im nationalstaatlichen Interesse vereinnahmte.[39]

Der sich verstärkende Partikularismus und die Re-Nationalisierung stehen in offensichtlichen Gegensatz zum Topos des *outstanding universal value*, wie er sich in den aktuellen *Operational Guidelines* findet: „Outstanding Universal Value means cultural and/or natural significance which is so exceptional as to transcend national boundaries and to be of **common importance for present and future generations of all humanity.**"[40] Dennoch griffe es entschieden zu kurz, aus diesen Entwicklungen eine Generalkritik an den global agierenden Experten und Authentifizierungsinstitutionen abzuleiten, wie es mit viel Verve Michal S. Falser des Öfteren in jüngster Vergangenheit tat.[41] Übersieht eine solche Kritik doch, dass Mitglieder der Expertengemeinschaft, die i. d. R. Nichtregierungsorganisationen (NGO) vertreten, in einem doppelten Sinne auch *homines politici* sind. Sie sind dies zum einen, da es im Kontext der UNESCO-Authentifizierungen immer auch darum geht, durch die NGO's „Politikfelder zu definieren und sich als Experten für das jeweilige Politikfeld zu positionieren."[42] Und sie sind es jenseits des Machterhalts und -zuwachses zum anderen, da sie mit ihrem Diskurs der letzten Jahrzehnte auf den gesellschaftlich dominanten Prozess der Globalisierung reagierten. Insofern kann der global geführte UNESCO-Diskurs um das Authentische zuallererst als kulturalistischer Gegenentwurf gedeutet werden, der Widersprüche und Paradoxien nicht aufzuheben vermag, der das Authentische der vermeintlich globalen ‚Vereinheitlichungskultur' entgegen-

---

38 Jokilehto: Considerations, S. 15, Herv. d. Vf.
39 Falser: Theory-scapes transkulturell, S. 38.
40 UNESCO (Hg.): Operational Guidelines WHC.16/01 2016, S. 11, Herv. d. Vf.
41 Vgl. Falser: Theory-scapes transkulturell; Falser, Michael S.: Von der Venice Charter 1964 zum Nara Document of Authenticity 1994. 30 Jahre „Authentizität" im Namen des kulturellen Erbes der Welt, in: Kunstgeschichte. Open Peer Reviewed Journal 2011 (http://www.kunstgeschichte-ejournal.net/239/).
42 Rehling: Universalismen und Partikularismen, S. 416.

setzt und nicht zuletzt den lokalen, begrenzten *Space of Places* gegenüber dem globalen, de-territorialisierenden und grenznegierenden *Space of Flows* aufwertet.[43]

Grenze und Grenzziehung

Für die Authentifizierung des Weltkulturerbes fällt Grenzen bzw. Grenzziehungen eine zentrale Rolle zu, dies gilt vor allem, wenn Räume authentifiziert werden, also bauliche Ensembles oder *cultural landscapes*. Die *Operational Guidelines* betonen dies insofern, als sie den Inklusionscharakter von Grenzen hervorheben – gleichwohl, dies sei hier nur angemerkt, die aktuelle grenztheoretische Forschung den Exklusionscharakter von Grenzen prominent adressiert –[44]: „Boundaries should be drawn to incorporate all the attributes that convey the Outstanding Universal Value and to ensure the integrity and/or authenticity of the property."[45]

Im Englischen sind *boundaries* keine *borders*, in denen sich die Kraft des Liminalen materialisiert, *boundaries* markieren hingegen *borders*; sie sind auch nicht auf das Materielle oder Territoriale beschränkt, dienen u. a. der sozialen Distinktion und grundlegenden bipolaren Trennungen der Moderne.[46] *Boundaries* weisen, im Gegensatz zu *borders*, mithin eher virtuellen Charakter auf, sie lassen sich als das kritische Moment von Situationsoppositionen deuten, sie nehmen Einfluss durch ihre Wirkungen, nicht durch ihre Präsenz. *Boundaries* entsprechen mithin einem systemtheoretischen Grenzbegriff, der Grenzen jenseits und unabhängig von Territorialität denkt. In dieser Perspektive gilt es dann auch, die Paradoxie zur Kenntnis zu nehmen dass, „ [d]ie Grenze [...] immer überall, jedoch nicht immer überall dekodiert und damit beobachtbar [ist].

---

43 Zu den genannten Raumkonzepten vgl.: Castells, Manuell: Die Netzwerkgesellschaft. Das Informationszeitalter: Wirtschaft, Gesellschaft, Kultur, Opladen 2001. Aus Sicht der neueren grenztheoretischen Forschungen vgl. hierzu: Schweitzer, Doris: Grenzziehungen und Raum in Manuell Castells' Theorien des Netzwerks und der Netzwerkgesellschaft, in: Christoph Kleinschmidt/ Christine Hewel (Hg.): Topographien der Grenze. Verortungen einer kulturellen, politischen und ästhetischen Kategorie, Würzburg 2011, S. 49–62.
44 Eigmüller, Monika: Der duale Charakter der Grenze. Bedingungen einer aktuellen Grenztheorie, in: Dies./ Georg Vobruba (Hg.): Grenzsoziologie. Die politische Strukturierung des Raumes, Wiesbaden 2006, S. 55–73, hier S. 59.
45 UNESCO (Hg.): Operational Guidelines 2016, S. 21.
46 Das Folgende, sofern nicht anders angemerkt nach: Shields, Rob: Boundary-Thinking in Theories of the Present. The Virtuality of Reflexive Modernization, in: European Journal of Social Theory 9 (2006:2), S. 223–237, hier S. 224–229.

Sichtbar und real wird die Grenze erst durch eine auf sie bezogene kommunikative Handlung, die den spezifischen Code der Grenze (re-)aktualisiert; die Grenze existiert jedoch auch dann, wenn sie nicht sichtbar ist."[47]
Die Kraft des Linimalen, auf dem Papier omnipräsent, wird in der Praxis überlagert durch das Fluide, die strikte papierene Grenzziehung konstruiert den so genannten authentischen Raum, findet aber keine Entsprechung im ‚realen' Raum selbst. Diese Nicht-Entsprechung ist durchaus nicht trivial, denn, um Michel Foucault zu bemühen: „Grenzen und Übertretung verdanken einander die Dichte ihres Seins: Inexistenz einer Grenze, die absolut nicht Überschritten werden kann; umgekehrt Sinnlosigkeit einer Übertretung, die nur eine illusorische, schattenhafte Grenze überschritte."[48] Dies zeitigt Folgen für das von der UNESCO Authentifizierte, insbesondere dort, wo es uns in einer räumlichen Verfasstheit entgegentritt. Wenn Grenzen als „Medium des Verstehens und der Ordnungsbildung"[49] operieren, so vermögen sie uns in ihrer fluiden Form der räumlichen Welterbestätten weder mitzuteilen, was zu verstehen sei, nämlich das Authentische, noch wie sich das UNESCO-Authentifizierte ordnet. Ihre Fluidität, um es zu überspitzen, versperrt im „Raum die Zeit" zu lesen,[50] da wir die Relationen des Raumes, die Beziehungen zwischen den Menschen und den Dingen, nicht zu de-codieren vermögen.
So essentiell Grenzziehungen aus Sicht der institutionellen Handlungslogiken der UNESCO-Authentifizierungsprozesse auch sind, ließe sich doch in räumlichen Kontexten sonst nicht über das Authentische verhandeln, so mangelt es ihnen in der Praxis nicht nur an einer ‚Grenzpolitik' des Authentischen. Vielmehr scheint die objektzentrierte Grenzziehung der UNESCO wenig zu berücksichtigen, dass das Authentische auch in den authentifizierten Räumen als solches wahrgenommen wird, will sagen: Grenzziehungen bestimmten nicht nur die Relationen zwischen den Dingen und den Akteuren, vielmehr erweisen sie sich als konstitutiv für „eigene Selbstverständnisse" und Identitätsbildungen.[51] Die Grenzziehung ist insofern auch ein Mehr als die Inklusion des Authentischen der Objekte, sie ist, um es zu überspitzen, zugleich auch die Forderungen

---

47 Eigmüller: Der duale Charakter der Grenze, S. 66.
48 Kleinschmidt, Christoph: Einleitung. Formen und Funktionen von Grenzen. Anstöße zu einer interdisziplinären Grenzforschung, in: Ders./ Hewel (Hg.): Topographien der Grenze, S. 9–21, hier S. 11.
49 Vasilache, Andreas: Grenzen in der Transnationalisierung, in: Kleinschmidt/ Hewel (Hg.): Topographien der Grenze, S. 65–86, hier S. 65.
50 Schögel, Karl: Im Raume lesen wir die Zeit. Über Zivilisationsgeschichte und Geopolitik, München 2003.
51 Kleinschmidt: Einleitung, S. 9.

einer UNESCO-Mentalität über die Experten-Eliten hinaus; sie inkludiert stillschweigend die lokalen Akteure.

Schluss

Die vorangegangenen Überlegungen sollen abschließend in drei Thesen zugespitzt werden, die insbesondere auf räumlich authentifizierte Weltkulturerbestätten fokussieren:

1. Unverkennbar hat das *Nara Document on Authenticity* dazu beigetragen, dass der UNESCO-Diskurs über Authentizität sich von seinem bis in die 1990er Jahre dominanten, auf das Materielle, v. a. die Originalsubstanz, zielenden Verständnis löste. Darüber hinaus führte die Charta auch zur Anerkennung der Verhandelbarkeit von Authentizität in Zeit und Raum, was eine Dynamisierung der Objektauthentizität mit sich brachte. Konträr hierzu scheint in der allgemeinen Rede über Authentizität dessen Persistenz mitzuschwingen, was sich auch in der offiziellen Denkmalpflegepolitik manifestiert. Diese Differenz lässt es fraglich erscheinen, ob für räumliche Authentifizierungen das UNESCO-Konzept Authentizität angewandt werden sollte, sind Räume doch zuvorderst durch ihre Dynamiken geprägt.

2. UNESCO-Authentifizierungen können als kulturalistische Gegenentwürfe zur Globalisierung gelesen werden. Damit tritt die Paradoxie von globalem Bewahren und Erinnern im ausschließlich lokalen Kontext deutlich zu Tage. Auch wertet dieser Gegenentwurf den „Nahraum" als eigentlichen Ort sozialer Interkation auf.[52] Das Authentische ist damit eingewoben in je lokal-spezifische soziale Konfigurationen, kann seine zugewiesene Dignität aus sich selbst heraus nicht kommunizieren. Diese Problemkonstellation leitet unmittelbar zur letzten These über:

3. Willibald Sauerländer hat im allgemeinen Kontext der Denkmalpflege konstatiert: „Authentizität aber ist nicht auswechselbar, nicht simulierbar. Sie steht quer zum postmodernen Zeitalter und seinen lokalen Inszenierungen."[53] Dies mag unbestritten sein, sofern wir über Objektauthentizitäten reden, gleichwohl die aktuellen Debatten um 3-D-Rekonstruktionen des

---

52 Schroer, Markus: Räume, Orte, Grenzen. Auf dem Weg zu einer Soziologie des Raums, Frankfurt (Main) 2006, S. 27.

53 Sauerländer, Willibald: Kommentar 1993. Ein Nachwort in Zweifel und Widerspruch, in: Wilfried Lipp (Hg.): Denkmal – Werte – Gesellschaft. Zur Pluralität des Denkmalbegriffs, Frankfurt (Main)/ New York 1993, S. 142–147, hier S. 147, zit. nach: Seidenspinner, kunsttexte.de, S. 3.

Welterbes Palmyra auf einen Wandel hindeuten,[54] der durchaus epistemische Relevanz hat. In der Rede über authentifizierte Räume des Weltkulturerbes scheint dieses apodiktische „Querstehen" fraglich. Der Gegensatz Authentisch – Inszeniert muss sich hier verflüchtigen, da ohne das Inszenierte eine Aktualisierung der Raumgrenzen nicht möglich scheint, ihre Wirkung sich nicht entfalten kann.[55]

Literatur

Bernhardt, Christoph/ Sabrow, Martin/ Saupe, Achim: Authentizität und Bauerbe. Transdisziplinäre Perspektiven, in: Dies. (Hg.): Gebaute Geschichte. Historische Authentizität im Stadtraum, Göttingen 2017, S. 9–22.

von Buttlar, Adrian u. a. (Hg.): Denkmalpflege statt Attrappenkult. Gegen die Rekonstruktion von Baudenkmälern – eine Anthologie (Bauwelt Fundamente 14), Gütersloh u. a. 2010.

Cameron, Christina: From Warsaw to Mostar. The World Heritage Committee and Authenticity, in: APT Bulletin. Journal of Preservation Technology 39 (2008:2-3), S. 19–24.

Cameron, Christina: The Evolution of the Concept of Outstanding Universal Value, in: Nicholas Stanley-Price/ Joseph King (Hg.): Conserving the Authentic. Essays in Honour of Jukka Jokilehto (ICCROM Conservation Studies 10), Rom 2009, S. 127–136.

Castells, Manuell: Die Netzwerkgesellschaft. Das Informationszeitalter. Wirtschaft, Gesellschaft, Kultur, Opladen 2001.

Eigmüller, Monika: Der duale Charakter der Grenze. Bedingungen einer aktuellen Grenztheorie, in: Dies./ Georg Vobruba (Hg.): Grenzsoziologie. Die politische Strukturierung des Raumes, Wiesbaden 2006, S. 55–73.

Falser, Michael S.: Von der Venice Charter 1964 zum Nara Document of Authenticity 1994. 30 Jahre „Authentizität" im Namen des kulturellen Erbes der Welt, in: Kunstgeschichte. Open Peer Reviewed Journal 2011 (http://www.kunstgeschichte-ejournal.net/239/).

Falser, Michael S.: Theory-Scapes transkulturell. Zur Karriere des Begriffs Authentizität in der globalen Denkmalpflege, in: Österreichische Zeitschrift für Kunst und Denkmalpflege LXIX (2015:1-2), S. 33–40.

Fowler, Peter J.: World Heritage Cultural Landscapes 1992–2002 (World Heritage papers 6), Paris 2003.

Hassler, Uta/ Nerdinger, Winfried (Hg.): Das Prinzip Rekonstruktion, Zürich 2010.

ICOMOS: ICOMOS Charter. Principles for the Analysis, Conservation and Structural Restoration of Architectural Heritage (2003). Ratified by the ICOMOS 14th General Assembly in Victoria Falls, Zimbabwe, in 2003 (http://www.icomos.org/charters/structures_e.pdf).

Jokilehto, Jukka: Considerations on Authenticity and Integrity in World Heritage Context, in: City & Time 2 (1) (2006:1), S. 1–16.

---

54 Vgl. hierzu die Diskussionen auf: https://www.3d-grenzenlos.de/magazin/forschung/.
55 Vgl. den Beitrag von Gerhard Lenz; vgl. Korff, Gottfried: Von der Leidenschaft des Bewahrens, in: Die Denkmalpflege 52 (1994), S. 32–40, hier S. 38.

Jokelihto, Jukka (mit Beiträgen von Christina Cameron und Michal Petzelt): The World Heritage List. What is OUV? Defining the Outstanding Universal Value of Cultural World Heritage Properties (ICOMOS. Monuments and Sites XVI), Berlin 2008.

Kleinschmidt, Christoph: Einleitung. Formen und Funktionen von Grenzen. Anstöße zu einer interdisziplinären Grenzforschung, in: Ders./ Christine Hewel (Hg.): Topographien der Grenze. Verortungen einer kulturellen, poltischen und ästhetischen Kategorie, Würzburg 2011, S. 9–21.

Korff, Gottfried: Von der Leidenschaft des Bewahrens, in: Die Denkmalpflege 52 (1994), S. 32–40.

Lindl, Stefan: Kategorien historischer Authentizität in Architektur und Denkmalschutz, Augsburg 2016 (OpenAccess. Universitätsbibliothek Augsburg, OPUS).

Mager, Tino: Schillernde Unschärfe. Der Begriff der Authentizität im architektonischen Erbe, Berlin 2016.

Mager, Tino: Immaterielle Architektur. Kulturspezifische Relationen von Authentizität und materieller Substanz, in: Christoph Bernhardt/ Martin Sabrow/ Achim Saupe (Hg.): Gebaute Geschichte. Historische Authentizität im Stadtraum, Göttingen 2017, S. 165–179.

Meier, Hans-Rudolf: 50 Jahre Charta von Venedig. Geschichte, Rezeption, Perspektiven, in: Österreichische Zeitschrift für Kunst und Denkmalpflege LXIX (2015:1-2), S. 156–157.

Nationalkomitee der Bundesrepublik Deutschland (Hg.): Grundsätze der Denkmalpflege (ICOMOS. Hefte des Deutschen Nationalkomitees 10), München 1992.

Nerdinger, Winfried (Hg.): Geschichte der Rekonstruktion. Konstruktion der Geschichte, München 2010.

O. V.: Zerstörung und Wiederaufbau, in: Deutsches Archäologisches Institut (Hg.): Archäologie Weltweit. Magazin des Deutschen Archäologischen Instituts 5 (2017:1), S. 14 (Sonderausgabe. Die neue Bauakademie. Ein thinktank für die internationale Kooperation).

Passfield, Robert W.: Evaluating Authenticity. Reconstructed Timber Swing Bridges, in: IA. The Journal of the Society for Industrial Archeology 31 (2005:2), S. 5–26.

Paulmann, Johannes/ Rehling, Andrea: Historische Authentizität jenseits von »Original« und »Fälschung«. Ästhetische Wahrnehmung – gespeicherte Erfahrung – gegenwärtige Performanz, in: Martin Sabrow/ Achim Saupe (Hg.): Historische Authentizität, Göttingen 2016, S. 91–125.

Pocock, Douglas: Some Reflections on World Heritage, in: Area 29 (1997:3), S. 260–268.

Rehling, Andrea: Universalismen und Partikularismen im Widerstreit. Zur Genese des UNESCO-Welterbes, in: Zeithistorische Forschungen 8 (2011), S. 414–436.

Sabrow, Martin/ Saupe, Achim: Historische Authentizität. Zur Kartierung eines Forschungsfeldes, in: Dies. (Hg.): Historische Authentizität, Göttingen 2016, S. 7–28.

Sauerländer, Willibald: Kommentar 1993. Ein Nachwort in Zweifel und Widerspruch, in: Wilfried Lipp (Hg.): Denkmal – Werte – Gesellschaft. Zur Pluralität des Denkmalbegriffs, Frankfurt (Main)/ New York 1993, S. 142–147.

Saupe, Achim: Empirische, materiale, personale und kollektive Authentizitätskonstruktionen und die Historizität des Authentischen, in: Martin Fitzenreiter (Hg.): Authentizität. Artefakt und Versprechen in der Archäologie (IBAES. Internet-Beiträge zur Ägyptologie und Sudanarchäologie XV), London 2014, S. 19–26.

Schögel, Karl: Im Raume lesen wir die Zeit. Über Zivilisationsgeschichte und Geopolitik, München 2003.

Schweitzer, Doris: Grenzziehungen und Raum in Manuell Castells' Theorien des Netzwerks und der Netzwerkgesellschaft, in: Christoph Kleinschmidt/ Christine Hewel (Hg.): Topographien der Grenze. Verortungen einer kulturellen, politischen und ästhetischen Kategorie, Würzburg 2011, S. 49–62.

Seidenspinner, Wolfgang: Woran ist Authentizität gebunden? Von der Authentizität zu den Authentizitäten des Denkmals, in: kunsttexte.de 3/2007 (http://edoc.hu-berlin.de/kunsttexte/2007-3/seidenspinner-wolfgang-2/PDF/seidenspinner.pdf).

Shields, Rob: Boundary-Thinking in Theories of the Present. The Virtuality of Reflexive Modernization, in: European Journal of Social Theory 9 (2006:2), S. 223–237.

Stovel, Herb: Origins and Influence of the Nara Document on Authenticity, in: APT Bulletin. Journal of Preservation Technology 39 (2008:2-3), S. 9–17.

UNESCO (Hg.): Convention Concerning the Protection of the World Cultural and Natural Heritage. Adopted by the General Conference at its Seventeenth Session Paris, 16 november 1972.

UNESCO. World Heritage Committee (Hg.): Operational Guidelines for the World Heritage Committee. CC-77/CONF. 001/8. 30. June 1977, Paris 1977

UNESCO. Intergovernmental Committee for the Protection of the World Cultural and Natural Heritage (Hg.): Operational Guidelines for the Implementation of the World Heritage Convention. CC-77/CONF.001/8 Rev. 20. October 1977, Paris 1977

UNESCO (Hg.): Convention for the Safeguarding of the Intangible Cultural Heritage, Paris 2003 (http://unesdoc.unesco.org/images/0013/001325/132540e.pdf).

UNESCO. World Heritage Centre (Hg.): Operational Guidelines for the Implementation of the World Heritage Convention WHC. 08/01, January 2008, Paris 2008.

UNESCO (Hg.): Operational Directives for the Implementation of the Convention for the Safeguarding of the Intangible Cultural Heritage, Paris 2016 (https://ich.unesco.org/doc/src/ICH-Operational_Directives-6.GA-PDF-EN.pdf).

UNESCO World Heritage Centre (Hg.): Operational Guidelines for the Implementation of the World Heritage Convention. WHC.16/01, Paris 2016 (http://whc.unesco.org/en/guidelines).

Vasilache, Andreas: Grenzen in der Transnationalisierung, in: Christoph Kleinschmidt/Christine Hewel (Hg.): Topographien der Grenze. Verortungen einer kulturellen, poltischen und ästhetischen Kategorie, Würzburg 2011, S. 65–86.

Internet-Ressourcen

http://whc.unesco.org/en/news/850/ (letzter Abruf am 14.04.2017).

http://ip51.icomos.org/~fleblanc/in-memoriam/stovel-herb/im_stovel_testimonials.pdf (letzter Abruf am 14.04.2017).

http://www.iccrom.org/ifrcdn/eng/news_en/2012_en/various_en/03_16obitStovel_en.shtml (letzter Abruf am 17.04.2017).

https://www.york.ac.uk/archaeology/people/honorary-visiting/jukka-jokilehto/ (letzter Abruf am 03.08.2020).

http://www.fraeuleinjulia.de/die-sache-mit-der-authentizitaet/ (letzter Abruf am 25.04.2017).

https://www.3d-grenzenlos.de/magazin/forschung/ (letzter Abruf am 24.04.2017).

Heike Oevermann
Städtebauliche Identität, Authentizität und Konversion historischer Industriekomplexe

Einleitung

Eine neue und wichtige Planungsaufgabe in vielen europäischen Städten ist die Konversion historischer Industriekomplexe. Die architektonisch-städtebauliche Praxis zeigt, dass die städtebaulichen Strukturen dieser Komplexe in der Konversion erhalten und weiterentwickelt werden können. Während Forschungen zu den technik- und architekturgeschichtlichen Dimensionen von industriellen Bauten und Anlagen eine längere Tradition haben,[1] rückt erst seit kurzem der Städtebau als räumlicher Identitätsträger und als ‚landmark' in den Blick.[2] Der Begriff der Identität findet in diesem Kontext Anwendung, seine Präzisierung als städtebauliche Identität ist neu. Für die Forschung stellt sich die Frage, wie städtebauliche Identität gefasst werden kann, und welche Implikation dies für die Denkmalpflege und architektonische Praxis der Konversion birgt. Daran schließen sich die präzisierenden Fragen an: Wie wird die Authentizität, verstanden als die *Erhaltung* der materiellen, formal-gestalterischen und funktionalen Identität, des Denkmals bewahrt und wie verträgt sich das mit dem Anspruch einer Weiterentwicklung für neue Nutzungen? Können Ansätze einer guten Praxis (best-practice) davon abgeleitet werden?

Der Beitrag fasst Identität und Authentizität im planerischen Kontext. Die Ergebnisse der folgenden typologischen Annäherung, bei der tradierte städtebauliche Typen und Varianten bzw. Verfremdungen erfasst werden können, können als ambivalente Identitäten historischer Textilindustriekomplexe interpretiert werden. Im Rückgriff auf Identitätsbegriffe, sowie auf ein anwendungsbezogenes Verständnis von Authentizität, werden die Bedeutung und Grenzen der typologischen Analysen des historischen Städtebaus von Industriekomplexen gezeigt: Zuschreibungen eindeutiger Identitäten sind für die Denkmalpflege weniger hilfreich, in einem erweiterten Verständnis von Identität können sie jedoch als Orientierungshilfe für planerische Ansätze der Konversionen dienen. Dies gilt insbesondere für Stadtentwickler, Eigentümer, Bauherren, Architekten, Nutzer und Denkmalschützer, die in der gemeinsamen Auseinandersetzung mit

1 U. a. Cossons, Neil: The BP Book of Industrial Archeology, Devon 1993.
2 U. a. Oevermann, Heike/ Mieg, Harald A. (Hg.): Industrial Heritage in Transformation. Clash of Discourses, London/ New York 2015.

https://doi.org/10.1515/9783110683103-003

Erhaltungs-und Entwicklungsperspektiven bei der Konversion und Umnutzung von aufgelassenen Industriearealen und Komplexen ringen.

Identität oder besser: Erhalt der kulturellen Diversität?

Identität ist ein Begriff, der häufig in Bezug zu Denkmalschutz und Denkmalpflege verwendet wird und dennoch diffus bleibt: „Auf die identitätsstiftende Wirkung von Denkmalen wird in aktuellen Debatten häufig verwiesen. So heißt es im Leitbild Denkmalpflege der Vereinigung der Landesdenkmalpfleger von 2011: ,Denkmale stiften Identität'. Ein Nachweis für die Bedeutung des Begriffs für das Fach fehlt bisher."[3] Dieses Zitat zeigt beispielhaft die Relevanz und auch das Dilemma, das mit dem Begriff Identität im Kontext von Erbe verbunden ist.[4] Einerseits mag die Denkmalpflege sich mit den wichtigen soziologischen und psychologischen Prozessen von Identität legitimieren, und es ist ja auch für Viele nachvollziehbar, dass der Erhalt signifikanter Gebäude einen Anhalts- und Ankerpunkt für die eigene Identität und für Gruppenidentitäten darstellen kann. Gleichzeitig sind solche Prozesse der Identifikation wenig erforscht. Darüber hinaus stellt sich die Frage, inwieweit der Rückgriff auf Identität die Denkmalpflege beschränkt, im Sinne von einengend. Identität im Kern ihres Wortstammes bedeutet derselbe Seiende oder auch die Selbstheit,[5] identisch sind Dinge, wenn sie genau gleich sind bzw. genau gleich bleiben. Hier formuliert Hans-Rudolf Meier mit seiner Reflektion über Wertehierarchie versus Wertepluralität in der Denkmalpflege ein zentrales Argument: „Dagegen liegt der Wert einer offenen, wertepluralen und wertereflektierenden Denkmalpflege im Erkennen nicht nur der Vielfalt des Erhaltungswerten, sondern ebenso der Vielfalt an

3 Ilian, Carola: Identifikationswert/Identität, in: Hans-Rudolf Meier u. a. (Hg.): WERTE. Begründungen der Denkmalpflege in Geschichte und Gegenwart, Berlin 2012, S. 100–101, hier S. 100.
4 Folgende Literaturhinweise stehen stellvertretend für eine umfangreiche und oft auch kampfbetonte Diskussion über Identität und Erbe: Schwarz, Angela: Industriekultur, Image und Identität im Ruhrgebiet oder die umstrittene Frage nach dem Strukturwandel in den Köpfen, in: Dies. (Hg.): Industriekultur, Image und Identität. Die Zeche Zollverein und der Wandel in den Köpfen, Essen 2008, S. 17–67; Pehnt, Wolfgang: Architektur als Bedeutungsträger. Die identitätsstiftende Kraft von Architektur; und Assmann, Aleida: Kultur und Krieg, Vergangenheit und Zukunft des kulturellen Erbes, beide in: der architekt 65 (2016:2), S. 18–23 und S. 24–29. Zudem kann auch auf das DFG-Gradiertenkolleg Identität und Erbe verwiesen werden, das seit Herbst 2016 an der TU Berlin und der Bauhaus-Universität in Weimar durchgeführt wird.
5 Ilian: Identifikationswert/Identität, S. 101.

Erhaltungsmotivationen und letztlich auch Erhaltungsmöglichkeiten. Das eröffnet neue Perspektiven [...] [für die] Denkmalpflege als vielfältiges offenes Netzwerk, das weniger die Schaffung von (immer exkludierenden) ‚Identitäten', als vielmehr den Erhalt kultureller Diversität zum Ziel hat."[6]

Wenn also der Erhalt kultureller Diversität Ziel der Denkmalpflege ist, muss zumindest der Begriff der Identität nicht nur im Sinne von Selbstheit und Kontinuität dieser Identität zu definieren sein, sondern eine Erweiterung erfahren. Das Konzept einer dynamischen Identität von Baumann scheint den anderen Pol der Diskussion zu besetzen: die Identität als Palimpsest[7] wird verstanden als eine, die immer wieder leicht zu löschen und zu überschreiben ist. Im Rückgriff auf Stuart Hall betont er, dass Identität eben *nicht* einen stabilen, unveränderten Kern des Selbst darstellt.[8] Auch dieses Verständnis einer ständigen Überschreibung ist für die Denkmalpflege ungeeignet. In der Auseinandersetzung mit der baulichen Substanz von Städten wird vielmehr von Kontinuität und Wandel der Identität gesprochen.[9] Dies um einerseits die starre Festschreibung, die das Konzept der Identität enthält, aufzubrechen, aber gleichzeitig herauszuarbeiten, dass bauliche (Wieder-)Erkennbarkeiten Qualitäten in Städten darstellen. In einem Beitrag zum Planen und Lesen der Städte schreiben die Autoren Mieg und Mieg-Debik, dass Städte als Palimpseste[10] aufgefasst werden können. Diese Schichten zu lesen, ist die eigentliche Planungsaufgabe: „Es geht weniger darum, weitere Stadt-Zukünfte zu planen, als vielmehr darum", Städte zu lesen und an der Geschichte der Stadtkultur weiterzuschreiben."[11] Angewendet auf die Konversion historischer Industriekomplexe wird das Potenzial verständlich, das in dieser Argumentation für Denkmalpflege und für Stadtentwicklungsplanung

---

6 Meier, Hans-Rudolf: Wertedebatten und Wertelehren in der spätmodernen Denkmalpflege. Hierarchien versus Pluralität, in: Ders. u. a. (Hg.): WERTE, S. 62–71, hier S. 68.

7 Bauman, Zygmunt: Das Unbehagen in der Postmoderne, Hamburg 1999, S. 48.

8 Bauman, Zygmunt: Gemeinschaften, Frankfurt (Main) 2009, S. 25.

9 Mieg, Harald A./ Mieg-Debik, Anja: Kommentar aus der Wissenschaft zum Feld Konversion und Stadtumbau, in: Nele Hertling/ Volker Hassemer (Hg.): Städte und Regionen. Ihr kultureller Auftrag für Europa und seine Umsetzung. Ein Leitfaden (Stiftung Zukunft Berlin), Berlin u. a. 2008, S. 100–105.

10 Hier wird der Begriff des Palimpsest etwas anders als bei Baumann verstanden: Baumann sieht das gelöschte Videoband (vgl. Baumann: Unbehagen, S. 49), das gelöscht und überschrieben wird, hier sind die weiterhin bestehenden Ablagerungen und Schichten gemeint. Ganz unproblematisch ist auch dieser Ansatz für die Denkmalpflege nicht: So können auch Schichten eben nicht gelesen werden und zusammenhanglos übereinander bestehen bzw. weitergeschrieben werden. Vgl.: Konferenz des BUNBR: Zeitschichten der europäischen Stadt, Berlin 08./09.12.2016.

11 Mieg/ Mieg-Debik: Kommentar aus der Wissenschaft, S. 105.

liegt: diese historischen Orte als Zeugnis einer städtischen Genese zu verstehen, die vielfach in Europa mit und durch die Industrie geprägt wurde.[12]

In den Denkmalkategorien des Industrieerbes wurde der Begriff der Identität während der Internationalen Bauausstellung Emscher Park (IBA Emscher) in den 1990er Jahren herangezogen. Dabei ging es nicht um die Erhaltung der historischen funktionalen Identität, die z. B. durch Stilllegungen von Produktionen verloren war, sondern um die Erhaltung der materiellen, raumprägenden Strukturen. Der Leiter der IBA, Karl Ganser, schrieb gemeinsam mit Klaus Wermker unter dem Titel „Industrielandschaft und Identität": „Auch Raumstrukturen sind Teil dieser Identität, also einer Abfolge von Flächen mit ihren jeweiligen Gestalten, Nutzungen und den sie verbindenden Linienelementen wie Straße, Kanäle, Gleise."[13] Hier werden nicht nur Denkmalobjekte als identitätswirksam identifiziert, sondern auch ganze Industrielandschaften mit ihrer Eigenart in Gestalt, Struktur und Nutzung. Diese zu erhalten, gelingt nach Ansicht der Autoren nur durch den Dialog, der offen ist für Prozesse, Veränderungen und gemeinsame Positionen, bei gleichzeitiger Anerkennung übergeordneter Gestaltungsprinzipien. Auch Ganser und Wermker zielen mit ihrer Position auf Kontinuität und Wandel der Identität der historischen Industrielandschaft.

Städtebauliche Identität

Städtebauliche Identität kann als die Identität eines Ortes, erzeugt durch den Städtebau, verstanden werden. Hier wird also vor allem ein anderer Maßstab herangezogen, der weniger das Einzelobjekt als eben den Städtebau im Blick hat. Dabei schließt Städtebau auch Landschaft, Infrastrukturen, usw. mit ein. Wichtig ist jedoch zu verstehen, dass Städtebau im Unterschied z. B. zur Stadtplanung, Stadt als dreidimensionales, nicht zweidimensionales Gebilde betrachtet und bearbeitet. Städtebauliche Identität ist nicht gleich städtischer Identität, letztere bezieht sich nicht nur, aber stark auf Lebens- und Kulturformen der Stadt und ihrer Menschen, während erstere sich auf die gebaute, physische Stadt bezieht.

Zwei Positionen sollen helfen zu verstehen, warum ungeachtet der breiten und kampfbetonten Debatte über Identität der Begriff im Umgang mit historischen Industriekomplexen als planerische Orientierungshilfe hilfreich sein

---

12 Beispiele aus Liverpool, Mailand, Winterthur und anderen Städten sind in diesem Kontext diskutiert worden: Oevermann/ Mieg (Hg.): Industrial Heritage Sites in Transformation.
13 Ganser, Karl/ Wermker, Klaus: Industrielandschaft und Identität, in: Garten + Landschaft (1994), S. 29–34, hier S. 32.

kann. Diese Positionen sind entstanden in einer Krisenzeit des Städtebaus,[14] und betonen die Bedeutung der Erkennbarkeit lokaler Architektur und Städte, bzw. Stadtbereiche als Qualität einer Stadt. Anfang der 1960er Jahre entstand die Arbeit über das Bild der Stadt von Kevin Lynch. Lynch versuchte, die Stadt in der Wahrnehmung der Nutzerinnen und Nutzer zu lesen. In seinem Ansatz wird der Begriff der Identität als wichtig für die Kohärenz eines Bildes gesehen, wie für die Erkennbarkeit als bildwirksame Einheit: „The coherence of the image may arise in several ways. There may be little in the real object that is ordered or remarkable and yet its mental picture has gained identity and organization from long familiarity. [...] A workable image requires first the identification of an object, which implies its distinction from other things, its recognition as a separate entity. This is called identity, not in the sense of equality with something else, but with meaning of individuality or oneness."[15] Städtebauliche Identität, so kann man hier ableiten, entsteht also, wenn räumliche Einheiten in der Gesamtheit der Stadt lesbar werden. Die städtebauliche Identität trägt dann zu einem stimmigen Bild der Stadt für die Nutzerinnen und Nutzer bei, wenn diese ablesbaren Einheiten vertraut sind. Damit besteht die Stadt aus vielfältigen, sich überlappenden, auch sich widersprechenden Identitäten, je nach Wahrnehmung der einzelnen Menschen. Identität ist hier also keine eindeutige Zuschreibung, dennoch aber etwas, das (wieder-)erkennbar ist. Identitäten können nach Lynch auch wenig geordnete oder wenig auffallende Einheiten sein, die jenseits von sight-seeing Objekten oder klassischen Denkmalen der Stadt bestehen.

Hieran anknüpfend soll eine Brücke geschlagen werden zu der in der zweiten Hälfte des 20. Jahrhunderts bestehenden Debatte und planerischen Praxis, die zum Ziel hatte, über typologische Ansätze im Städtebau historische städtebauliche Komplexe und Strukturen zu lesen, zu bearbeiten und neu zu erfinden.[16] In diesem Kontext verstand Ungers Typologie als „identifizierbare Eigenschaften" bzw. „die eigentliche Gestalt"[17] oder Physiognomie eines Stadtteils. Dabei zielt er als Architekt auf eine Entwurfsorientierung für die städtebauliche Weiterentwicklung der Unterschiedlichkeit vielfacher Stadtbereiche, die zuein-

---

14 Magnago Lampugnani, Vittorio u. a.: Anthologie zum Städtebau 3. Vom Wiederaufbau nach dem Zweiten Weltkrieg bis zur zeitgenössischen Stadt, Berlin 2005, S. 407–409, S. 479 f.

15 Lynch, David: The Image of the City, Cambridge (MA) 1960, S. 484 f.

16 Vgl. dazu: Magnago Lampugnani u. a.: Anthologie zum Städtebau; Magnago Lampugnani, Vittorio: Die Stadt im 20. Jahrhundert. Visionen, Entwürfe, Gebautes, Berlin 2010, S. 813–847.

17 Ungers, Oswald Mathias: Sechs Thesen für die zukünftige Entwicklung der Großstadt, in: Hans-Dieter Dyroff (Hg.): Architektur und Denkmalpflege 6. Leben in der Stadt, München u. a. 1980, S. 97–101, hier S. 99. Vgl. auch: Ungers, Oswald Mathias u. a.: Die Stadt in der Stadt. Berlin: ein grünes Archipel, Baden 2013.

ander Brüche und Kanten enthalten. Er schlägt vor: „Der erste Schritt zur Ver-
wirklichung müßte die Identifikation und Selektion solcher Stadtgebiete sein,
die identifizierbare Eigenschaften einer Qualität besitzen, die eine Erhaltung
und Verdeutlichung rechtfertigen."[18]

Das Potenzial dieses Konzeptes liegt in der Vorstellung von Stadt als aus unterschiedlichen Identitäten bestehend, die dann auch die Industriekomplexe
und Infrastrukturen einschließen können. Zudem wird die potenzielle (Wieder-)
Erkennbarkeit betont. Gleichzeitig birgt das Konzept die Gefahr der Reduzierung
eines Stadtteils auf wenige erkennbare Qualitäten, die dann in einer „Weiterentwicklung" vervielfacht werden, ähnlich der Vorstellung Dresdens Altstadt als
Barockstadt zu rekonstruieren oder Berlins Mitte als preußische Hauptstadt. Es
ist hiermit also möglich, die seit den 1990er Jahren geführte Debatte zu ignorie-
ren, die die Bewahrung und Rekonstruktion von historischen Altstädten als
„Traditionsinseln" inmitten von eigenschaftslosen Städten kritisch thematisiert.[19]

Im Kontext von städtebaulicher Identität, Authentizität und Konversion historischer Industriekomplexe sollen Lynch und Ungers Positionen der Argumentation helfen, Industriekomplexe überhaupt erst einmal als städtebauliche Einheiten mit konkreten städtebaulichen Eigenschaften anzuerkennen. Denn obwohl in der Stadtbaugeschichte, verstanden als Disziplin, die Industrialisierung
themenbestimmend ist – die Auswirkungen industrieller Produktion für die
Stadt, die neuen Stadt- und Verkehrstechniken sowie die vielfältigen Gegen-
und Reformbewegungen, die sich in Architektur, Städtebau und Stadtplanung
niedergeschlagen haben[20] – gibt es kaum Arbeiten, die Industriekomplexe, als
(wieder-)erkennbare räumliche Einheiten im Städtebau untersuchen. Dazu kann
einschränkend die Frage gestellt werden, ob diese Einheiten überhaupt wieder-
erkennbar im Sinne von Lynchs Vorstellung des Vertrauten sind, da sie zu Be-
triebszeiten für die nicht dort Werktätigen abgegrenzt und abgeschlossen waren
und als verbotene Zone einen weißen Fleck in der Stadt gebildet haben. Dennoch, so meine Argumentation, waren meist Hochbauten, Türme oder Werkszei-

---

18 Ebd.

19 Vgl.: Koolhaas, Rem: The Generic City in: Ders./ Bruce Mau (Hg.): S M L XL, Rotterdam 1995,
S. 1246–1264; sowie Positionen der Denkmalpflege: Vgl. Vinken, Gerhard: Zone Heimat. Altstadt im modernen Städtebau, Berlin/ München 2010; Meier, Hans-Rudolf: Multitude versus
Identität. Architektur in Zeiten des globalen Wettbewerbs, in: Plenum, S. 55–66 (http://e-
pub.uni-weimar.de/opus4/files/3046/5.+Meier.pdf, letzter Abruf am 21.04.2017).

20 Vgl. u. a.: Kieß, Walter: Urbanismus im Industriezeitalter. Von der klassizistischen Stadt
zur Garden City, Berlin 1991; Schott, Dieter: Europäische Urbanisierung (1000–2000). Eine umwelthistorische Einführung, Köln 2014; Mutschler, Martin: Technikgeschichte und Stadtentwicklung, Tübingen 2014.

chen im weiten Stadtraum dominant und vertraut, so z. B. das 2016 abgerissene Bayerkreuz in Uerdingen, die Hochöfen im Ruhrgebiet und auch die Fabrikansichten entlang von Brücken und Bahnstrecken oder die Wasserfronten vieler industrieller Städte.

Authentizität

Der Begriff Authentizität[21] wird im Kontext der Erhaltung von Industrieerbestätten unterschiedlich verstanden. Grob können folgende drei Gruppierungen gefasst werden:[22] Erstens ein Verständnis von Authentizität, das sich auf die Menschen und spezifische Formen des Handelns bezieht, die in einer Region bekannt und tradiert sind, z. B. Praktiken der Industriearbeiterkultur. Zweitens, Authentizität als Etwas, das sich auf Nutzungen und Nutzungsspuren bezieht und sich dann verändert, wenn Nutzungen verloren gehen und in der Folge auch Nutzungsspuren verblassen oder überdeckt werden. Drittens ein Verständnis von Authentizität, das sich auf die Erhaltung grundlegender Eigenschaften der Architektur, von technischen Anlagen und des Städtebaus bezieht. Hieran schließt auch das engere denkmalpflegerische Verständnis von Authentizität an, das die Erhaltung der Authentizität eines Objektes als eine möglichst umfassende Bewahrung der originalen historischen Substanz versteht. Im Kontext des UNESCO Welterbes, das in Deutschland und auch in anderen Ländern formaljuristisch auf dem Denkmalschutz beruht, wird Authentizität umfassend diskutiert.[23] Abgeleitet aus dem europäischen Verständnis von Kulturgüterschutz und in Kenntnis der internationalen Diskussion um Authentizität formuliert Birgitta Ringbeck: „Dabei bezieht sich die Authentizität [Echtheit] auf die wahrheitsgemäße und glaubwürdige Vermittlung der historischen und kulturellen Bedeutung einer Stätte. Dem jeweiligen kulturellen Kontext entsprechend muss Authentizität durch eine Vielzahl von Merkmalen überzeugend und unverfälscht zum Ausdruck gebracht werden. Authentizität manifestiert sich in Form und Gestaltung, Material und Substanz, Gebrauch und Funktion, Tradition, Techniken

---

21 Vgl. zum Begriff Authentizität im Kontext des architektonischen Erbes: Mager, Tino: Schillernde Unschärfe. Der Begriff der Authentizität im architektonischen Erbe, Berlin/ Boston 2016.
22 Oevermann, Heike: Über den Umgang mit dem industriellen Erbe. Eine diskursanalytische Untersuchung städtischer Transformationsprozesse am Beispiel der Zeche Zollverein, Essen 2012, S. 173 f.
23 Vgl. Larsen, Knut Einar (Hg.): Nara Conference on Authenticity, Trondheim 1995; World Heritage Center: Operational Guidelines for the Implementation of the World Heritage Convention. WHC 15/01 (http://whc.unesco.org/archive/2015/whc15-39com-11-Annex1-opguide15-en. pdf, letzter Abruf am 24.02.2017), S. 82 f.

und Verwaltungssystemen, Lage und Gesamtzusammenhang und anderen Formen."[24] Hier werden mit Form und Gestaltung, Gebrauch und Funktion, sowie
mit Lage und Gesamtzusammenhang viele Merkmale des Städtebaus angesprochen.

Zwei Ergänzungen dazu sollen helfen, den Begriff Authentizität im Kontext
der Konversion historischer Industriekomplexe zu fassen. In der Auseinandersetzung mit historischer Stadtentwicklung und Denkmalschutz stellt Meier am
Beispiel der Anfang des 20. Jahrhunderts geführten Auseinandersetzung über
den denkmalwürdigen Umgang mit dem in seiner Geschichte mehrfach umgebauten bzw. städtebaulich eingebauten Diokletianspalastes in Split fest:
„Wenn aber Spuren vergangener Veränderungen Teil des Denkmals sein konnten, so war logischerweise das Denkmal – und insbesondere das Stadtdenkmal –
auch offen für weitere [bauliche] Entwicklungen."[25] Mit anderen Worten: mehrfach im städtischen Kontext veränderte Denkmale sind auch für zukünftige Veränderungen offen, und dies womöglich, das wäre zu diskutieren, ohne ihre Authentizität zu verlieren. Konversionen historischer Industriekomplexe müssten
dafür gerade die städtebaulichen Strukturen erhalten, die „Zeugnisse für Organisationsabläufe, aber auch Spuren gesellschaftlicher Schichtung und Kämpfe
sind."[26] Aus stadtbaugeschichtlicher Perspektive würde ein weiteres Argument
hinzukommen. Gerade die Elemente aus der Stadtbaugeschichte, der lokale
städtebauliche Kontext und der Städtebau des Industriekomplexes stehen in
Wechselbeziehung zueinander. Die städtebaulichen Strukturen geben davon
Zeugnis und sind oftmals bis heute erhalten.

---

24 Ringbeck, Birgitta: Managementpläne für Welterbestätten. Ein Leitfaden für die Praxis,
Bonn 2008, S. 18. Ringbeck ist als Ministerialrätin im Auswärtigen Amt für das Welterbe zuständig und hat den Leitfaden in enger Anlehnung an die UNESCO-Richtlinien erstellt.
25 Meier, Hans-Rudolf: Denkmalschutz als Leitinstrument der Stadtentwicklung?, in: Forum
Stadt 40 (2013), S. 35–51, hier S. 40.
26 Meier, Hans-Rudolf: Konversion als denkmalpflegerische Strategie?, in: Freie und Hansestadt Hamburg, Kulturbehörde, Denkmalschutz (Hg.): Konversionen. Denkmal-Werte-Wandel.
Jahrestagung der Vereinigung der Landesdenkmalpfleger in der BRD 2012, Hamburg 2014,
S. 45–51, hier S. 50.

Forschungslücke: Lesen historischer Industriekomplexe mit Typologien des Städtebaus

Die bisherigen Überlegungen zeigen, dass für die Auseinandersetzung über die Erhaltung von städtebaulicher Identität und Authentizität historischer Industriekomplexe bei Konversionen das Lesen des historischen Städtebaus der Komplexe mitsamt ihren Einbettungen in die jeweiligen städtebaulichen Kontexte relevant ist. Das Lesen städtebaulicher Strukturen erfolgt in der Stadtbaugeschichte überwiegend über die Auseinandersetzung mit bekannten Typologien und möglichen Variationen. Dabei können drei Maßstabsebenen bzw. Objektebenen unterschieden werden: der Einzelbau, dann der Komplex, bzw. das Areal, oftmals als Sachgesamtheit bezeichnet, und schließlich die gesamtstädtische Struktur. Meist werden in der Forschung Einzelbau (Architektur- und Technikgeschichte) oder Gesamtstadt (Stadtbaugeschichte) betrachtet, wenn Produktionsbauten der Industrie thematisiert werden. Arbeiten der Standort-, Firmen- und Wirtschaftsgeschichte geben darüber hinaus ergänzende Auskunft. Typologische Arbeiten zum Städtebau, die sich mit historischen Industriekomplexen und ihren städtischen Kontexten im Überblick oder vergleichend beschäftigen, gibt es kaum, obwohl in dem hier diskutierten Zusammenhang ihre Relevanz deutlich geworden ist. Im Folgenden möchte ich über zwei Annäherungen zeigen, wie solch ein Ansatz aussehen kann mit dem Ziel, historische städtebauliche Typen und ihre Variationen zu lesen. Darauf aufbauend kann, so meine Argumentation, auch die Authentizität in den Veränderungen der Konversion eher erhalten werden, als ohne das genauere Wissen über die städtebauliche Dimension der historischen Komplexe. Denn nur mit dem Wissen über den historischen Wert des Komplexes, der eben auch durch den Städtebau des Komplexes getragen und über die Einordung in eine Typologie bewertet wird, kann angemessen über zukünftige Erhaltung und Entwicklung entschieden werden.

Die zwei Annäherungen sind den unterschiedlichen disziplinären Kontexten geschuldet: Einmal werden aus der stadtbaugeschichtlichen Tradition heraus industriebranchenübergreifend die Komplexe mit bekannten städtebaulichen Typologien anderer Stadtbausteine gelesen. Hier werden historische Industriekomplexe des 19. und 20 Jahrhunderts als ein Baustein der Stadt begriffen. In einem zweiten Schritt wird am Beispiel historischer Textilindustriekomplexe der Städtebau dieser Komplexe im Kontext von Organisationsabläufen und Innovations- bzw. Technologieschüben, analog der Architektur- und Technikgeschichte, gefasst. Hier können zwei Grundtypen der Textilindustrie erkannt werden.

Neben den reinen mehrgeschossigen Produktionskomplexen stehen die *integrated mills*, bei der vielfache Gebäude differenziert werden, auch zusätzliche Funktionen wie Arbeiterwohnen in der Gesamtanlage integriert sind. Auch diese zwei Grundtypen werden dann in einem weiteren Schritt über die städtebaulichen Merkmale der Komplexe in die städtebauliche Typologie eingebettet.

Für die zwei Annäherungen wurden historische und aktuelle Pläne, Bilder und Textdokumente herangezogen. Zur Klärung offener Fragen wurden lokale Experten, z. B. die Denkmalpfleger oder die Architekten der Konversion, befragt. Die deutschen Fallbeispiele, das Schweizer Beispiel aus Winterthur, die Beispiele aus Manchester und das portugiesische Fallbeispiel sind zusätzlich vor Ort untersucht worden. Typologische Annäherungen brauchen mehrere Fallbeispiele, das heißt diese können im Folgenden nur sehr reduziert eingeführt und diskutiert werden.

Erste Annäherung: Konversion historischer Industriekomplexe und tradierte städtebauliche Typen

Historische Industriekomplexe können als Teil des historischen Städtebaus bzw. der Stadtbaugeschichte gelesen werden, indem sie mit bekannten städtebaulichen Typen erfasst werden. Eine erste solche Arbeit wird im Folgenden vorgestellt. Die Merkmale der Typen werden anhand folgender Kategorien erfasst, die im Städtebau relevant sind:

a. Grenzen der Komplexe
b. Binnenstruktur der Komplexe
c. Zentrale Baukörperformen
d. Zentrale Fügungsmuster der Baukörper
e. Zugang zum Komplex
f. Baulich-symbolische Repräsentationen.

Als wichtige bekannte städtebauliche Typen werden einbezogen:

1. Solitär
2. Stadtblock, auch Blockrandbebauung genannt
3. Zeilenbau
4. Axialkomplex.

Zudem wird bei den folgenden Untersuchungen ein Typus erkannt, der hier als 5. ‚Stadt in der Stadt' bezeichnet wird. Dieser Typus bildet eine Einheit, die als Einheit zur Umgebung gelesen werden kann, aber gleichzeitig in sich so heterogen beschaffen ist, dass er sich aus mehreren, unterschiedlichen Baustrukturen zusammensetzt. Dieser Typus ist weniger tradiert in der Stadtbaugeschichte, die Untersuchungen haben aber gezeigt, dass gerade über lange Zeiträume gewachsene Industriekomplexe eine städtebauliche Heterogenität aufzeigen, die nicht mit den anderen Typen erfasst werden, sondern vielmehr aus mehreren von diesen bestehen kann. Somit sind die spezifischen Merkmale der Typen 1–4 generalisierend aus dem Wissen über diese bekannten städtebaulichen Typen herausgefiltert, während der Typ 5 aus der Untersuchung und dem Wissen über weitere Fallbeispiele historischer Industriekomplexe entwickelt worden ist.[27] In der folgenden Tabelle sind die spezifischen Merkmale einer jeden Kategorie und eines jeden Typus im Überblick dargestellt:

Tab. 1: Typen, Kategorien und Merkmale tradierten Städtebaus

Typus	Kategorien					
	Grenzen	Binnen-struktur	Baukörper	Fügungen	Zugang	Repräsen-tationen
Solitär	Offen	Figur-Grund Struktur	Hauptbau-körper	Zentral	Neben-sächlich	Setzung des Hauptbau-körpers und Fassaden
Stadtblock	Baulich definiert	Block-rand-Hof Struktur	Verschmel-zende, mehrere Baukörper	Rand versus Hof	Neben-sächlich	Fassaden
Zeilenbau	Baulich definiert und offen	Linearstruk-tur	Additiv-ge-reihte, mehrere Baukörper	Sequentiell	Längs und, oder Quer	Nebensächlich
Axial-komplex	Neben-sächlich	Axial-struktur	Künstleri-sche Kom-position mehrere Baukörper	Symme-trisch	Hauptachse	Hauptachse, Höhen-dominanten, Eingänge, Zeichenträger
Stadt in der Stadt	Baulich de-finiert und offen	Gemischte Strukturen	Heterogen	Heterogen	Mehrere	Verschiedene

---

27 In diesem Typus ist auch die Funktionsmischung oftmals wichtig, wie sie in sogenannten ‚Industriestädten' in Europa, wie Saltaire in England, oder in den kommunistisch geprägten Danweis in China eine Rolle spielen, vgl. Croset, Pierre-Alain: The Palimpsest and the Archipelago. The Danwei as a New Urban Project, in: Michele Bonino/ Filippo de Pieri: Beijing Danwei. Industrial Heritage in the Contemporary City, Berlin 2015, S. 178–181.

In einem zweiten Schritt werden nun diese Typen, Kategorien und spezifischen Merkmale an je einem Fallbeispiel angewendet und abgeglichen. Die Überschrift zeigt den jeweiligen Typ an.

Solitär: Fahrradfabrik Rog, Ljubljana, Slovenien

Die ehemalige Fahrradfabrik, Lederwarenverarbeitung und Färberei Rog in Ljubljana, Slovenien, ist ein Beispiel des Typus Solitär. Das rechteckige, langgestreckte Riegelgebäude ist in seiner Geschichte entsprechend den Nutzungen in drei Bauphasen entstanden. Zwei Schichten erweitern einen aus dem 19. Jahrhundert stammenden eingeschossigen langgestreckten Ziegelbau – nämlich ein Vorbau von 1921 und 1922 eine dreigeschossige Aufstockung – und prägen die heutige bauliche Solitär-Figur, die gleichzeitig einer der ersten Stahlbetonbauten im jungen Slovenien war.[28] Die dem Fluss zugewandte, längsausgerichtete Fassadenseite ist viergeschossig, durch Lisenen und Kordongesimse gegliedert, geputzt und in einem hellen Weißton gehalten.

Abb. 1: Rog-Fabrik, historisches Bild nach 1945

---

28 Král, Alois: Eisenbetonkonstruktionen bei neueren Industriebauten in Slovenien, in: Beton und Eisen 26 (1927:10), S. 177–179.

Abb. 2: Rog-Fabrik, Fassade zum Fluß

Kleinere Werkstattgebäude und Bürogebäude entstanden im 20. Jahrhundert. Sie sind gestalterisch untergeordnet, d. h. im Volumen kleiner, außerhalb der Achse stehend, weniger dekorativ. Die Fabrikantenvilla steht in der Achse des Produktionsbaus und ist, gestalterisch aufgewertet, heute nicht mehr Teil des Komplexes. In den 1960er Jahren wurde die flussabgewandte Seite umgebaut, und sollte durch eine Eingangsachse, die sich dann auch vertikal im Gebäude widerspiegelt, gestärkt werden. Die Planungen wurden nur zum Teil umgesetzt. Bis in die Zeit vor der geplanten Konversion haben sich vielfache Kleingebäude und Schuppen auf dem Werksgrundstück angesammelt.[29] 2008 und 2013 wurden Konversionen geplant. Die Planung von 2013 ist eine den Finanzierungsschwierigkeiten geschuldete, reduzierte Variante, die den historischen Hauptbaukörper typologisch stärkt, indem die dem Fluss rückwärtige Seite eine weitere bauliche Schicht erhält, die im Sinne einer nächsten Erweiterung der historischen Schichten gelesen werden kann.[30] Hier ist ein Beispiel gegeben,

29 Adamič, Tatjana: Konservatorski program prenovo kulturne dedišč ine EŠD 10060 Ljubljana – Poslopje tovarne Rog, Zavod za varstvo kulturne dedišč ine, OJ Ljubljana, September 2007, in: Second Chance Project (http://www.secondchanceproject.si/wp-content/uploads/ Konservatorski_program_Rog.pdf, letzter Abruf am 01.12.2015).

30 Second Chance – CSU Rog: Arhitektura (http://www.secondchanceproject.si/csu-rog/arhitektura, letzter Abruf am 26.02.2017); Batič,Jerneja: The Programme of Rog Centre. City Administration, Department of Culture, Ljubljana, Graue Literatur, 2014.

das die materielle und formal-gestalterische historische Identität des Komplexes weiterentwickelt.

Stadtblock: AEG Bauten Berlin-Wedding, Deutschland

Dieser Typus eines Stadtblocks soll durch die AEG Bauten am Standort Ackerstr. – Brunnenstr. im Wedding erläutert werden. Die Apparatefabrik von Heidecke, Schwechten, Söeder, Tropp u. a. von 1887–1904 ist ein zu vier Seiten geschlossener Stadtblock, im Inneren unterteilt in drei Höfe. Er bildet als Gesamtbau sehr klar diesen Typus ab. Besonders interessant ist aber der aufgrund von Abriss heute unvollständige Block Hussitenstr./ Voltastr./ Brunnenstr., da hier die Ausbildung der drei genannten Blockseiten sehr unterschiedliche Gebäudegrößen und Formen verbindet: Eingefügt neben älteren Stockwerksfabrikbauten und Wohnbauten planten Peter Behrens u. a. zwei große Bauten, die Kleinmotorenfabrik 1911-1912, eine Stockwerksfabrik[31] und die Montagehalle für Großmaschinen, 1928 eine Produktionshalle[32] als Blockrandbebauung. In dieser starken städtebaulichen Figur verschmelzen sie zu einem einheitlichen Gesamtbild, das auch über Materialien und Architektursprache gestärkt wird.[33] Der Maßstabssprung, insbesondere der Montagehalle, wird so eingefangen innerhalb des Industriekomplexes, aber auch im Hinblick auf den städtebaulichen Kontext der angrenzenden Wohnbebauungen.

Die Brunnenstraßenseite des Industriekomplexes wurde in den 1970er und 1980er Jahren abgerissen.[34] Die Konversionsplanung von J. P. Kleihues in den 1990er Jahren greift die Blocktypologie wieder auf, jetzt für die Funktionen Wohnen und Büro, ein Beispiel, wie die städtebauliche Identität variiert wird.

---

31 Buddensieg, Tilmann/ Bohle, Sabine: Industriekultur. Peter Behrens und die AEG 1907–1914, Berlin 1993, S. D50-D63.
32 Ebd., S. D76-D81.
33 Oftmals werden die architektonische Gestaltung (Fassaden, Materialien, Stil) der Behrensbauten und das einheitliche Gesamtbild thematisiert, vgl. u. a. Dame, Thorsten/ Baxmann, Matthias/ Haspel, Jörg: Elektropolis Berlin. Architektur- und Denkmalführer, Petersberg 2014, S. 84.
34 Ebd., S. 82–93.

Abb. 3: Historische und neue Blockrandbebauung des ehemaligen AEG Komplexes

Zeilenbau: Ganz-Fabrik, Budapest, Ungarn, heute Millenáris

Ebenfalls die Elektroindustrie dient als Beispiel für den Typus des Zeilenbaus: das ehemalige Elektrokleingerätewerk des Ganz Unternehmens in Budapest. Ab 1897 wurde der Standort im Stadtteil Buda ausgebaut. Städtebaulich den Komplex prägend waren die vier nebeneinanderliegenden, eingeschossigen und zum Teil dreischiffigen Produktions- und Montagehallen. Die ersten drei wurden in den 1890er Jahren errichtet, später zum Teil ersetzt, wobei die städtebauliche Figur der längst nebeneinander gereihten Hallen bestehen blieb.[35]

---

35 Németh, Györgyi: Le Millenáris à Budapest. La reconversion de l'ancienne usine de construction électrique Ganz, in: In Situ 26 (2015), S. 2–15.

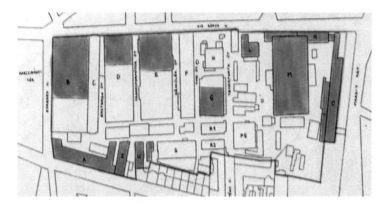

Abb. 4: Situationsplan Millenáris, 1996

Abb. 5: Vogelperspektive Millenáris, 2001

Diese in ihren Proportionen und im Maßstab liegenden Hallen unterscheiden sich vom Zeilenbautypus des Wohnungsbaus,[36] heute oftmals auch als Reihenhaus ausgebildet. Diese Abweichungen im Typus Zeilenbau sind relativ stark, da der Wohnungsbau schmalere Baukörper braucht, sowie größere Abstandsflächen, oftmals auch Balkone u. ä. Gleich ist jedoch die Frage, wie die Enden, oder die Giebelseite, der Zeilen ausgebildet werden und wie sie sich zum Städte-

---

36 Z. B. vom Architekten Walter Gropius entworfene Dammerstocksiedlung 1927/28.

bau der Umgebung fügen. Bei den Industriekomplexen wird diese Giebelseite oftmals durch quer gestellte Bauten ‚aufgefangen' (wie z. B. bei dem Poznański-Komplex in Łódź). Im Beispiel des Ganz-Komplexes wurden sie einfach ‚ungeschminkt', also als funktional-sachliche Erscheinung von Industriefassadenfronten in das Straßenbild gestellt.

Bei der Konversion des Ganz-Komplexes um die Jahrtausendwende wurde vielfach Bestand abgerissen und ein Stadtpark geschaffen, die vier nebeneinanderliegenden ‚Zeilenbauten' wurde zu einem Ausstellungs- und Eventkomplex umgebaut. Dabei sind diese in ihrer Länge gekürzt worden, quasi angeschnitten, aber jeweils an unterschiedlicher Stelle, so dass die lineare und gereihte Figur, trotz umfassender Eingriffe, gerade in ihrer vormals funktional-sachlichen Erscheinung lesbar geblieben ist.[37] Dies kann man als Verfremdung der städtebaulichen Identität bezeichnen.

Axialkomplex: Schachtanlage 12, Zollverein, Deutschland

Ein bekanntes Beispiel eines Axialkomplexes ist die Schachtanlage 12 des Industriekomplexes Zeche Zollverein in Essen.[38] Hier sind Eingang, Ehrenhof, Doppelbock und ehemalige Kohlenwäsche über eine sensibel austarierte asymmetrische Achse, die so genannte Produktionsachse, verbunden, genauso wie dazu im rechten Winkel stehend die so genannte Energieachse, die vom ehemaligen Kesselhaus zum ehemaligen Schalthaus reicht.

---

37 Urbán, Erszébet/ Vukoszávlyev, Zorán: Value Saving and Community Use Regarding Urban Renewal, in: Architektúra & Urbanizmus XLVIII (2014:3-4) S. 157–177; Epiteszforum.hu: Millénaris Széllkapu (http://epiteszforum.hu/keres?q=Millen%C3%A1ris%20Sz%C3%A9llkapu%20%C3%B6tletp%C3%A9ly%C3%A1zat, letzter Abruf 16.03.2016).

38 Buschmann, Walter: Zeche und Kokerei Zollverein, in: MSKS NRW und LVR (Hg.): Zechen und Kokereien im rheinischen Steinkohlebergbau. Aachener Revier und westliches Ruhrgebiet, Berlin 1998, S. 414–485; Krau, Ingrid: Die städtebauliche Dimension der Zentralschachtanlage Zollverein 12, in: Wilhelm Busch/ Thorsten Scheer (Hg.): Symmetrie und Symbol. Die Industriearchitektur von Fritz Schupp und Martin Kremmer, Köln 2002, S. 81–90; Böll, Heinrich/ Pampe, Jörg: Arbeiten an Zollverein. Projekte auf der Zeche Zollverein Schacht XII seit 1989, Essen 2010.

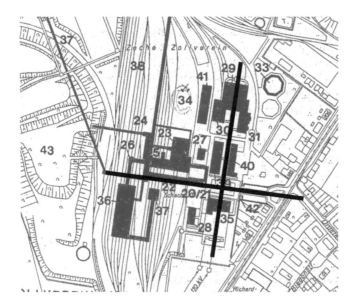

Abb. 6: Zollverein, Achsen

Letztere Achse ist fast symmetrisch gestaltet, und in ihrer Wirkung vom Ehrenhof betrachtet mit barocken Stilmitteln gesteigert, so stand am Ende der Achse über dem Kesselhaus der Kamin als Höhendominate. Historische Bilder zeigen, dass die seitlich angebrachten Laternen mit der Entfernung immer kleiner ausgebildet wurden, um die perspektivische Wirkung dieser Achse zu erhöhen.[39] Bei der Konversion wurde diese fein austarierte städtebauliche Komposition von Achsen und Kuben umfassend erhalten und die Identität bewahrt.

Stadt in der Stadt: Sulzer Stadtmitte, Winterthur, Schweiz

Der Industriekomplex Sulzer-Stadtmitte entwickelte sich seit 1834 (Gießerei) zu einem umfangreichen Komplex, indem zwei Konzerne, Sulzer und die Schweizer Lokomotiv- und Maschinenfabrik SLM, angesiedelt waren, die in den 1960er Jahren

---

39 Vgl. Historische Bilder von Zollverein, u. a. in: Buschmann: Zeche und Kokerei Zollverein, S. 447; vgl. auch Krau: Die städtebauliche Dimension der Zentralschachtanlage Zollverein 12, S. 85; für die Debatte um Axialität und Schrägansichten als Symbiose in der städtebaulichen Gestaltung der Schachtanlage 12 von Schupp und Kremmer.

Abb. 7: Sulzer Stadtmitte, Konversion im Prozess

fusionierten.[40] Aufgrund der Arealbegrenzungen durch Schienen und die Ver-
bindungsstraße Züricherstraße, wuchs das Areal durch Nachverdichtungen
nach innen, allerdings mit unterschiedlichen Schwerpunkten. So ist der Lager-
platz bis heute überwiegend von zweigeschossigen Zeilenbauten geprägt, die an
den Katherina-Sulzer Platz angrenzenden Hauptbereiche durch große Produkti-
onshallen und die zur Stadt hin zeigende Spitze durch kleinteiligere und hetero-
genere Bauten.[41] Zudem verwebt sich im süd-östlichen Bereich die Arbeitersiedlung Loki mit dem Produktionskomplex.[42] Städtebaulich gefasst wurde der Komplex durch eine heute denkmalgeschützte Blockrandausbildung entlang der
Züricherstr. und markante längsgerichtete Bauten entlang der Bahntrasse.[43]

40 Bärtschi, Hans-Peter/ Juchler, Thomas: Areale Sulzer/SLM, im Auftrag der Stadt Winterthur, Departament Bau: Bauinventar 1989/90.

41 Huber, Werner: Mit kleinen Schritten zum großen Ziel, in: Hochparterre, Beilage (2006:6-7),
S. 26–33.

42 Ebd.

43 Bärtschi, Hans-Peter: Gutachten Winterthur 1990, graue Literatur, in Auszügen in: Ders.:
Industriekultur in Winterthur, Zürich 2002, S. 18 f.

Hier konnte mit einer gezielten Unterschutzstellung und Verständigung über die behutsame Gestaltung der historischen Freiräume der städtebauliche Grundriss bei der Konversion erhalten werden, trotz vielfältiger Abrisse der Einzelbauten. Durch die Schritt-für-Schritt Prozesse wurde die Identität zunächst variiert, mit zunehmenden Veränderungen wird eine Verfremdung geschaffen.

Zweite Annäherung: Konversion historischer Textilindustrie- komplexe und Baukörperprägungen durch Innovationsschübe in der Produktion von Spinnerei und Weberei

Die Textilindustrie ist eine der wichtigen Branchen der europäischen Industriali- sierungsprozesse seit dem späten 18. Jahrhundert und hat in Europa eine breite Verteilung gefunden. Sie bildet durch die Veränderung vom Verlagswesen und Manufakturen zur umfassenden Mechanisierung einen gut erkennbaren Ent- wicklungsschritt aus, der den Beginn der Entstehung von Industriekomplexen markiert.[44] Die Ausbildung von Industriekomplexen in der Textilbranche erfolg- te im Zuge der Antriebstechnik mit Dampfmaschinen und der Mechanisierung der Textilproduktion, indem Bauteile und zusätzliche Einzelgebäude nach ver- schiedenen Funktionen ausdifferenziert wurden: Eine Trennung von Unterneh- merwohnung, Verwaltung und Arbeiterwohnen wurde vorgenommen, genauso wie einzelne Produktionsschritte, insbesondere Vorbereitung, Spinnen, Weben, Färben und die Antriebstechnik, die mit Aufkommen der Dampfmaschine meist separat untergebracht wurde.[45] Für die Spinnereibauten wurde der englische Ty- pus der Lancashire Mill auch auf dem Kontinent prägend.[46] Spätestens mit den Planungshandbüchern aus dem 19. Jahrhundert wurden dann Technik und Bau-

---

44 Föhl, Axel/ Hamm, Manfred: Die Industriegeschichte des Textils. Technik, Architektur, Wirtschaft, Düsseldorf 1988; Cossons: The BP Book of Industrial Archaeology, S. 175–187.
45 Vgl. u. a. die Arbeit von Nagler zur Augsburger Textilindustriekomplexen: Nagler, Gregor: Reise in die Industrielandschaft. Eine Analyse am Beispiel des Augsburger Textilviertels, in: Karl Borromäus Murr u. a. (Hg.): Die süddeutsche Textillandschaft. Geschichte und Erinnerung von der Frühen Neuzeit bis in die Gegenwart, Augsburg 2011, S. 213–256.
46 Oehlke, Andreas: Das englische Vorbild. Die Einführung moderner Spinnereibauten und Textiltechnik aus Lancashire, in: Arnold Lassotta (Hg.): Cotton Mills for the Continent. Sidney Stott und der englische Spinnereibau in Münsterland und Twente = Sidney Stott en de Engelse spinnerijen in Munsterland en Twente; [zugleich Begleitpublikation zur Ausstellung des West- fälischen Industriemuseums - Textilmuseum Bocholt, des Museums Jannink in Enschede und des Textilmuseums Rheine], Essen 2005, S. 22–35.

weise in typischen Funktionsabläufen und Gestaltungsweisen vermittelt.[47] Städtebauliche Aspekte wurden hierbei kaum erwähnt. Aus dem Stand der Forschung können entlang von Innovationsschüben generalisierend zwei Gruppen historischer Textilindustriekomplexe identifiziert werden, die sich in jeweils drei unterschiedliche städtebauliche Typen ausformulieren:

Gruppe 1: Dies sind, meist chronologisch betrachtet, frühere Textilindustriekomplexe, wie in Manchester aus den 1790er Jahren, oder einzelne Produktionserweiterungen an neuen Standorten bzw. kleinere Firmen, die auch im 19. und 20. Jahrhundert errichtet worden sein können. Sie bestehen aus kubischen, mehrgeschossigen Bauvolumen, die durch die Maschinengrößen und Transmissionssysteme bestimmt wurden. Sie wurden zunehmend als Eisenskelettbau errichtet.[48] Die Komplexe in der Stadt wiesen meist Dampfkraft anstelle der Wasserkraft als Antriebstechnik auf, die sich je nach Standort zwischen 1830–1850 durchgesetzt hatte.[49] Städtebaulich können hier drei leicht divergierende Merkmale unterschieden werden: Komplexe, die sich über ein, max. zwei dominante Hauptgebäude definieren. Komplexe, die in städtische Blockstrukturen mit anderen Funktionen eingebettet sind. Und solche, die wie in Manchester einen eigenen Stadtblock bilden.

Gruppe 2: Textilindustriekomplexe, die oftmals an einem Standort über Erweiterungen zu einem sehr großen in der Fläche ausgedehnten Komplex, im Englischen *integrated mills* genannt, gewachsen sind. Sie sind meist in der Zeit ab ca. 1850 (England)/ 1870 (Kontinent) bis in die 1930er Jahre realisiert worden. Diese Gruppe ist maßgeblich von der Durchsetzung der *power loom* Webmaschinen und neuer Produktions- und Unternehmensformen geprägt. Vielfache Gebäude wurden differenziert: Lagerbauten, Batteur, Spinnerei (Geschossbau), Weberei (Flachbau mit Sheddach), Dampfmaschinenhaus/häuser mit Schornstein, ab dem 20. Jahrhundert auch Elektrogeneratorenhäuser, Kontor bzw. Büro und oftmals Wohnfunktionen. Arbeiterwohnungsbauten wurden meist als eigenständige Bautengruppe realisiert. Der Unternehmerwohnsitz unterschied sich in seiner Gestalt deutlich von den Produktions- und Lagerbauten. Häufig wurden additive Anordnungen und/oder die flächigen Shedhallen städtebaulich prägend. Zudem gab es Komplexe, die als Gesamtkomposition mit axialen Anord-

---

47 Vgl. Fairbairn, William: Treatise on Mill and Millwork. Part II: On Machinery of Transmission and the Construction and Arrangement of Mills, London 1865; Leigh, Evan: The Science of Modern Cotton Spinning, Manchester/ London 1875.
48 Schädlich, Christian: Das Eisen in der Architektur des 19. Jahrhunderts, Aachen u. a. 2015.
49 Föhl/ Hamm: Die Industriegeschichte des Textils, S. 81; Cossons: The BP Book of Industrial Archaeology, S. 196.

nungen angelegt sind, z. B. bei den Verseidag Werken in Krefeld.[50] Eine Sonderform bildeten die als Industriestadt entworfenen Komplexe, wie Saltaire in England.

Diese zwei Gruppen mit ihren städtebaulichen Varianten kann man in sechs städtebauliche Typen differenzieren, bei denen sich tradierte städtebauliche Elemente wiederfinden lassen, wie sie in der ersten Annäherung identifiziert worden sind. Damit ergibt sich ein ähnliches Bild wie zuvor. Es ist in Tabelle 2 aufgeführt und mit jeweils einem Fallbeispiel belegt.

Tab. 2: Typologie historischer Textilindustriekomplexe nach städtebaulichen Merkmalen

Typus	Historischer		
	Gruppe	Beispiele: Gründung / Konversion Historische Funktion	Beispiele: Name Ort
Solitär	Gruppe 1	1846 / 2007 Garnfabrik, Weberei	Companhia de Fiação e Tecidos Lisbonenses / XL Factory, Lissabon, Portugal
Stadtblock (A) Teil eines Stadtblocks	Gruppe 1	1880er-1960 / 2014–16 Samt- und Seidenweberei	Mottau & Leenderts / Alte Samtweberei, Krefeld, D
Stadtblock (B) B Gesamtblock	Gruppe 1	1798–1805, 1909 / 2004–06, 2007–10 Baumwollspinnerei	A. G. Murray's Mills Ancoats, Manchester, UK
Zeilenbau	Gruppe 2	1872–1895 / 2009–2010 Spinnerei, Weberei, Bleiche, Endfertigung, Unternehmer- und Arbeiterwohnen	Poznański, Łódź, Polen
Axialkomplex	Gruppe 2	1931–39 / 1999 Weberei, Lager, Büro, Färberei, Schlichterei, Näherei, Kesselhaus	Verseidag, Krefeld, D
Industriestadt	Gruppe 2	1853 / ab 1987 Spinnerei, Weberei (Alpaca), Arbeitersiedlung, Schule, Park	Salt's Mill, Saltaire (WHS), Bradford, UK

---

50 Lange, Christiane: Ludwig Mies van der Rohe. Architektur für die Seidenindustrie, Berlin 2011.

Die zwei Annäherungen zeigen, dass die städtebauliche Struktur der Komplexe nicht nur mit Technologie- und Rationalisierungsschüben (Innovationsschüben) kohärent ist, sondern sich gleichfalls in städtebauliche Situationen ausdifferenziert. D. h. die Komplexe wurden im Städtebau unterschiedlich ausformuliert, auch innerhalb gleicher Innovationsschübe. Somit ergeben sich aus der städtebaulichen Analyse nur bedingt Auskünfte über die Produktions- und Organisationsabläufe, aber städtebauliche Merkmale prägen die historischen Industriekomplexe. Gleichzeitig zeigen die Annäherungen, dass diese typologische Erfassung auch Varianten und Verfremdungen der tradierten Typen aufzeigt. Dies insofern als tradierte städtebauliche Typen, wie z. B. der Zeilenbau, im Industriekomplex durchaus andere Ausprägungen annimmt als im bekannten Zeilenwohnungsbau.

Diskussion: Eindeutigkeit, Variation, Verfremdung

Die Erkennbarkeit von tradierten Typen kann als vertraute Einheiten der Stadt, d. h. als Identitäten im Sinne Lynch und Ungers interpretiert werden und ihre Varianten und Verfremdungen als Ambivalenzen der Identitäten. Damit scheint eine Schärfung des Verständnisses von Identität und Erbe nicht so recht einherzugehen. Von daher ist zu überlegen, ob besser von kultureller Diversität[51] zu sprechen ist, die es zu erhalten gilt, und zu der auch die Industriekomplexe der Stadt beitragen. Hiermit würde an die Vorstellung angeschlossen werden, „den Bestand in seiner ganzen Vielfalt als Zeugnis unterschiedlicher Vergangenheiten zu erkennen und zu bewahren."[52]

In der denkmalpflegerischen Praxis bei Konversionen können durch eine solche typologische Analyse die städtebaulichen Merkmale systematisch erfasst werden. Auskunft über Produktionsprozesse geben sie bedingt, gleichzeitig zeugen sie von stadtbaugeschichtlichen Prozessen. Dies vermutlich tiefgründiger, wenn die städtebaulichen Strukturen auch in ihren historischen Veränderungen erfasst werden, was in diesem Beitrag nicht thematisiert wurde.

In der entwerferischen Praxis von Konversionen, d. h. der Weiterentwicklung historischer Industriekomplexe kann eine typologische Annäherung Orientierung geben. Die Gefahr der Reduzierung und einer schematischen Bearbeitung sind durch die Auseinandersetzung mit unterschiedlichen Verständnissen von Identität deutlich geworden. Auch die Erweiterung derselben durch den An-

---

51 Vgl. Meier: Wertedebatten und Wertelehren in der spätmodernen Denkmalpflege.
52 Vgl. Meier: Multitude versus Identität.

satz der Kontinuität und des Wandels von Identität bedeutet immer auch Verlust authentischer Materialität und damit eine Veränderung, oft auch Reduzierung, dessen, was zukünftig wahrgenommen und gelesen werden kann.

Die Empirie zeigt aber auch Potenziale für die Planungspraxis: Das genauere Wissen um die historischen städtebaulichen Eigenschaften kann dazu beitragen, Authentizität zu erhalten, die sich u. a. in städtebaulicher Form und Gestalt manifestiert.[53] Typologische Annäherungen können insoweit helfen, als sie die markanten städtebaulichen Merkmale identifizieren, die im Sinne der Kontinuität und Wiedererkennbarkeit sinnvollerweise erhalten werden, während sich gleichzeitig auch Spielräume für Veränderungen und Wandel zeigen. Die Stärke von Typologien liegt in den Interpretationsmöglichkeiten bei gleichzeitiger Beibehaltung eines charakteristischen Kerns. Authentizität heißt hier Identität (Eindeutigkeit), Variabilität (Variation) und Alterität (Verfremdung).[54] Übertragen auf die planerische Praxis schließt die Erkenntnis an, dass die Erhaltung und die planerische Weiterentwicklung historischer Industriekomplexe, gerade mit diesem ambivalent zu lesenden Städtebau, zu einer Diversität der Stadträume beitragen.

Literatur

Assmann, Aleida: Kultur und Krieg, Vergangenheit und Zukunft des kulturellen Erbes, in: der architekt 65 (2016:2), S. 24–29.

Bauman, Zygmunt: Das Unbehagen in der Postmoderne, Hamburg 1999.

Bauman, Zygmunt: Gemeinschaften, Frankfurt (Main) 2009.

Böll, Heinrich/ Pampe, Jörg: Arbeiten an Zollverein. Projekte auf der Zeche Zollverein Schacht XII seit 1989, Essen 2010.

Buddensieg, Tilmann/ Bohle, Sabine: Industriekultur. Peter Behrens und die AEG 1907–1914, Berlin 1993.

Buschmann, Walter: Zeche und Kokerei Zollverein, in: MSKS NRW und LVR (Hg.): Zechen und Kokereien im rheinischen Steinkohlebergbau. Aachener Revier und westliches Ruhrgebiet, Berlin 1998, S. 414–485.

Cossons, Neil: The BP Book of Industrial Archeology, Devon 1993.

Croset, Pierre-Alain: The Palimpsest and the Archipelago. The Danwei as a New Urban Project, in: Michele Bonino/ Filippo de Pieri (Hg.): Beijing Danwei. Industrial heritage in the Contemporary City, Berlin 2015, S. 178–181.

---

53 Vgl. Ringbeck: Managementpläne für Welterbestätten.

54 Dank an Achim Saupe für seinen Kommentar zu diesem Beitrag auf der Konferenz: Authentizität und industrielles Erbe. Alterität wird in der Theorie der Denkmalpflege eher als das Andere verstanden, hier sind die anderen Elemente eines ganzen städtebaulichen Komplexes gemeint, die zu einer Verfremdung führen.

Dame, Thorsten/ Baxmann, Matthias/ Haspel, Jörg: Elektropolis Berlin. Architektur- und Denkmalführer, Petersberg 2014.

Föhl, Axel/ Hamm, Manfred: Die Industriegeschichte des Textils. Technik, Architektur, Wirtschaft, Düsseldorf 1988.

Ganser, Karl/ Wermker, Klaus: Industrielandschaft und Identität, in: Garten + Landschaft (1994), S. 29–34.

Huber, Werner: Mit kleinen Schritten zum großen Ziel, in: Hochparterre, Beilage (2006:6-7), S. 26–33.

Ilian, Carola: Identifikationswert/Identität, in: Hans-Rudolf Meier u. a. (Hg.): WERTE. Begründungen der Denkmalpflege in Geschichte und Gegenwart, Berlin 2012, S. 100–101.

Nagler, Gregor: Reise in die Industrielandschaft. Eine Analyse am Beispiel des Augsburger Textilviertels, in: Karl Borromäus Murr u. a. (Hg.): Die süddeutsche Textillandschaft. Geschichte und Erinnerung von der Frühen Neuzeit bis in die Gegenwart, Augsburg 2011.

Kieß, Walter: Urbanismus im Industriezeitalter. Von der klassizistischen Stadt zur Garden City, Berlin 1991.

Koolhaas, Rem: The Generic City in: Ders./ Bruce Mau (Hg.): S M L XL, Rotterdam 1995, S. 1246–1264.

Krau, Ingrid: Die städtebauliche Dimension der Zentralschachtanlage Zollverein 12, in: Wilhelm Busch/ Thorsten Scheer (Hg.): Symmetrie und Symbol. Die Industriearchitektur von Fritz Schupp und Martin Kremmer, Köln 2002, S. 81–90.

Lange, Christiane: Ludwig Mies van der Rohe. Architektur für die Seidenindustrie, Berlin 2011.

Larsen, Knut Einar (Hg.): Nara Conference on Authenticity, Trondheim 1995.

Leigh, Evan: The Science of Modern Cotton Spinning, Manchester/ London 1875.

Lynch, David: The Image of the City, Cambridge (MA) 1960.

Magnago Lampugnan, Vittorio u. a.: Anthologie zum Städtebau 3. Vom Wiederaufbau nach dem Zweiten Weltkrieg bis zur zeitgenössischen Stadt, Berlin 2005.

Magnago Lampugnani, Vittorio: Die Stadt im 20. Jahrhundert. Visionen, Entwürfe, Gebautes, Berlin 2010.

Mager, Tino: Schillernde Unschärfe. Der Begriff der Authentizität im architektonischen Erbe, Berlin/ Boston 2016.

Meier, Hans-Rudolf: Wertedebatten und Wertelehren in der spätmodernen Denkmalpflege. Hierarchien versus Pluralität, in: Ders. u. a. (Hg.): WERTE. Begründungen der Denkmalpflege in Geschichte und Gegenwart, Berlin 2012, S. 62–71.

Meier, Hans-Rudolf: Multitude versus Identität. Architektur in Zeiten des globalen Wettbewerbs, in: Plenum, S. 55–66 (http://e-pub.uni-weimar.de/opus4/files/3046/5.+Meier.pdf, letzter Abruf am 21.04.2017).

Meier, Hans-Rudolf: Denkmalschutz als Leitinstrument der Stadtentwicklung?, in: Forum Stadt 40 (2013), S. 35–51.

Meier, Hans-Rudolf: Konversion als denkmalpflegerische Strategie?, in: Freie und Hansestadt Hamburg, Kulturbehörde, Denkmalschutz (Hg.): Konversionen. Denkmal-Werte-Wandel. Jahrestagung der Vereinigung der Landesdenkmalpfleger in der BRD 2012, Hamburg 2014, S. 45–51.

Mieg, Harald A/ Mieg-Debik, Anja: Kommentar aus der Wissenschaft zum Feld Konversion und Stadtumbau, in: Nele Hertling/ Volker Hassemer (Hg.): Städte und Regionen. Ihr kultureller Auftrag für Europa und seine Umsetzung. Ein Leitfaden (Stiftung Zukunft Berlin), Berlin u. a. 2008, S. 100–105.

Mutschler, Martin: Technikgeschichte und Stadtentwicklung, Tübingen 2014.

Németh, Györgyi: Le Millenáris à Budapest. La reconversion de l'ancienne usine de construction électrique Ganz, in: In Situ 26 (2015), S. 2–15.

Oehlke, Andreas: Das englische Vorbild. Die Einführung moderner Spinnereibauten und Textiltechnik aus Lancashire, in: Arnold Lassotta (Hg.): Cotton Mills for the Continent. Sidney Stott und der englische Spinnereibau in Münsterland und Twente = Sidney Stott en de Engelse spinnerijen in Munsterland en Twente; [zugleich Begleitpublikation zur Ausstellung des Westfälischen Industriemuseums - Textilmuseum Bocholt, des Museums Jannink in Enschede und des Textilmuseums Rheine], Essen 2005.

Oevermann, Heike: Über den Umgang mit dem industriellen Erbe. Eine diskursanalytische Untersuchung städtischer Transformationsprozesse am Beispiel der Zeche Zollverein, Essen 2012.

Oevermann, Heike/ Mieg, Harald A. (Hg.): Industrial Heritage in Transformation. Clash of Discourses, London/ New York 2015.

Pehnt, Wolfgang: Architektur als Bedeutungsträger. Die identitätsstiftende Kraft von Architektur, in: der architekt 65 (2016:2), S. 18–23.

Ringbeck, Birgitta: Managementpläne für Welterbestätten. Ein Leitfaden für die Praxis, Bonn 2008.

Schädlich, Christian: Das Eisen in der Architektur des 19. Jahrhunderts, Aachen u. a. 2015.

Schott, Dieter: Europäische Urbanisierung (1000–2000). Eine umwelthistorische Einführung, Köln 2014.

Schwarz, Angela: Industriekultur, Image und Identität im Ruhrgebiet oder die umstrittene Frage nach dem Strukturwandel in den Köpfen, in: Dies. (Hg.): Industriekultur, Image und Identität. Die Zeche Zollverein und der Wandel in den Köpfen, Essen 2008, S. 17–67.

Ungers, Oswald Mathias: Sechs Thesen für die zukünftige Entwicklung der Großstadt, in: Hans-Dieter Dyroff (Hg.): Architektur und Denkmalpflege 6. Leben in der Stadt, München u. a. 1980, S. 97–101.

Ungers, Oswald Mathias u. a.: Die Stadt in der Stadt. Berlin: ein grünes Archipel, Baden 2013.

Urbán, Erszébet/ Vukoszávlyev, Zorán: Value Saving and Community Use Regarding Urban Renewal, in: Architektúra & Urbanizmus XLVIII (2014:3-4) S. 157–177.

Vinken, Gerhard: Zone Heimat. Altstadt im modernen Städtebau, Berlin/ München 2010.

Quellen

Adamič, Tatjana: Konservatorski program prenovo kulturne dediščine EŠD 10060 Ljubljana – Poslopje tovarne Rog, Zavod za varstvo kulturne dediščine, OJ Ljubljana, September 2007, in: Second Chance Project (http://www.secondchanceproject.si/wp-content/uploads/Konservatorski_program_Rog.pdf, letzter Abruf am 01.12.2015).

Batič, Jerneja: The Programme of Rog Centre. City Administration, Department of Culture, Ljubljana, Graue Literatur, 2014.

Bärtschi, Hans-Peter: Gutachten Winterthur 1990, graue Literatur, in Auszügen in: Ders.: Industriekultur in Winterthur, Zürich 2002.

Bärtschi, Hans-Peter/ Juchler, Thomas: Areale Sulzer/SLM, im Auftrag der Stadt Winterthur, Departament Bau: Bauinventar 1989/90.

Fairbairn, William: Treatise on Mill and Millwork. Part II: On Machinery of Transmission and the Construction and Arrangement of Mills, London 1865.

Epiteszforum.hu: Millénaris Széllkapu (http://epiteszforum.hu/keres?q=Millen%C3%A1ris% 20Sz%C3%A9llkapu%20%C3%B6tletp%C3%A1ly%C3%A1zat, letzter Abruf 16.03.2016).

Král, Alois: Eisenbetonkonstruktionen bei neueren Industriebauten in Slovenien, in: Beton und Eisen 26 (1927:10), S. 177–179.

Second Chance – CSU Rog: Arhitektura (http://www.secondchanceproject.si/csu-rog/arhitektura, letzter Abruf am 26.02.2017).

World Heritage Center: Operational Guidelines for the Implementation of the World Heritage Convention. WHC 15/01 (http://whc.unesco.org/archive/2015/whc15-39com-11-Annex1-opguide15-en.pdf, letzter Abruf am 24.02.2017).

Andreas Putz

Bitte in Farbe – Authentisierung durch Kolorierung

Zusammenfassung

Der Beitrag beleuchtet Mechanismen der Authentisierung ausgehend von dem zeitgenössischen Phänomen der *Colorized History*. Diesem liegt ein Verständnis von Authentizität zu Grunde, welches sich nicht an der Verfremdung des Zeugniswerts der überlieferten monochromen Bilder stört, sondern im Gegenteil durch Kolorierung das authentisierende Heranführen der Vergangenheit an die Gegenwart beabsichtigt. In Farbe soll Geschichte realer, echter, fassbarer, und damit auch verständlicher, glaubhafter und nacherlebbarer gemacht werden.

Obwohl solche Verfremdung von Quellendokumenten einem konservatorischen wie wissenschaftlichen Originalitäts- und Authentizitätsverständnis zuwiderläuft, sind ganz ähnliche Prozesse der Vergegenwärtigung durch Kolorierung immer wieder Teil der Aneignungen und Bewahrung historischer Bausubstanz gewesen. Schlaglichtartig soll zunächst zurückgeblickt werden auf die Diskurse und Praktiken zur authentisierenden Farbigkeit von Altstädten im 20. Jahrhundert. Ihre unmittelbare Fortsetzung fanden diese Formen der Vergegenwärtigung bei der Erhaltung und Aufwertung ehemaliger Arbeitersiedlungen.

Die buntfarbigen Neufassungen von Bauwerken verweisen auf unterschiedliche und oft widersprüchliche Authentizitätsverständnisse. Hinsichtlich der Bewahrung der historisch überlieferten materiellen Substanz sind sie kritisch zu beurteilen. Gleichzeitig verweisen sie auf Prozesse der Neuaneignung und Fortschreibung des Kulturerbes, und damit auf dessen fortgesetzten Gebrauch unter veränderten Bedingungen.

Geschichte in Farbe

Colorized History ist eine Unterkategorie auf der Online-Plattform *reddit*, die in den vergangenen Jahren Popularität und auch mediale Aufmerksamkeit erlangte.[1] Präsentiert werden darin digitale Nachkolorierungen historischer schwarz-

---

1 Vgl. reddit.com, Unterkategorie „Colorized History" (https://www.reddit.com/r/Colorized-History/, letzter Abruf am 24.04.2017).

https://doi.org/10.1515/9783110683103-004

weiß Fotografien, zumeist aus amerikanischen Bildarchiven. Oftmals handelt es sich um Aufnahmen aus dem amerikanischen Bürgerkrieg oder dem Zweiten Weltkrieg, beliebt ist auch die Nachkolorierung ikonischer Portraitfotografien von Filmstars und anderer Berühmtheiten, aber auch alltäglicher historischer Strassenszenen. Das Phänomen ist offensichtlich mehr als nur eine Freizeitbeschäftigung Photoshop-affiner Geschichtsfreunde, sondern wird durch Künstler/Innen und Grafiker/Innen wie Sanna Dullaway,[2] Dana Keller,[3] Marina Amaral,[4] Jordan J. Lloyd,[5] Wayne Degan[6] oder Ryan Urban[7] auf einem durchaus ernstzunehmenden Niveau betrieben. Den begleitenden Angaben ist zu entnehmen, dass die Nachkolorierungen oft aus mehreren hundert Layern aufgebaut werden, bis der gewünschte realistische Eindruck erreicht ist. Die historische Farbigkeit wird akribisch recherchiert und in begleitenden Kommentaren begründet. Ergebnis und Arbeitsprozess werden in den entsprechenden Foren lebhaft diskutiert.

Zum Ausdruck kommt darin ein populäres Verständnis von Authentizität, welches sich nicht an der Verfremdung des Zeugniswerts der überlieferten monochromen Originale stört, sondern im Gegenteil durch Kolorierung das authentisierende Heranführen der Vergangenheit an die Gegenwart beabsichtigt. In Farbe soll Geschichte realer, echter, fassbarer, und damit auch verständlicher, glaubhafter und nacherlebbarer gemacht werden. Im Zuge der medialen Präsentation der nachkolorierten Bilder wird immer wieder die Frage gestellt: darf man das?[8] Ganz offensichtlich wird hier von Laien jenseits der historischen Fachöffentlichkeit intensiv am Geschichtsbild gearbeitet. Es handelt sich um Annäherungen an Vergangenes, die, unter Rückversicherung auf ausgewählte Quellen, historische Faktizität behaupten.

Erst das kolorierte Bild kommt unseren Erwartungen an nachvollziehbarer Realität entgegen, es verfügt ganz offenbar über die auratische Kraft historischer Echtheitsbeglaubigung, wir können uns in die Szenen einfühlen, die Farbbilder erwecken Vergangenheit zum Leben. Das „fremde Land" der Vergangenheit (Lowenthal) ist so fremd nicht mehr.[9] Nicht unähnlich den Praktiken des histori-

---

2 http://sannadullaway.com (letzter Abruf am 24.04.2017).
3 http://www.danarkeller.com (letzter Abruf am 24.04.2017).
4 http://www.marinamaral.com (letzter Abruf am 24.04.2017).
5 http://dynamichrome.com (letzter Abruf am 24.04.2017).
6 http://metacolor.org (letzter Abruf am 24.04.2017).
7 http://ryanurban.org (letzter Abruf am 24.04.2017).
8 Vgl. z. B.: Flieger, Katharina: „Colorized History". Unsere Foto-Vergangenheit in Farbe, Beitrag in: SRF Kultur vom 22.49.2013 (https://www.srf.ch/kultur/netzwelt/colorized-history-unsere-foto-vergangenheit-in-farbe, letzter Abruf am 24.04.2017).
9 Lowenthal, David: The Past is a Foreign Country, Cambridge 1985.

schen *Reenactment* oder der rekonstruierenden (baulichen oder virtuellen) historischen Simulation, und ganz sicherlich beeinflusst von den möglichst authentischen Ausstattungen populärer Fernsehserien im historischen Ambiente,[10] verweist die *Colorized History* auf ein offensichtlich aktuelles gesellschaftliches Bedürfnis nach nachvollziehbarer, gegenwartsbezogener und erst gerade darin glaubhafter Geschichte. Und ebenso wie diese stellt sie als Praxis historischer Laien die Bedeutung fachlicher Expertise bei der Bewertung und Bestimmung historischer Authentizität in Frage. Differenzierte, abwägende Erklärungen verblassen gegenüber dem leicht erfassbaren, oberflächlichen Eindruck.[11]

Geht es bei der seit den 1970er Jahren im öffentlichen Diskurs vermehrt beschworenen Authentizität wirklich nur um Echtheit? Vielleicht kann ein Begriff der Authentizität hilfreich sein, der sich von den Dichotomien echt/unecht, wahr/falsch, Original/Kopie, ursprünglich/verfremdet, glaubhaft/vorgetäuscht löst und stattdessen das Authentische zunächst als etwas begreift, das die Zugehörigkeit zu einem jeweils gegenwärtigen Erfahrungs- und Wirklichkeitshorizont, zu einer unmittelbaren Gegenwart und ihrer Handlungsmöglichkeiten bezeichnet. Die historischen Objekte wären dann nur insofern authentisch, als das wir heute mit ihnen – als Gegenständen einer Vergangenheit – etwas anfangen können.

Denn einerseits gehören, wie bereits angemerkt, materielle Relikte wie kulturelle Überlieferungen der Vergangenheit stets einem „fremden Land" an – einer untergegangenen, verlorenen Zeit; einer uns fernen und durch zeitlichen Abstand unzugänglich Lebenswelt. Und wie die *Stones of Venice* John Ruskins vergehen sie, unangetastet und unantastbar, allmählich vor unseren Augen.[12] Andererseits aber sind die „fremden" Dinge – als Relikte und Überlieferungen – eben auch Teil des Hier und Heute, sind einbezogen in gegenwärtige Handlungen und Diskurse, und werden erst dadurch Bestandteil einer, unserer Geschichte. Nur in Bezug auf diese Gegenwärtigkeit, so die Arbeitshypothese dieses Beitrages, sind sie authentisch. Authentizität ist damit keine Eigenschaft, die den

---

10 Auf frühere Vorläufer heutiger Fernsehserien wie „Downton Abbey", „The Knick" oder „Mad Men" verweisen bereits Lowenthal und Pawley, Martin: Terminal Architecture, London 1998, S. 21–43.

11 David Lowenthal verwies hingegen noch auf die steigende Bedeutung historisch wissenschaftlicher Bewertung seit dem 19. Jahrhundert: „In sum, scientific standards of provenance and dating largely supersede revelation and the performative power of relics as criteria of authenticity. Professional, objective scrutiny of sites and structures, archives and contextual data now chiefly confirm or deny authenticity." Lowenthal, David: Changing Criteria of Authenticity, in: Knut Einar Larsen (Hg.): Nara Conference on Authenticity in Relation to the World Heritage Convention. Nara, Japan 1–6 November 1994. Proceedings, Trondheim 1995, S. 121–135, hier S. 128.

12 Ruskin, John: The Stones of Venice, 3 Bde., London 1851–1853.

Objekten innewohnt, sondern wird (immer wieder neu) hergestellt – historische Objekte werden in Aushandlungsprozessen authentisiert.[13] Das Phänomen der *Colorized History* soll in diesem Beitrag als Ausgangspunkt genommen werden, die Authentisierung der historischen Objekte vom subjektbezogenen Authentizitätsbegriff her zu denken.[14] Dieser verweist eben nicht nur auf Originalität und Autorität, sondern mehr noch auf Unmittelbarkeit, Widerständigkeit gegenüber dem Gegebenen und Formen der Selbstverwirklichung und Selbstvergewisserung.[15] Authentisierung als Vergegenwärtigung würde somit das Verhältnis bezeichnen, in welchem Objekte der Vergangenheit in eine Gegenwart gestellt werden. Authentisierte Objekte sind zunächst einmal *vergegenwärtigte* Objekte.

An der Oberfläche der gebauten Dinge

Die zuvor skizzierte These von der Authentisierung als *Vergegenwärtigung* soll im Folgenden in Bezug auf ähnliche Prozesse „kolorierender Geschichtskonstruktion" aus der Historie der Architektur und Baudenkmalpflege betrachtet werden. Denn was heute digital mit historischen Fotografien geschieht, ist seit dem 19. Jahrhundert in Bezug auf das ebenfalls zumeist farbarm überlieferte bauliche Erbe gemacht und immer auch in Bezug auf Authentizität hin kritisch diskutiert worden.

Bekanntlich wurde der Begriff der Authentizität ursprünglich ausschliesslich für Schriftdokumente verwendet, die mit kirchlicher oder weltlicher Autori-

---

13 Authentizität wird somit als soziale Konstruktion verstanden. Entsprechend der im Leibniz-Forschungsverbund „Historische Authentizität" etablierten Terminologie bezeichnet dabei Authentisierung die in gesellschaftlichen Prozessen der Zuschreibung und Akzeptanz involvierten Praktiken und Diskurse, die spezifische historisch-reflexive Beglaubigungsstrategien nutzen um Bauten, Stadträume und Landschaften in Wert zu setzen und damit als bewahrenswürdig zu deklarieren. Vgl. Bernhardt, Christoph/ Sabrow, Martin/ Saupe, Achim: Authentizität und Bauerbe. Transdiziplinäre Perspektiven, in: Dies. (Hg.): Gebaute Geschichte. Historische Authentizität im Stadtraum, Göttingen 2017, S. 9–24, hier S. 14.
14 Zur Unterscheidung von Subjektauthentizität und Objektauthentizität vgl. Saupe, Achim: Authentizität 3.0, in: Docupedia-Zeitgeschichte (https://docupedia.de/zg/Authentizität_Version_3.0_Achim_Saupe, letzter Abruf am 20.04.2017).
15 Vgl. Reichardt, Sven: Authentizität und Gemeinschaft. Linksalternatives Leben in den siebziger und frühen achtziger Jahren, Berlin 2014. Für einen subjektivierenden Authentizitätsbegriff plädierte u. a. Wolfgang Seidenspinner auf dem Symposium *Nachdenken über Denkmalpflege (Teil 6)* in Dessau 2007: Ders.: Woran ist Authentizität gebunden? Von der Authentizität zu den Authentizitäten des Denkmals, in: Kunsttexte 3 (2007) (http://nbn-resolving.de/urn:nbn:de:kobv:11-10079064, letzter Abruf am 10.04.2017).

tät ausgestattet, d. h. mit Brief und Siegel versehen waren.[16] Ein solches „cachet of legal vilidity"[17] als Träger der Authentizität war somit ursprünglich von dem eigentlichen Objekt losgelöst. Erst die Humanisten sollten das Authentische der Dokumente in der sprachlichen Tiefe, im Innern der von ihnen neu editierten antiken Texte selbst verorten. In Bezug auf die dinglichen historischen Artefakte und baulichen Relikte aber wurde die historische Einordnung lange nur in der vergleichenden Betrachtung und Darstellung des künstlerischen oder baulichen Stils bestimmt, historische Authentizität geriet zu einem Phänomen der Oberfläche.[18] Gerade im 19. Jahrhundert war die Gestaltung der Oberfläche als Vermittlerin von Schein und Sein wesentliches Betätigungsfeld von Kunstindustrie und Architektur. Während im Zeitalter ihrer technischen Reproduzierbarkeit (Walter Benjamin) die Dinge bekanntlich nicht mehr sind, was sie scheinen,[19] helfen Oberflächen (als Layer, als Hülle, als Verpackung, als Bekleidung, als Ornament) zwischen uns und der uns umgebenden Welt zu vermitteln.[20]

Oberfläche als Indikator tieferer Bedeutungsebenen war aber bereits Gegenstand der Auseinandersetzung der deutschen Architekturtheoretiker des Klassizismus. Insbesondere Johann Joachim Winckelmann popularisierte die Idealvorstellung des Körpers als einer substanzlosen, sublimierten Schale; eines reinen Oberflächenkörpers, der nicht aus Fleisch und Blut *ist*, sondern dies höchstens zu sein *scheint*.[21] Karl Philipp Moritz ästhetisches Ideal wiederum bildete die „transluzide Oberfläche", die aus sich selbst heraus spricht und gleichsam ihre eigene Tiefe bezeichnet.[22] In der Architekturlehre Christian Ludwig Stieglitz schließlich ist es die Bekleidung der nackten Körper, durch welche der Charakter der Gebäude bestimmt wird.[23] Und bis heute wirkt als Erbe der *architecture*

---

16 Lowenthal: Changing Criteria of Authenticity.

17 Ebd., S. 125.

18 Dies trifft nicht zuletzt auf stilgeschichtliche Ansätze der Architekturgeschichtsschreibung zu, vgl. etwa Baumgart, Fritz: Stilgeschichte der Architektur, Köln 1969; oder auch Sedlmayr, Hans: Architektur als abbildende Kunst (Sitzungsberichte der Österreichischen Akademie der Wissenschaften, Philosophisch-historische Klasse 225:3), Wien 1948.

19 Benjamin, Walter: Das Kunstwerk im Zeitalter seiner technischen Reproduzierbarkeit, in: Zeitschrift für Sozialforschung 5 (1936:1), S. 40–66 (Nachdruck: Frankfurt (Main) 1968).

20 Vgl. von Arburg, Hans-Georg: Alles Fassade. „Oberfläche" in der deutschsprachigen Architektur- und Literaturästhetik 1770–1870, München 2008, S. 21.

21 Ebd., S. 40.

22 Nach Franke, Ursula: Bausteine für eine Theorie ornamentaler Kunst. Zur Autonomisierung des Ornaments bei Karl Philipp Moritz, in: Dies./ Heinz Paetzold (Hg.): Ornament und Geschichte. Studien zum Strukturwandel des Ornaments in der Moderne, Bonn 1996, S. 89–106, hier S. 97.

23 Stieglitz, Christian Ludwig: Encyklopädie der bürgerlichen Baukunst, in welcher alle Fächer dieser Kunst nach alphabetischer Ordnung abgehandelt sind, 5 Bde., Leipzig 1792–1798.

parlant der Revolutionszeit nach, dass Fassaden über die Bestimmung, vor allem über den „Charakter" der Gebäude nicht lügen dürften.[24] Interessant ist hier die Parallele, die zwischen den Profilbildern der charakteristischen Physiognomien Johann Caspar Lavaters und den Gebäudeprofilen gezogen wurde, deren Charakter ebenso durch das Studium von Kontur, Gliederung, Proportionen analysiert und herausgearbeitet werden können sollte. In beiden Fällen ist die Übereinstimmung von Wesen und Abbild bestimmend für die Bewertung von Moralität, Wahrheit und Lüge als den entscheidenden Beurteilungskriterien.[25]

Mit der Entdeckung der antiken Polychromie um 1800 wurde die farbig behandelte Oberfläche zum architektonischen Bedeutungsträger schlechthin. Farbe als „quasi-ideeller Hüllencharakter",[26] nicht als materielle Schutz- und Deckschicht, entsprach der am antiken Ideal geschulten Ästhetik. Gerade im Polychromiestreit wird aber auch deutlich, dass historische Authentizität kein offensichtlicher Tatbestand, keine zweifelsfreie Eigenschaft der materiellen Substanz ist, sondern Ergebnis der diskursiven, wissenschaftlichen Auseinandersetzung.[27]

In der Mitte des vorletzten Jahrhunderts schließlich erzeugte die ansteigende Flut industrieller Farbstoffe und künstlicher Baumaterialien mit oftmals geringer Dauerhaftigkeit und Wertigkeit eine neue Betonung der Materialechtheit. Ausdruck konstruktiver Ehrlichkeit wurden nun Materialfarbigkeit und Steinsichtigkeit. Das eintönige Grau der modernen Industriestadt ist hingegen als Folge einer Entfremdung beschrieben worden: das Heim wird zur anonymen Behausung, das Mietshaus zu einem austauschbaren Spekulationsobjekt, die Bauproduktion industrialisiert, normiert und entsprechend eintönig. Als Ausdruck der Verödung des Stadtbildes ist das Fehlen von Farbe Inbegriff fehlender subjektiver Authentizität der Lebensumwelt.[28] Farbe im Stadtbild wurde erst seit der Entwicklung dauerhafter, industriell gefertigter Fassadenfarben Ende des 19. Jahrhunderts wieder zu einem bestimmenden Thema der architektonischen Auseinandersetzung – insbesondere seit der zu Beginn der 1880er Jahre von Adolf Wilhelm Keim entwickelten Keim'schen Mineralfarben auf Wasserglasba-

---

24 Vgl. von Arburg: Alles Fassade, S. 33.

25 Vgl. o.V.: Untersuchungen über den Charakter der Gebäude; Über die Verbindung der Baukunst mit den schönen Künsten und über die Wirkungen, welche durch dieselben hervorgebracht werden sollen. Faksimile der Ausgabe Leipzig 1788, Nördlingen 1986.

26 Von Arburg: Alles Fassade, S. 37.

27 Vgl. die Beiträge in Hassler, Uta (Hg.): Maltechnik & Farbigkeit der Semperzeit, München 2014.

28 Grundlegend zur Farbenbewegung: Rieger, Hans Jörg: Die farbige Stadt. Beiträge zur Geschichte der farbigen Architektur in Deutschland und in der Schweiz 1910–1939, Zürich 1976.

sis. Ihren Siegeszug traten die Kalksilikatfarben jedoch erst nach dem Ersten Weltkrieg im Zuge der Bewegung „Farbige Stadt" an.

Die Farbige Altstadt

Die „Farbige Stadt" war einerseits eine geschickte Marketingstrategie der Farbindustrie,[29] andererseits aber auch Teil der architektonischen Reformbewegung zu Beginn des letzten Jahrhunderts, und nicht zuletzt des Neuen Bauens. Bekannt ist das Wirken Bruno Tauts in Magdeburg. Auch die ersten Bemühungen der Neubewertung und die ersten Versuche sanierender Erhaltung der Altstädte in der Zwischenkriegszeit gründeten zunächst auf farbigen Neufassungen der Bilder der alten Stadt. Ein früh diskutiertes Beispiel der farbigen Neugestaltung findet sich in der Altstadt von Zürich, wo 1923 einige Hausbesitzer begannen, die Fassaden ihrer Häuser farbig zu erneuern.[30] Nicht zuletzt Maler wie Augusto Giacometti, Karl Hügin oder Paul Bodmer standen für eine besonders expressive, buntfarbige Neufassung der Altstadthäuser, die wiederholt zum Ausgangspunkt von kritischen Diskussionen wurde und Rufe nach verstärkter Wahrung historischer Authentizität weckte.[31]

Fälle wie in Zürich lassen sich Mitte der 1920er Jahre vielfach finden. Sie führten schließlich 1925 zum Tag für Denkmalpflege und Heimatschutz in Freiburg, bei dem das Problemfeld „Die Behandlung der Farbe im Stadtbild" ausgiebig behandelt wurde.[32] Angesichts unkontrollierter, verfremdender Anstriche stellte sich für die versammelten Denkmalpfleger und Heimatschützer das Ziel geordneter und vereinheitlichender Farbigkeit.[33] Im gleichen Jahr fand in Ham-

---

29 Ebd., S. 173.
30 Ebd., S. 216.
31 U. a. Meyer, Peter: Farbige Fassaden, in: Schweizerische Bauzeitung 84 (1924:7), S. 82–85, hier S. 85; Ders.: Farbige Fassaden in Zürich, in: Schweizerische Bauzeitung 86 (1925:20), S. 245–248; Ders.: Das farbige Zürich, in: Schweizerische Bauzeitung 90 (1927:6), S. 76–77; o.V.: Das Farbige Zürich, in: Das Werk 14 (1927:6), S. 186; zur Kritik vgl. Baur, Alfred: Das farbige Haus, das farbige Dorf, die farbige Stadt, in: Heimatschutz. Zeitschrift der schweizerischen Vereinigung für Heimatschutz 26 (1931:6), S. 81–82 sowie Reinhard, Ernst: Die Sanierung der Altstädte, Zürich 1945.
32 Tag für Denkmalpflege und Heimatschutz in Freiburg i. Br. 1925, Stenografischer Tagungsbericht (http://digi.ub.uni-heidelberg.de/diglit/stenographischer_tagungsbericht1926, letzter Abruf am 27.06.2017), insbesondere Einführungsvortrag von Wichert, Fritz: „Die Behandlung der Farbe im Stadtbild", Stenografischer Tagungsbericht, S. 111–122; vgl. Tagungsrezension von Graevenitz: Der Tag für Denkmalpflege und Heimatschutz in Freiburg i. Br., in: Die Bauzeitung 22 (1925: 40), S. 366–368, hier S. 367.
33 Zur Diskussion vgl. ebd., S. 139–170.

burg unter ähnlicher Zielsetzung der 1. Deutsche Farbentag statt, und Anfang 1926 gründete sich der *Bund zur Förderung der Farbe im Stadtbild* (BFFS). Dieser wirkte besonders in seinen Anfangsjahren bis zur Weltwirtschaftskrise 1929 als Interessenvertretung der Farbindustrie und des Malerhandwerks. Ab den 1930er Jahren bis zu seiner Auflösung 1939 entwickelte der Bund sich dann zunehmend von einer „Propagandaorganisation zu einer Beratungsstelle",[34] auch in der Mitgliedschaft dominierten nun kommunale Verwaltungen.[35] Ab den 1930er Jahren mehrte sich auch die Zusammenarbeit mit dem Bund Deutscher Heimatschutz und diversen Stadtverschönerungsvereinen.

Der BFFS verstand sich als Vermittler zwischen Überlieferung und Moderne. Es ging ihm nicht um historische Rekonstruktion, sondern um eine zeitgenössische Adaption und Auffrischung tradierter Farbigkeiten. Neben Ausstellungen und Kongressen bildete die Zeitschrift *Die farbige Stadt* das wirksamste Mittel zur Propagierung einer neuen Farbigkeit für den Baubestand. Für die langfristige Wirkung der Farbenbewegung für die Erhaltung und Sanierung von Altstadtgebieten war die enge, bisher jedoch kaum untersuchte Anbindung an reformorientierte Kreise der Architektur und Denkmalpflege bedeutsam. So erschien die *Farbige Stadt* für einige Jahre, von 1929 bis 1932, als Supplement zu Cornelius Gurlitts *Stadtbaukunst*, der bereits auch die frühen Publikationen Bruno Tauts zur Farbigkeit gefördert hatte. Auch viele wiederkehrende Autoren des Publikationsorgans gehörten zu dem reformgesinnten Personenkreis um Gurlitt, etwa Fritz Schumacher,[36] Hermann Phleps[37] oder Paul Klopfer.[38]

Zur Gewinnung angemessener Lösungen für die farbige Neufassung der Altstädte wurden Malerwettbewerbe durchgeführt, deren Ergebnisse breitenwirksam farbig reproduziert wurden. Diese standen gleichsam in der Tradition der historistischen Fassadenwettbewerbe um 1900.[39] Allerdings wurde nun nicht

---

34 Rieger: Die farbige Stadt. S. 158

35 Vgl. die Angaben zur Mitgliederstruktur in: Ebd., S. 151 f.

36 Schumacher, Fritz: Die Farbige Behandlung des Palais Görz, in: Die Farbige Stadt 2 (1927:2), S. 25–26.

37 U. a. Phleps, Hermann: Das Gesetz der farbigen Bindung, in: Die Farbige Stadt 1 (1926:4), S. 54–55; vgl. auch Ders.: Das ABC der farbigen Außenarchitektur, Berlin 1916.

38 U. a. Klopfer, Paul: Die Farbe des freistehenden Hauses, in: Die Farbige Stadt 2 (1927:10), S. 126–129; Ders.: Die Bedeutung des Bauschulwesens für die Farbenbewegung, in: Die Farbige Stadt 2 (1927:12), S. 236–241.

39 Früh thematisiert durch Brix, Michael: Fassadenwettbewerbe. Ein Programm der Stadtbildpflege um 1900, in: Cord Meckseper/ Harald Siebenmorgen (Hg.): Die alte Stadt: Denkmal oder Lebensraum? Die Sicht der mittelalterlichen Stadtarchitektur im 19. und 20. Jahrhundert, Göttingen 1985, S. 67–89.

mehr die bauliche Substanz in Frage gestellt, sondern die geeignetste Farbigkeit zu deren neuerlicher Aneignung gesucht. Charakteristisch für diese Wettbewerbslösungen der Zwischenkriegszeit ist die expressionistische, kontrastreiche Buntfarbigkeit in intensiven Farbtöne. Oftmals dominierten starke Rottöne die Entwürfe.

Von formellerem Charakter als die Wettbewerbe waren die in dieser Zeit aufkommenden Farbpläne für die Gestaltung von Altstädten, die als Setzungen der Bauämter harmonische, farblich abgestimmte Strassenbilder in Form von Gestaltungssatzungen umzusetzen suchten. Vielfach sind die damals gefundenen Lösungen bis heute in das bauliche Gedächtnis der Städte eingeschrieben.

Insgesamt lässt sich über die Wirkungszeit des BFFS die Tendenz zu einer verstärkten Normierung und Vereinheitlichung altstädtischer Farbigkeit feststellen. Neben der Orientierung an historischen Befunden erfolgte dies nicht zuletzt über empirische Erfahrungen und Versuchsreihen zur Licht- und Wetterbeständigkeit von Farben.[40] Begründet wurde die Notwendigkeit von Merkblättern, Satzungen und Farbnormen nicht zuletzt damit, dass dem zeitgenössischen Handwerk die lokale Tradition abhandengekommen sei, die in früheren Zeiten von selbst für Harmonie im Stadtbild gesorgt hätte. Auch hätten die industriell hergestellten und überregional vertriebenen Farbanstriche lokale Farbmittel verdrängt.[41] Allerdings ist die Entstehung von Farbnormen kein allein deutsches Phänomen, sondern lässt sich auch im europäischen Ausland verfolgen.[42]

---

40 Versuchsreihen wurden etwa in Zusammenarbeit mit Baugewerkeschulen durchgeführt, vgl. u. a. o.V.: Anstrich- und Farbputzprüfungen an Bauschulen, in: Die Farbige Stadt 4 (1929), S. 174; sowie durch Umfragen bei öffentlichen Bauverwaltungen erhoben, vgl. u. a. Wagner, Hans: Das Ergebnis einer vom Bunde zur Förderung der Farbe im Stadtbild an die Bauverwaltungen gerichteten Umfrage über Erfahrung mit Werkstoffen, in: Die Farbige Stadt 2 (1927), Sonderdruck.

41 Vgl. Fischer, Friedrich: Farbnormen für einfache Hausanstriche, in: Die Farbige Stadt 1 (1926: 2), S. 26–28.

42 Zur Entwicklung in Großbritannien vgl. Baty, Patrick: The Quest for Colour Standards in 20th Century Britain, in: Giacinta Jean (Hg.): La conservazione delle policromie nell'architettura del XX secolo, Mendrisio 2013, S. 108–119.

FACHZEITSCHRIFT „DIE FARBIGE STADT", JAHRGANG 1928, HEFT 2   TAFEL 1

HILDESHEIM, Wettbewerb für die farbige Gestaltung des „Brühl"

Ein zweiter Preis: Kennwort „Ich"   Zum Aufsatz von Stadtoberbaurat Senator Köhler

FACHZEITSCHRIFT „DIE FARBIGE STADT", JAHRGANG 1928, HEFT 2   TAFEL 2

HILDESHEIM, Wettbewerb für die farbige Gestaltung des „Brühl"

Ein zweiter Preis: Kennwort „Anno Emst" (nur Ausführung bestimmt)   Zum Aufsatz von Stadtoberbaurat Senator Köhler

Abb. 1: Arbeit am Bild der Altstadt: Wettbewerbsbeiträge für die farbige Neugestaltung der historischen Fachwerkzeile Brühl in Hildesheim

Farbe im Stadtbild verfestigte sich im Verlauf der 1930er Jahre schliesslich als Bestandteil der Ortsbildpflege und Altstadtsanierung. Generell lässt sich dabei bis über die Nachkriegszeit hinaus eine Tendenz zur Aufhellung der Farben feststellen, bestimmend für das bis heute überlieferte und weiterhin prägende Altstadtbild wurden helle, gedämpfte, pastöse Farben, vornehmlich weiss-beige Töne mit farblich abgesetzten Fensterläden.[43] Man bevorzugte eine homogenisierende Neutralfarbigkeit.

Nicht zuletzt der zunehmende Einfluss der institutionalisierten Denkmalpflege auf den Umgang mit den Altstädten sorgte seit den späten 1960er Jahren dafür, dass die zur Anwendung kommenden Farben möglichst unbestimmt, unaufdringlich wurden und nicht länger hervorstachen. Festzuhalten aber ist, dass auch Restaurierungen historischer Fassaden durch die Denkmalpflege – „nach Befund" – in den allermeisten Fällen Neufassungen sind.[44] Überhaupt liegen fundierte wissenschaftliche Untersuchungen zur historischen Architekturfarbigkeit erst seit den 1970er Jahren vor.[45]

Bezeichnend ist in diesem Zusammenhang das sogenannte Keplerhaus in der Regensburger Altstadt, „das erste ‚richtig' sanierte Haus der Altstadt".[46] Die bauliche Erhaltung dieses Gebäudes stellte einen Wendepunkt in der bisherigen Sanierungspraxis in Regensburg dar und sollte über die Stadt hinaus einflussreich für die Erhaltung mittelalterlicher, altstädtischer Bausubstanz in Deutschland werden. Die Instandsetzung des akut einsturzgefährdeten Gebäudes aus

---

43 Vgl. Rieger: Die farbige Stadt, S. 170.

44 Vgl. Autenrieth, Hans Peter: „Reparare, reformare, perornare". Vom Umgang mit den Farben der Architektur, in: Volker Hoffman/ Jürg Schweizer/ Wolfgang Wolters (Hg.): Die „Denkmalpflege" vor der Denkmalpflege. Akten des Berner Kongresses 30. Juni – 3. Juli 1999 (Neue Berner Schriften zur Kunst 8), Bern 2005, S. 63–126.

45 Eine der frühesten Übersichten bei Kobler, Friedrich/ Koller, Manfred: Farbigkeit der Architektur, RDK VII, München 1975, S. 274–428. Vgl. auch Pursche, Jürgen (Hg.): Historische Architekturoberflächen. Kalk – Putz – Farbe. Internationale Fachtagung des Deutschen Nationalkomitees von ICOMOS und des Bayerischen Landesamtes für Denkmalpflege, München, 20. – 22. November 2002 (ICOMOS – Hefte des deutschen Nationalkomitees 29), München 2003 sowie Hering-Mitgau, Mane/ Institut für Denkmalpflege und Bauforschung der ETH Zürich (Hg.): Farbige Fassaden. Die historische Putzfassung, Steinfarbigkeit und Architekturbemalung in der Schweiz, Frauenfeld/ Stuttgart/ Wien 2010.

46 Greipl, Egon Johannes/ Bayrisches Landesamt für Denkmalpflege (Hg.): Regensburg. Fenster zur Vergangenheit. Fotos vom alten Regensburg 1865–1945 aus dem Bildarchiv des Bayrischen Landesamtes für Denkmalpflege, Regensburg 2013, S. 70. Vgl. zur Instandsetzung Petzet, Michael/ Bayrisches Landesamt für Denkmalpflege (Hg.): Farbige Architektur. Regensburger Häuser – Bauforschung und Dokumentation, Ausstellung im Museum der Stadt Regensburg 4. Mai bis 17. Juni 1984 (Arbeitsheft 21), München 1984; darin Koenigs, Wolf: Instandsetzung [Keplerstrasse 2], S. 65–66 und Schädler-Saub, Ursula: Befunduntersuchung der Süd- und Ostfassade/Restaurierungsbericht [Keplerstrasse 2], S. 67–72.

dem 13. Jahrhundert im nördlichen Teil der mittelalterlichen Stadt in den Jahren 1976/77 erfolgte als ein Modellversuch des Bayrischen Landesamtes für Denkmalpflege, um die bautechnischen Sanierungsmöglichkeiten zu erproben und Abschätzungen über den notwendigen finanziellen Aufwand zu ermöglichen. „Zum ersten Mal setzte man sich wie bei den großen Monumentalbauten mit einem bescheideneren und schlechter erhaltenen Bürgerhaus das Ziel, den Bestand mit möglichst vielen historischen Details zu erhalten."[47] Im Vorfeld erfolgten umfangreiche Voruntersuchungen der beauftragten Baufirma, eine gründliche Bauaufnahme und exakte Befunduntersuchungen durch die Restaurierungswerkstätten des Landesdenkmalamtes. Obwohl die Instandsetzung nur bedingt in die innere Substanz des Gebäudes eingriff, konnte der bemalte Verputz der Fassade nicht erhalten werden. Er wurde vollständig abgenommen und zur weiteren Untersuchung in die Werkstätten des Landesdenkmalamts verbracht. Die farbige Neufassung erfolgte anschließend auf die neu angebrachten Schall- und Wärmeschutzschichten entsprechend der anhand weniger punktueller Befunde rekonstruierten „Erstfassung" des 13. Jahrhunderts. Dabei lagen für diese Fassung, gegenüber den weitaus besser überlieferten Fassungen des 14. und besonders des 16. Jahrhunderts verschwindend geringe Befundstellen vor.[48]

Treffend charakterisierte Thomas Danzl das Problem der Denkmalerhaltung durch Wiederherstellung farbiger Flächengestaltung: „Die Akzeptanz dieser Eingriffe steigt und fällt mit der Kenntnis um das Verlorene und den davon abgeleiteten Ansprüchen an das Ergebnis einer Rekonstruktion."[49]

---

47 Koenigs: Instandsetzung [Keplerstrasse 2], S. 65.

48 Vgl. die Rekonstruktionszeichnungen von Barbara Wünsch-Löblein, in: Petzet/ Bayrisches Landesamt für Denkmalpflege (Hg.): Farbige Architektur, Katalog, S. 125–127.

49 Danzl, Thomas: Denkmalerhaltung durch Wiederherstellung? Die farbige Flächengestaltung an Bauten der klassischen Moderne, in: Regierungspräsidium Stuttgart/ Landesamt für Denkmalpflege Baden-Württemberg (Hg.): Das Denkmal als Fragment – das Fragment als Denkmal. Denkmale als Attraktionen. Jahrestagung der Vereinigung der Landesdenkmalpfleger (VdL) und des Verbandes der Landesarchäologen (VLA) und 75. Tag für Denkmalpflege 10.–13. Juni 2007 in Esslingen am Neckar (Arbeitsheft 21), Esslingen 2008, S. 397–405, hier S. 397.

Abb. 2: Beispiel für die Normierungsbestrebung des Farbanstrichs historischer Putz- und Fachwerkbauten, hier entsprechend Architekt Prof. Dr.-Ing. Friedrich Fischer, Professor für Mittelalterliche Baukunst an der Technischen Hochschule Hannover

Industriekulturelles Erbe als Monument und Lebenswelt

Wie aber steht es um Denkmale der Industriekultur?[50] Offensichtlich haben sich in der Ikonografie des baulichen Industrieerbes die Stilmittel, die die Architekturgeschichte für die Hervorbringung des Monumentalen kennt, nochmals wiederholt. So verwendete Werner Lindner in seinem Grundlagenwerk zum industriekulturellen Erbe *Bauten der Technik* nicht von ungefähr reine Liniengrafiken,[51] die an die Zeichnungen in Friedrich Ostendorfs Publikationen erinnern.[52] Erneut sollte mit Bezug auf die klassizistische Architekturästhetik der formgewordene

---

50 Zur Geschichte der Industriedenkmalpflege in der BRD bis 1990 siehe Föhl, Axel: Industriedenkmalpflege in der Bundesrepublik Deutschland. Einige Bemerkungen zum Stand der Dinge, in: Deutsche Kunst und Denkmalpflege 48 (1990:2), S. 122–133 sowie Hassler, Uta/ Kierdorf, Alexander: Denkmale des Industriezeitalters. Von der Geschichte des Umgangs mit Industriekultur, Tübingen 2000.
51 Lindner, Werner: Bauten der Technik. Ihre Form und Wirkung. Werkanlagen, Berlin 1927.
52 Ostendorf, Friedrich: Sechs Bücher vom Bauen, 3 Bde., Berlin 1913–1920.

Charakter der Gebäude zum Ausdruck gebracht werden. Auch die ikonischen Fotografien von Bernd und Hilla Becher der 1960er Jahre kennen, wie bereits schon die fotografischen Aufnahmen Lindners, die Hinterlassenschaften der Industrie einzig im monumentalisierenden Schwarz-Weiss als objektivierte, von ihrem industriellen, sozialen und kulturellen Zusammenhängen isolierte Einzeldinge.[53] Technische Anlagen in „edler Einfalt und stiller Größe" (Winckelmann).

Ein anderer Zugang zum kulturellen Erbe des industriellen Zeitalters, der diese Hinterlassenschaften eingebunden sieht in vielfältige Objekt-Mensch-Beziehungen, soziale wie technische Prozesse, etablierte sich erst in den 1970er Jahren im erhaltenden Umgang mit den Arbeitersiedlungen. Der materiellen Authentizität der Objekte wurde die Authentizität der Siedlungen als lebendige Lebenswelten entgegengestellt. Nicht zuletzt, weil sich die Bedeutung der einheitlich geplanten Arbeitersiedlungen als schützenswerte Baudenkmäler aus ihrem Wert als soziokulturelle Zeugnisse einer Arbeiterkultur ergibt, stellten und stellen sich Herausforderungen für den nachhaltig erhaltenden, denkmalgerechten Umgang.[54]

Wie schon in den 1920er Jahren, sind farbige Erneuerungen dabei auch heute Bestandteil von Stadtsanierungsprogrammen. So werden im Hof- und Fassadenprogramm der Stadt Dortmund im Stadtumbaugebiet Hörde Hausbesitzer durch Fördermittel zur farbigen „Aufhübschung" ihrer Immobilien ermuntert.[55] Der individuelle Neuanstrich von ursprünglich einheitlich farbig oder materialsichtig gestalteten Fassaden ist somit einerseits Signum der Aneignung und Pflege des Eigentums durch die heutigen Besitzer und Bewohner. Andererseits führen die oftmals unsachgemäßen, hydrophoben und filmbildenden Dispersionsfarbanstriche langfristig zu Abplatzungen und in der Folge zum kompletten Austausch des Fassadenputzes, also zum Verlust der originalen Substanz.

---

53 Vgl., auch zum von Bernd und Hilla Becher geprägten Begriff der „Anonymen Skulpturen" für die technischen Objekte, Lange, Susanne: Über die Schönheit technischer Denkmäler. Die Arbeit von Bernd und Hilla Becher, in: Michael Petzet/ Uta Hassler (Hg.): Das Denkmal als Altlast? Auf dem Weg in die Reparaturgesellschaft (ICOMOS – Hefte des Deutschen Nationalkomitees 21), München 1996, S. 138–142.

54 Grundlegend: Landschaftsverband Rheinland/ Rheinisches Amt für Denkmalpflege (Hg.): Wohn- und Arbeitersiedlungen im Rheinland. Eine Zwischenbilanz aus denkmalpflegerischer Sicht (Arbeitshefte der Rheinischen Denkmalpflege 67), Worms 2006.

55 https://www.dortmund.de/de/leben_in_dortmund/planen_bauen_wohnen/stadterneuerung/projekte_stadterneuerung/stadtumbau_hoerde_zentrum/projekte_hoerde_zentrum/hof_und_fassadenprogramm.html (letzter Abruf am 03.08.2020); vgl. Nellen, Dieter/ Richer, Christa/ Wilde, Ludger (Hg.): Phoenix. Eine neue Stadtlandschaft in Dortmund, Berlin 2016.

Farbige Arbeitersiedlungen

Für das veränderte Verständnis von Authentizität dieses baukulturellen Erbes war nicht zuletzt der Kampf um die Arbeitersiedlung Eisenheim in Oberhausen ausschlaggebend. Eisenheim wurde der Kristallisationspunkt für eine Vielzahl von Bürgerinitiativen im Ruhrgebiet, die sich der Erhaltung der ehemaligen Zechensiedlungen und ihrer Lebenswelt verschrieben.

Die in fünf Bauphasen ab 1846 gebaute Siedlung, zunächst für die Arbeiter der Hütte Jacobi, Haniel, Huyssen, später auch für Bergarbeiter, gilt als älteste Arbeitersiedlung des Ruhrgebiets und gleichzeitig als erste deutsche Arbeitersiedlung, die als sozialkulturelles Dokument unter Schutz gestellt wurde.[56] Dabei spielten weniger tradierte denkmalpflegerische Werte eine Rolle, als der Wunsch nach Erhaltung einer spezifischen, gewachsenen und in diesem Sinn authentischen Lebenswelt.

1958 war die Siedlung auf die Abbruchliste gesetzt worden, um neuen Wohnraum zu erstellen und die Grundstücksfläche gewinnbringender zu nutzen. Der langjährige und letztlich erfolgreiche Widerstand gegen die Abrisspläne wurde von Außen angefacht. Zur Authentisierung der Siedlung trug maßgeblich die Dokumentation der Gebäude und ihrer Bewohner durch eine Projektgruppe des Fachbereichs Design der FH Bielefeld 1972 bei, deren Ergebnis in Form breitenwirksamer Publikationen und dem Film „Rettet Eisenheim" die Grundlage bildete für eine umfangreiche Thematisierung in den Medien.[57] Obwohl bereits 1973 die amtliche Unterschutzstellung erfolgte, sollte es noch bis 1977 dauern, bis die Abrisspläne endgültig beiseitegeschoben wurden. 1978 wurde eine weitgehende Mitbestimmung der Bewohner im Sanierungsprozess durchgesetzt, die im Sinne einer „gewaltfreien Radikalität" keine Zugeständnisse an die Eigentümer zuzulassen bereit waren. Von 1979 bis 1982 wurden die Siedlungsbauten schließlich instandgesetzt und modernisiert, 38 der ehemals 51 Häuser konnten erhalten werden.[58]

Zur Lebenswelt der ehemaligen Hütten- und Bergarbeitersiedlung gehörte auch die enge Verflechtung mit den sozialen Hierarchien und Ordnungssystemen der Industriearbeit, die in der Architektur Form gefunden hatten. So waren in Eisenheim die unverputzten Backsteinbauten der einfachen Arbeiter einst umgeben von einem Ring einheitlich weiß-gelb getünchter Meisterhäuser.

---

56 Günter, Roland/ Günter, Janne: Die Arbeitersiedlung Eisenheim in Oberhausen. Die älteste Arbeitersiedlung im Ruhrgebiet (Rheinische Kunststätten 541), Köln 2013.

57 Projektgruppe Eisenheim (Fachhochschule Bielefeld) [Günter, Roland/ Bosström, Jörg] (Hg.): Rettet Eisenheim. Eisenheim 1844–1972. Gegen die Zerstörung der ältesten Arbeitersiedlung des Ruhrgebietes, Berlin 1973.

58 Günter/ Günter: Eisenheim, S. 19 f.

Selbstverständlich machte deren heller Anstrich die Fassaden anfälliger für Verschmutzungen, was später zur vielfachen Übermalung dieser Häuser führte. Im Zuge der Restaurierungen in den 1970er Jahren wurden bis zu zehn Anstrichschichten gefunden.[59] Seit der Rekonstruktion der ursprünglichen Erscheinung können die Zeugnisse sozialer Distinktion und die besondere soziale Rolle dieser Gebäude wieder nachvollzogen werden. Sie haben aber keinen Bezug mehr zur authentischen Lebenswelt der heutigen Bewohner, dem ursprünglichen Beweggrund für die Rettung der Siedlung.

Für die Siedlungen des *Neuen Bauens* hatte Farbe eine andere, gestaltende Bedeutung. In der Duisburger Einschornsteinsiedlung, 1927/29 durch den städtischen Baurat Hermann Bräuhäuser zusammen mit den Architekten Johannes Kramer und Walter Kremer entworfen und in drei Bauabschnitten realisiert,[60] blieb die ursprüngliche Buntfarbigkeit nicht lange erhalten. Frühzeitig wurden die Gebäude weiß überstrichen und später uneinheitlich farbig gestaltet. Erst 1976 wurde das ursprüngliche Farbkonzept wiederentdeckt: ein durch die Himmelsrichtung bestimmtes dreifarbiges Schema: Südost- und Nordwestseiten Blau, Nordostwände Gelb und Südwestwände Lachsrot. Die Denkmalpflege spricht heute von einem „weitgehend authentischen" Zustand der in den späten 1970er Jahren durchgeführten Wiederherstellung, denn aus Furcht vor blauen Straßenfluchten wurde an mehreren Gebäudezügen das Farbschema verdreht aufgetragen. Auch wurden die befundeten Gelb-, Blau- und Rot-Töne dem Zeitgeschmack angepasst, man verwendete Alpinacolor Olive, Havanna, Taiga und Gobi als Dispersionsfarbanstriche, die mit der Zeit stark verblassten. All dies verunklarte die Wahrnehmung des Farbkonzepts. 2003 erfolgte eine erneute Renovation, nun mit Dispersionssilikatanstrichen aus dem Sortiment der Firma Sto,[61] bei der exakt „nach historischem Befund" neu gestrichen wurde, womit das kurzlebige ursprüngliche Konzept heute als dauerhaft rekonstruiert angese-

---

59 Heinen, Sigrun: Siedlungen „unter der Lupe". Restauratorische Untersuchungen an Fassaden- und Innenraumanstrichen, in: Gisbert Knopp/ Ludger J. Sutthoff (Hg.): Wohn- und Arbeitersiedlungen im Rheinland. Eine Zwischenbilanz aus denkmalpflegerischer Sicht, Worms 2006, S. 156–166, hier S. 161.

60 In drei Bauabschnitten wurden insgesamt 72 Mehrfamilienhäuser mit 360 Wohnungen (Typ I und II) und 81 Einfamilienreihenhäuser (Typ III und IV) errichtet; bis auf eine Reihenhauszeile mit fünf Reihenhäusern an der Ecke Wildstraße/ Kortumstraße, die im Zweiten Weltkrieg zerstört und durch einen Neubau ersetzt wurde, ist die Siedlung geschlossen erhalten.

61 Die Nord-Ost-Fassaden sind Gelb (Sto-Farbe NCS 0616-Y08R), die Süd-West-Fassaden Rot (Sto-Farbe NCS 1215-Y66R) sowie die Süd-Ost-Fassaden und die Nord-West-Fassaden Blau (Sto-Farbe NCS 1513-R99B) zu streichen. Aus: Stadt Duisburg, Amt für Baurecht und Bauberatung, Untere Denkmalbehörde (Hg.): Gestaltungsfibel Denkmal Einschornstein-Siedlung, Bearbeitung: Dr.-Ing. Stephan Strauß (Strauß & Fischer Historische Bauwerke GbR, Krefeld), Duisburg 2006 (http://nbn-resolving.de/urn:nbn:de:kobv:109-opus-100420, letzter Abruf am 19.04.2017).

hen werden kann. Die darunterliegenden Farbschichten, die Dispersionsfarbe der 1970er Jahre und die Ölanstriche der frühen Veränderungsphasen, wurden hingegen abgebeizt.

Abb. 3: Siedlung Eisenheim, Oberhausen: Durch Gegenüberstellung neugeplanter und gewachsener Wohnumgebungen erfolgte die Inwertsetzung der historischen Arbeitersiedlung als authentischem Lebensraum, die letztlich zu Rettung und Unterschutzstellung führte

Die dauerhafte Einstufung der Siedlung als Denkmal ist an die Einhaltung der Regelungen des Gestaltungsplans von 2006 gebunden. Wie so oft bei Baudenkmälern des 20. Jahrhunderts wird dadurch ein an den ursprünglichen Entwurf angelehntes Konzept authentisiert. Ebenfalls langfristig sichergestellt wird durch solche Gestaltungspläne die optische Geschlossenheit des Bauensembles, unabhängig von heute eventuell veränderter Besitz- und Nutzungssituation. Die materielle Substanz der früheren wie heutigen Farbschichten jedoch scheint zweitrangig.

Die Rolle der Denkmalpflege bei der Authentisierung von Siedlungen kann auch im Fall der Bergarbeiterkolonie Marga in Brieske-Senftenberg in der Niederlausitz kritisch hinterfragt werden.[62] Die Gartenstadt entstand ab 1907 als Wohnkolonie der Ilse-Bergbau AG, verantwortlich zeichneten nacheinander die bei der Bergbaugesellschaft angestellten Architekten Georg Heinsius von May-

---

62 Vgl. Internationale Bauausstellung (IBA) Fürst-Pückler-Land (Hg.): Gartenstadt Marga – Marga-Hof und „Kaiserkrone". Workshop vom 21.9. bis 25.9.1998 der Vorbereitungsgesellschaft m. b. H., Großräschen 1998 sowie Peters, Paulhans: Marga. Bergarbeiter-Kolonie in der Lausitz. Entstehung, Niedergang, Sanierung, Hamburg 2002.

enburg und Ewald Kleffel. Das heutige Flächendenkmal, eingetragen seit 1985, besteht aus 77 von ehemals ca. 110 Wohnhäusern. Als Werksiedlung und später in Treuhandbesitz unterstanden alle Gebäude einem Eigentümer, was die Gesamtsanierung der Siedlung zwischen 1997 und 2000 stark vereinfachte. Die umfangreiche Finanzierung der Baumaßnahmen erfolgte aus verschiedenen Förderquellen (KfW Wohnraummodernisierungsprogramm, Mittel zur Förderung von Wohnungen für Beschäftigte der Kohle- und Stahlindustrie der Europäischen Gemeinschaft für Kohle und Stahl, Arbeitsbeschaffungsmaßnahmen der Bundesagentur für Arbeit, Strukturanpassungsmaßnahmen und anderes mehr), was einen Standard der Sanierung erzwang, der trotz Denkmalschutz dem des Sozialen Wohnungsbaus der 1990er Jahre entsprach.[63] Bei der Innensanierung beschränkte man sich auf das Notwendigste, und auch das Äußere wurde nicht zwingend originalgetreu wiederhergestellt.

Abb. 4: Bergarbeiterkolonie Marga, Brieske-Senftenberg: Kleine Gassen mit hohen Bäumen und individuell gestalteten Freiräumen prägen das abwechslungsreiche Erscheinungsbild der konzentrisch angelegten ehemaligen Werksiedlung. Die äußere Gestaltung und Farbgebung der Häuser ist eine Annäherung an den ursprünglichen Zustand

Das denkmalpflegerische Konzept des Generalplaners Gibbins, Bultmann und Partner (seit 1998/1999 Gibbins® european architect) sah, auf Empfehlung des Brandenburgischen Landesamtes für Denkmalpflege, ein restauratorisches Farbgutachten vor, welches durch das regional tätige Büro Schirrwagen und Waldmann erstellt wurde. Obwohl zeitgenössische Fotografien den meist desolaten Zustand der Objekte bezeugen, konnten an 26 von 72 Häusern Farbbefunde an Fassaden, Fachwerk, Türen, Fensterläden und Dachkästen ermittelt werden. Planungsunterlagen, die belegten, dass bei Errichtung der Siedlung ein Farbkonzept für die Fassaden vorlag, fanden sich jedoch nicht. An allen Gebäuden wurde im Zuge der Sanierung der Bestandsputz der Fassaden abgeschlagen und diese, nach Aufbringung einer Wärmedämmung, neu verputzt und mit Dispersionssilikatfarbe gestrichen. Auf Wunsch der Landesdenkmalpflege reduzierte man die farbliche Bandbreite der Befunde und erstellte ein neues Farbkonzept

---

63 Peters: Marga, S. 79.

für die Siedlung,[64] welches historische Legitimität zwar behauptet, jedoch keinesfalls anstößig wirkt. Die Farbgebung in hellen Beige-, Gelb-, Rosa- und Blautönen entspricht dem Durchschnitt im heutigen Ortsbild Senftenbergs, wo allenfalls die sanierten Zeilenbauten der Nachkriegszeit expressiver und bunter neugestaltet worden sind. Die unauffällige Farbgestaltung trägt sicherlich zur Akzeptanz der denkmalgeschützten Siedlung bei. Hier wie im Fall Duisburgs ist das heutige geschlossene Erscheinungsbild ebenso Ergebnis der ursprünglichen Ausführung wie der spezifischen Konstellation, die erlaubte, die Siedlung Ende der 1990er Jahre als Ganzes in kurzer Zeit baulich instand zu setzen. Ob sich dies auch in Zukunft sicherstellen lässt, bleibt abzuwarten. Werden dann die heutigen Anstriche als historische Dokumente befundet werden, um die historische Authentizität zu wahren?

Authentizität und Cultural Heritage

Ein subjektbezogener Authentizitätsbegriff ist für die Denkmalpflege und Bauforschung bis heute kaum brauchbar und wird zumeist auch zurückgewiesen.[65] Authentizität wird stattdessen als die dingliche Eigenschaft der Echtheit verstanden, die einem historischen Artefakt unter Sach- und Fachkundigen weitgehend übereinstimmend zuerkannt wird.[66] Ganz im Sinne der historischen Wortbedeutung geht es um die verbürgte Autorschaft, den Zeugniswert des überlieferten Objektes, seine Unverfälschtheit als Maßstab der Wertigkeit des historisch Faktischen. Authentizität nachzuweisen setzt, wie Thomas Will feststellt, Expertenwissen und wissenschaftliche Kompetenzen voraus: „Die Authentizität eines Kunstgegenstandes wird in der Moderne nicht mehr rituell gesichert, etwa durch Weihe, sondern wissenschaftlich bewiesen, nämlich durch Nachweis seiner materiellen körperlichen Kontinuität in der Zeit."[67] Diese wissenschaftlich begründete Zuerkennung von Authentizität kann jedoch stets nur eine Annäherung an eine historische Wahrheit sein.

---

64 Aus Denkmalpflegerisches Konzept der Architekten Gibbins, in: Peters: Marga, S. 121.
65 Vgl. u. a. Rheidt, Klaus: Authentizität als Erklärungsmodell in der Baugeschichtsforschung, in: Bernhardt/ Sabrow/ Saupe (Hg.): Gebaute Geschichte, S. 76–91.
66 Vgl. Vereinigung der Landesdenkmalpfleger in der Bundesrepublik Deutschland (Hg.): Leitbild Denkmalpflege. Zur Standortbestimmung der Denkmalpflege heute, Petersberg 2011.
67 Will, Thomas: Die Autorität der Sache. Zur Wahrheit und Echtheit von Denkmalen, in: Hans-Rudolf Meier/ Ingrid Scheuermann (Hg.): DENKmalWERTE. Beiträge zur Theorie und Aktualität der Denkmalpflege, Berlin/ München 2010, S. 82–93, hier S. 85.

Spätestens seit den 1980er Jahren, verstärkt unter dem Eindruck der *Nara Conference on Authenticity* 1994, hat sich jedoch das Diskursfeld um den Begriff des Authentischen aufgetan – nicht zuletzt auch im Rahmen eines postkolonialen, außereuropäischen *Cultural Heritage* Verständnisses.[68] Aus der Tourismustheorie entstammte eine allgemeine Skepsis gegenüber objektiver Authentizität des Exotischen wie Historischen. Anstelle vom stets zweifelhaften Attribut „authentisch" redet man von der „Authentisierung" als Prozess.[69]

Das Infragestellen des Konzepts der Authentizität ist aber auch Grundlage vieler Produkte der post-industriellen Kunstproduktion.[70] Jede gesellschaftliche Äußerung kann ein Kunstwerk sein und erhebt oft genug auch den Anspruch darauf. Dies trifft auch auf kulturelle Überformungen und Umdeutungen zu. Wie in den Bildern der *Colorized History* fügt dies aber dem materiellen Original als Träger einer einzigen, ursprünglichen Bedeutung neue Ebenen und Zustände hinzu. „Das authentische Denkmal ist in seiner Schichtung, in seiner Komplexität zu sehen [...].“[71] Die Authentizität des Erbes liegt eben nicht in der Einzigartigkeit des historischen Zeitpunkts seiner Erschaffung, auch liegt sie nicht in dem einen oder anderen Zustand. Einzig auf das nachvollziehbare Werden des Denkmals in einem historischen Prozess kann Authentizität bezogen werden. Oder, wie Beat Wyss konstatierte: „Das Authentischste am Denkmal ist die Handschrift des Denkmalpflegers. Seine Perspektive auf das Vergangene ist unausweichlich von jetzt.“[72]

Gegenwartsinteresse und gegenwärtige Bedingungen steuern nicht nur die Definition des Denkmals, sondern auch „jedes handelnde Eingreifen in dieses".[73] Diesen Gegenwartsbezug der Objekte zu konstatieren, heißt nicht, den Quellenwert des historischen Baubestandes in Zweifel zu ziehen. Aber ebenso wie Textquellen Gegenstand wiederholter historischer Abschriften, Kopien, Übersetzungen, Neu-Edition geworden sind, sind auch Objektquellen nicht auf den einen originalen, ursprünglichen Zustand hin zu reduzieren. Ihre Eigen-

---

68 Vgl. Larsen (Hg.): Nara Conference on Authenticity; sowie Cameron, Christina/ Inaba, Nobuko: The Making of the Nara Document on Authenticity, in: APT Bulletin 46 (2015:4), S. 30–37.

69 Frow, John: Tourism and the Semiotics of Nostalgia, in: October 57 (1991), S. 123–151.

70 Vgl. Dushinka, Natalya: Authenticity. Towards the Ecology of Culture, in: Larsen (Hg.): Nara Conference on Authenticity, S. 307–310.

71 Zitat Jürgen Tietz, in: Scheurmann, Ingrid/ Meier, Hans-Rudolf: Echt, alt, schön, wahr. Zeitschichten der Denkmalpflege, München/ Berlin 2006, S. 213.

72 Wyss, Beat: Das Kunstdenkmal. Die Erfindung der Vergangenheit, in: Norbert Bolz u. a. (Hg.): Riskante Bilder. Kunst Literatur Medien, München 1996, S. 191–200, hier S. 198.

73 Meyer, Hans-Peter: Konservatorische Selektion von Denkmalschichten, in: Regierungspräsidium Stuttgart/ Landesamt für Denkmalpflege Baden-Württemberg (Hg.): Das Denkmal als Fragment, S. 355–362, hier S. 356.

schaft als Zeugnisse der Vergangenheit können wir langfristig nur sicherstellen, wenn wir uns dieser Prozesse des Überschreibens, Überformens und Transformierens bis in unsere unmittelbare Gegenwart bewusst bleiben.

Auch die Relikte des industriellen Zeitalters sind nicht nur Zeugnisse einstiger Produktions- und Arbeitsprozesse, sondern ebenso des oftmals jahrzehntelangen Leerstandes, der De-Industrialisierung und ihrer gesellschaftlichen Folgen. Das industriekulturelle Bauerbe steht nicht nur für die verlorene industrielle Arbeitswelt, sondern ebenso für Neuaneignungen und Überformung in post-industrieller Zeit. Farbige Neufassungen und Übermalungen verweisen letztlich auf diese laufenden Aneignungs- und Überformungsprozesse. In diesem Sinn wäre es notwendig, die Spuren subversiver Zwischen- und kultureller Umnutzungen des industriekulturellen Erbes als Bestandteil der historischen Schichtungen des Industriedenkmals anzuerkennen. Man kann so manche dieser neuen Farbfassungen und Übermalungen fraglich finden, sich anderes vorstellen, oder auch nichts. Wichtig aber ist, dass sie Aufmerksamkeit wecken, zum Nachdenken anregen, neue Sichtweisen provozieren: im Ganzen also Prozesse der Authentisierung darstellen.

Literatur

Arburg, Hans-Georg: Alles Fassade. „Oberfläche" in der deutschsprachigen Architektur- und Literaturästhetik 1770–1870, München 2008.

Autenrieth, Hans Peter: „Reparare, reformare, perornare". Vom Umgang mit den Farben der Architektur, in: Volker Hoffman/ Jürg Schweizer/ Wolfgang Wolters (Hg.): Die „Denkmalpflege" vor der Denkmalpflege. Akten des Berner Kongresses 30. Juni – 3. Juli 1999 (Neue Berner Schriften zur Kunst 8), Bern 2005, S. 63–126.

Baumgart, Fritz: Stilgeschichte der Architektur, Köln 1969.

Baty, Patrick: The Quest for Colour Standards in 20th Century Britain, in: Giacinta Jean (Hg.): La conservazione delle policromie nell'architettura del XX secolo, Mendrisio 2013, S. 108–119.

Bernhardt, Christoph/ Sabrow, Martin/ Saupe, Achim: Authentizität und Bauerbe. Transdisziplinäre Perspektiven, in: Dies. (Hg.): Gebaute Geschichte. Historische Authentizität im Stadtraum, Göttingen 2017, S. 9–24.

Brix, Michael: Fassadenwettbewerbe. Ein Programm der Stadtbildpflege um 1900, in: Cord Meckseper/ Harald Siebenmorgen (Hg.): Die alte Stadt: Denkmal oder Lebensraum? Die Sicht der mittelalterlichen Stadtarchitektur im 19. und 20. Jahrhundert, Göttingen 1985, S. 67–89.

Cameron, Christina/ Inaba, Nobuko: The Making of the Nara Document on Authenticity, in: APT Bulletin 46 (2015:4), S. 30–37.

Danzl, Thomas: Denkmalerhaltung durch Wiederherstellung? Die farbige Flächengestaltung an Bauten der klassischen Moderne, in: Regierungspräsidium Stuttgart/ Landesamt für

Denkmalpflege Baden-Württemberg (Hg.): Das Denkmal als Fragment – das Fragment als Denkmal. Denkmale als Attraktionen. Jahrestagung der Vereinigung der Landesdenkmalpfleger (VdL) und des Verbandes der Landesarchäologen (VLA) und 75. Tag für Denkmalpflege 10. – 13. Juni 2007 in Esslingen am Neckar (Arbeitsheft 21), Esslingen 2008, S. 397–405.

Dushinka, Natalya: Authenticity. Towards the Ecology of Culture, in: Knut Einar Larsen (Hg.): Nara Conference on Authenticity in relation to the World Heritage Convention. Nara, Japan 1–6 November 1994. Proceedings, Trondheim 1995, S. 307–310.

Föhl, Axel: Industriedenkmalpflege in der Bundesrepublik Deutschland. Einige Bemerkungen zum Stand der Dinge, in: Deutsche Kunst und Denkmalpflege 48 (1990:2), S. 122–133.

Franke, Ursula: Bausteine für eine Theorie ornamentaler Kunst. Zur Autonomisierung des Ornaments bei Karl Philipp Moritz, in: Dies./ Heinz Paetzold (Hg.): Ornament und Geschichte. Studien zum Strukturwandel des Ornaments in der Moderne, Bonn 1996.

Frow, John: Tourism and the Semiotics of Nostalgia, in: October 57 (1991), S. 123–151.

Greipl, Egon Johannes/ Bayrisches Landesamt für Denkmalpflege (Hg.): Regensburg. Fenster zur Vergangenheit. Fotos vom alten Regensburg 1865–1945 aus dem Bildarchiv des Bayrischen Landesamtes für Denkmalpflege, Regensburg 2013.

Günter, Roland/ Günter, Janne: Die Arbeitersiedlung Eisenheim in Oberhausen. Die älteste Arbeitersiedlung im Ruhrgebiet (Rheinische Kunststätten 541), Köln 2013.

Hassler, Uta (Hg.): Maltechnik & Farbigkeit der Semperzeit, München 2014.

Hassler, Uta/ Kierdorf, Alexander: Denkmale des Industriezeitalters. Von der Geschichte des Umgangs mit Industriekultur, Tübingen 2000.

Heinen, Sigrun: Siedlungen „unter der Lupe". Restauratorische Untersuchungen an Fassaden- und Innenraumanstrichen, in: Knopp, Gisbert/ Sutthoff, Ludger J. (Hg.): Wohn- und Arbeitersiedlungen im Rheinland. Eine Zwischenbilanz aus denkmalpflegerischer Sicht, Worms 2006, S. 156–166.

Hering-Mitgau, Mane/ Institut für Denkmalpflege und Bauforschung der ETH Zürich (Hg.): Farbige Fassaden. Die historische Putzfassung, Steinfarbigkeit und Architekturbemalung in der Schweiz, Frauenfeld/ Stuttgart/ Wien 2010.

Koenigs, Wolf: Instandsetzung [Keplerstrasse 2], in: Michael Petzet/ Bayrisches Landesamt für Denkmalpflege (Hg.): Farbige Architektur. Regensburger Häuser – Bauforschung und Dokumentation. Ausstellung im Museum der Stadt Regensburg 4. Mai bis 17. Juni 1984 (Arbeitsheft 21), München 1984, S. 65–66.

Landschaftsverband Rheinland/ Rheinisches Amt für Denkmalpflege (Hg.): Wohn- und Arbeitersiedlungen im Rheinland. Eine Zwischenbilanz aus denkmalpflegerischer Sicht (Arbeitshefte der Rheinischen Denkmalpflege 67), Worms 2006.

Lange, Susanne: Über die Schönheit technischer Denkmäler. Die Arbeit von Bernd und Hilla Becher, in: Michael Petzet/ Uta Hassler (Hg.): Das Denkmal als Altlast? Auf dem Weg in die Reparaturgesellschaft (ICOMOS – Hefte des Deutschen Nationalkomitees 21), München 1996, S. 138–142.

Lowenthal, David: The Past is a Foreign Country, Cambridge 1985.

Lowenthal, David: Changing Criteria of Authenticity, in: Knut Einar Larsen (Hg.): Nara Conference on Authenticity in Relation to the World Heritage Convention. Nara, Japan 1–6 November 1994. Proceedings, Trondheim 1995, S. 121–135.

Meyer, Hans-Peter: Konservatorische Selektion von Denkmalschichten, in: Regierungspräsidium Stuttgart/ Landesamt für Denkmalpflege Baden-Württemberg (Hg.): Das Denkmal als Fragment – das Fragment als Denkmal. Denkmale als Attraktionen. Jahrestagung der Vereinigung der Landesdenkmalpfleger (VdL) und des Verbandes der Landesarchäologen (VLA) und 75. Tag für Denkmalpflege 10.–13. Juni 2007 in Esslingen am Neckar (Arbeitsheft 21), Esslingen 2008, S. 355–362.

Nellen, Dieter/ Richer, Christa/ Wilde, Ludger (Hg.): Phoenix. Eine neue Stadtlandschaft in Dortmund, Berlin 2016.

Pawley, Martin: Terminal Architecture, London 1998.

Peters, Paulhans: Marga. Bergarbeiter-Kolonie in der Lausitz. Entstehung, Niedergang, Sanierung, Hamburg 2002.

Petzet, Michael/ Bayrisches Landesamt für Denkmalpflege (Hg.): Farbige Architektur. Regensburger Häuser – Bauforschung und Dokumentation, Ausstellung im Museum der Stadt Regensburg 4. Mai bis 17. Juni 1984 (Arbeitsheft 21), München 1984.

Pursche, Jürgen (Hg.): Historische Architekturoberflächen. Kalk – Putz – Farbe. Internationale Fachtagung des Deutschen Nationalkomitees von ICOMOS und des Bayerischen Landesamtes für Denkmalpflege, München, 20. – 22. November 2002 (ICOMOS – Hefte des deutschen Nationalkomitees 29), München 2003.

Reichardt, Sven: Authentizität und Gemeinschaft. Linksalternatives Leben in den siebziger und frühen achtziger Jahren, Berlin 2014.

Rheidt, Klaus: Authentizität als Erklärungsmodell in der Baugeschichtsforschung, in: Christoph Bernhardt/ Martin Sabrow/ Achim Saupe (Hg.): Gebaute Geschichte. Historische Authentizität im Stadtraum, Göttingen 2017, S. 76–91.

Rieger, Hans Jörg: Die farbige Stadt. Beiträge zur Geschichte der farbigen Architektur in Deutschland und in der Schweiz 1910–1939, Zürich 1976.

Saupe, Achim: Authentizität 3.0, in: Docupedia-Zeitgeschichte (https://docupedia.de/zg/ Authentizität_Version_3.0_Achim_Saupe, letzter Abruf am 20.04.2017).

Schädler-Saub, Ursula: Befunduntersuchung der Süd- und Ostfassade/Restaurierungsbericht [Keplerstrasse 2], in: Michael Petzet/ Bayrisches Landesamt für Denkmalpflege (Hg.): Farbige Architektur. Regensburger Häuser – Bauforschung und Dokumentation. Ausstellung im Museum der Stadt Regensburg 4. Mai bis 17. Juni 1984 (Arbeitsheft 21), München 1984, S. 67–72.

Scheurmann, Ingrid/ Meier, Hans-Rudolf (Hg.): Echt, alt, schön, wahr. Zeitschichten der Denkmalpflege, München/ Berlin 2006.

Seidenspinner, Wolfgang: Woran ist Authentizität gebunden? Von der Authentizität zu den Authentizitäten des Denkmals, in: Kunsttexte 3 (2007) (http://nbn-resolving.de/urn:nbn:de: kobv:11-10079064, letzter Abruf am 10.04.2017).

Vereinigung der Landesdenkmalpfleger in der Bundesrepublik Deutschland (Hg.): Leitbild Denkmalpflege. Zur Standortbestimmung der Denkmalpflege heute, Petersberg 2011.

Will, Thomas: Die Autorität der Sache. Zur Wahrheit und Echtheit von Denkmalen, in: Hans-Rudolf Meier/ Ingrid Scheurmann (Hg.): DENKmalWERTE. Beiträge zur Theorie und Aktualität der Denkmalpflege, Berlin/ München 2010, S. 82–93.

Wyss, Beat: Das Kunstdenkmal. Die Erfindung der Vergangenheit, in: Norbert Bolz u. a. (Hg.): Riskante Bilder. Kunst Literatur Medien, München 1996, S. 191–200.

Quellen

Baur, Alfred: Das farbige Haus, das farbige Dorf, die farbige Stadt, in: Heimatschutz. Zeitschrift der schweizerischen Vereinigung für Heimatschutz 26 (1931:6), S. 81–82.

Benjamin, Walter: Das Kunstwerk im Zeitalter seiner technischen Reproduzierbarkeit, in: Zeitschrift für Sozialforschung 5 (1936:1), S. 40–66 (Nachdruck: Frankfurt (Main) 1968).

Fischer, Friedrich: Farbnormen für einfache Hausanstriche, in: Die Farbige Stadt 1 (1926: 2), S. 26–28.

Hof- und Fassadenprogramm Stadt Dortmund ((https://www.dortmund.de/de/leben_in_dortmund/planen_bauen_wohnen/stadterneuerung/projekte_stadterneuerung/stadtumbau_hoerde_zentrum/projekte_hoerde_zentrum/hof_und_fassadenprogramm.html, letzter Abruf am 03.08.2020).

Internationale Bauausstellung (IBA) Fürst-Pückler-Land (Hg.): Gartenstadt Marga – Marga-Hof und „Kaiserkrone". Workshop vom 21.9. bis 25.9.1998 der Vorbereitungsgesellschaft m. b. H., Großräschen 1998.

Klopfer, Paul: Die Farbe des freistehenden Hauses, in: Die Farbige Stadt 2 (1927:10), S. 126–129.

Klopfer, Paul: Die Bedeutung des Bauschulwesens für die Farbenbewegung, in: Die Farbige Stadt 2 (1927:12), S. 236–241.

Kobler, Friedrich/ Koller, Manfred: Farbigkeit der Architektur, RDK VII, München 1975, S. 274–428.

Lindner, Werner: Bauten der Technik. Ihre Form und Wirkung. Werkanlagen, Berlin 1927.

Meyer, Peter: Farbige Fassaden, in: Schweizerische Bauzeitung 84 (1924:7), S. 82–85.

Meyer, Peter: Farbige Fassaden in Zürich, in: Schweizerische Bauzeitung 86 (1925:20), S. 245–248.

Meyer, Peter: Das farbige Zürich, in: Schweizerische Bauzeitung 90 (1927:6), S. 76–77.

Ostendorf, Friedrich: Sechs Bücher vom Bauen, 3 Bde., Berlin 1913–1920.

O.V.: Anstrich- und Farbputzprüfungen an Bauschulen, in: Die Farbige Stadt 4 (1929), S. 174.

O.V.: Das Farbige Zürich, in: Das Werk 14 (1927:6), S. 186.

O.V.: Untersuchungen über den Charakter der Gebäude; Über die Verbindung der Baukunst mit den schönen Künsten und über die Wirkungen, welche durch dieselben hervorgebracht werden sollen, Faksimile der Ausgabe Leipzig 1788, Nördlingen 1986.

Phleps, Hermann: Das ABC der farbigen Außenarchitektur, Berlin 1916.

Phleps, Hermann: Das Gesetz der farbigen Bindung, in: Die Farbige Stadt 1 (1926:4), S. 54–55.

Projektgruppe Eisenheim (Fachhochschule Bielefeld) [Günter, Roland/ Bosström, Jörg] (Hg.): Rettet Eisenheim. Eisenheim 1844–1972. Gegen die Zerstörung der ältesten Arbeitersiedlung des Ruhrgebietes, West-Berlin 1973.

Reinhard, Ernst: Die Sanierung der Altstädte, Zürich 1945.

Schumacher, Fritz: Die Farbige Behandlung des Palais Görz, in: Die Farbige Stadt 2 (1927:2), S. 25–26.

Sedlmayr, Hans: Architektur als abbildende Kunst (Sitzungsberichte der Österreichischen Akademie der Wissenschaften, Philosophisch-historische Klasse 225:3), Wien 1948.

Stadt Duisburg, Der Oberbürgermeister, Amt für Baurecht und Bauberatung, Untere Denkmalbehörde (Hg.): Gestaltungsfibel Denkmal Einschornstein-Siedlung, Bearbeitung: Dr.-Ing. Stephan Strauß (Strauß & Fischer Historische Bauwerke GbR, Krefeld), Duisburg 2006, http://nbn-resolving.de/urn:nbn:de:kobv:109-opus-100420 (letzter Abruf am 19.04.2017).

Stieglitz, Christian Ludwig: Encyklopädie der bürgerlichen Baukunst, in welcher alle Fächer dieser Kunst nach alphabetischer Ordnung abgehandelt sind, 5 Bde., Leipzig 1792–1798.

Tag für Denkmalpflege und Heimatschutz in Freiburg i. Br. 1925, Stenografischer Tagungsbericht (http://digi.ub.uni-heidelberg.de/diglit/stenographischer_tagungsbericht1926, letzter Abruf am 27.06.2017).

Wagner, Hans: Das Ergebnis einer vom Bunde zur Förderung der Farbe im Stadtbild an die Bauverwaltungen gerichteten Umfrage über Erfahrung mit Werkstoffen, in: Die Farbige Stadt 2 (1927), Sonderdruck.

Uta Bretschneider

„Lost Places"-Fotografie. Industriekultur zwischen „Authentizität" und Inszenierung

Einleitung

Das Dach ist seit Jahren undicht, Moose bevölkern die Treppenstufen, der Putz hängt in Schollen von der Decke, Gardinen wehen durch die kaputten Scheiben, Schuttberge häufen sich in der Halle, im Pförtnerhäuschen steht ein orange-brauner Drehstuhl. Hier und da finden sich noch Spuren der Menschen, die hier einst gearbeitet haben: Plakate, Aufkleber, manchmal sogar Personaldokumente.

So oder so ähnlich sehen viele ehemalige Industriebauten im Ostteil Deutschlands heute aus. Sie werden damit zum Setting für ein Hobby, oder vielmehr eine Kunstform, die seit Jahren immer mehr Zulauf erfährt. Die so genannte Lost Places- oder Urbex-Fotografie[1] hat Konjunktur: Blogs und Internetseiten, Angebote für geführte Touren, Bildbände und Ausstellungen zeugen von einem gesteigerten Interesse für morbide, trostlose, ruinöse, verfallene, kurz „verlorene" Orte.

Abb. 1: Verwüstetes Büro in einer ehemaligen Fabrik, 2012

---

1 Obwohl die Bezeichnung „Lost Places"-Fotografie unter den Akteurinnen und Akteuren eher ungebräuchlich ist und stattdessen „Urbex-Fotografie" verwendet wird, soll der Terminus hier als Arbeitsbegriff verwendet werden.

https://doi.org/10.1515/9783110683103-005

Im Folgenden ist die Lost Places-Fotografie als besondere Form der (künstlerischen) Aneignung von Industriekultur und Industriearchitektur zwischen Authentizitätserwartungen und Inszenierungszwängen und demnach als besondere Raumpraxis zu untersuchen. Unter anderem am Beispiel der Lost Places im Dreiländereck Deutschland-Polen-Tschechien sind die Faktoren, die ehemalige Industrieanlagen zum Faszinosum werden lassen, zu analysieren. Wer sind die Akteurinnen und Akteure? Welche Motivationen liegen ihren Aktivitäten zu Grunde? Inwiefern spielt die „Authentizität"[2] in der fotografischen Praxis eine Rolle? Und welche Inszenierungspraktiken lassen sich aufzeigen?

Es geht demnach nicht um eine kunstgeschichtliche Analyse der fotografischen Produkte und auch nicht um eine Untersuchung der Rezeption dieser Bilder, sondern vor allem um die Akteurinnen und Akteure und um die Bedeutung des (vermeintlich) „Authentischen" für ihr Tun.

Der Beitrag ist eine erste Erkundung eines – zumindest für den deutschsprachigen Raum – noch weitgehend unerforschten Themenfeldes. Das zugrundeliegende Quellenmaterial bilden Fotografien, materielle Artefakte, mediale Repräsentationen, Bildbände und entsprechende Seiten im World Wide Web sowie eine nicht repräsentative Fragebogenerhebung unter Lost Places-Fotografen, die noch an ihrem Anfang steht.

Konzept „Lost Places"

„Lost Places-Fotografien bilden Gebäude, Innenräume oder Details von verlassenen, verfallenen, meist postindustriellen Umgebungen ab."[3] So definiert Sophie Lichtenstern das Genre. Die Formulierung „Lost Place" ist ein Kunstwort, ein Pseudoanglizismus. Im Englischen müssten diese Orte „abandoned places" heißen. Diese „verlassenen Orte" evozieren natürlich Fragen danach, wer sie verlassen haben mag. Ob er sie schon vermisst? Was mit ihnen passiert, wenn jemand sie (wieder-)findet? Und genau hier setzen die so genannten Urbanexplorer, kurz „Urbexer" an. Sie finden Orte und Räume, die andere verloren oder als

---

2 „Authentizität" wird hier verstanden als etwas, das „historisch stimmig" bzw. „echt" zu sein scheint/vorgibt. „Der Begriff Authentizität bezieht sich auf das Verhältnis des Gegenstandes zu seinem ursprünglichen Entstehungs- und Verwendungskontext, auf das, was er tatsächlich zu bezeugen in der Lage ist." Klein, Alexander: Echtheit und Exponat. Die neue Aktualität des Originalen, Authentischen und Auratischen, in: Staatliche Schlösser, Burgen und Gärten Sachsen (Hg.): Jahrbuch 11 (2003), S. 156–160, hier S. 157.
3 Lichtenstern, Sophie: Lost Places-Fotografie. Geschichte, Aspekte und Deutung eines fotografischen Genres, in: Augsburger volkskundliche Nachrichten 21 (2015:2), S. 116–144, hier S. 118.

verlorengegangen erklärt haben, wieder und erfinden sie neu. Jörg Dünne schreibt: „,Verlorene' Orte sind paradoxe Orte, die aber gerade insofern für die Kunst interessant sind, weil sie Orte sind, die im Alltag entweder nicht gesehen oder nicht wahrgenommen werden – die also mit einer bestimmten Negativität ausgestattet sind. Diese Negativität lässt sich zumindest in dreifacher Hinsicht beschreiben: als Nicht-, als Gegen- oder als Unort."[4] Die hier betrachteten obsoleten Orte der Industriekultur können vermutlich allen drei Beschreibungen zugeordnet werden.

Abb. 2: Demoliertes Riesenrad im „Spreepark", 2013

Die Lost Places-Fotografie als Kunstform von professionellen wie Laien-Akteuren betrieben, ist geradezu en vogue. Dieser postindustrielle Eskapismus zeigt, methodisch sowie im Sujet, Parallelen zur Epoche der Romantik. Denken wir etwa an die gebauten Ruinen und die Malereien von Caspar David Friedrich und Johann Alexander Thiele.[5] Damals boten sie eine Ausflucht aus den gesellschaftlichen Umwälzungen der Industrialisierung, hinein in eine imaginierte Idealwelt; heute, in einer Zeit der Deindustrialisierung und Digitalisierung, bieten sie Zuflucht in einer „realen" postindustriellen Ruinenwelt. Die Digitalisierung ist Fluchtpunkt und Motor zugleich, denn sie ermöglichte erst den Boom des Genres, der ganz wesentlich durch die sogenannten neuen Medien und die sich in

---

4 Dünne, Jörg: Über das Verlorengehen von Orten, in: Kunsthalle Hamburg (Hg.): Lost Places. Orte der Photographie, Hamburg 2012, S. 19–24, hier S. 20.
5 Vgl. dazu Furger, Alex R.: Ruinenschicksale. Naturgewalt und Menschenwerk, Basel 2011, S. 229–239.

ihnen bietenden Veröffentlichungs- und Vernetzungsmöglichkeiten befördert wurde. Seit den 1990er-Jahren wird also das Ruinöse gewissermaßen wiederentdeckt. Und die fotografische Ästhetisierung des Verfallen(d)en, die Amour fou von Foto und Ruine hat in den letzten Jahren – einhergehend mit und begünstigt durch (kamera-)technische Neuerungen wie etwa die HDR-Fotografie[6] – immer mehr Menschen in ihren Bann gezogen. So ist die so genannte Urban Exploration längst mehr als nur Subkultur und abseitiges Hobby.

Es existieren regelrecht ikonische Lost Places, die an Wochenenden alles andere als „lost" sind: Leerstehende Krankenhäuser (Beelitz Heilstätten ist vermutlich der am häufigsten fotografierte Motivort); Vergnügungsparks, in denen schon lange keine Vergnügungswilligen mehr zu Gast waren (Spreepark in Berlin); verlassene Militäranlagen (Krampnitz); ungenutzte Hotels; menschenleere Fabrikantenvillen und insbesondere verlassene Industriebrachen locken immer wieder Interessierte an. Hier bieten sich gerade auf dem Gebiet der ehemaligen DDR vielfältige Anlaufpunkte, denn einerseits konservierte die Mangelwirtschaft des SED-Staates (unintendiert) viel historische Industriebausubstanz. Und andererseits setzte mit dem Zusammenbruch der Zentralverwaltungswirtschaft 1989/90 ein tiefgreifender De-Industrialisierungsprozess ein, dessen architektonische Hinterlassenschaften zum Teil bis heute vorhanden sind. Sie sind gewissermaßen stumme Zeugen einer verwerfungsreichen Transformation, Zeugnisse des Scheiterns, unbequeme Denkmale und vergessene Erinnerungsorte.

Raum

Jede Gesellschaft, so Henri Lefebvre, produziere einen spezifischen Raum mittels ihrer spezifischen Raumpraxis.[7] Und als eine solche Raumpraxis ist die Fotografie im Folgenden zu betrachten. Wobei Raum im Sinne von Martina Löw verstanden wird als „eine relationale (An)Ordnung von Lebewesen und sozialen Gütern".[8] Unter sozialen Gütern versteht Löw z. B. Türen, Wände und Möbel. Raum also formiert sich im hier betrachteten Fall durch das Vorhandensein und miteinander in Beziehung Treten von Menschen und verlassenen Industriegebäuden samt den in ihnen noch vorhanden Spuren der Vergangenheit. Weiter macht Löw zwei Prozesse aus, die der Raumkonstitution dienen: Erstens das

---

6 HDR-Fotografie (High Dynamic Range) ist eine Form der Digitalfotografie, bei der große Helligkeitsunterschiede besonders hervorgehoben werden. HDR-Fotos sind extrem kontrastreich.
7 Lefebvre, Henri: Die Produktion des Raums (1974), in: Jörg Dünne/ Stephan Günzel (Hg.): Raumtheorie. Grundlagentexte aus Philosophie und Kulturwissenschaften, Frankfurt (Main) 2007, S. 330–342, hier S. 331.
8 Löw, Martina: Raumsoziologie, Frankfurt (Main) 2001, S. 154.

Spacing, also „Errichten, Bauen und Positionieren"[9] von Gütern und Personen und zweitens die Syntheseleistung, mit Hilfe derer „über Wahrnehmungs-, Vorstellungs- und Erinnerungsprozesse [...] Güter und Menschen zu Räumen zusammenfasst"[10] werden. Die besondere Syntheseleistung an unserem Beispiel ist das Fotografieren. Es fasst Menschen (in dem Fall Fotografen oder auch Fotografierte) und Güter (zum Beispiel vorgefundene verlassene Maschinen, aber auch die Apparatur der Kamera selbst) zu Räumen zusammen und bindet sie im Medium der Fotografie. Raum bekommt so im Foto eine überzeitliche Komponente.

Der Ort (als geografisch markierter Platz und konkret benennbare Stelle) ist da: Fabrikareale mit ihren Bahnstationen, Verwaltungs- und Produktionsbereichen, aber auch Werkssiedlungen und Fabrikantenvillen. Der Raum aber entsteht in der Interaktion. An einem einzigen Ort ist das Nebeneinander, die Gleichzeitigkeit verschiedener Räume möglich. Das heißt, beim Fotografieren werden eigene Räume konstruiert: durch die Perspektivität, durch die Auswahl der Objektive, durch gezielte Arrangements und gewählte Bildausschnitte, durch Lichteffekte und durch die schier unbegrenzten Möglichkeiten der Bildbearbeitung. Zugleich stellt die fotografische Annäherung eine spezifische Raumpraxis oder Raumaneignungspraxis dar. Die ihrer Funktion entkleideten postindustriellen Fabrikorte werden im Urban Exploring individuell mit Sinn versehen: als Erlebnis-, Motiv- und Kulissenorte. Der Raum wird damit zur Projektionsfläche. Oder, wie der Industriekultur-interessierte Sebastian Dämmler einschätzt: „Mich reizen diese Orte, die Schönheit des Verfalls in Kombination mit der Geschichte, das ist wie eine Art Droge für die eigene Fantasie."[11] Die verlassenen Orte werden auch zum Abenteuerspielplatz für Erwachsene. Vielleicht sind sie darüber hinaus als ephemere Museen ohne institutionelle Form zu deuten. Ob sie als Nicht-Orte im Sinne von Marc Augé gesehen werden können, wäre zu diskutieren. Zwar schreibt er: „So wie ein Ort durch Identität, Relation und Geschichte gekennzeichnet ist, so definiert ein Raum, der keine Identität besitzt und sich weder als relational noch als historisch bezeichnen lässt, ei-

---

9 Ebd., S. 158.
10 Ebd., S. 159.
11 Kurzfragebogen Sebastian Dämmler, *1992, Student, Dresden; Dämmler sagt von sich: „Ich sehe mich selbst nicht als Urban Explorer. Da es für mich das ein schrecklicher Trend ist, der grauenvolle Phänomene hervorruft. Es ist eine Gesellschaft geworden, die Objekte handelt wie Tomaten, Einrichtungen absichtlich zerstört, damit niemand anderes sie mehr fotografieren kann und jede Sicht verloren hat, für die Geschichte hinter den Objekten. Es zählen einzig Likes auf der Plattform Facebook und möglichst großer Ruhm durch andere Medien wie TV und Print. Deshalb distanziere ich mich stark von diesem Trend."

nen Nicht-Ort."[12] Doch sind die Lost Places gewissermaßen aus ihrer Geschichte und aus den Netzen der Relation gefallen und – etwa durch Demontage, aber auch durch Vandalismus – ihrer Identität beraubt. Oft ist unklar, um was für ein Industriegebäude es sich konkret handelt, oder besser: einst handelte. Die Orte werden „dekontextualisiert".[13] Und dabei gilt Augés Prämisse, dass der Ort „niemals vollständig" verschwinde, während der Nicht-Ort „sich niemals vollständig" herstelle.[14] Vielleicht also lassen sich die Lost Places als ein Dazwischen von Ort und Nicht-Ort charakterisieren, als erodierte Orte und Nicht-Orte im Werden. Und was ferner besonders auf die Lost Places zutrifft: Sie sind Orte des vorübergehenden Aufenthaltes. Und „[d]er Raum des Nicht-Ortes befreit den, der ihn betritt, von seinen gewohnten Bestimmungen. [...] Vielleicht gehen ihm noch die Sorgen vom Vortag oder die von morgen durch den Kopf, doch seine augenblickliche Umgebung entfernt ihn vorläufig davon."[15] Und genau das ist es wohl, was viele Lost Places-Besucherinnen und -Besucher umtreibt: das außeralltägliche Erlebnis, die spezifische Raumerfahrung.

Abb. 3: Fassade eines ehemaligen Fahrzeugwerkes, 2016

---

12 Augé, Marc: Nicht-Orte, München 2012, S. 83. Augé definiert Nicht-Orte als jene Räume, die „in Bezug auf bestimmte Zwecke (Verkehr, Transit, Handel, Freizeit) konstituiert sind". D. h. Nicht-Orte sind: Einkaufszentren, Autobahnen, Hotelketten, Flughäfen etc. und als eines ihrer besonderen Kennzeichen nennt Augé die Textlichkeit. Hinweisschilder und Nutzungsregeln gehören zu den Nicht-Orten. Ebd., S. 96 f. Später räumt Augé ein: „Die Möglichkeit des Nicht-Ortes ist an jedem beliebigen Ort gegeben." Ebd., S. 107.
13 Bormann, Regina: Von Nicht-Orten, Hyperräumen und Zitadellen der Konsumkultur. Eine sozialtheoretische Reise durch postfordistische Landschaften, in: Tourismus Journal 4 (2000:2), S. 215–233, hier S. 225.
14 Augé: Nicht-Orte, S. 83.
15 Ebd., S. 103.

AkteurInnen

Ohne genaue Zahlen benennen zu können, sind es doch viel mehr Männer als Frauen, die sich mit dem Fotografieren am „verlorenen" Ort befassen.[16] Das hat auch und vor allem damit zu tun, dass die Aktivitäten nicht ganz ungefährlich sind und damit, dass mehr Männer sich fotografisch betätigen. Auch Geschlechterstereotype wie die des Eroberers und des Pioniers greifen hier vielleicht ein Stück weit, aber das wäre ein eigenes Thema.

Was nun treibt diese Menschen um? In seinem Urbex-Fotoratgeber schreibt Charlie Dombrow: „Morbide Orte erfordern eine besondere Sicht der Dinge. Wo Normalsterbliche eher einen Schandfleck erblicken und angesichts abblätternder Farbe, schimmeliger Wände und zerbrochener Fensterscheiben angewidert die Nase rümpfen, entlockt Ihnen und mir der Anblick von Rost und Gammel wohlige Schauer und das dringende Verlangen, die Kamera zu zücken, um den Niedergang im Bild für die Ewigkeit zu konservieren."[17] Worin aber besteht das besondere Faszinosum dieses Verfalls? In erster Linie geht es den Fotografen um spektakuläre Motive, um einmalige Bilder und um Aufmerksamkeit. Lost Places-Fotos sind Teil des Höher-Schneller-Weiter: hier dann einzigartiger-verfallener-gefährlicher. Das Genre lebt vom Reiz des Verbotenen, bietet Aussicht auf Abenteuer und die Gelegenheit, Entdeckungen zu machen. So schätzt der Fotograf Nils Eisfeld ein: „Es ist nicht zu leugnen, dass ein großer Reiz darin besteht, diese Gebäude heimlich zu betreten, einen Eingang zu finden, den andere nicht finden. Und überhaupt an einem Ort zu sein, der für Otto Normal nicht offen steht, der für ihn nicht einmal (mehr) existiert."[18] Die Fotografen sind so ein Stück weit Archäologen mit der Kamera; oder eher Jäger und die Fotografie ist ihre Jagdtrophäe. Das Suchen und Dechiffrieren von Spuren und das Offenlegen von Zeitschichten gehören daher ebenso zu den Motivationen wie die Dokumentation von Verfall. So beantwortet ein Urbexfotograf die Frage so: „Die Motivation besteht darin, den Istzustand eines vergessenen Ortes aufzunehmen, ohne ihn dabei zu verändern und ggf. Jahre später zurückzukehren und den Verfall, die Veränderung oder auch den Abriss zu dokumentieren."[19] Hier greift das Paradox, den Niedergang für immer konservieren und damit den Prozess des Verfalls im Medium der Fotografie unterbrechen zu wollen. Oft kommt dazu ein gewisser Voyeurismus. Die leerstehenden Gebäude verströmen einen morbiden

---

16 Vgl. auch Lichtenstern: Lost Places-Fotografie, S. 133.
17 Dombrow, Charlie: URBEX Fotografie. Geballtes Know-how für das perfekte Urbex-Shooting, Haar 2015, S. 7.
18 Kurzfragebogen Nils Eisfeld, *1982, Ingenieur, Dresden (nilseisfeld.de).
19 Kurzfragebogen anonym, *1984, Ingenieur, Weimar.

Charme, insofern, als „dass ein Ort, der in der Vergangenheit mit Leben gefüllt war, jetzt einsam zurückbleibt und ganz langsam von der Natur wieder vereinnahmt wird."[20]

Abb. 4: Marodes Produktionsgebäude einer ehemaligen Fabrik, 2012

Jeder Lost Place ist ein in Un-Ordnung geratener Mikrokosmos, unperfekt, chaotisch, überraschend, dreckig, düster. Damit sind die „verlorenen" Orte Gegenpol zum geordneten Leben der Menschen hinter der Kamera und zur zunehmenden Digitalisierung und Virtualisierung, dabei spielt das Moment des Entrückt-Seins eine wichtige Rolle. Lost Places-Fotografie ist Eskapismus und Nicht-Alltag.[21] Die Bilder sind zugleich Gegenentwurf zu glatter Studio- und Architekturfotografie. Wobei es teilweise durchaus ein architektonisches Interesse ist, das die Fotografen umtreibt – oder/und eine Neugier auf historische Lebens- und Arbeitswelten. Eine Neugier also, die eigentlich in diesem Zusammenhang „Altgier" heißen müsste.

---

20 Kurzfragebogen Eisfeld.
21 Z. B. gibt Thomas Müller den „Reiz des Nicht-Alltäglichen" als zentrales Motiv an. Kurzfragebogen Thomas Müller, *1975, Angestellter, Berlin (www.thomasmueller.photography).

Abb. 5: Stillleben in einer verlassenen Strumpffabrik, 2017

So beantwortet der Fotograf David Pinzer die Fragebogenfrage, wie er zum Lost Places-Genre gekommen sei, so: „Bei mir fing alles mit der Neugier an, die gro-ßen leerstehenden Industriekomplexe in der Region mit der Kamera zu erkun-den, ein Schicksal, das viele Betriebe in der Nachwendezeit ereilte. Doch blieb es nicht lange bei Industriebrachen – mit der Zeit wurden leerstehende Kirchen, Schlösser, Villen, Krankenhäuser, Schwimmbäder, Hotels usw. zu Motiven, und die Ausflüge zum Fotografieren zogen immer weitere Kreise in ferne Regio-nen."[22] Weiter schreibt er: „Und dann gibt es diese romantische Note, in der Sehnsucht und Fantasie mitschwingt, vielleicht überlagern sich auch kindliche Erinnerungen an Abenteuer und spannende Entdeckungen mit dem Reiz des Verbotenen, weil man an solchen Orten ja auch Einsichten in private Leben er-hält. Viele der ‚Lost Places' sind regelrechte Zeitkapseln mit Spuren voriger Be-wohner und voller Geschichte und Geschichten, eingebildeter und tatsächlicher. Also ist auch etwas von Entdeckungsreisen dabei – bzw. auch ein gewisses Maß an Eskapismus, vergleichbar auch manchen Endzeit-Computerspielen, die sich ja recht großer Beliebtheit erfreuen (und die auch visuell oft den Lost Places äh-neln)."[23]

---

22 Kurzfragebogen David Pinzer, *1980, Fotograf, Dresden (www.david-pinzer.de).
23 Ebd.

Da ist die Lust, das Ephemere, den aktuellen Grad des Verfalls[24] festzuhalten und das Moment des Stillstands,[25] das dem Medium Fotografie innewohnt, zu nutzen. Vielleicht spiegelt sich in der Auswahl dieses Genres sogar ein Stück weit die Konfrontation mit der (eigenen) Endlichkeit wider. Spricht doch aus jedem Bild die Frage: Was bleibt? Die Lost Places-Fotografie lässt sich damit als Memento mori des 21. Jahrhunderts deuten.

Kritik

Als quasi ungeschriebenes Gesetz gilt der so genannte Urbex-Kodex,[26] der es verbietet, sich gewaltsam Zutritt zu Objekten zu verschaffen, etwas zu zerstören, zu verändern bzw. zu stehlen. Doch längst nicht alle Akteure halten sich daran. Immer wieder bringen die Fotografen zudem sich und andere in Gefahr. Unfälle während der Touren sind keine Seltenheit. Und natürlich ist es illegal, in leerstehende Gebäude einzudringen. Hausfriedensbruch ist nach Strafgesetzbuch § 123 ein Straftatbestand und kann mit einer Geldstrafe oder einer Freiheitsstrafe von bis zu einem Jahr geahndet werden.[27] Einige der ungebetenen Besucher verändern – entgegen dem Kodex – die vorgefundenen Orte, rücken Mobiliar umher, brechen Türen und Fenster auf und öffnen damit dem Verfall im wahrsten Wortsinn Tür und Tor. Immer wieder kommt es auch zu Diebstählen. Und sind es nicht die Fotografen selbst, so setzt oft nach/mit ihnen der Vandalismus ein: Paintballspieler, Sprayer und Kupferdiebe sind häufig „Nachnutzer". Die Lost Places-Fotografen sind damit ein Stück weit auch Totengräber und Grabräuber der verlassenen Orte.

Lost Places und „Authentizität"

Inwiefern aber spielt das vermeintlich oder wirklich „Authentische" in der fotografischen Praxis eine Rolle? Und welche Inszenierungspraktiken lassen sich aufzeigen?

Die Aussage eines Lost Places-Fotografen, „am Schönsten ist es natürlich, wenn nicht schon 100 Personen den Ort erkundet und das Unterste zuoberst ge-

---

24 Zu den 15 Stadien des Verfalls von Gebäuden siehe: Furger: Ruinenschicksale, S. 275–298.
25 Vgl. Barthes, Roland: Die helle Kammer. Bemerkungen zur Photographie, Frankfurt (Main) 2013, S. 101.
26 Dombrow: URBEX Fotografie, S. 14.
27 https://www.gesetze-im-internet.de/stgb/__123.html (letzter Abruf am 27.02.2017).

krempelt haben",[28] kann als generelle Authentizitätserwartung der Akteure gelten. Aber zugleich erscheint dieser Wunsch paradox, denn: „Die Vorstellung, man ist der erste vor Ort seit dem plötzlichen ‚Winterschlaf', ist fast immer eine Illusion, der man sich jedoch gerne hingibt."[29] David Pinzer schätzt für seine eigene fotografische Arbeit ein: „Es geht mir nicht unbedingt um die nüchterne fotografische Dokumentation, sondern um einen eher ästhetischen Zugang: Für mich haben diese Orte eine ganz eigene Atmosphäre geheimnisvoller Schönheit, die eine Art ‚Gegenwelt' zu den Fassaden der Einkaufsstraßen unserer Innenstädte bildet. Da wir menschenverlassene Stätten im normalen Leben so gut wie nie zu sehen bekommen, wirken sie irreal, wie eine Menschenwelt ‚außer Betrieb'."[30] Sie sind in diesem Sinne begehbare Stillleben und auch die von ihnen gemachten Fotografien zeigen die „Still[l]egung der ZEIT".[31]

David Pinzer fügt an: „[...] im Verfall kommen manchmal unglaubliche Farben und Strukturen zum Vorschein, oder es werden verborgene Schichten freigelegt. Es gibt eben auch einen ästhetischen Reiz an bröckelnden Mauern, abblätternder Farbe, rissigen Wänden und verlassenen Fluren, an Strukturen von Algen, Flechten und Moosen, an Mustern, die sich im Chaos des Zusammenbruchs bilden. Verfall kann pure Schönheit sein."[32] Pinzer schreibt weiterhin zur Bedeutung der „Authentizität" von Lost Places: „Wobei es natürlich in erster Linie die Idee von Echtheit ist. Eine gestellte Szene oder Bühne zu betreten, hätte weit weniger Reiz. Aber man kann ja nie wissen, inwiefern diese Orte verändert oder eben auch ‚hergerichtet' wurden, sei es absichtlich durch andere Fotografen etc. oder unabsichtlich durch Vandalismus oder Tiere. Es ist ja auch immer nur ein momentanes Stadium, das man ausschnitthaft in der Zeit sieht, und immer spielen menschliche Eingriffe da hinein, bis hin zu Vandalismus oder Diebstahl oder dem Abriss des Gebäudes."[33]

Die Lost Places stellen demnach ambivalente Räume dar: Einerseits sind sie von einer Aura des „Authentischen" umgeben, andererseits lassen sich vielfältige Formen von Inszenierung erkennen, die wiederum auch zu den Strukturmerkmalen der Fotografie gehören.

Das Medium Fotografie steht – trotz der lange bekannten und vielfach genutzten Möglichkeiten der Retusche und nunmehr digitalen Bildbearbeitung – immer noch im Ruch, zumindest potentiell, Dinge, Situationen und eben auch

---

28 Kurzfragebogen anonym, *1992, Student, Dresden.
29 Kurzfragebogen Eisfeld.
30 Kurzfragebogen Pinzer.
31 Barthes: Die helle Kammer, S. 101, Herv. i. O.; vgl. auch Sontag, Susan: Über Fotografie, Frankfurt (Main) 2006, S. 11.
32 Kurzfragebogen Pinzer.
33 Ebd.

Räume realitätsgetreu abbilden zu können. Doch bereits die Entscheidung für ein spezielles Kameramodell oder -objektiv und die Auswahl des Motivs oder Bildausschnitts führen diese Annahme ad absurdum. Roland Barthes schreibt: „Keine Photographie ohne *irgend etwas* oder *irgend jemanden*". Dies treibe die Fotografie „in die maßlose Unordnung der Dinge – aller Dinge dieser Welt: warum gerade diesen einen Gegenstand, diesen einen Augenblick wählen (photographieren) und nicht eher einen anderen?"[34] So ist ein Foto kein Abbild einer wie auch immer gearteten Realität, sondern vielmehr das Ergebnis multipler Abwägungs- und Entscheidungsprozesse. Im konkreten Fall ließe sich die Kamera zudem als eine Art Handlungslegitimation und Instrument der Selbstvergewisserung deuten – mit Susan Sontag: „[a]ls Mittel zur Beglaubigung von Erfahrung"[35] oder mit Roland Barthes: als „Beglaubigung von Präsenz"[36] im Sinne von „Ich war hier!". Und auch der Bezug vom Foto zum Raum ist interessant. Maren Polte schreibt hierzu: „Nicht vergessen werden darf dabei, dass Photographie Architektur grundsätzlich domestiziert. Nicht nur wird der Raum zur Fläche, auch alle synästhetischen Elemente wie Materialität, Textur, Geruch, Klima gehen verloren. Der Ort mag ganz anders sein als die Photographie ihn isoliert vom Umraum wiedergibt."[37]

In der Regel wird beim hier betrachteten Sujet der „verlorene Ort" als solcher oder im Detail abgebildet. Motiv ist der Verfall, das konkrete Objekt. Zunehmend beleben düstere Gestalten mit Kapuzenpullis die maroden Schauplätze, meist die Gesichter hinter Masken verborgen. Selbstinszenierung scheint im Kontext der Urbex-Fotografie an Bedeutung zu gewinnen. Hier gerät der Lost Place zur Kulisse, zum morbid-verwunschenen Rahmen, zur Bühne. Einerlei, ob eigentliches Motiv oder Kulisse, die Atmosphäre spielt eine wichtige Rolle für dieses Genre. Ein wenig Grusel, Mengen von Staub und Dreck, Ungemütlichkeit, Entrücktheit, Trostlosigkeit, Melancholie; Orte und Dinge in verschiedenen Phasen des Sich-Auflösens und Verschwindens.

---

34 Barthes: Die helle Kammer, S. 14, Herv. i. O.
35 Sontag: Über Fotografie, S. 15.
36 Barthes: Die helle Kammer, S. 97.
37 Polte, Maren: Einräumen, Aufräumen, Wegräumen. Zu Raum-Konzeptionen in der „Düsseldorfer Photoschule", in: Kunsthalle Hamburg (Hg.): Lost Places, S. 25–30, hier S. 27.

Abb. 6: Detail einer ehemaligen Fabrik, 2016

Nachleben der Fotografien

An dieser Stelle ist natürlich die Frage interessant, was mit den Fotografien passiert. Oft werden die Bilder erst Jahre später veröffentlicht, und zwar nicht, um keinen Run auf die Orte auszulösen, sondern vor allem, um die Einmaligkeit der Bilder zu gewährleisten. Die konkreten Orte werden in den seltensten Fällen preisgegeben. Was natürlich auch mit dem rechtlichen Graubereich zu tun hat, in dem sich Urbexer bewegen.

Die Sichtbarkeit des Genres steigt seit Jahren. Ausstellungen größeren und kleineren Umfangs locken allerorts Interessierte an. So genannte ruin porns sind in den sozialen Medien ein beliebtes Genre. Die Bezeichnung weist natürlich auf das für Konsumenten und Akteure gleichermaßen zu konstatierende zentrale Moment des Voyeurismus hin. Auf „Instagram" ist die Lost Places-Fotografie mit Hashtags wie „#lostplaces" „#decay" und „#urbex" sehr präsent und global vernetzt. Daneben sind die Fotografien natürlich auf „Facebook", in Blogs und den einschlägigen Portalen wie „Flickr" und „Fotocommunity" zu finden.[38] Und es gibt mit „rottenplaces.de", „lost-places.com" usw. auch explizite

---

[38] https://www.flickr.com/; http://www.fotocommunity.de/ (beide: letzter Abruf am 19.03.2017).

Angebote, um die Werke im Internet zu verbreiten.[39] Etwas anders ist das bereits seit über 20 Jahren existierende und vom Fotografen Thomas Kemnitz an der Berliner Hochschule für Technik und Wirtschaft betreute „Virtuelle Museum der Toten Orte" angelegt, da hier nicht die Fotokunst, sondern die Dokumentation im Vordergrund steht.[40] Auch das Netzwerk „Industrie.Kultur.Ost" unterhält eine Datenbank mit Fotografien und Informationen zu Gebäuden der Industriegeschichte.[41] Dabei geht es jedoch nicht um die bloße Dokumentation von „toten Orten", sondern die Akteurinnen und Akteure setzen sich für deren Erhalt und Nachnutzung ein.

Verschiedene Bildbände – meist mit regionalem Bezug à la „Lost Places Leipzig" oder „Vergessene Orte im Ruhrgebiet" – sind in den vergangenen Jahren erschienen, kürzlich sogar beim DuMont-Verlag.[42] Und auch im Fernsehen spielt das Sujet immer wieder eine Rolle, etwa beim „Pro 7"-Format „Galileo".[43]

Schon diese wenigen Befunde zeigen: Die etablierten Medien haben das Genre längst für sich entdeckt und Lost Places-Fotografie bietet ein gewisses Marktpotenzial.

Nachleben der Orte

An die Frage nach dem Nachleben der Fotografien schließt sich die Frage nach dem Nach- und vielleicht auch Eigenleben der Orte an: Was macht die Lost Places-Fotografie mit den Motivorten?

Die Begeisterung für die verlorenen Orte verändert die Orte selbst. In Beelitz Heilstätten etwa wurden inzwischen mehrere Filme gedreht und Gebäudeteile

---

39 http://www.rottenplaces.de; http://www.lost-places.com/; https://marodes.de/ (alle: letzter Abruf am 19.03.2017). Einige dieser Seiten veröffentlichen zudem Printpublikationen, z. B. das vierteljährlich erscheinende Magazin „Rottenplaces".
40 http://vimudeap.info (letzter Abruf am 19.03.2017).
41 https://www.industrie-kultur-ost.de/ruinen-datenbank/ (letzter Abruf am 03.08.2020).
42 Z. B. Kemnitz, Thomas u. a.: Stillgelegt. 100 verlassene Orte in Deutschland und Europa, Ostfildern 2016; Ciarán, Fahey: Verlassene Orte Berlin. Ruinen und Relikte in Berlin und Umgebung, Berlin 2015; Dietze, Stefan/ von der Gönne, Anne: Verlassene Orte zwischen Harz, Lausitz und Thüringer Wald, Halle (Saale) 2015; Mielzarjewicz, Marc: Lost Places Beelitz-Heilstätten, Halle (Saale) 2010; Ders.: Lost Places Halle (Saale). Schönheit des Verfalls, Halle (Saale) 2010; Ders.: Lost Places Leipzig. Verborgene Welten, Halle (Saale) 2010; Untermaierhofer, Peter/ Parent, Thomas: Vergessene Orte im Ruhrgebiet, Halle (Saale) 2013.
43 http://www.prosieben.de/tv/galileo/videos/rubriken/lost-places; weiterhin auch: „Die Geschichtsjäger" auf „HISTORY" (http://www.history.de/sendungen/die-geschichtsjaeger/sendung.html, beide: letzter Abruf am 21.03.2017).

dafür saniert.[44] Das rege Interesse hat 2015 ein neues Angebot hervorgebracht: einen „Baumkronen- und Zeitreisepfad", der ein Betrachten des verfallenden Areals aus der Distanz ermöglicht und eine neue Form der Raumwahrnehmung – von oben – mit der Ästhetisierung des Morbiden verbindet.[45]

David Pinzer schätzt ein: „Natürlich ist ein Objekt, das überlaufen ist, nicht so interessant – es ist weniger ‚verwunschen', weil es durch den regelmäßigen Kontakt mit den Menschen (und seien es auch nur Urbexer bzw. Fotografen) seine Authentizität als ‚Lost Place' schrittweise verliert. Der Reiz der Orte liegt eben im Kopfkino, an der Schnittstelle zwischen der ‚objektiven' ‚realen' Geschichte, und dem, was die Sinne und die Fantasie uns an Geschichten denken lassen, oder die Atmosphäre, die man dort spürt. Eine gewisse Exklusivität des Zutritts ist von großer Bedeutung."[46]

Abb. 7: Früheres Verwaltungsgebäude, 2011

Daneben führt natürlich das achtlose Agieren so manches Fotografen zu anderen Veränderungen: Diebstähle, Beschädigungen, die Attraktion weiterer Fotografen oder „Nachnutzer". Doch abseits dieser Passivität sollte den Gebäuden durchaus auch eine spezifische agency zugestanden werden. So treffen die Antworten, die

---

44 Vgl. etwa: Haase, Jana: „A Cure for Wellness". Auftrag mit Gruselfaktor für Babelsberger Kulissenbauer, in: Potsdamer Neueste Nachrichten, 22.02.2017, S. 10 (http://www.pnn.de/potsdam/1159869/, letzter Abruf am 13.03.2017). Vielfach schon diente Beelitz Heilstätten als Drehort: z. B. „Der Pianist" (2002), „Operation Walküre – Das Stauffenberg-Attentat" (2008), „Frau Ella" (2013), „Men & Chicken" (2015).
45 http://www.baumundzeit.de/baumkronen-und-zeitreisepfad.html (letzter Abruf am 21.03.2017).
46 Kurzfragebogen Pinzer.

die Kulturwissenschaftlerin Anke Rees auf die Frage, was Gebäude mit Menschen tun, findet, in Teilen auch für die abandoned places zu: „Sie locken, lenken, verheimlichen, verhindern. Sie beschützen und bewahren, verschließen und verstecken, öffnen und erweitern. Sie wecken Emotionen und Erinnerungen."[47] Rees fügt hinzu: „Sie lassen nicht alles mit sich machen. Sie ‚tauchen unter' oder dümpeln vor sich hin, sind wieder präsent und stürzen gelegentlich ein."[48]

Die Ruinen der Industriekultur und die ihnen zugeschriebene „Authentizität" ziehen nicht nur Lost Places-Fotografen und die genannten „Nachnutzer" an, sondern wecken in einigen Fällen auch kreatives Potenzial. Das Festival für urbane Kunst „ibug" (Industriebrachenumgestaltung) ist ein besonderes Beispiel hierfür.[49] In der Selbstbeschreibung des seit 2006 in verschiedenen Industriebrachen stattfindenden Kunstfestivals heißt es: „Der Fokus liegt auf den Zeugen und Überresten sächsischer Industriekultur[,] um die Verbindung zu Geschichte, Kultur und Architektur aufzuzeigen. Es gilt, das Verlassene zu neuem Leben zu erwecken und so an das Vergessene zu erinnern."[50] Der ephemere Charakter der Kunstwerke und der Präsentation im Ganzen wird dem Wesen der Orte in besonderer Form gerecht. So ist der Homepage zu entnehmen: „Die ibug zeigt die Möglichkeit der Kunst zur Belebung längst aufgegebener Orte."[51] Die „ibug" fand etwa 2017 Ende August/Anfang September in Chemnitz im ehemaligen Volkseigenen Betrieb Spezialmaschinenfabrik an der Lerchenstraße statt und stellt ein alternatives Konzept dar, um aus Lost Places zumindest temporär Kunsträume werden zu lassen, die alles andere als lost wirken.

„Lost Places" im deutsch-tschechisch-polnischen Grenzraum

Am Institut für Sächsische Geschichte und Volkskunde in Dresden wird seit 2015 das Forschungsprojekt „Kontaktzonen. Kulturelle Praktiken im deutsch-tschechisch-polnischen Grenzraum" durchgeführt. Das Projekt nimmt grenzüber-

---

47 Rees, Anke: Das Gebäude als Akteur. Architekturen und ihre Atmosphären (Kulturwissenschaftliche Technikforschung 5), Zürich 2016, S. 16.
48 Ebd.
49 http://www.ibug-art.de/ (letzter Abruf am 27.02.2017). Als dauerhafte Form der künstlerischen Nachnutzung von Industriebrachen sind etwa das Zentralwerk in Dresden oder die Leipziger Baumwollspinnerei zu nennen (http://zentralwerk-eg.de/; http://www.spinnerei.de/, beide: letzter Abruf am 12.05.2017). Ein Beispiel des Hineinwirkens ins Politische stellt das Netzwerk „Industrie.Kultur.Ost" dar, dessen Akteure und Akteurinnen zum Teil auch ruinöse Industriegebäude fotografisch erkunden, sich aber zugleich für deren Erhalt einsetzen (https://www.industrie-kultur-ost.de/, letzter Abruf am 12.05.2017).
50 http://www.ibug-art.de/konzept/ (letzter Abruf am 27.02.2017).
51 Ebd.

schreitende Initiativen, ihre Akteurinnen und Akteure, Strukturen und zugrundeliegende Geschichtsbilder in den Blick. In diesem Kontext fand in Kooperation mit der Brücke/Most-Stiftung die mehrteilige und interdisziplinär ausgerichtete Studienfahrt „Lost Places and Placed Histories – Erinnerungskonzepte im deutsch-polnisch-tschechischen Grenzraum" statt. Dazu gehörten, unter der Leitung der Kulturanthropologin Ira Spieker, 2016 zwei Reiseseminare. Die Teilnehmenden waren Studierende der Volkskunde/Kulturgeschichte (Jena) und der Bildenden Kunst (Dresden). Im Ankündigungstext hieß es: „20 junge Menschen setzen sich über fast ein Jahr hinweg auf verschiedenen Ebenen mit der deutsch-polnisch-tschechischen Grenzregion und der Stadtgeschichte Wrocławs und Dresdens auseinander. Die thematische Klammer bildet die Textilindustrie, von [deren] ehemaliger Bedeutung eine Vielzahl von Manufakturen und Fabrikruinen zeugen. Den inhaltlichen Bezugsrahmen liefert die Auseinandersetzung mit ‚Lost Places': Orte[n] im vermeintlichen Niemandsland, die Spuren der Geschichte in der Gegenwart abbilden und die zugleich als materielle und ideelle Quellen gelesen werden, wie auch als Projektionsflächen dienen können. Erinnerungskulturelle Konzepte, sozusagen ‚Placed Histories' und deren Konsequenzen für gegenwärtige Debatten werden durch den Besuch scheinbar verlorener Orte […] in Dresden, dem Dreiländereck und in Wrocław kennengelernt und hinterfragt."[52]

Abb. 8: Seminargruppe im tschechischen Varnsdorf, 2016

---

52 Ankündigungstext der Brücke/Most-Stiftung, 2016.

Die Autorin dieses Beitrages konnte die zweite Reise des Gesamtseminars im Oktober 2016 begleiten, diese führte nach Mittelherwigsdorf bei Zittau. Von dort gab es Exkursionen, u. a. nach Großschönau, ein sächsisches Dorf mit reicher textilindustrieller Vergangenheit und Gegenwart und nach Varnsdorf in der Tschechischen Republik. Die Stadt zählte um die Jahrhundertwende etwa 100 Fabriken, und dieses industriekulturelle Erbe ist bis in die Gegenwart im Stadtbild präsent: in die Jahre gekommene Fabrikantenvillen, Gebäude-Torsi, Brachflächen und Ruinen. Einige Fabriken haben Nachnutzungen erfahren und wurden zu Wohnzwecken umgebaut oder beherbergen heute Firmen. Während ein Teil der Seminargruppe ein Zeitzeugengespräch mit einem ehemaligen Weber führte, erkundete der andere Teil gemeinsam mit dem polnischen Fotografen Jacek Jasko die Relikte der Fabrikära. Dabei rückte ein Gebäude in den Fokus, das eingefleischten Urbex-Fotografen gewiss nicht zum Motiv getaugt hätte, aber zur Annäherung an das Genre und für den Seminarkontext vielleicht sogar geeignet war.

Abb. 9: Entkerntes Fabrikgebäude im tschechischen Varnsdorf, 2016

Es handelte sich um ein Fabrikgebäude, zwischen Plattenbauten, einem Umgebindehäuschen und einem Spaßbad gelegen, das nicht nur völlig entkernt, sondern auch durch einen Brand beschädigt war. Im Inneren erinnerte also nichts an die ursprüngliche Nutzung. Und dennoch waren die Studierenden verzückt und ein wenig aufgeregt. Es war interessant, die Teilnehmenden bei ihren Erkundungen zu beobachten, die ganz unterschiedliche Zugänge zum Lost Place

„Fabrik" offenbarten: Der eine betrat das Setting analysierend langsam. Die andere vorsichtig ängstlich, stets auf ihre eigene körperliche Sicherheit bedacht. Und ein weiterer Teilnehmer wirkte forsch und abenteuerlustig, eilte voraus.

Die dort entstandenen Fotografien wurden zum Teil in der aus dem Seminar resultierenden Wanderausstellung gezeigt. Außerdem gab es in Mittelherwigsdorf eine kleine Präsentation, die eine im Ort entdeckte leerstehende Fabrik nutzte, um die Erträge des Feldaufenthaltes zu zeigen. Auch hier wurde der Lost Place durch die reversible künstlerische Intervention zum temporär belebten Kunstraum.

Schluss

Sie sind entrückt und außeralltäglich und doch oder gerade leben die Lost Places von der vermeintlichen Aura des „Authentischen". Insbesondere die Relikte der Industriekultur werden vielfältig Motiv und Kulisse. Die Lost Places-Fotografie ist dabei Intervention im Raum. Sie ist eine künstlerisch-fotografische Form der Aneignung des industriekulturellen Erbes und oszilliert als solche zwischen Authentizitätserwartungen und Inszenierungszwängen, zwischen dem dokumentarischen Blick und der dramaturgischen Inszenierung. Als Genre-Bezeichnung meint Lost Places-Fotografie damit ein weites Spektrum mehr oder weniger kunstvoller fotografischer Arbeiten, denen eine Ästhetisierung des Verfalls gemein ist und die von Stimmungen und auratischem Aufgeladensein leben.

Lost Places-Fotografie als spezifische Raumpraxis schafft spezifische Räume und befördert gleichsam visuellen Raumkonsum. Die Fotografien kreieren Imaginationsräume, regen die Phantasie der Betrachtenden und der Produzierenden gleichermaßen an. Und die Lost Places selbst sind Projektionsflächen für diverse Zuschreibungen von außeralltäglichen Abenteuerorten bis zu temporären Geschichtsmuseen ohne Kurator. Sie sind „dekontextualisierte" Räume, die zum Teil durch das Medium der Fotografie neu kontextualisiert werden.

Die industriekulturbezogene Urbex-Fotografie dokumentiert Umbrüche und Zusammenbrüche, indem sie obsolete Industriegebäude in ihren Fokus rückt. Sie macht aufmerksam auf vergessene, verlassene Orte. Sie fixiert die Erosion von Architektur, von in Gebäudehäuten eingeschriebenen Geschichten, von Industriegeschichte, wenn man so will. In vielen Fällen sind die Fotos der Lost Places-Fotografen die einzigen Bilddokumente gewesener Industriewelten. Die kulturwissenschaftliche Forschung sollte dieses Quellenpotential nutzen und sowohl Akteurinnen und Akteure als auch die von ihnen erzeugten Bildquellen im Sinne eines (freilich unvollständigen) Inventars des Verschwindens ernst nehmen – natürlich in Verbindung mit einer entsprechenden Quellenkritik.

Abb. 10: Detail einer ehemaligen Textil-fabrik, 2013

Literatur

Augé, Marc: Nicht-Orte, München 2012.

Barthes, Roland: Die helle Kammer. Bemerkungen zur Photographie, Frankfurt (Main) 2013.

Bormann, Regina: Von Nicht-Orten, Hyperräumen und Zitadellen der Konsumkultur. Eine sozi-altheoretische Reise durch postfordistische Landschaften, in: Tourismus Journal 4 (2000:2), S. 215–233.

Chapman, Jeff: Access All Areas. A User's Guide to the Art of Urban Exploration, Toronto 2005.

Ciarán, Fahey: Verlassene Orte Berlin. Ruinen und Relikte in Berlin und Umgebung, Berlin 2015.

Dietze, Stefan/ von der Gönne, Anne: Verlassene Orte zwischen Harz, Lausitz und Thüringer Wald, Halle (Saale) 2015.

Dombrow, Charlie: Shooting Lost Places. Fotografie an verlassenen und mystischen Orten, Haar 2014.

Dombrow, Charlie: URBEX Fotografie. Geballtes Know-how für das perfekte Urbex-Shooting, Haar 2015.

Dünne, Jörg: Über das Verlorengehen von Orten, in: Kunsthalle Hamburg (Hg.): Lost Places – Orte der Photographie, Hamburg 2012, S. 19–24.

Furger, Alex R.: Ruinenschicksale. Naturgewalt und Menschenwerk, Basel 2011.

Gaßner, Hubertus/ Roettig, Petra: Lost Places. Orte der Photographie, Heidelberg/ Berlin 2012.

Kemnitz, Thomas u. a.: Stillgelegt. 100 verlassene Orte in Deutschland und Europa, Ostfildern 2016.

Klein, Alexander: Echtheit und Exponat. Die neue Aktualität des Originalen, Authentischen und Auratischen, in: Staatliche Schlösser, Burgen und Gärten Sachsen (Hg.): Jahrbuch 11 (2003), S. 156–160.

Langer, Claus-Dirk: Verlassene Orte in Meissen, Erfurt 2012.

Lefebvre, Henri: Die Produktion des Raums (1974), in: Jörg Dünne/ Stephan Günzel (Hg.): Raumtheorie. Grundlagentexte aus Philosophie und Kulturwissenschaften, Frankfurt (Main) 2006, S. 330–342.

Lichtenstern, Sophie: Lost Places-Fotografie. Geschichte, Aspekte und Deutung eines fotografischen Genres, in: Augsburger volkskundliche Nachrichten 21, 2 (2015), S. 116–144.

Löw, Martina: Raumsoziologie, Frankfurt (Main) 2001.

Mielzarjewicz, Marc: Lost Places Beelitz-Heilstätten, Halle (Saale) 2010.

Mielzarjewicz, Marc: Lost Places Halle (Saale). Schönheit des Verfalls, Halle (Saale) 2010.

Mielzarjewicz, Marc: Lost Places Leipzig. Verborgene Welten, Halle (Saale) 2010.

Moroz, Sebastian/ Seidel, René: Verlassene Orte in Westsachsen. Industriekultur zwischen Chemnitz, Vogtland und Erzgebirge, Erfurt 2017.

Polte, Maren: Einräumen, Aufräumen, Wegräumen. Zu Raum-Konzeptionen in der „Düsseldorfer Photoschule", in: Kunsthalle Hamburg (Hg.): Lost Places. Orte der Photographie, Hamburg 2012, S. 25–30.

Rees, Anke: Das Gebäude als Akteur. Architekturen und ihre Atmosphären (Kulturwissenschaftliche Technikforschung 5), Zürich 2016.

Schmidt, Markus: Verlassene Orte in Thüringen. Faszinierende Fotografien geheimnisvoller Lost Places im Freistaat, die den Verfall alter Kultur- und Arbeitsstätten dokumentieren (Sutton Momentaufnahmen), Erfurt 2017.

Sontag, Susan: Über Fotografie, Frankfurt (Main) 2006.

Traub, Peter/ Mielzarjewicz, Marc: Die Welt der verlassenen Orte. Urbex-Fotografie, Halle (Saale) 2014.

Untermaierhofer, Peter/ Parent, Thomas: Vergessene Orte im Ruhrgebiet, Halle (Saale) 2013.

Internet-Ressourcen

Haase, Jana: „A Cure for Wellness". Auftrag mit Gruselfaktor für Babelsberger Kulissenbauer, in: Potsdamer Neueste Nachrichten, 22.02.2017, S. 10 (http://www.pnn.de/potsdam/1159869/, letzter Abruf am 13.03.2017).

http://nilseisfeld.de/ (letzter Abruf am 19.03.2017).

http://vimudeap.info (letzter Abruf am 19.03.2017).

http://www.baumundzeit.de/baumkronen-und-zeitreisepfad.html (letzter Abruf am 21.03.2017).

http://www.david-pinzer.de/ (letzter Abruf am 19.03.2017).

http://www.fotocommunity.de/ (letzter Abruf am 19.03.2017).

http://www.history.de/sendungen/die-geschichtsjaeger/sendung.html (letzter Abruf am 21.03.2017).

http://www.ibug-art.de/ (letzter Abruf am 27.02.2017).

https://www.industrie-kultur-ost.de/ruinen-datenbank/ (letzter Abruf am 03.08.2020).

http://www.lost-places.com/ (letzter Abruf am 19.03.2017).

http://www.prosieben.de/tv/galileo/videos/rubriken/lost-places (letzter Abruf am 21.03.2017).

http://www.rottenplaces.de (letzter Abruf am 19.03.2017).

https://marodes.de/ (letzter Abruf am 19.03.2017).

https://www.flickr.com/ (letzter Abruf am 19.03.2017).

https://www.gesetze-im-internet.de/stgb/__123.html (letzter Abruf am 27.02.2017).

Stephan, Felix: Fenster zur ungeschönten Vergangenheit, in: Süddeutsche Zeitung vom 15.05.2012 (http://www.sueddeutsche.de/kultur/urban-explorer-steigen-in-verlassene-gebaeude-ein-fenster-zur-ungeschoenten-vergangenheit-1.1355456, letzter Abruf am 19.03.2017).

www.thomasmueller.photography (letzter Abruf am 19.03.2017).

Quellen

Kurzfragebogen anonym, *1984, Ingenieur, Weimar.

Kurzfragebogen anonym, *1992, Student, Dresden.

Kurzfragebogen David Pinzer, *1980, Fotograf, Dresden (www.david-pinzer.de).

Kurzfragebogen Nils Eisfeld, *1982, Ingenieur, Dresden (nilseisfeld.de).

Kurzfragebogen Sebastian Dämmler, *1992, Student, Dresden.

Kurzfragebogen Thomas Müller, *1975, Angestellter, Berlin (www.thomasmueller.photography).

Jana Golombek
Performing Heritage – Urban Exploration und Rust Belt Chic als jüngere Phänomene einer authentischen Industriekultur im amerikanischen Rust Belt?

> *My sweet Jenny, I'm sinkin' down*
> *Here darlin' in Youngstown*
> *From the Monongahela valley*
> *To the Mesabi iron range*
> *To the coal mines of Appalachia*
> *The story's always the same*
> *Seven hundred tons of metal a day*
> *Now sir you tell me the world's changed*
> *Once I made you rich enough*
> *Rich enough to forget my name*
> (Bruce Springsteen, Youngstown)

Einleitung

In seinem Lied Youngstown von 1995 beschreibt Bruce Springsteen den Aufstieg und Niedergang einer Stahlstadt – Youngstown, Ohio – von der Entdeckung lokaler Eisenerzvorkommen im Jahr 1803 bis zum Ende der Stahlindustrie Ende der 1970er Jahren. Als am 19. September 1977 die Schließung des ersten Stahlwerks verkündet wurde, brannte sich dieser Tag als „Black Monday" ins kulturelle Gedächtnis von Youngstown ein.[1] Die Stadt wurde zu einem nationalen Symbol des Strukturwandels.[2] Auch Springsteen stellt ihr Schicksal als stellvertretend für den Niedergang des einstigen „Manufacturing Belt" und den Umgang mit dem Strukturwandel in den USA dar, wenn er in der vorletzten Strophe des Liedes den Blick auf die gesamte Region ausweitet: „From the Monongahela valley to the Mesabi iron range to the coal mines of Appalachia, the story's always the same". Mit dem Ende der Industrie mussten die Politiker und Städte-

---

[1] Zum „kulturellen Gedächtnis" vgl.: Assmann, Jan: Kollektives Gedächtnis und kulturelle Identität, in: Ders./ Tonio Hölscher (Hg.): Kultur und Gedächtnis, Berlin 1988, S. 12–16.
[2] Vgl. hierzu: Linkon, Sherry/ Russo, John: Steeltown U. S. A. Work and Memory in Youngstown, Lawrence 2002.

https://doi.org/10.1515/9783110683103-006

planer in der Region Überlebens- und Zukunftsstrategien entwickeln. Städte wie Chicago, Cleveland oder Pittsburgh setzten darauf, sich neu zu erfinden und ein anderes Image, fern von der einstigen Schwerindustrie, zu etablieren, um neue Bewohner anzuziehen und wieder zu wachsen. So entschied sich Pittsburgh, das neue Image einer grünen, umweltfreundlichen und innovativen Stadt anzustreben. Richard Caliguiri, von 1977–1988 Bürgermeister von Pittsburgh, hatte eine klare Vorstellung, was aus der Stadt werden sollte: „a center for health care, a city of transplants, a city of High Technology, a city of Robotics, of computer programming".[3] Die Erhaltung materieller Hinterlassenschaften der industriellen Vergangenheit oder eine aktive Erinnerung an diese spielten in diesem Prozess der Neuorientierung Pittsburghs keine hervorgehobene Rolle, auch wenn es durchaus Bemühungen gab.[4] Ähnlich verhielt es sich in vielen anderen Städten der mittlerweile zum „Rust Belt" gewordenen Region. Im Gegensatz zu Springsteens Song, der im kulturellen Gedächtnis verankert ist und auch von vielen anderen Künstlern gecovert wurde, verblasst daher die Erinnerung an die einst so prägende Industrie – „Once I made you rich enough rich enough to forget my name". Viele Städte und die materiellen Überreste der dort angesiedelten Industrie sind in Vergessenheit geraten, werden nicht mehr gebraucht oder gar als Hindernis im Prozess der Neuorientierung wahrgenommen. Auch „Jenny", die Bruce Springsteen in seinem Song adressiert, verschwand bald nach Veröffentlichung des Liedes. „Jenny" ist nicht der Name einer Peron, sondern der Spitznamen des Hochofens der größten Stahlfirma von Youngstown, der seit 1977 wie ein Mahnmal an die Schließungen erinnerte und 1997 abgerissen wurde.

---

3 Lorant, Stefan: Pittsburgh. The Story of an American City, 5. überarb. u. akt. Aufl., Pittsburgh 1999, S. 619.
4 Savage, Kirk: Monuments to a Lost Cause. Commemorating Steel in Pittsburgh, Pa., in: Jefferson Cowie/ Joseph Heathcott (Hg.): Beyond the Ruins. Deindustrialization and the Meanings of Modern America, Ithaca 2003, S. 237–256.

Abb. 1: Skulptur „The Steelmakers" von George Segal vor dem Youngstown
Historical Center of Industry & Labor

Angesichts der Vernachlässigung des industriekulturellen Erbes lässt sich die
Frage stellen, ob das Verschwinden der industriellen Materialität im Rust Belt
mit einem Verschwinden der Erinnerung insgesamt einhergeht oder ob diese
sich auch jenseits der offensichtlichen Materialität in anderer, immaterieller
Form zeigt. Ausgehend von dieser Fragestellung sollen im Folgenden zwei Phänomene oder Bewegungen genauer betrachtet werden, die eine Rolle im Umgang mit De-Industrialisierungsprozessen und deren erinnerungskultureller
Verarbeitung im amerikanischen Rust Belt spielen: der sogenannte Rust Belt
Chic (RBC) und die Urban Exploration (Urbex) Bewegung. Beide lassen die Namen von Städten im Rust Belt wieder sichtbar werden, in Blogs, Internetforen,
auf privaten Websites und in den letzten Jahren auch in Form von Bildbänden
und Anthologien.[5] „Authentizität", bzw. die Authentisierung des eigenen Handelns, spielt eine wichtige Rolle, wobei Authentisierung „Prozesse und diskursive Praxen der Beglaubigung, die der kulturellen Markierung dienen und damit
als zentrale Aspekte der gesellschaftlichen Konstruktion sozialer Wirklichkeit
bzw. kultureller Werte aufzufassen sind",[6] meint. Während es den Urban Explo-

---

5 Vgl. u. a.: Athitakis, Mark: The New Midwest. A Guide to Contemporary Fiction of the Great
Lakes, Great Plains, and Rust Belt, Cleveland 2017; McClelland, Edward: How to Speak Midwestern, Cleveland 2016; Piiparinen, Richey/ Trubek, Anne: The Cleveland Anthology, 2. Aufl.,
Cleveland 2014, S. 26.
6 Saupe, Achim: Historische Authentizität. Individuen und Gesellschaften auf der Suche nach
dem Selbst – ein Forschungsbericht, in: H-Soz-Kult, 15.08.2017 (www.hsozkult.de/literaturere-
view/id/forschungsberichte-2444).

rers (UE) um „authentische", ungefilterte Erfahrungen und deren Visualisierung geht, reklamiert der Rust Belt Chic für sich, „authentische" Narrative des Rust Belt sichtbar zu machen und die Besonderheiten dieser Region als positives Alleinstellungsmerkmal hervorzuheben. Das Interessante in diesem Kontext ist weniger die Frage, ob sie diesem Anspruch auf Authentizität gerecht werden, sondern vielmehr, welche Motive hinter dieser Behauptung stecken und welche vermeintlichen Lücken in der Erinnerungslandschaft damit gefüllt werden sollen. Im Sinne eines neuen Verständnisses von Authentizität geht es also um „gesellschaftlich bedingte, kontingente Konstrukte", die „kommunikativ generiert und im Rahmen von Machtbeziehungen verhandelt werden".[7] Außerdem soll der Frage nachgegangen werden, inwiefern sich diese beiden Phänomene in die industriekulturelle Erinnerungslandschaft des Rust Belt im Rahmen des aktuellen Heritage[8]-Diskurses einordnen lassen und diesen ergänzen und bereichern können.

Industriekultur und die Heritage-Studies

Diesem Beitrag liegt ein breiter Industriekulturbegriff zugrunde, der sich als Teil eines aktuellen Heritage-Diskurses versteht, wie er zuletzt vor allem von Laurajane Smith thematisiert wurde. Er orientiert sich unter anderem an der Definition aus der „Charta Industriekultur NRW", verabschiedet auf der „Konferenz Industriekultur 2020" im Jahr 2011, ergänzt 2012:

„Die Akteure der Industriekultur sind einem breiten Begriff der Industriekultur verpflichtet, der nicht nur die unmittelbaren Hinterlassenschaften und Sachzeugen der Industriegeschichte umfasst, sondern auch das der Industrie zugehörige Umfeld mit den daraus entstandenen infrastrukturellen, städtebaulichen, sozialen, politischen sowie alltagskulturellen Zeugnissen. Einbezogen sind auch immaterielle Zeugnisse wie persönliche Erinnerungen und gesellschaftliche Überlieferungen. Zur Industriekultur gehören alle Aktivitäten des Bewahrens und Nutzens dieser Hinterlassenschaften sowie deren Deutung und Vermittlung durch interdisziplinäre Bemühungen aller Art, d. h. auch als Teil einer regionalen, in den Kommunen verankerten Geschichtskultur."[9]

---

7 Rössner, Michael/ Uhl, Heidemarie: Vorwort, in: Dies. (Hg.): Renaissance der Authentizität? Über die neue Sehnsucht nach dem Ursprünglichen (Kultur- und Medientheorie 6/2012), Bielefeld 2012, S. 9.
8 Da die „Heritage-Studies" eine etablierte Forschungsdisziplin sind und die für mich hier relevanten Aspekte des industriekulturellen Erbes vorwiegend Teil eines anglophonen Diskurses sind, verwende ich im Folgenden immer den Begriff „Heritage".
9 Charta Industriekultur NRW (http://industriekultur-nrw.de/de_DE/charta-industriekultur-nrw-2020, letzter Abruf am 24.05.2017).

Diese Definition wurde zwar als Handlungsrahmen für die Industriekultur in Nordrhein-Westfalen formuliert, ist aber nichtsdestotrotz auch ein sinnvoller definitorischer Rahmen für Überlegungen zu einer weit gefassten kulturellen Interpretation von De-Industrialisierungsprozessen. Was in der Definition bereits mit der Formulierung „Aktivitäten des Bewahrens und Nutzens dieser Hinterlassenschaften" angedeutet wird, ist die diskursive Natur des (industrie)kulturellen Erbes, wie sie in den jüngeren Heritage-Studies unter anderem von Laurajane Smith hervorgehoben wird: „Heritage is also a discourse. The idea of discourse does not simply refer to the use of words or language, but rather the idea of discourse used in this work refers to a form of social practice. [...] Discourse not only organizes the way concepts like heritage are understood, but the way we act, the social and technical practices we act out, and the way knowledge is constructed and reproduced."[10] Mit ihrer provokanten Aussage: „There is, really, no such thing as heritage",[11] die sie gleich am Anfang ihres Buches „Uses of Heritage" formuliert, möchte sie darauf aufmerksam machen, dass es einen hegemonialen Diskurs zum kulturellen Erbe gibt – von ihr als ‚authorized heritage discourse' (AHD) bezeichnet – der alternative Konzepte unterdrückt: „a hegemonic ‚authorized heritage discourse', which is reliant on the power/knowledge claims of technical and aesthetic experts, and institutionalized in state cultural agencies and amenity societies. This discourse takes its cue from the grand narratives of nation and class on the one hand, and technical expertise and aesthetic judgement on the other."[12] Folgen dieser Art von Heritage-Ausübung seien Rückwärtsgewandheit und Eindimensionalität. Für sie ist Heritage aber auch und vor allem „a cultural practice, involved in the construction and regulation of a range of values and understandings."[13] Während es im autorisierten Heritage-Diskurs um ästhetisch ansprechende materielle Objekte, Anlagen oder Landschaften geht, die für nachfolgende Generationen bewahrt werden müssen, sieht der kritische Heritage-Diskurs die Vergangenheit selbst als Heritage, das aus der Gegenwart heraus genutzt wird, Materialität spielt dabei ebenso eine Rolle wie die Identität derjenigen, die das Heritage in der Gegenwart für sich nutzen und es sich auf andere Weise aneignen, als es der AHD vorgibt. Der aktive Umgang mit dem Erbe an sich ist dabei das entscheidende Element, nicht das bloße Betrachten als wichtig bewerteter Gebäude. Denn diese Bewertung ist Teil des AHD: „The authorized discourse is also a professional discourse that privileges expert values and knowledge about the past and its material manifestations, and domi-

---

10 Smith, Laurajane: Uses of Heritage, New York 2006, S. 4.
11 Ebd., S. 11.
12 Ebd.
13 Ebd.

nates and regulates professional heritage practices."[14] Dieser nur skizzenhafte
Einblick in den kritischen Heritage-Diskurs muss an dieser Stelle genügen, da er
lediglich als Schablone für eine spätere Einordnung dienen und verdeutlichen
soll, dass Industriekultur mehr als das bauliche Erbe und auch mehr als das immaterielle Erbe, nämlich auch das aktiv gelebte Erbe beinhaltet.

Der kulturelle Umgang mit der De-Industrialisierung

Strukturwandel und De-Industrialisierung sind schon lange Gegenstand der Forschung in diversen Disziplinen. Zunächst waren es die politischen und ökonomischen Aspekte, die von der Forschung in den Fokus genommen wurden.[15]
Man konzentrierte sich auf die unmittelbaren Erfahrungen und Folgen von
Werksschließungen und nahm somit zunächst eine Art „body count" vor – welche Schließungen gab es, wie viele Arbeitsplätze gingen verloren, welche politischen Reaktionen erfolgten? Der Prozess der De-Industrialisierung stellte jedoch
nicht bloß eine quantitative und qualitative Veränderung der Arbeitswelt dar,
sondern – wie bereits die Industrialisierung – auch eine fundamentale Veränderung im sozialen Gefüge. Was in der Forschung erst in den letzten Jahren stärker
in den Fokus geriet, ist die Frage nach der kulturellen Bedeutung des Strukturwandels im Laufe der Jahre, auch im Hinblick auf die Frage, wie Einzelne und
ganze Gemeinden den Prozess der De-Industrialisierung durch Erinnerungsprozesse reinterpretieren.[16] Die Anthropologin Kathryn Marie Dudley verwies bereits 1994 auf die Bedeutung kultureller Prozesse: „The social transformation
under way is not simply an economic trend reflecting America's changing place
in the world: it is also a cultural process. Many of the cultural symbols, beliefs
and values that once fortified a sense of moral order in our capitalist economy
have been cast into doubt."[17] Für diesen Blick jenseits der unmittelbaren Folgen

---

14 Ebd., S. 4.

15 Vgl. u. a.: Bluestone, Barry/ Harrison, Bennett: The Deindustrialization of America. Plant
Closings, Community Abandonment, and the Dismantling of Basic Industry, New York 1982;
Bensman, David/ Lynch, Roberta: Rusted Dreams. Hard Times in a Steel Community, New York
1984.

16 Vgl. Strangleman, Tim/ Rhodes, James/ Linkon, Sherry: Introduction to Crumbling Cultures. Deindustrialization, Class, and Memory, in: International Labor and Working-Class
History 84 (2013), S. 7–22.

17 Dudley, Kathryn Marie: The End of the Line. Lost Jobs, New Lives in Postindustrial America,
Chicago 1994, S. xxiii.

plädierten auch Jefferson Cowie und Joseph Heathcott 2003 in ihrem mittlerweile als Standardwerk betrachteten Buch „Beyond the Ruins". Die Zeit sei gekommen, „to widen the scope of discussion beyond prototypical plant shutdowns, the immediate politics of employment policy [...] or the swell of industrial nostalgia. Rather our goal is to rethink the chronology, memory, spatial relations, culture, and politics of what we have come to call ‚deindustrialization'."[18]

Um mehr über die kulturellen Auswirkungen der De-Industrialisierung zu erfahren, müssen die unterschiedlichen Repräsentationen untersucht werden. Wie wurde und wird etwas erinnert und von wem? Welche offiziellen und inoffiziellen Narrative lassen sich im weiteren Kontext der Industriekultur finden? Hierbei ist es wichtig, nicht nur die Interpretationen und Repräsentationen derjenigen zu untersuchen, die von De-Industrialisierungs-Prozessen unmittelbar selbst betroffen waren[19] oder offizielle Narrative, wie sie beispielsweise in Museen zu finden sind,[20] sondern auch Erzählungen und Reaktionen von denjenigen einzubeziehen, die aus der Gegenwart heraus auf das Phänomen der De-Industrialisierung blicken: „Representations allow us to consider how those affected by deindustrialization remember it but, because deindustrialization affects not only those who were immediately displaced, also those who have no direct experience of industrial work, those who were not physically or psychologically present during the era of closings. For the children and grandchildren of displaced workers and for outsiders who have created artistic and media texts, deindustrialization is not based in their own memories, but in response to the conditions of the present, the filtered memory of the industrial, either as articulated by those who lived through it or as inscribed on the landscape, heritage and the meanings assigned to deindustrialization in contemporary culture."[21] Um diese unterschiedlichen Facetten möglichst in ihrer Gänze zu erfassen, bedarf es nicht nur eines breiten Industriekulturverständnisses, sondern auch einer interdisziplinären Herangehensweise.

---

18 Cowie, Jefferson/ Heathcott, Joseph: Beyond the Ruins. The Meanings of Deindustrialization, Ithaca 2003, S. 1 f.

19 Vgl. Modell, Judith/ Brodsky, Charlee: A Town Without Steel. Envisioning Homestead, Pittsburgh 1998; Sugrue, Thomas J.: The Origins of the Urban Crisis. Race and Inequality in Postwar Detroit, Princeton 1996; High, Steven: Industrial Sunset. The Making of North America's Rust Belt, 1969–1984, Toronto 2003.

20 Wie z. B. das National Museum of Industrial History in Bethlehem, Pennsylvania (http:// nmih.org/).

21 Strangleman/ Rhodes/ Linkon: Introduction, S. 9.

Rust Belt Chic als Geschichtskultur des Rust Belt?

„I will shout Youngstown" ist der Name eines Blogs, der neben der Seite „Fabulous Ruins of Detroit"[22] des Detroiter Künstlers Lowell Boileau, als das erste Beispiel für den sogenannten Rust Belt Chic gilt. Er wurde 2006 von John Slanina, einem gebürtigen Youngstowner, ins Leben gerufen. Als Namensgeber für seinen Blog nennt Slanina den ehemaligen Stahlarbeiter John Barbero, der in dem Dokumentarfilm „Shout Youngstown" von Carol Greenwald und Dorie Krauss über Proteste gegen Stilllegungen berichtet: „My job is here to shout ‚Youngstown'. And I sort of sense this is still my role. We shouldn't let the country forget what the industry did to Youngstown."[23] Slanina, der 1977, im Jahr einer der ersten großen Werksschließungen, geboren wurde, stellt sich also in die Tradition der kämpfenden Arbeiter und wählt für sich die Aufgabe, den Namen seiner Stadt ebenfalls nicht in Vergessenheit geraten zu lassen, indem er ihn als Titel seines Blogs verwendet. Der Untertitel benennt die Themen, mit denen er sich in seinem Blog auseinandersetzt: „Dedicated to the City of Youngstown and to those who strive to create it. A Forum on economic development and urban design in the city."[24] Wie Boileau beschränkt sich Slanina nicht nur auf eine Online-Präsenz, vielmehr ist sein Blog nur ein Teil eines bürgerschaftlichen Engagements, das auch das Organisieren unterschiedlicher Treffen, bei denen Einheimische Ideen für die Wiederbelebung ihrer Stadt diskutieren konnten, mit einschloss. RBC ist eine Bewegung, die im virtuellen Raum gewachsen ist, gewissermaßen als Gegengewicht zum sogenannten „ruin porn",[25] also der Betrachtung und dem Fotografieren verfallener Gebäude mit alleinigem Interesse an deren ästhetischem Wert, ohne Interesse an deren Geschichte. Da sich die Erkundung industrieller Ruinen zu einem regelrechten Tourismuszweig entwickelt hat, ist RBC gleichzeitig auch als Reaktion auf die Betrachtung und Beschreibung des Rust Belts durch Außenstehende entstanden. Er hat sich in den letzten zehn Jahren entwickelt und ist gleichzeitig auch ein Gegenentwurf zum häufig von Stadtplanern verinnerlichten Konzept der „creative class" von Richard Florida,[26] das davon ausgeht, dass eine Stadt oder Region möglichst attraktiv gestaltet werden muss, um Kreative anzuziehen, die wiederum für die wirtschaftliche Weiterentwicklung der

---

22 https://www.detroityes.com/fabulous-ruins-of-detroit/ (letzter Abruf am 22.05.2017).
23 Shout Youngstown (R.: Carol Greenwald und Dorie Krauss), Min. 40:26-40:39.
24 http://shoutyoungstown.blogspot.com/ (letzter Abruf am 22.05.2017).
25 Vgl. u. a. Lyons, Siobhan: What 'Ruin Porn' Tells us about Ruins – and Porn. 1.5.2016, in: CNN Style (http://www.cnn.com/2015/10/12/architecture/what-ruin-porn-tells-us-about-ruins-and-porn/, letzter Abruf am 22.05.2017).
26 Florida, Richard: The Rise of the Creative Class. And How it's Transforming Work, Leisure, Community and Everyday Life, New York 2002.

Stadt wichtig sind. Der Begriff RBC wurde vermutlich erstmals 1992 von Joyce Brabner, der Frau des bekannten Comicbuchautors Harvey Pekar aus Cleveland,[27] verwendet. Sie sprach davon, wie Leute aus New York City kamen, um sich den Rust Belt anzuschauen: „We are the people that all those anorexic vampires from NYC with their little black miniskirts and their black leather jackets come to with their video cameras to document Rust Belt chic."[28] Der zunächst ironisch gemeinte Begriff wurde dann von der Rust Belt Chic Bewegung umgekehrt, wie Richey Piiparinen, einer der Mitbegründer der Bewegung, beschreibt: „'Rust Belt Chic' is a term with history – loaded even – as it arose out of irony, yet it has evolved in connotation if only because the heyday of the Creative Class Chic is giving way to an authenticity movement that is flowing into the likes of the industrial heartland."[29] Auch der Blogger Jim Russell bezieht sich 2010 in seinem Blog „Burgh Diaspora" auf Floridas Idee der Kreativen Klasse und kritisiert sie als nicht erstrebenswert: „Rust Belt Chic is the opposite of Creative Class Chic. The latter [is] the globalization of hip and cool. Wondering how Pittsburgh can be more like Austin is an absurd enterprise and ultimately, counterproductive. I want to visit the Cleveland of Harvey Pekar, not the Miami of LeBron James. I can find King James World just above anywhere. Give me more Rust Belt Chic."[30] Wie das Zitat schon anklingen lässt, spielt die Einzigartigkeit oder Identifizierbarkeit einer Stadt eine wichtige Rolle, Pittsburgh oder Cleveland sollen nicht so sein wie andere amerikanische Städte, sondern ihre Besonderheiten hervorheben. Ihre Unverwechselbarkeit macht sie attraktiv. Sie wird heraufbeschworen, um die Werte des Rust Belt zu beschreiben, auf die man sich besinnen sollte, um die Stärken der Region hervorzuheben, wie bereits Rolf Lindner in „Die Wiederkehr des Regionalen" argumentiert: Regionalisierung als Rückbesinnung auf eigene, als authentisch bewertete Qualitäten bei der Bewältigung eines tendenziell globalen Strukturwandels.[31] Als authentisch wird von den Vertretern und Anhängern des RBC all das bezeichnet, was historisch gewachsen ist und nicht als Marketingmaßnahme aufgezwungen wurde. Es geht darum, zu definieren, was an einem Ort einzigartig ist und gleichzeitig auf Gemeinsamkeiten zurückzugreifen, so dass jede Variante gleichzeitig einzigartig und Teil eines regionalen Musters ist, besonders und gewöhn-

---

27 Er ist bekannt für das Comic-Magazin „American Splendor", das er herausgab und für das er Alltagsgeschichten aus Cleveland schrieb, die von unterschiedlichen Künstlern illustriert wurden.

28 Piiparinen/ Trubek: Cleveland Anthology, S. 26.

29 Ebd., S. 25.

30 Russell, Jim: Rust Belt Chic. Harvey Pekar, in: Burgh Diaspora Blog (http://burghdiaspora. blogspot.com/2010/07/rust-belt-chic-harvey-pekar.html, letzter Abruf am 22.05.2017).

31 Vgl. Lindner, Rolf: Die Wiederkehr des Regionalen. Über neue Formen kultureller Identität, Frankfurt (Main) 1999.

lich. Beispiele für solche Themenfelder sind spezielles Essen, das die regionale Zuwanderungsgeschichte beleuchtet, wie z. B. Pierogi, die für die polnischen Einwanderer stehen, Familie, Gemeinschaft – „community" – oder eben verlassene Industrieareale, die auf eine regionale Geschichte und den Umgang mit den Folgen des Strukturwandels verweisen. RBC hat seine sichtbaren Anfänge in Blogs und Webzines und steht für den Blick der Kinder und Enkel ehemaliger Arbeiter und gibt meist nicht die Perspektive der Arbeiter oder ehemaligen Arbeiter wieder, auch wenn die Geschichte(n) und die Erinnerungen industrieller Gemeinden eine größere Rolle spielen als bei den UE. Auch Menschen ohne persönliche Beziehung zur jeweiligen Region, die aber nichtsdestotrotz die Orte mit industrieller Vergangenheit als bedeutungsvoll erachten, beteiligen sich. Es handelt sich hier gewissermaßen gleichzeitig um ein Konzept und um eine Praktik – eine besondere Form über de-industrialisierte Orte nachzudenken und gleichzeitig tätig zu werden – im Sinne des Verfassens von Texten, Veröffentlichung von Anthologien, organisierten Treffen und sozialen Interaktionen, alle darauf fokussiert, das zu beschreiben, was deindustrialisierte Gemeinden hip und cool macht. Dabei ist ein anderes „hip" gemeint, als Richard Florida es in der Beschreibung der „creative class" meint. Das „Hippe" des RBC speist sich hier aus den regionalen Besonderheiten und eben nicht aus der uniformen Reproduktion globaler, austauschbarer Trends. Inwiefern das tatsächlich so ist, lässt sich diskutieren. Das Ziel, nämlich de-industrialisierte Städte attraktiver – hip – zu machen, stimmt mit Richard Floridas Idee überein. Entscheidend ist jedoch die Frage danach, was tatsächlich anziehend wirkt: die Anpassung an andere, erfolgreiche Städte, also eine Vereinheitlichung oder die Betonung der Unterschiede und Besonderheiten. Letzteres zielt auf ein Publikum, das sich für die Geschichte der Region interessiert.

Abb. 2: „Cleveland-Anthology" von 2012

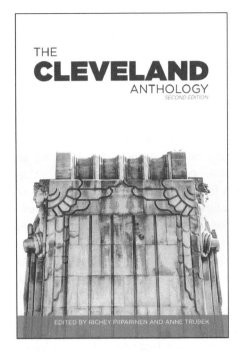

Abb. 3: „Cleveland-Anthology" von 2014

Eine besondere Rolle bei der „Sichtbarmachung" des Rust Belt nimmt das BELT Magazine ein,[32] ein Webzine, das 2013 von Anne Trubek, vorher Professorin am Oberlin College, in Cleveland ins Leben gerufen wurde, um Geschichte und Geschichten des Rust Belt eine Plattform zu bieten. Ihre Idee beschreibt sie 2015 im Online Magazin *Next City*:

„There's a lot of national media that likes to extol the revival of the Rust Belt or bemoan the ruin of the Rust Belt, and these stories tend to take a fairly superficial approach. We want to have stories from a much more in-depth and complicated perspective."[33] BELT konzentriert sich auf Longform-Journalismus und persönliche Essays von Autoren aus der Region. Der angegliederte Verlag gibt neben bisher neun Städte-Anthologien, u. a. zu Youngstown und Pittsburgh, auch „Neighborhood Guidebooks" und andere spezielle Literatur heraus.[34] Das erste Buch, die „Cleveland Anthology", bzw. „Rust Belt Chic: The Cleveland Anthology" wie es in der ersten Auflage noch hieß, erschien 2012 und initiierte mit

---

32 Vgl. http://beltmag.com/.
33 Kalfus, Sky: Finding the Real Rust Belt Amid Midwestern Myth (https://nextcity.org/daily/entry/rust-belt-stories-online-magazine-belt, letzter Abruf am 20.02.2018).
34 Hertz, Daniel Kay: The New Old Town. Early Gentrification in Chicago, Cleveland Spring 2018; Athitakis: The New Midwest; McClelland: Speak Midwestern.

seinem Erfolg die Gründung des BELT Magazine. Es befindet sich bereits in der zweiten Auflage, die nicht nur einen neuen Titel, ein neues Vorwort und zusätzliche Essays enthält, sondern auch ein neues Cover erhalten hat. Es zeigt nicht länger die geöffnete Tür zu einem verlassenen Gebäude, die an Fotografien der UE erinnert, sondern die „Guardians of Transportation", Statuen auf der Lorain-Carnegie Bridge in Cleveland. Jede Anthologie wird von einem lokalen Designer gestaltet, wie es auf der Seite des Magazins heißt. Ein Leser der Cleveland-Anthologie, der einen Kommentar auf der Website hinterließ, hebt hervor, dass er sie als „authentisch" empfindet: „This is a very enjoyable read. All items are from Clevelanders (current or former), so the collective voice is authentic. Most are essays or reminiscences. There are a few poems and photos, and even one graphic art short story. One really gets a feel for the heart of the town. The editors carefully curated it into eight sections. Kudos to them both. I got my copy from the gift shop at the Cleveland Museum of Art."[35] Auch die Tageszeitung „Cleveland Plain Dealer" verweist auf den Aspekt der Authentizität: „Trubek and Piiparinen were keen to assemble a Cleveland snapshot that felt more authentic to them: No mindless boosterism or ‚ruin porn', that artistic fetish for fallen-down manufacturing towns. [This book] reads like a rebuttal to Richard Florida's argument for Creative Class cool filling cities with young elites."[36] Durch den RBC möchten die Künstler und Aktivisten die Deutungshoheit in kleinen Schritten zurückerobern und das Image ihrer Region mitgestalten, ohne „ruin porn" zu betreiben: „Here's what else Rust Belt Chic isn't: playing in decay [...]".[37] Diese Bestrebung wird auch in der Anpassung des Titels und des Covers des ersten Buches deutlich. Der Fokus soll nicht auf verlassenen Gebäuden und ihrer Ästhetik liegen, sondern auf den von der De-Industrialisierung betroffenen Menschen und „communities" sowie deren Geschichten. Sie haben eine Distanz zu dem Geschehen, von dem sie berichten, zeigen aber im Sinne einer Art Geschichtskultur ihren Blick und ihre Interpretation der De-Industrialisierung, deren Auswirkungen auf die Region und somit sie selbst. Die Elemente aus der Vergangenheit werden als wichtig wahrgenommen, jedoch nicht nur als Repräsentationen einer bedeutsamen Vergangenheit, sondern auch als Quelle für eine lokale Identifikation in der Gegenwart, eine Art „sensemaking", ohne rückwärtsgewandt zu sein: „Rust Belt Chic is about home, or that perpetual inner fire of longing to be comfortable in one's own skin and one's community. Yet this lon-

---

35 The Cleveland Anthology (http://beltmag.com/product/rust-belt-chic-the-cleveland-anthology/, letzter Abruf am 10.05.2017).
36 The Cleveland Anthology, second edition (http://beltmag.com/cleveland-anthology/, letzter Abruf am 03.01.2018).
37 Piiparinen, Richey: What Really is Rust Belt Chic, Anyway? (https://richeypiiparinen.wordpress.com/2012/09/15/what-really-is-rust-belt-chic-anyway/, letzter Abruf am 15.05.2017).

ging is less about regressing to the past than it is finding a future through your history [...] In fact the best revitalization efforts occur by bringing the past into the present [...]"[38] Daraus ergibt sich eine gewisse Diskrepanz, auf die Sherry Linkon verweist: „Rust Belt Chic is at once sincere and ironic, and while its primary creators have local roots, it also reflects their distance from the history of both industrial labor and deindustrialization – RBC could only have been produced by a generation for whom the experience of labor and the trauma of loss have receded. RBC thus at once celebrates, mythologizes, and erases the past."[39] Die Geschichte der Region spielt für die Anhänger des Rust Belt Chic eine wichtige Rolle. Medien wie das BELT Magazine legen Wert auf eine Berichterstattung aus dem Rust Belt, nicht über ihn, um so eine Deutungshoheit zurückzugewinnen; das Magazin als „a place for complex and nuanced writing by and about the Rust Belt, a region that is all too often oversimplified in the national imagination and the national media."[40] Gleichzeitig haben die Akteure des RBC auch eine Distanz zur Vergangenheit und den damit verbundenen Verlusterfahrungen, weshalb Linkon trotz aller Ernsthaftigkeit im Umgang mit der Vergangenheit auch eine gewisse „Mythologisierung" identifiziert. Nur aufgrund dieser Distanz kann ihrer Meinung nach eine Instrumentalisierung der Geschichte in einer Form wie dem RBC erfolgen. Er ist gewissermaßen ein literarisches Genre,[41] aber darüber hinaus eben auch Teil der Geschichtskultur der Region.

Urban Adventuring als Vorläufer des Urban Exploring

Eine etwas andere Herangehensweise an das industriekulturelle Erbe der Region verfolgt die Urban Exploration Bewegung. Entstanden ist das Urban Exploring aus dem „Urban Adventuring", einer transgressiven räumlichen Praxis, die auch heute noch die UE Bewegung beeinflusst. Formen dieser Bewegung existierten seit den 1960er Jahren, Ursprünge und Variationen lassen sich weiter zu-

---

38 Ebd.

39 Linkon, Sherry Lee: Rust Belt Chic. Industrial Heritage and/or Community Development?, Vortrag auf der Tagung: Polycentric Regions in Transformation. The Agglomeration Ruhr in International Perspective, Essen 11. – 13. Juni 2015.

40 About us. Belt Magazine (http://beltmag.com/about-us/, letzter Abruf am 02.01.2018).

41 Vgl. hierzu: Linkon, Sherry: The Half-Life of Deindustrialization. Working-Class Writing about Economic Restructuring, Ann Arbor 2018.

rückverfolgen.[42] Die Popularisierung des Begriffs lässt sich auf das Buch „The Urban Adventure Handbook" von Alan North aus dem Jahr 1990 zurückführen.

Entscheidend ist, dass es eine Entwicklung von einer wenig bis gar nicht schriftlich oder fotografisch dokumentierten Praxis hin zu einer stärker dokumentarischen und repräsentativen gab. Das Adventuring – auch heute noch beliebt und kommerzialisiert als touristisches Angebot in Großstädten[43] – beinhaltet das Eindringen in verbotene Zonen der Stadt, ober- und unterhalb des Straßenlevels, denn auch Kanalisationen sind ein beliebtes Ziel. Dem liegt der Gedanke zugrunde, das Abenteuer auch in der Stadt zu suchen und die Stadt selbst als Erlebnisraum zu erschließen, dessen Grenzen neu ausgelotet werden können.

Die Infrastruktur der Stadt wird als eine physische Herausforderung verstanden und der städtische Raum als eine Art Spielplatz, ähnlich wie bei der Sportart Parcours. Besondere Orte im städtischen Raum werden so nicht als Orte mit einer Identität oder Geschichte gesehen, sondern als Strukturen und Räume, die es zu erobern gilt. Adventurer veröffentlichen meist keine schriftlichen Berichte ihrer Erfahrungen, da es ihnen um die Erfahrung des Moments ging und geht, was wiederum der entscheidende Unterschied im Übergang zum Urban Exploring ist. Die wichtige Gemeinsamkeit ist die Praxis, sich über performatives Handeln einen Raum zu erschließen. Das kulturelle Phänomen des Urban Exploring hat aus dem Urban Adventuring heraus seinen Ursprung im Raum und nicht im Ort, Räume werden erkundet und erschlossen. Dieses Erleben des Raumes wird in den Beschreibungen – falls vorhanden – verarbeitet. Durch das Fotografieren wiederum werden die Räume wieder zu konkreten Orten, die jedoch – ihrem Kontext entrissen – über den bloßen ästhetischen Wert hinaus nur in Kombination mit der Performanz Bedeutung haben und erst durch deren Präsentation nach außen wirken.

---

42 Vgl. hierzu den Zeitstrahl „Urban Exploration Timeline" auf http://infiltration.org/history-timeline.html, der einen ersten kurzen Überblick zu Vorläufern des UE bietet.

43 Vgl. http://www.urbanadventures.com/.

Abb. 4: Cover des Urban Exploration Buchs „Access all Areas"

Die Urban Explorer-Bewegung, auch bekannt als Urbex oder UE, kam Mitte der 1990er Jahre auf. Der Begriff „Urban Exploration" wurde 1996 von Jeff Chapman geprägt, einem Urban Explorer aus Toronto, der unter dem Namen Ninjalicious bekannt war. In seiner Zeitschrift „Infiltration: the zine about going places you're not supposed to go",[44] die zunächst gedruckt und später online erschien, gibt Chapman Schritt-für-Schritt-Beschreibungen seiner Expeditionen mit Navigationshilfen und zahlreichen Fotografien, unter anderem von Einstiegsmöglichkeiten in Gebäude. Diese wenigen, qualitativ nicht unbedingt hochwertigen Fotos stehen in einem starken Kontrast zu den stilisierten Architektur- und Landschaftsfotografien heutiger Urban Explorer und unterstreichen, wieviel sich seitdem geändert hat. 2005, kurz nach seinem Tod, erschien Chapmans Buch „Access All Areas: A User's guide to the art of urban exploration", eine Anleitung zur Vorbereitung und Durchführung von Expeditionen. In einem Gespräch mit Dylan Trigg beschreibt er seine eigene Motivation wie folgt: „I think the common element that draws me to each of these places – from abandoned buildings to utility corridors to storm drains – is the feeling that I've earned myself a glimpse of something authentic, not designed for public consumption. It's the thrill of getting to peek behind the scenes and see the real situation."[45] Hier wird bereits deutlich, was bis heute eines der wichtigsten Argumente in der UE

---

44 Vgl. hierzu: http://www.infiltration.org/zine.html.

Szene ist: die authentische Erfahrung, die entsteht, wenn man sich den Raum selbst erschließt und keinen Vorgaben folgt. Ninjalicious umfangreiche Beschreibung und Anleitung in „Access All Areas" wird gerne genutzt, um die UE community zu definieren. Es wird als vermeintlich repräsentative Quelle wahrgenommen und zitiert. Dabei gerät im akademischen Diskurs manchmal die Tatsache aus dem Blickfeld, dass es zwar eine Urbex community gibt, diese aber sehr heterogen ist, mit unterschiedlichen Herangehensweisen und Motivationen, worauf unter anderem Bradley Garett in seinem vielbeachteten Buch „Explore Everything. Place-Hacking the City" hinweist: „[Urban exploration] is a community of people who by their inherent nature break rules and expectations. Expecting them to then follow the rules of a community is patently absurd."[46] Etwas, woran sich jedoch fast alle halten, ist das ungeschriebene Gesetz „Take only pictures, leave only footprints", ursprünglich das Motto von Waldschützern in den USA und Kanada. Dieser ethische Kodex ist auf vielen Websites zu finden, ebenso wie die Versicherung, ihm gemäß zu handeln, immer wieder in Berichten auftaucht. Er dient gleichzeitig als Mittel der Distinktion gegenüber anderen Akteuren, die nur aus Freude am Vandalismus verlassene Gebäude aufsuchen oder um ihre Graffitti-Kunst dort zu verewigen.[47] Unzählige Internetseiten weltweit illustrieren die Erkundungen von Ruinen und berichten, was UE sehen und fühlen, während sie die verlassenen Orte erforschen.[48] Viele sehen sich dabei auch gewissermaßen als Geschichtsschreiber, worin sie eine weitere Abgrenzung zu Leuten sehen, die einfach nur unerlaubt das Gelände betreten. Steven High merkt hierzu an: „Beyond thrill-seeking, it seems clear that urban explorers believe that by recording their observations in words and images, they are preserving history. This educational or historical justification for their activities also serves to distance them from everyday trespassers."[49] Jedoch sieht er in diesem vermeintlichen Interesse an der Vergangenheit auch nicht wesentlich mehr als ein Mittel der Abgrenzung von der Arbeiterschicht und zur Verschleierung der banalen Suche nach rein ästhetischen Abenteuererlebnissen. Diese Kritik an einer zunehmenden Ästhetisierung der Ruinen des Industriezeitalters übt er auch in Bezug auf den akademischen Diskurs. High zielt in diesem Zusammen-

---

45 Trigg, Dylan: Ninjalicious 1973–2005 (http://dylantrigg.com/Ninjalicious.pdf, letzter Abruf am 09.05.2017).
46 Garrett, Bradley: Explore Everything. Place-Hacking the City, New York 2013, S. 33.
47 High, Steven/ Lewis, David W.: Corporate Wasteland. The Landscape and Memory of Deindustrialization, Ithaca 2007, S. 49.
48 Vgl. u.a.: www.opacity.us; www.28dayslater.co.uk/; www.forbidden-places.net/; https://www.bcd-urbex.com/#homepage; www.urbanexplorers.net; www.lostamerica.com; www.vanishingpoint.ca; www.dubtown.de.
49 High/ Lewis: Corporate Wasteland, S. 50.

hang vor allem auf den Kulturgeographen Tim Edensor, in dessen Buch „Industrial Ruins. Space, Aesthetics and Materiality" er die Kontextualisierung der Industrieruinen vermisst. High, einer der häufig zitierten Kritiker der Urbex Bewegung, formuliert seine Bedenken in seinem Buch „Corporate Wasteland": „What can we learn from these visual tours of industrial ruins? All these stories are fundamentally about what the narrators thought and saw while on their journeys of discovery. [...] What Ninjalicious and the others fail to include in their narratives is just as significant. They say very little about the history, function and physical layout of the mills being explored. Indeed, they seem to have only a vague idea of what went on inside."[50] Er kritisiert die mangelnden historischen Vorkenntnisse, die seiner Meinung nach einer differenzierten Auseinandersetzung mit den Orten zugrunde liegen müssten. Desweiteren vergleicht er die vorherrschende Erzählweise der „middle class narrators" mit der europäischer Abenteurer des 19. Jahrhunderts, die ein exotisches Land erkunden und dann zurückkehren in die Zivilisation. Die Beschreibung von Ninjalicious in seinem Bericht über seine Entdeckungstour in den Stelco Canada Works entspricht dieser Einschätzung: „I was happy when we made our way over the skyway, down the stairs, and back to solid ground. We cheerfully made our way back out to civilization shortly afterwards."[51] Es scheint, als wären die Stelco Works weit weg von der eigentlichen Lebenswelt, ähnlich wie die exotischen Reiseziele im 19. Jahrhundert. Jedoch geht es nun nicht mehr um eine räumliche Distanz – die Orte, die entdeckt werden, sind manchmal sogar in unmittelbarer Nähe des Wohnortes der Abenteurer –, sondern vielmehr um eine soziale, wie High anmerkt: „And still, these narrators leave the impression of having travelled great physical distances, but they have travelled great social distances."[52] Zwar erkennt High auch an, dass ihre Narrative einen Einblick bieten „into how some white, middleclass North Americans in their teens and twenties viewed deindustrialization at the millennium",[53] viel mehr kann er ihren Erkundungen und Berichten nicht abgewinnen. Dies greift jedoch im Hinblick auf eine umfassende Untersuchung der kulturellen Auswirkungen der De-Industrialisierung zu kurz. Eine Betrachtung der Entwicklung der Szene über die Jahre gibt auch Einblick in ein verändertes Bewusstsein. Die Szene hat sich in den letzten 10 Jahren auf unterschiedlichen Ebenen weiterentwickelt. Digitalkameras und digitale Bildbearbeitungssoftware haben sich verbessert und sind erschwinglicher und

---

50 Ebd., S. 54 f.
51 Ninjalicious: Journal: Stelco Canada Works, März 2004 (http://www.infiltration.org/journal-stelco.html, letzter Abruf am 18.05.2017).
52 High/ Lewis: Corporate Wasteland, S. 58.
53 Ebd., S. 63.

benutzerfreundlicher geworden. Auch das Erstellen eigener Websites wurde einfacher. Mit dem verbesserten Zugang zu Produktion und Verbreitung hat sich die Szene professionalisiert, was sich auch an den Narrativen, die sie über sich selbst konstruiert, ablesen lässt. Seit der Veröffentlichung von „Access all Areas" hat sich Urbex von mit Fotos illustrierten Abenteuergeschichten zur Kunstfotografie, flankiert von einem Anspruch, historische Basisarbeit zu leisten, entwickelt. Sicherlich auch nicht unberührt von der Kritik, die von außen an sie herangetragen wurde, dem Vorwurf des „ruin porn"[54] und der „smokestack nostalgia", also der bloßen Ästhetisierung. Dan Austin, Historiker, Fotograf und Autor von „Lost Detroit", geht auf diesen Vorwurf ein: „I am sensitive of being accused of jumping on the ‚ruin porn' thing. [...] we aren't trying to capitalize on Detroit's abandoned buildings [...] a lot of people in Detroit are embarrassed by Michigan Central Station [...] I don't want to see it torn down, even if it's not saved. It's coming to terms with who we are and respecting it. I don't want these buildings to be seen as eyesores."[55] Der Fotograf, der selbst in Detroit lebt, verweist auf die Michigan Central Station, eines der zentralen Motive der Lost Places Fotografie in Detroit neben dem Ford River Rouge Plant.[56] Auch andere bekannte Akteure der Szene tragen ihren Anspruch auf Bedeutsamkeit nach außen und heben hervor, dass Urbex mehr ist als nur die Suche nach dem Nervenkitzel. Der Autor des Buches „Beauty in Decay" mit dem Künstlernamen RomanyWG konstatiert: „Urban Exploration could be seen as a huge spontaneous Archiving Project [...] bearing in mind that the internet is basically a huge multiuser filing system, Urbex is effectively creating an enormous database of images documenting abandoned buildings and urban decay. Almost by accident, the adventure has become a historical conservation project."[57] Natürlich entspricht diese Art der Dokumentation keinesfalls irgendeinem anerkannten Standard, allerdings bezeichnet der Verfasser dieses Geschichtsverständnis auch als ein subjektives und experimentelles. Weder die Geschichte der Orte noch deren genauer Standort scheinen von besonderer Bedeutung zu sein. Die Fotografien in „Beauty in Decay" bieten nur minimale Informationen, wie die Stadt, das Land oder die Gebäudeart (z. B. „Frankreich" oder „Psychatrische Anstalt, UK"). Der formulierte Anspruch, zur Bewahrung beizutragen, zeigt jedoch ein erstarktes

54 Vgl. hierzu Wienert, Annika: Ruin Porn, Reconsidered. Oder: Zur Fotografie der Postindustrie, in: kritische berichte 46 (2018:4), S. 80-88.

55 Dybis, Karen: Finding „Lost Detroit" among the Ruins, in: Time, Detroit Blog, 15.09.2010 (http://detroit.blogs.time.com/2010/09/15/finding-lost-detroit-among-the-ruins/, letzter Abruf am 18.04.2017).

56 Vgl. hierzu den Beitrag von Uta Bretschneider in diesem Band.

57 RomanyWG: Collectors. Our Passion to Preserve, in: Ders. (Hg.): Beauty in Decay. Urbex, Berkeley 2010, o. p.

Selbstbewusstsein im Hinblick auf die eigene Rolle im größeren Kontext der De-Industrialisierung und der Dokumentation ihrer Folgen. Die Betrachtung und Erschließung der verlassenen Gebäude steht für ein gewisses Gefühl der Überlegenheit und den Eindruck „[of having] survived the collapse of past dreams of the future".[58] Gleichzeitig kann das performative Handeln auch als Blick in die eigene Zukunft verstanden werden – „the future ruin of our own present"[59] –, der zu ergründen versucht, was die Vergangenheit für die Zukunft bedeutet: „The [...] gaze at modernist ruins reminds us that, no matter how many new objects we produce, consume, and discard, those objects will in many cases far outlive us and the purposes to which we put them."[60]

Abb. 5: Michigan Central Station in Detroit

Rust Belt Chic und Urban Exploration als Heritage-Praktiken

„Heritage, I want to suggest, is a cultural process that engages with acts of remembering that work to create ways to understand and engage with the present, and the sites themselves are cultural tools that can facilitate, but are not nec-

---

58 Dillon, Brian: Introduction. A Short History of Decay, in: Ders. (Hg.): Ruins. Documents of Contemporary Art, London 2011, S. 10–20, hier S. 12.
59 Ebd., S. 13.
60 McGrath, Jason: Apocalypse, or, the Logic of Late Anthropocene Ruins, in: Cross-Currents. East Asian History and Culture Review, E-Journal 10 (March 2014), S. 113–119 (http://cross-currents.berkeley.edu/e-journal/issue-10, letzter Abruf am 24.05.2017).

essarily vital for, this process."[61] Nach Smith sind es die von den Akteuren durchgeführten Handlungen, die das Heritage ausmachen. Mit wenig bis gar keinem Zugriff auf die „sites" und in der digitalen Welt groß geworden überrascht es nicht, dass die Vertreter der beiden vorgestellten Bewegungen auf ein anderes Medium ausgewichen sind, um mit der Vergangenheit umzugehen. Websites lassen sich einfach aktualisieren, archivieren sich automatisch, sind informell und ihre Multimedialität ermöglicht eine kostengünstige, leicht zugängliche und interaktive Art der Kommunikation, wodurch die Interessen einzelner einer größeren Gemeinschaft zugänglich werden. Die Vernetzung mit Gleichgesinnten ist einfach und niederschwellig. Es ist schwer und langwierig, ein Gebäude oder einen Gebäudekomplex unter Schutz zu stellen, wie sich unter anderem am Beispiel der Entwicklung der Rivers of Steel National Heritage Area in Pittsburgh nachvollziehen lässt.[62] Umso einfacher ist es, sich über einen Blog oder eine Website Kontakte aufzubauen und sich zu organisieren. Allerdings ist diese Form des Umgangs mit Heritage sicher auch ein Fallstrick, wenn es um eine Anerkennung von außen geht. Die Tatsache, dass kein konkretes materielles Erbe zur Verfügung steht, an das die unterschiedlichen Praktiken der UE und RBC Anhänger anknüpfen können, erleichtert den Vorwurf einer Laienhaftigkeit und erschwert eine Anerkennung im Sinne des bereits thematisierten „authorized heritage discours". Die wiederholte Betonung oder Behauptung von Authentizität kann daher gewissermaßen als eine Reaktion auf diese Unterstellung und somit als eine Rechtfertigungsstrategie gewertet werden. Im Prozess der Anerkennung als performatives Heritage sind Prozesse der Authentisierung ein nützliches Werkzeug.

Genau wie die Akteure des RBC möchten auch die UE keine passiven Konsumenten sein. Sie erschaffen sich ihr Heritage selbst. RomanyWG formuliert dieses Bedürfnis sehr deutlich: „This encounter between the living and the dead is the source of the stories that we tell to make sense of being alive, and to be that explorer at that moment is to be given back the power to tell those stories for yourself. We don't want to be passive consumers of History with a capital H, neither spoon fed to us by the Discovery Channel or intellectualized beyond our reach in the lecture hall."[63] Die UE möchten mit ihrem Handeln genau dem entkommen, was Laurajane Smith auch am offiziellen Heritage-Diskurs/Authorized Heritage Discourse (AHD) kritisiert: „Heritage is not defined in the AHD as an active process or experience, but rather it is something visitors are led to, are

---

61 Smith: Uses, S. 44.
62 Vgl. https://www.riversofsteel.com/about/.
63 RomanyWG: History, in: Ders. (Hg.): Beauty in Decay, o. p.

instructed about, but are then not invited to engage with more actively."[64] Hinter der Behauptung, dass ihre Art, Gebäude zu erleben, authentisch sei, steckt auch die Befürchtung der UE, dass mit einer offiziellen Unterschutzstellung der Industriebauten und der Kommodifizierung ihrer Geschichte die Möglichkeit verschwindet, eine eigene Vision des Raumes zu entwickeln. Die Besonderheit für die UE ist also eine enge Verbindung mit dem Ort selbst. Diese kann ihrer Meinung nach an einem offiziellen Ort, an dem Geschichte vermittelt wird und der somit dem autorisierten Heritage-Diskurs gerecht wird, nicht stattfinden. In den Ruinen sind sie selbst die Akteure. Pablo Arboleda stellt in diesem Kontext die These auf, dass es sich bei UE um einen, wie er es bezeichnet, „bottomup heritage activism" handelt. Er identifiziert zwei Gruppen, die performativen und kommunikativen Urban Explorer. Erstere halten es für richtig, die Orte, die sie erkunden, geheimzuhalten, um sie vor Vandalismus und einer Touristifizierung zu schützen und ihre Authentizität, im Sinne einer Unberührtheit des Ortes, zu erhalten: „The majority of practitioners prefer to limit their engagement with a ‚performative' level, meaning that their main goal is to simply enjoy the experience of illegally trespassing while constructing their own narratives and, therefore, they reject any sort of conservation and management policies and practices. These explorers care about the sites, and the fact that they do not make public the exact locations where their adventures take place has to be understood as a way to avoid vandalism or touristification [...] to preserve their authenticity. In any case, it is clear that, in relating performative exploration to these non-interventionist theories, the practice strengthens its experimental character while emerging as an additional view against traditional heritage approaches."[65]

Kommunikative Explorer hingegen teilen Details über ihre Erfahrungen. Sie verstehen sich als Vermittler. Indem sie die Orte dokumentieren und Informationen teilen, erhöhen sie die Sichtbarkeit und stoßen möglicherweise einen Dialog an über Bewahrung und Verantwortung für einen Ort. So können sie das Schicksal der Orte verändern, indem sie andere einladen, die Orte auch zu erfahren und sie mit der Idee von kulturellem Erbe als Allgemeingut vertraut machen: „Therefore, in the context of abandoned places, the contribution of communicative explorers as heritage activists [...] is particularly significant since they informally replace the role of heritage institutions in the compilation of historic data and graphic archives while giving voice to people's concerns. This makes the whole process in which communicative exploration is embedded a demonstra-

---

64 Smith: Uses, S. 31.
65 Arboleda, Pablo: Heritage Views Through Urban Exploration. The Case of „Abandoned Berlin", in: International Journal of Heritage Studies 22 (2016:5), S. 368–381, hier S. 378.

tion of bottom-up approaches to heritage or ‚heritage from below'"[66] Urban Explorer produzieren über ihre Berichte eine Vision für ihr Publikum – eine Vision, die durch ihre räumliche Erfahrung und die künstlerischen Empfindungen geprägt ist. Durch ihre Performanz, also ihre Interaktion mit dem Ort und die anschließende Vermittlung ihrer Erfahrungen, wird die De-Industrialisierung sichtbar, wie der Philosoph und Historiker Anthony J. Fassi unterstreicht: „today's Urban Explorers are among the few who contribute to the visibility of postindustrial landscapes and, by extension, the visual history of deindustrialization"[67]. Gerade in den USA, wo die materiellen Hinterlassenschaften des industriellen Zeitalters häufig nicht Teil des „Authorized Heritage Discourse" sind, haben die Urban Explorer diesem kulturellen Erbe durch ihrem Umgang mit demselben zu einer Sichtbarkeit verholfen, die es sonst wahrscheinlich nicht erlangt hätte.

Ausblick

UE und RBC sind nur zwei Beispiele einer sehr facettenreichen industriekulturellen Erinnerungslandschaft des Rust Belt, die nach außen nicht immer sofort sichtbar ist. Um sie innerhalb eines kritischen Heritage-Diskurses genauer einzuordnen, müssen sie weiter aufgeschlüsselt werden.[68] Zusammenfassend kann man im Kontext der neueren Formen der Interpretation des industriekulturellen Erbes festhalten, dass die dominanten Vorstellungen der Werthaftigkeit von authentischer materieller Kultur und der sogenannten gebauten Umgebung durch andere kulturelle Prozesse, welche die Performativität des Handelns und Seins in den Vordergrund stellen, herausgefordert oder neu definiert werden. Es geht bei den neueren Formen mehr darum, wie mit einem Ort, einem Raum, einer Stadt oder einer Region umgegangen wird und wie deren Wert im industriekulturellen Kontext konstruiert wird. Dabei sind die Arten des Umgangs sehr vielfältig und zeigen die vielen Facetten im Prozess des Umgangs mit De-Industrialisierung. Wenn man deren Langzeitfolgen verstehen möchte, müssen auch Phänomene wie der Rust Belt Chic oder Urban Exploration ernst genommen und als

---

66 Ebd.

67 Fassi, Anthony J.: Industrial Ruins, Urban Exploration, and the Postindustrial Picturesque, in: The New Centennial Review 10 (2010:1), S. 141–152, hier S. 148.

68 Aspekte von Klasse, Geschlecht und Rasse wurden in diesem Beitrag zwar größtenteils ausgeklammert, da dies den Rahmen gesprengt hätte, sie spielen jedoch eine wichtige Rolle und sind auch in den beiden Bewegungen strak sichtbar, was in Steven Highs Kritik bereits Anklang.

industriekulturelles Erbe in Betracht gezogen werden und zwar nicht aufgrund der Erkenntnisse, die sie uns über die Vergangenheit liefern, sondern aufgrund dessen, was sie über die Bedeutung dieser Vergangenheit in der Gegenwart aussagen: „Representations allow us to consider how those affected by deindustrialization remember it [...]. For the children and grandchildren of displaced workers and for outsiders who have created artistic and media texts, deindustrialization is not based in their own memories, but in response to the conditions of the present, the filtered memory of the industrial, either as articulated by those who lived through it or as inscribed on the landscape, heritage and the meanings assigned to deindustrialization in contemporary culture."[69] Eine ausschließliche Anerkennung des baulichen Bestandes und des unmittelbaren immateriellen Erbes als industriekulturelles Erbe greift für ein umfassendes Verständnis von Industriekultur, in dem auch die Praxis und die Praktiken des Erinnerns eine Rolle spielen, zu kurz. Bewegungen wie der Rust Belt Chic oder Urban Exploration haben Leerstellen im Umgang mit dem industriekulturellen Erbe identifiziert und versuchen, diese auf unterschiedliche Arten zu füllen. Die aktive Entscheidung gegen das materielle Erbe des industriellen Zeitalters, die in einigen größeren Städten des Rust Belt zu Gunsten eines neuen Images getroffen worden ist, hat diese Leerstellen erst entstehen lassen. UE dokumentieren den Ist-Zustand und bringen neue Perspektiven ein, machen aufmerksam, Anhänger des Rust Belt Chic engagieren sich im Rahmen der Geschichtskultur des Rust Belt. Gleichzeitig gehören Anhänger beider Gruppen zu der Generation, die zwar die Werksschließungen nicht selbst miterlebt haben, jedoch immer noch von der anhaltenden De-Industrialisierung betroffen sind, da es sich um einen nicht abgeschlossenen Prozess handelt. In Bezug auf diese Generation verweist Sherry Linkon auf die Bedeutung ihrer Repräsentation der Vergangenheit: „If we are to understand the long-term legacy of deindustrialization, what we might think of as the half-life of deindustrialization, we must take their representations seriously, not for what they show us about the past but for what they reveal about what the past means in the present."[70] Diesen Überlegungen liegen ein kritisches Verständnis von Heritage, ein breiter Industriekulturbegriff und ein vielfältiges Geschichtsverständnis zugrunde. In seinem Buch „Theatres of Memory" argumentiert Raphael Samuel für diese vielfältige Idee von Geschichte: „the idea of history as an organic form of knowledge, and one whose sources are promiscuous, drawing not only on reallife experience but also memory and

---

69 Strangleman/ Rhodes/ Linkon: Introduction, S. 9.
70 Linkon, Sherry: Narrating Past and Future. Deindustrialized Landscapes as Resources, in: International Labor and Working-Class History 84 (2013), S. 38–54, hier S. 39.

myth, fantasy and desire [...]".[71] Die Miteinbeziehung der Untersuchung von Phänomenen wie Rust Belt Chic und Urban Exploration in den akademischen Diskurs um den kulturellen Umgang mit der De-Industrialisierung bedeutet nicht, dass die Materialität von Orten und die Narrative in Museen als wichtige Elemente des Heritage-Prozesses aufgegeben werden, vielmehr geht es um ein Deprivilegieren und Neuzuschreiben von Rollen in einem Prozess, der auch das Schaffen unterschiedlicher Formen des Erinnerns und der Erinnerung im Blick hat.

Literatur

Arboleda, Pablo: Heritage Views through Urban Exploration. The Case of „Abandoned Berlin", in: International Journal of Heritage Studies 22 (2016:5), S. 368–381.

Assmann, Jan: Kollektives Gedächtnis und kulturelle Identität, in: Ders./ Tonio Hölscher (Hg.): Kultur und Gedächtnis, Berlin 1988, S. 12–16.

Athitakis, Mark: The New Midwest. A Guide to Contemporary Fiction of the Great Lakes, Great Plains, and Rust Belt, Cleveland 2017.

Bensman, David/ Lynch, Roberta: Rusted Dreams. Hard Times in a Steel Community, New York 1984.

Bluestone, Barry/ Harrison, Bennett: The Deindustrialization of America. Plant Closings, Community Abandonment, and the Dismantling of Basic Industry, New York 1982.

Cowie, Jefferson/ Heathcott, Joseph: Beyond the Ruins. The Meanings of Deindustrialization, Ithaca 2003.

Dillon, Brian (Hg.): Ruins. Documents of Contemporary Art, London 2011.

Dudley, Kathryn Marie: The End of the Line. Lost Jobs, New Lives in Postindustrial America, Chicago 1994.

Fassi, Anthony J.: Industrial Ruins, Urban Exploration, and the Postindustrial Picturesque, in: The New Centennial Review 10 (2010:1), S. 141–152.

Florida, Richard: The Rise of the Creative Class. And how it's Transforming Work, Leisure, Community and Everyday Life, New York 2002.

Garrett, Bradley: Explore Everything. Place-Hacking the City, New York 2013.

High, Steven/ Lewis, David W.: Corporate Wasteland. The Landscape and Memory of Deindustrialization, Ithaca 2007.

High, Steven: Industrial Sunset. The Making of North America's Rust Belt, 1969–1984, Toronto 2003.

Lindner, Rolf: Die Wiederkehr des Regionalen. Über neue Formen kultureller Identität, Frankfurt (Main) 1999.

Linkon, Sherry: The Half-Life of Deindustrialization. Working-Class Writing about Economic Restructuring, Ann Arbor 2018.

---

[71] Samuel, Raphael: Theatres of Memory. Past and Present in Comtemporary Culture, Bd. 1, London 2004, S. x.

Dies.: Narrating Past and Future. Deindustrialized Landscapes as Resources, in: International Labor and Working-Class History 84 (2013), S. 38–54.

Linkon, Sherry/ Russo, John: Steeltown U. S. A. Work and Memory in Youngstown, Lawrence 2002.

Lorant, Stefan: Pittsburgh. The Story of an American City, 5. überarb. u. akt. Aufl., Pittsburgh 1999.

McClelland, Edward: How to Speak Midwestern, Cleveland 2016.

McGrath, Jason: Apocalypse, or, the Logic of Late Anthropocene Ruins, in: Cross-Currents. East Asian History and Culture Review, E-Journal 10 (March 2014), S. 113–119.

Modell, Judith/ Brodsky, Charlee: A Town without Steel. Envisioning Homestead, Pittsburgh 1998.

Piiparinen, Richey/ Trubek, Anne: The Cleveland Anthology, 2. Aufl., Cleveland 2014.

Rössner, Michael/ Uhl, Heidemarie: Vorwort, in: Dies. (Hg.): Renaissance der Authentizität? Über die neue Sehnsucht nach dem Ursprünglichen (Kultur- und Medientheorie 6/2012), Bielefeld 2012, S. 9.

RomanyWG: Beauty in Decay. Urbex, Berkeley 2010.

Samuel, Raphael: Theatres of Memory. Past and Present in Comtemporary Culture, Bd. 1, London 2004.

Savage, Kirk: Monuments to a Lost Cause. Commemorating Steel in Pittsburgh, Pa., in: Jefferson Cowie/ Joseph Heathcott (Hg.): Beyond the Ruins. Deindustrialization and the Meanings of Modern America, Ithaca 2003, S. 237–256.

Smith, Laurajane: Uses of Heritage, New York 2006.

Strangleman, Tim/ Rhodes, James/ Linkon, Sherry: Introduction to Crumbling Cultures. Deindustrialization, Class, and Memory, in: International Labor and Working-Class History 84 (2013), S. 7–22.

Wienert, Annika: Ruin Porn, Reconsidered. Oder: Zur Fotografie der Postindustrie, in: kritische berichte 46 (2018:4), S. 80–88.

Internet-Ressourcen

Charta Industriekultur NRW (http://industriekultur-nrw.de/de_DE/charta-industriekultur-nrw-2020, letzter Abruf am 24.05.2017).

Dybis, Karen: Finding „Lost Detroit" among the Ruins, in: Time, Detroit Blog, 15.09.2010 (http://detroit.blogs.time.com/2010/09/15/finding-lost-detroit-among-the-ruins/, letzter Abruf am 18.04.2017).

Lyons, Siobhan: What 'Ruin Porn' Tells Us about Ruins – and Porn. 1.5.2016, in CNN Style (http://www.cnn.com/2015/10/12/architecture/what-ruin-porn-tells-us-about-ruins-and-porn/, letzter Abruf am 22.05.2017).

Russell, Jim: Rust Belt Chic. Harvey Pekar, in: Burgh Diaspora Blog (http://burghdiaspora.blogspot.com/2010/07/rust-belt-chic-harvey-pekar.html, letzter Abruf am 22.05.2017).

Smit, Deb: The Economist names Pittsburgh the Most Livable City (on the Mainland) Again, auf: NEXTPittsburgh vom 25.08.2014 (http://www.nextpittsburgh.com/business-tech-news/economist-names-pittsburgh-livable-city/, letzter Abruf am 10.05.2017).

Trigg, Dylan: Ninjalicious 1973–2005 (http://dylantrigg.com/Ninjalicious.pdf, letzter Abruf am 09.05.2017).
http://beltmag.com/ (letzter Abruf am 26.05.2017).
http://www.infiltration.org/zine.html (letzter Abruf am 27.05.2017).
http://shoutyoungstown.blogspot.com/ (letzter Abruf am 26.05.2017).

Filmische Quellen

Shout Youngstown (R.: Carol Greenwald und Dorie Krauss).

Anna Storm

A landscape of home and a landscape of viewing: Simultaneous realities in the post-industrial situation

Introduction

A landscape of home and a landscape of viewing – what do these characteriza-tions imply? Are they combinable or do they stand in conflict with each other? In this article, different uses and meaning-making efforts taking place in post-industrial landscapes will be scrutinized as a historical phenomenon and a con-temporary possibility. The notions of home and of viewing will be recurring through this account, closely connected to changing ideas about industrial her-itage, to the metaphor of a scar and to the sought-after status of authenticity.

Post-industrial left-overs have attracted interest for a long time, in a Western context at least for the last century. The early attention was drawn to redundant but visually appealing industrial buildings, along with technical equipment and special skills no longer needed. These left-overs were restored, preserved, docu-mented and exhibited – often to work as a contrast to then contemporary, more modern industrial modes of production. A landscape of viewing was thus taking shape, often displayed at big exhibitions where the industrial cutting-edge pro-duction could be experienced next to its predecessors, the finest techniques of yesterday.[1] Many of these displays later made up the basis for museums for the history of science and technology in different countries.

The interest in changing and successively desolate industrial features grew in scale and scope with the encompassing industrial restructuring and crises, peaking in the 1970s and 80s. If architectural interest and a focus on the heritage of big corporations had been prominent before, work life experiences and de-tailed technical knowledge now became vital perspectives – creating a tension between, on the one hand, what could be regarded an elite, top-down, heritage designation, and on the other hand, initiatives from below, from the workers themselves to write their own history.[2] From a simplified perspective, the

---

1 Houltz, Anders: Teknikens tempel. Modernitet och industriarv på Göteborgsutställningen 1923 (Stockholm papers in the history and philosophy of technology, Trita-HOT: 2041), Hedemora 2003.
2 Nisser, Marie: Industriminnen under hundra år, in: Nordisk Museologi 4 (1996:1), S. 73–82.

https://doi.org/10.1515/9783110683103-007

Fig. 1: A guide explains the skills of a textile factory worker, Lowell, USA

landscape of viewing was thus shaped partly through an elite's understanding of heritage and partly through the experience of work.

Parallel to the emerging different viewpoints – the elite and the "from below" – on post-industrial situations, industrial production and industrial work life have certainly continued to exist as a critical part of individual and collective experience, as a crucial economic basis and as material features in both urban and rural contexts. While industrial production has continued, its geographies have changed, and industrial equipment from richer western countries are sold and transported to poorer, low salary, low security regions. This means that modernization of industrial production often has a flipside of continuous use of not-so-modern technologies. The work life experiences are certainly uneven when we compare different parts of the world.

Also heritage designation is often a delicate question to approach. As a personal example, I was part of a group of industrial heritage scholars and professionals who visited a steel works in Chusovoi in the Ural Mountains in Russia in the early 2000s. One of the top attractions during this visit was a so called Bessemer converter still in operation. Whereas a vast majority of these converters were taken out of use half a century ago, and turned into museum objects, at this steel works it was still part of the ongoing production. What was actually to be regarded as a technology of the past, and what was the living present in this place? The meeting between the steel workers and the industrial heritage scholars made the idealized exemplar of living heritage something strange and embarrassing. The lived landscape of the steel works and the viewed, exotified, landscape were here certainly blurred in an acute way.

Fig. 2: A textile worker at a factory in Riga, Latvia

Fig. 3: Bessemer converter in operation at a steel works in Chusovoi, Russia

Categories of post-industrial places

How are we today to understand post-industrial landscapes and situations in relation to these complex backdrops? If we leave out the area of explicit museum interpretations of industrial pasts, I would argue that two main categories immediately appear, at least in the de-industrialized Western world: the reused and the ruined places in a post-industrial situation.

The *reused* post-industrial place is, in a physical sense, typically a 19th century brick building with large windows, located along the waterfront close to a city center. It is considered beautiful by many and reused for housing, exhibitions, schools, offices and cafés. The history of this kind of reuse traces its roots to major urban areas in the US in the 1960s.[3] This reuse practice is motivated by the visual qualities of the buildings, along with a focus on uniqueness, character and authenticity. The successively more homogeneous result is marked by gentrification, commodification and a domestication of the industrial aesthetics.[4]

Fig. 4: A popular café in the former porcelain factory administration building, Gustavsberg, Sweden

The *ruined* post-industrial place, on the other hand, is in a physical sense typically a twentieth century factory or infrastructure establishment, located on the countryside in an area with low development pressure. This is the kind of place where the former workers have just walked out of the building and closed the door. In the changing room you may find a forgotten pair of dusty and dissolving gloves, and shrubs grow through the broken windows. Given the encom-

---

3 Zukin, Sharon: Loft Living. Culture and Capital in Urban Change, New Brunswick/ New Jersey 1982.
4 Zukin, Sharon: Landscapes of Power. From Detroit to Disney World, Berkeley 1991 (repr., First Paperback Printing).

passing industrial restructuring processes during the last decades of the twentieth century, this period has also been called the "golden age of industrial ruination."[5] To being with, these ruins were mainly associated with ugliness and danger, but later on, a romantic melancholy came to complement or even dominate the understanding. This melancholic strand connects the way we perceive industrial ruins to a longer romantic tradition of appreciation of ruins, as epitomes of life and death, of the inevitability of time passing, which can be traced back to, at least, eighteenth century romanticism.

One might think that this strand of industrial ruination melancholy would be a topic of interest for only a few, but on the contrary, activities like *urban exploration* and concepts like *industrial cool* show how common this appreciation has actually become.[6] The visual emphasis is central also in this category. The industrial ruin, along with other abandoned large scale buildings and infrastructures of Western modernity, has become a favored motif of a photographic genre, depicting material decay and "nature taking back" what was formerly human domain. The ruined post-industrial place has furthermore frequently appeared as stage in films and art works.

Fig. 5: Overgrown industrial structures in the Landschaftspark Duisburg Nord, Duisburg, Germany

---

5 Edensor, Tim: Industrial Ruins. Spaces, Aesthetics, and Materiality, Oxford 2005.
6 Chapman, Jeff (Pseudonym: Ninjalicious): Access All Areas. A Users's Guide to the Art of Urban Exploration, Toronto 2005; Willim, Robert: Industrial cool. Om postindustriella fabriker, Lund 2008.

Lately, we have seen a rising critique of this photographic genre. The often sensual depictions of overgrown material decay have been called "ruin porn" and the special gaze marking the genre is accused of showing a corrected framing,[7] of excluding people from the picture and by doing so, concealing issues of social injustice.[8] The attractive images of material decay come with a price. Someone has lost her workplace, someone has had to move, and someone is still living in the ruins. When depicting decay as merely beauty, any concerns about a social future of the post-industrial place are omitted.

There are however many kinds of post-industrial landscapes that do not easily fit into these two categories, like partly abandoned and partly operating mines, or closed down but still carefully monitored nuclear power plants. How are these places to be understood and conceptualized? Tentatively I have suggested a third category, that of the *undefined* post-industrial landscapes.

These places or landscapes are characterized to a degree by their invisibility. They might be difficult to visit, difficult to comprehend, or not considered important. Furthermore, they are not always clearly post-industrial. Some may house ongoing activity, like the previously mentioned mines. Others are in a liminal stage, like the nuclear power plants not producing electricity anymore, but remaining as a workplace for decades to come due to the need to guard the dangerous radioactive remains at the site. Finally, the undefined post-industrial places are generally not considered important for memory work.

Fig. 6: One of the reactors at Barsebäck nuclear power plant, slowly being dismantled, Barsebäck, Sweden

---

7 See the articles by Jana Golombek and Uta Bretschneider in this volume.
8 Millington, Nate: Post-Industrial Imaginaries. Nature, Representation and Ruin in Detroit, Michigan, in: International Journal of Urban and Regional Research 37 (2013:1), S. 279–296.

If we accept these three categories as a rough conceptualization of post-industrial places, how are we to value them from the perspective of authenticity? What is authentic and what is false in these categories? Is it most authentic to restore or to leave for decay? Is it most authentic to acknowledge and interpret a past, or not? Some synonyms of authentic are genuine, valid, legitimate, real, reliable, dependable and trustworthy. Some antonyms to authentic are false, fake, imitated, mock, wrong, mistake, untrue and pseudo-. The range of synonyms reveals how diverse meanings can be presupposed by using the word authenticity. To judge which process of change is the most authentic is therefore undoubtedly a question of perspective, since we are not likely to find a single recipe which everyone will agree on as the formula for authenticity. This is not to say, however, that we should stop valuing different approaches to industrial and post-industrial change, but perhaps that there are more precise labels available.

Ambiguous heritage and the metaphor of a scar

In my own search for a better understanding of the post-industrial places, I have tried to think by means of concepts like "landscapes of waste" and "anti-landscapes" or with a focus on the places' function as "cultural tools" or as "difficult" or "dark" heritage.[9] All these lenses definitely gave food for thought, but I still did not find them fully adequate for the places in a post-industrial situation. Especially I was frustrated by the concept of heritage.

Post-industrial landscapes are sometimes subject to an institutionalized heritage process, but often they are not. If located in an urban area with high exploitation pressure, a planning and development process is more often the main context, and any heritage concern might be merely an issue of flavouring the new with some details from the old during a reuse process. Most contemporary understandings of heritage are not principally excluding these post-industrial landscapes and the changes they are undergoing, including ideas about non-intervention heritage practices.[10] Nevertheless, post-industrial sites and the stories they carry are not generally at the center of institutionalized heritage attention.

---

9 Nye, David/ Elklind, Sarah (Hg.): The Anti-Landscape (Studies in Environmental Humanities), Amsterdam/ New York 2014; Smith, Laurajane: Uses of Heritage, New York 2006; Logan, William Stewart/ Reeves, Keir (Hg.): Places of Pain and Shame. Dealing with "Difficult Heritage", Abingdon 2009; Macdonald, Sharon: Difficult Heritage. Negotiating the Nazi Past in Nuremberg and Beyond, London 2009.
10 DeSilvey, Caitlin: Curated Decay. Heritage Beyond Saving, Minneapolis 2017.

In addition, these sites are often physically contaminated and carry complicated stories, they are difficult to comprehend and to preserve and therefore also difficult to visit and, not the least, often too recent and with contested aesthetic qualities.

Heritage, on the other hand, is often understood as something positive, "enriching our lives with meaning and depth" and while many post-industrial landscapes easily fill a large number of check boxes to qualify for canonization as heritage – say as being of national economic importance, an object of central political controverse, a hated or loved workplace for many people, a key silhouette in the local landscape and so on – other features, like those mentioned above, challenge implicit expectations on heritage as something being old, beautiful, sympathetic and a source of positive identities.[11]

One example is the field of nuclear power. The ambiguity is here strongly polarized, both over time and between different voices. In the post-second world war period, future visions ranged from nuclear utopias connected to an inexhaustible source of energy, revolutionary food preservation and medical treatment, to dismal images of the extinction of humanity following the nuclear winter. This utopian-dystopian understanding has remained over the years, although the content has changed.

Fig. 7: The future of the village of Fessenheim is closely connected to the future of the Fessenheim nuclear power plant. The transmission lines are visible from most homes. Fessenheim, France

---

11 Lowenthal, David: Stewarding the Future, in: CRM: The Journal of Heritage Stewardship 2 (2005:2), S. 20–39.

To be able to examine and understand such critical and important pasts, I think we need to encompass and even highlight ambiguity – that is, the simultaneous existence of bright and dark experiences inscribed in the landscape, the built as well as the natural, the physical as well as the mental landscape. One way to address these challenges would be – I propose – to think with the metaphor of a scar. What, then, signifies a scar?

A scar is a reminder, the trace of a wound. It is often ugly and stands for the pains of the past. Spontaneously, a scar is always understood as negative. However, some bodily wounds and scars are chosen, self-inflicted or at least positively laden. Caesarian section operation scars, Mensur scars, or body ornamentation through so-called scarification, carry different meanings and connotations, but they all have one thing in common – they are physical reminders of something of at least personal significance. A scar can be a hallmark for the veteran or the fictional hero. The scar shaped like a bolt of lightning on Harry Potter's forehead is an emblem telling that he was the baby boy surviving an attack by the evil lord Voldemort.

In a similar manner, the scar on the post-industrial landscape often conveys ambiguous and complex pasts about injustice and fear, along with survival, resilience, and courage. The story of a scar never concerns indifference. Furthermore, a scar might be chafing and itching. In a metaphorical use, this chafing is a sign that here is something not settled, not entirely told about. The narrative potential of the scar is therefore a possibility and a promise.

Fig. 8: A Mensur scar, or duelling scar

Translated into another societal arena the idea of wounds and scars has been employed by architects and artists dealing with reconstruction or memorial projects. The Swedish artist Jonas Dahlberg, for example, won the competition to design a public memorial commemorating the 2011 Utøya massacre in Norway. The general idea of Dahlberg's proposal was to create a wound or a cut in nature by taking away a "slice" of a narrow cape at Utøya. This three-and-a-half-meter void, or artificial sound, would make it impossible to reach the end of the cape; it would interrupt visitors' movement in order to "acknowledge what is forever irreplaceable."[12] At the moment of writing, Dahlberg's wound is unlikely to become realized, since local protests have become loud and forced an involvement from the Norwegian government.[13]

Another example is the American architect Lebbeus Woods, who has designed several projects for places marked by different kinds of crisis. His best-known proposals are for Sarajevo after the Balkan War, a project to combat Havana's deterioration after decades of ongoing trade embargo, and for San Francisco after the 1989 earthquake. His overall approach in these three places is termed "radical reconstruction," emanating from proposals called "scabs," "tissues," and "scars." In many ways, the architecture resembles organic texture and form; it interplays with existing – damaged – buildings and sites, by means of contrast, mirroring, and outgrowth. Woods denotes a scab as "a first layer of reconstruction, shielding an exposed interior space or void, protecting it during its transformation." A scar is a "deeper level of reconstruction that fuses the new and the old [...] a mark of pride and of honor, both for what has been lost and what has been gained. It cannot be erased [...] To accept a scar is to accept existence."[14]

So, what could the scar metaphor do, in the context of heritage, and especially industrial heritage? In the following, I will outline two perspectives of relevance for the theme of this volume.

Interconnected and simultaneous meanings

First, a scar puts emphasis on interconnected and sometimes simultaneous meanings. It offers a way to overcome the many dichotomies of change – before and after, winners and losers, progress and decline – and create integrality in-

---

12 Utøya memorial (www.bustler.net/index.php/article/swedish_artist_jonas_dahlberg_to_de-sign_july_22_memorial_sites_in_norway/, letzter Abruf am 09.04.2014).

13 Lenas, Sverker: Norska staten stoppar 'Memory wound', in: Dagens Nyheter (http://www.dn.se/kultur-noje/norska-staten-stoppar-memory-wound/2017, letzter Abruf am 02.09.2017).

14 Woods, Lebbeus: Radical Reconstruction, New York 1997.

stead. It is organic and created on the basis of past significances entangled with present standpoints. Because of this integrative perspective, the scar can be regarded as an alternative to a palimpsestual approach.

A palimpsest is a handwritten manuscript on parchment or papyrus, on which one text has been scraped away and replaced by a new one. This recycling practice of Antiquity and the Middle Ages was often used repeatedly in order to make use of valuable parchment, even though it was sometimes possible to discern the erased text behind the new addition. In postmodern contexts, the word has been used metaphorically to describe the different layers of significance that make up heritage. New layers are continuously added as time goes by, like new texts inscribed on a scraped, cleaned parchment.

However, this metaphorical use of the palimpsest is misleading if one wishes to emphasize the interconnectedness, the linked relevance, between the different layers. If heritage consists of a multitude of parallel or successive stories and perspectives, all contributing to one another and to an overall picture, the palimpsest is a poor choice of metaphor, since the palimpsest in the original sense implies that new texts are added without regard or connection to those previously erased, and thus the end result is a picture made up of fragments and additions without any mutuality or interrelated content.

Besides these metaphorical complications and diverging temporal approaches, the idea of scars challenges a layered understanding of heritage *per se*. Instead of trying to uncover and acknowledge manifold layered stories of the past, the scar metaphor suggests that heritage is an integrated and crucial part of human living with all its inherent contradictions and ambiguities. It is a perspective that attempts to discern wholeness out of complexity and divergences.

This is not to say that ambiguity is always and inherently good or liberating, but rather that "ambiguity is what must be explored to contest routinized recitations of evidence and established truths."[15] Even if the scar itself could be understood as dead, non-sensory skin, where the normal skin layers have been replaced by a dense new scar tissue, it forms a part of the living body. The scar is not a palimpsest.

One way to illustrate simultaneous meanings is inspired by sociologist John Urry. Urry distinguishes between "land" as places based in the everyday, in production of goods and in the understanding of home, while "landscape" in his view is the same piece of land, also full of meaning, albeit with other connotations.[16] Urry has showed how lands were turned into landscapes, into places of

---

15 Krupar, Shiloh R.: Hot Spotter's Report. Military Fables of Toxic Waste, Minneapolis 2013.
16 Urry, John: The Place of Emotions within Place, in: Joyce Davidson/ Liz Bondi/ Mick Smith (Hg.): Emotional Geographies, Aldershot 2005.

visual desire and emotion, of travel and new encounters. His examples are gleaned primarily from the agrarian countryside in the early twentieth century that became "postcarded" through the emergence of the tourist's gaze, with the technology of photography playing a key role.

I would argue that a similar process has also turned the industrial "land" of home and production into post-industrial "landscapes", defined by a touristic visual experience of reuse or abandonment, rust, and growing vegetation. Or, as I re-phrased it in the title of this text – a landscape of home and a landscape of viewing.

Fig. 9: Scribble at the top of the former *Meidericher Hütte,* now a part of Landschaftspark Duisburg Nord, Duisburg, Germany

While Urry asserts that the transformation from land to landscape is irreversible, I propose that the scar metaphor can indeed form a reconnection between the two, between the landscape of home and the landscape of viewing. The scar might be the result of this transformation, but it is also a creative possibility, a new entity providing integration between different stories and significances. Hence, the experiences and perceptions of both landscapes can exist at the same time, at the same physical spot, but the constitutions differ and one of them is usually dominant. The scar is a possibility to acknowledge the abiding meanings of land, in Urry's sense, within an understanding dominated by land-scape. People living in the land, who consider it their home, probably know whether it has become "postcarded" into a landscape by other people and vice versa: people comprehending a place mainly through the tourist's gaze can in-clude an understanding of a still existing land.

Fig. 10: A walk with the dog in the landscape of home, or in the landscape of viewing? Landschaftspark Duisburg Nord, Duisburg, Germany

Open and political processes

The second perspective I want to highlight is how the scar puts emphasis on process. The process of healing, from wound to scar, is however, neither linear nor automatic. Instead, as in individual psychological healing, the process may be cyclical, can happen in stages, and even demand active work. It brings difficult pasts to the fore as often as it leads away from them and old wounds may re-open. Thus, while a scar bears the potential capacity to heal, recover, and reconcile, this is not a self-evident outcome, especially since the metaphorical scar applies to processes of healing in the social, cultural, and political spheres, rather than the biological one.

Furthermore, the word "scar" is not only a noun but also a verb, implying a process or action taken. We can scar or become scarred, and scarring can take place. There is somebody behind the existence of a scar, responsibility and choices are involved, and in a scarring process, the open wound turns into a scab on its way to finally becoming a scar. The intermediate stage of a scab signifies a situation of undefined shapes and unsettled meanings, a liminal condition. While the scar often remains ambiguous, the scab is even more open to interpretation in a multitude of ways; here struggles over hierarchies of significance become particularly overt and discernible. Some wounds remain as scabs for a long time, because there is no room for healing and recovery.

One might consider the possible authenticity of this process. Is a scar a kind of guarantee of a real lived story, or is it rather likely full of biases that makes it a fake truth? Instead of authenticity, however, I have been thinking more in terms of healing or concealing, and one key process in this context, that is going on in many post-industrial landscapes, has been articulated through the concept of "industrial nature".

Industrial nature

When an industrial site is abandoned, so-called ruderal species begin to colonize the left behind structures. "Ruderal" is a term describing both a type of ground and the vegetation growing there. The word has its origin in Latin, "ruderalis" and "rudus" meaning rubble, like gravel and broken bricks, and typical locations for ruderal species are roadsides, ruins, and other leftover or in-between spaces. The concept is also used more generally to describe any wasteland, such that "ruderal species" are sometimes equated with weeds. Ruderals are usually pioneers, fast-growing plants that rapidly complete their life cycles and often produce great numbers of seeds. They typically dominate a disturbed area for a few years before gradually losing out in competition with other species.

From the perspective of ecology there is a favoring of "nature" that is regarded "original" or genuine, or authentic, in the sense of being most "natural." Ecologist Ingo Kowarik suggests that there are two scientific approaches to naturalness: one retrospective and one prospective perspective. The retrospective perspective traditionally dominates as it favors conservation of pristine ecosystems, that is, an idealized picture of an "original" natural landscape. The prospective perspective is less widespread and focuses instead on a natural capacity for process. However, when the prospective perspective is applied, one may reach the perhaps surprising conclusion that among ecosystems in a city, the industrial nature, or urban-industrial woodlands as Kowarik calls them, are the most natural ones. At the same time, from a traditional standpoint, overgrown post-industrial landscapes challenge heritage views on the original, authentic, and beautiful, as well as ecological views on conservation of the pristine "old wilderness" in relation to what Kowarik labels the "new wilderness".[17]

To many, the entanglement of industry and nature in the Ruhr district, like in the *Landschaftspark Duisburg Nord*, was regarded as a way to create new, inclusive, and beautiful landscapes where people could feel at home and travel as tourists. From this perspective, industrial nature could be described as a sign of healing a difficult past into a scar. A few critics instead saw industrial nature as one of the expressions of an elitist project that avoided issues of social and economic vulnerability. From this perspective, the painful wound of the past still existed, but was merely concealed by spectacular superficial cultural events and conceptualizations. There is thus a thin line between healing and concealing – between what might be understood as authentic and genuine, and what is perceived as false, untrue and illegitimate. Thus, the ambiguous character of post-industrial situations again comes to the fore – both in terms of ecosystem status, aesthetics and power relations.

Concluding remarks

As we have seen, the long and varied tradition of interest in industrial heritage also includes a sometimes tense relation to ongoing industrial production and contemporary social inequalities. The proposed metaphor of a scar offers a way to work with landscapes and experiences not designated as heritage, with an ambiguous character, and with simultaneous and interconnected meanings. To think with the scar might make it possible to see a post-industrial site as simultaneously a landscape of home and a landscape of viewing, while the ongoing process of change is balancing on a thin line between healing and concealing.

What the scar do, is to put focus on heritage as something we live with, and something that is critical, and not just for societal decoration. Some stories are more important and more legitimate than others, although we might need to choose discomfort to be able to recognize them. In conclusion, I think we should try to steer our attention to important and ambiguous pasts, to aim for a multiplicity and variety of interpretation modes, to acknowledge the simultaneous realities of a landscape of home and a landscape of viewing, and in the always ongoing processes of change – to be aware of the thin line between healing and

---

17 Kowarik, Ingo: Wild Urban Woodlands. Towards a Conceptual Framework, in: Ders./ Stefan Körner (Hg.): Wild Urban Woodlands. New Perspectives for Urban Forestry, Berlin/ Heidelberg 2005, S. 1–32.

concealing in our work towards a legitimate politics of memory. This is how I would phrase my view on authenticity of the *Industriekulturelles Erbe*.

A few paragraphs in this text have previously appeared in the monograph Post-Industrial Landscape Scars *by the same author, published by PalgraveMacmillan in 2014.*

References

Chapman, Jeff (Pseudonym: Ninjalicious): Access All Areas. A Users's Guide to the Art of Urban Exploration, Toronto 2005.

DeSilvey, Caitlin: Curated Decay. Heritage Beyond Saving, Minneapolis 2017.

Edensor, Tim: Industrial Ruins. Spaces, Aesthetics, and Materiality, Oxford 2005.

Houltz, Anders: Teknikens tempel. Modernitet och industriarv på Göteborgsutställningen 1923 (Stockholm papers in the history and philosophy of technology, Trita-HOT: 2041), Hedemora 2003.

Kowarik, Ingo: Wild Urban Woodland.: Towards a Conceptual Framework, in: Ders./ Stefan Körner (Hg.): Wild Urban Woodlands. New Perspectives for Urban Forestry, Berlin/ Heidelberg 2005, S. 1–32.

Krupar, Shiloh R.: Hot Spotter's Report. Military Fables of Toxic Waste, Minneapolis 2013.

Lenas, Sverker: Norska staten stoppar 'Memory wound', in: Dagens Nyheter (http://www.dn.se/kultur-noje/norska-staten-stoppar-memory-wound/2017, letzer Abruf am 02.09.2017).

Logan, William Stewart/ Reeves, Keir (Hg.): Places of Pain and Shame. Dealing with "Difficult Heritage", Abingdon 2009.

Lowenthal, David: Stewarding the Future, in: CRM: The Journal of Heritage Stewardship 2 (2005:2), S. 20–39.

Macdonald, Sharon: Difficult Heritage. Negotiating the Nazi Past in Nuremberg and Beyond, London 2009.

Millington, Nate: Post-Industrial Imaginaries. Nature, Representation and Ruin in Detroit, Michigan, in: International Journal of Urban and Regional Research 37 (2013:1), S. 279–296.

Nisser, Marie: Industriminnen under hundra år, in: Nordisk Museologi 4 (1996:1), S. 73–82.

Nye, David/ Elklind, Sarah (Hg.): The Anti-Landscape. Studies in Environmental Humanities, Amsterdam/ New York 2014.

Smith, Laurajane: Uses of Heritage, New York 2006.

Urry, John: The Place of Emotions within Place, in: Joyce Davidson/ Liz Bondi/ Mick Smith (Hg.): Emotional Geographies, Aldershot 2005, S. 77–83.

Utøya memorial (www.bustler.net/index.php/article/swedish_artist_jonas_dahlberg_to_design_july_22_memorial_sites_in_norway/, letzter Abruf am 09.04.2014).

Willim, Robert: Industrial cool. Om postindustriella fabriker, Lund 2008.

Woods, Lebbeus: Radical Reconstruction, New York 1997.

Zukin, Sharon: Landscapes of Power. From Detroit to Disney World, Berkeley 1991 (repr., First Paperback Printing).

Zukin, Sharon: Loft Living. Culture and Capital in Urban Change, New Brunswick/ New Jersey 1982.

Aspekte & Ausprägungen

Carla-Marinka Schorr

Authentisierungsprozesse in der Museumspraxis: Mechanismen, Zusammenhänge, Konsequenzen

Beobachtung und Analyse der Praxis

„Ich kann mir überhaupt nicht vorstellen wie man Authentizität erzeugt. Entweder ist es authentisch oder nicht!" So eine Reaktion aus der Museumspraxis, als ich meine Beobachtung teilte, wie Authentizität konstruiert wird und dass dies ein Prozess der Zuschreibung (Authentisierung) ist. Authentisierungsprozesse laufen meistens unbewusst ab und dementsprechend wird in der Museumspraxis auch tatsächlich fast nichts aktiv – im Sinne von bewusst geplant – konstruiert oder zugeschrieben. Wie sich in der Untersuchung herausstellte, sind die Sicht von außen und die der Museumspraktiker zwei (bzw. mehrere) unterschiedliche Perspektiven auf Authentizität. Dementsprechend kommen sie auch zu unterschiedlichen Ergebnissen bezüglich des Entstehens von Authentizität, die aber hier nicht im Mittelpunkt stehen. Das Wissen darum ist aber für die Einordnung dieses Beitrags wichtig. Dieser Beitrag erörtert die Sicht von außen auf die Museumspraxis und damit genau genommen eine auf Beobachtung und Analyse der Praxis basierende Theorie der Authentisierungsprozesse in der Museumspraxis. Auf den folgenden Seiten soll es darum gehen, einen analytischen Blick auf einige Praxisbeispiele zu lenken, wohlwissend, dass diese Perspektive eine andere ist als die eines Museumspraktikers. Im Fokus stehen dabei die Mechanismen, Zusammenhänge und Konsequenzen von Authentisierungsprozessen, die abschließend in Form eines Modellentwurfs zur Diskussion stehen.

Die vorgestellten Beispiele stammen aus der Praxis des LWL-Industriemuseums Henrichshütte Hattingen. Die Henrichshütte wurde 1854 durch Graf Henrich von Stolberg-Wernigerode gegründet, der die in Hattingen nahe der Ruhr entdeckten Erzvorkommen zur Eisenproduktion nutzen wollte. Unter verschiedenen Hüttenbesitzern wurde auf der Henrichshütte Eisen und Stahl produziert und in den nach und nach hinzugekommenen Werkstätten zu Qualitätsprodukten wie Schiffsturbinen, Panzerblechen und Atomreaktoren weiterverarbeitet. 1987 wurde trotz heftigen und medienwirksamen Protestes der Angestellten der letzte Abstich vollzogen. Nach 150 Jahren endete die Arbeit mit Eisen und Stahl auf der Henrichshütte im Jahr 2004. Das Westfälische Landesmuseum für Industriekultur nahm die Henrichshütte dann in seinen Museumsverbund auf. Seit

https://doi.org/10.1515/9783110683103-008

2000 zeigt das Museum auf dem Gelände der ehemaligen Eisenhütte anhand von Relikten aus Produktionszeiten die Prozesse der Eisenherstellung und -weiterverarbeitung. Durch das frühzeitige Anlegen eines Interviewarchivs konnten zahlreiche Berichte von ehemaligen Arbeitern gesammelt werden, die heute die Ausstellung bereichern, indem sie unter anderem die technischen Abläufe greifbarer machen und persönliche Einblicke in die Arbeitswelt geben. Neben der Produktion und Weiterverarbeitung von Eisen und Stahl ist die Ökologie ein zentrales Thema der Ausstellung, ebenfalls unter Einbezug der Bedeutung für den Menschen.

Die Gelegenheit, für zehn Wochen Mitglied des Museumteams zu sein, machte es möglich, die tägliche Arbeit ,von innen' mitzuerleben. Die daraus entstandene teilnehmende Beobachtung führte zu einem besseren Verständnis der Abläufe, gleichzeitig barg sie die Herausforderung, die Sicht ,von außen' zu bewahren. Die Beobachtungen wurden ergänzt durch zehn leitfadengestützte Interviews mit Menschen, die sich dem Museum verbunden fühlen, vom Direktor bis zum aktiven Mitglied des Fördervereins.[1]

Die herausgegriffenen Praxisbeispiele sind so gewählt, dass sie möglichst die gesamte Bandbreite der Authentisierungsprozesse abdecken, ohne dabei ihre Signifikanz als Einzelbeispiel zu verlieren. Ein solches Einzelbeispiel ist die ,ExtraSchicht – Die Nacht der Industriekultur', ein jährlich stattfindendes Event im Ruhrgebiet. An diesem Beispiel lassen sich die Authentisierungsmechanismen besonders deutlich aufzeigen und es soll deshalb im Mittelpunkt stehen. Um dennoch auch etwas alltäglichere Ereignisse aus der Museumspraxis einzubeziehen, sollen weitere Praxisbeispiele beleuchtet werden, denn Authentisierungsprozesse werden nicht nur in Ausnahmesituationen vollzogen, sondern sind beständiger Teil des Museumsalltags.

Authentisierungsmechanismen = Authentisierungsautomatismus?

Im Zuge der Vorbereitungen für das jährliche Event ,ExtraSchicht – Die Nacht der Industriekultur' beratschlagten ehrenamtliche Mitarbeiter und einzelne Mu-

---

1 Die Ergebnisse der Untersuchung mündeten in meine Masterarbeit an der Reinwardt Academie der Amsterdamse Hogeschool voor de Kunsten. Die Inhalte dieses Artikels sind im Wesentlichen die Zusammenfassung zentraler Punkte, die ausführlicher in der Masterarbeit erläutert werden: Schorr, Carla-Marinka: Reflecting on Practiced Authenticity. Museological Considerations of the Henrichshütte Hattingen or the Challenge to Look Beyond Constructedness in Museum Theory and Practice. Master Thesis, Amsterdam 2017.

seumsangestellte, wie die Gäste der Veranstaltung begrüßt werden sollten.[2] Ein Vorschlag war, ein ehrenamtlicher Mitarbeiter solle als Schauspieler in einem silberfarbenen Mantel (Silbermann), wie ihn die Hüttenarbeiter zum Schutz trugen, im Eingangsbereich stehen und auf das nächtliche Spektakel einstimmen. Die Idee erfuhr Zustimmung, Uneinigkeit bestand jedoch darin, ob der Mantel ein gebrauchter aus Museumsbesitz oder ein neu gekaufter ohne Gebrauchsspuren sein sollte. Das eine Argument war, die Patina würde für Glaubwürdigkeit sorgen, das andere, der Mitarbeiter müsse sich wohlfühlen, um gut schauspielern zu können, und ein verschwitzter Mantel wäre da nicht zuträglich. Letztlich einigte sich die Gruppe auf den Kauf eines neuen Mantels.

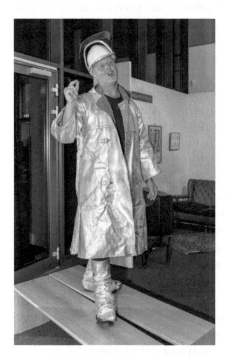

Abb. 1: Ehrenamtlicher Mitarbeiter begrüßt verkleidet als Hüttenarbeiter die Gäste der ExtraSchicht 2016 auf der Henrichshütte Hattingen

Offensichtlich ging es beiden Parteien darum, dass der schauspielernde Mitarbeiter von den Besuchern als (ehemaliger) Hüttenarbeiter gesehen werden sollte und zur Diskussion stand, wie das am besten gelingen würde. Würde die Patina für Authentizität sorgen oder das überzeugende Auftreten, welches nur in einem komfortablen Kostüm möglich wäre? Ohne sich dessen bewusst zu sein, verhandelten die Parteien ihre Vorstellung davon, wie ein Schauspieler in der Rolle des

---

2 Beobachtungsprotokoll 14. Juni 2016, Treffen mit den freien Mitarbeitern zur Vorbereitung der ExtraSchicht.

Hüttenarbeiters authentisch wirken würde. Einig waren sie sich augenscheinlich darin, dass der Mantel vermitteln würde, dass es sich um einen authentischen Hüttenarbeiter handelt. Die Frage war eher, ob es überzeugend genug wäre, wenn er in einem neuen Mantel aufträte und durch diesen Komfort möglicherweise besser schauspielern könnte oder ob seine Authentizität nur zu vermitteln wäre, wenn der Mantel Gebrauchsspuren aufwiese.

An diesem Beispiel lassen sich alle Mechanismen eines Authentisierungsprozesses ablesen, um sie einzeln herauszuarbeiten, sollen sie aber Schritt für Schritt erläutert werden.

Zunächst einmal wird deutlich, dass beide Parteien konkrete Vorstellungen davon haben, wie für sie ein echter Hüttenarbeiter aussehen würde: Er muss einen sogenannten Silbermann tragen. Für die eine Partei kommt noch hinzu, dass dieser Silbermann Arbeitsspuren haben muss. Erfüllt ein Mann diese Kriterien, gilt er als authentischer Hüttenarbeiter. Zusätzlich liegt der Diskussion noch ein weiteres Kriterium zugrunde, das so selbstverständlich zu sein scheint, dass es in dem Beispiel nicht direkt zur Sprache kam: Eigentlich muss ein *echter* Hüttenarbeiter tatsächlich auf der Hütte in seinem Beruf gearbeitet haben. Hat er das, zählt er als authentischer Hüttenarbeiter, denn er erfüllt das hier angewandte Authentizitätskriterium Echtheit. Der Freiwillige, um den es in diesem Fall geht, arbeitet zwar auf der heutigen Hütte als Gästeführer, hat aber vor der Schließung der Hütte nicht in einem Hüttenberuf gearbeitet. Er erfüllt also das Kriterium nicht und ist deshalb kein echter und infolge auch kein authentischer Hüttenarbeiter, sondern ein Schauspieler.

Nachdem im ersten Schritt die Authentizitätskriterien festgelegt wurden, geht es nun im zweiten darum, sie anzuwenden. Um von den Besuchern trotz Nichterfüllen der Kriterien als authentischer Hüttenarbeiter wahrgenommen zu werden, muss er verkleidet werden. Auch wenn er als Schauspieler das Kriterium ‚echter Hüttenarbeiter, weil dort gearbeitet‘ weiterhin nicht erfüllt, trägt er dann zumindest einen Schutzmantel, der optisch wahrnehmbar das Kriterium erfüllt, wie ein Hüttenarbeiter auszusehen. Je nachdem wie streng das Kriterium formuliert ist, erfüllt der Schauspieler es nur, wenn der Mantel auch Arbeitsspuren trägt.

Die hier erläuterten Abläufe passieren bereits vor beziehungsweise teilweise noch während der Diskussion, ohne jedoch, dass sie das Ergebnis bewusster Reflexion wären. Dennoch geschieht hier offensichtlich einiges. Aus der Beobachtung und Analyse lässt sich erkennen, wie Authentizität entsteht: Etwas wird dann authentisch, wenn es so ist, wie man es sich vorstellt, dass es sein müsste.[3]

---

[3] Dieses Beobachtungsergebnis gleicht der Theorie von Pine II und Gilmore zum Erzeugen von Authentizität, die im nächsten Beispiel erläutert wird. Pine II, B. Joseph/ Gilmore, James H.: Museums and Authenticity, in: Museum News May/June 2007, S. 76–93.

Es gibt Kriterien, die erfüllt werden müssen, um als authentisch wahrgenommen zu werden. Die Vorstellung davon, was nach welchen Kriterien authentisch ist, nenne ich Authentizitätsvorstellung oder Authentizitätskonzept, beziehungsweise noch treffender *notion of authenticity*. Erfüllt ein Objekt (Ausstellungsexponat, Person, Situation) die auf es angewandte *notion of authenticity*, kann es als authentisch angesehen werden und wird authentisiert, d. h. ihm wird eine Authentizität zugebilligt oder zugeschrieben. Damit ist es für denjenigen, der das Objekt betrachtet – den Authentisierer oder *authenticator* –, authentisch. Durch die Formulierung schon angedeutet, ist Authentizität somit etwas Subjektives und eher ein temporärer Zustand als eine stabile, also eindeutige und endgültige, Eigenschaft, insofern, als dass Authentizität vom *authenticator* abhängt und der durch ihn angewandten *notion of authenticity*. Da dieser wiederum von zahlreichen anderen Faktoren wie Wissen, persönlichen und kulturellen Hintergründen, Wohlbefinden und Interesse etc. beeinflusst ist und es mehrere *notions of authenticity* gibt, die auf ein Objekt angewandt werden können, kann sich sehr schnell ändern, ob ein Objekt für Betrachter authentisch ist. Generell authentisch kann es demzufolge nicht sein, und messbar oder skalierbar ist Authentizität ebenfalls nicht, anders als beispielsweise der Wert eines Objekts, der zwar immateriell subjektiv höher oder niedriger sein kann, materiell jedoch durch Werteinheiten wie Geld (Preis) oder Zeit (Alter) objektiv messbar ist.

Um zurück zu dem Beispiel aus der Praxis zu kommen: Auch wenn es mehrere mögliche *notions of authenticity* gäbe, die der Hüttenarbeiter erfüllen könnte, soll der Schauspieler nur einer *notion* entsprechen, nämlich der wie ein Hüttenarbeiter aufzutreten, sprich einen Mantel zu tragen und sich durch überzeugendes Schauspiel wie ein Hüttenarbeiter zu verhalten. Anders als es im Museum meistens der Fall ist, geht es in diesem Beispiel darum, etwas bzw. jemanden, der die Kriterien Originalität und Echtheit nicht erfüllt, trotzdem so wirken zu lassen, sprich ein ‚Fake' zu authentisieren. Der vermeintliche Hüttenarbeiter wird also vom Museumsteam authentisiert, und nun geht es im dritten Schritt darum, dass die Besucher ihn auch als authentisch wahrnehmen, d. h. seine Authentizität erkennen. Hier wird deutlich, dass das Museumsteam nicht davon ausgehen kann, dass die Besucher das in dem Schauspieler sehen, was das Museumsteam will, das sie sehen.[4]

---

4 Zum dialogischen Kommunikationsmodell in Ausstellungen siehe auch: Thiemeyer, Thomas: Zwischen Aura und Szenografie. Das (Literatur-)Museum im Wandel, in: Burckhard Dücker/ Thomas Schmidt (Hg.): Lernort Literaturmuseum. Beiträge zur kulturellen Bildung, Göttingen 2011, S. 60–71, hier S. 61.

Das Museumsteam muss nun also seine Vorstellung davon, was einen Hüttenarbeiter authentisch macht, an das Publikum der ‚ExtraSchicht' vermitteln, damit dieses denjenigen, der sie zu Beginn der Veranstaltung begrüßt, als authentischen Hüttenarbeiter sieht. Da sich die Reaktion des Publikums nicht vorhersagen lässt, ist die Frage, die das Museumsteam diskutiert, die, welche Mittel notwendig sind, um das Publikum in seiner Bewertung zu beeinflussen: Reicht ein neuer Silbermann oder muss es ein abgenutzter sein? Die Vermittlung des angewandten Authentizitätskonzepts des Museumsteams (der Mann tritt wie ein Hüttenarbeiter auf) geschieht während der Performance durch sein Kostüm (er trägt einen Mantel wie ein Hüttenarbeiter), und diese Inszenierung soll die Gäste dazu bringen, das gleiche Authentizitätskonzept anzuwenden, nämlich zu prüfen, ob sich der Mann, den sie sehen, so verhält (auftritt und aussieht) wie sich ihrer Vorstellung nach ein Hüttenarbeiter verhalten würde. Die Inszenierung soll mit anderen Worten die Assoziationen der Besucher lenken.[5] Kommen diese zu dem Schluss, er verhält sich wie ein Hüttenarbeiter und sie beurteilen ihn infolge dessen als authentisch, ist das Ziel des Museumsteams erreicht. Fragen sie ihn stattdessen beispielsweise wie alt er ist und merken so, dass er nie auf der Hütte gearbeitet haben kann, ist er sozusagen aufgeflogen, weil das Publikum die Kriterien einer anderen Authentizitätsvorstellung überprüft hat, die er nicht erfüllt und er somit nicht als authentisch gesehen wird. Das Team hat sich inzwischen für einen neuen Mantel entschieden und der Plan ging offenbar zumindest in einem Fall auf:

> „Du hast das selber erlebt, dass hier ein Mitarbeiter, der ist hochintelligent, sprachbegabt, alles, sich einen Silbermann [...] angezogen hat, sich einen Helm aufgesetzt und die Leute während einer eventorientierten Veranstaltung namens ExtraSchicht zugetextet hat und so getan [hat], als wäre er ein Hüttenwerker. Wenn du das immer im Hinterkopf hast, dass du das nicht verkaufst, das ist ein ehemaliger Arbeiter, sondern das ist ein Teil einer Show, dann ist das für mich legitim. Und die Leute haben Spaß daran, das hat gut funktioniert [...]. Und das hat er super hingekriegt, [...] aber wie gesagt, der Journalist, der da unterwegs war, der hat – war vielleicht auch ein bisschen kurz gedacht, der Mann ist vielleicht 40, der das gemacht hat und die Hütte ist vor 30 Jahren stillgelegt worden, das kann kein authentischer Arbeiter gewesen sein, wenn man zwei Minuten drüber nachdenkt, das ist klar. Aber es hat sich bewährt eben halt mit so einem Stilmittel zu arbeiten,

---

5 Zur Rolle der Inszenierung siehe auch: Welz, Gisela: Die Inszenierung von Authentizität im Kulturbetrieb. Vom Forschungsproblem zum Forschungsgegenstand, in: Klara Löffler (Hg.): Dazwischen. Zur Spezifik der Empirien in der Volkskunde. Hochschultagung der Deutschen Gesellschaft für Volkskunde in Wien 1998 (Veröffentlichungen des Instituts für Europäische Ethnologie der Universität Wien 20), Wien 2001, S. 93–99.

aber ich denke man muss, sollte es brechen eben halt, oder man müsste es brechen an einer bestimmten Stelle."[6]

Der Journalist hatte einen Zeitungsartikel mit dem Titel „Führung durch ehemalige Mitarbeiter" veröffentlicht.[7] Wie im Interview festgestellt wurde, war das Stilmittel der Inszenierung hilfreich, um die auf den Schauspieler im Vorhinein angewandten Authentizitätskriterien zu vermitteln. In dem Fall war die Inszenierung sogar so erfolgreich, dass Argumente, die dagegensprächen, keine Rolle spielten, denn „das kann kein authentischer Arbeiter gewesen sein, wenn man zwei Minuten drüber nachdenkt".[8] Auch hier wird deutlich, dass verschiedene Faktoren das Zuschreiben von Authentizität beeinflussen. Hätte der Journalist mehr Informationen oder Zeit zum Nachdenken gehabt, hätte er den Zeitungsartikel vielleicht anders betitelt.

Authentizitätsvermittler zu sein, bedeutet Macht, denn man kann die Wahrnehmung und Reaktion anderer beeinflussen.[9] Macht bedeutet aber auch immer, Verantwortung zu tragen, und beinhaltet das Risiko, Vertrauen zu verspielen. Gerade im Museum, dem die Gäste immer noch einen großen Vertrauensvorschuss geben, spielt Verantwortung eine große Rolle. Im obigen Zitat wird diese Verantwortung in Form von Transparenz angesprochen, wenn der Interviewte davon spricht, eine Performance müsse gebrochen werden. Dieser Bruch ist in seinen Augen notwendig, um zu verdeutlichen, dass es sich um eine Performance handelt. Gerade bei Inszenierungen, die in der Regel über das hinausgehen, was als Fakten (wie z. B. Jahreszahlen von historischen Ereignissen) überprüfbar ist und damit immer subjektive Interpretation beinhalten, liegt es demzufolge in der Verantwortung der Museumsmacher, die Gäste darüber aufzuklären und sie nicht der Illusion zu überlassen. Die Frage bei jeglicher Form der Inszenierung – von der einfachen Vitrine bis zur schauspielerischen Performance – scheint zu sein: Wie weit darf man gehen? Authentizitätsvermittlung bedeutet also, auch das eigene Handeln nach ethischen Gesichtspunkten zu hinterfragen.[10]

---

6 Interviewarchiv LWL-Industriemuseum (IIM) 3270.45/0345, Z. 292–300, 327–334. Das Zitat wurde zur besseren Lesbarkeit leicht verändert.
7 IIM 3270.45/0345, Z. 309–310.
8 IIM 3270.45/0345, Z. 330–331.
9 Siehe dazu auch Lethen, Helmut: Versionen des Authentischen. Sechs Gemeinplätze, in: Hartmut Böhme/ Klaus R. Scherpe (Hg.): Literatur und Kulturwissenschaften. Positionen, Theorien, Modelle, Hamburg 1996, S. 205–231, hier S. 227 f.
10 Janet Marstine definiert neben der hier angesprochenen Transparenz (radical transparency) auch social responsibility und guardianship als wesentliche Elemente der museum ethics: Marstine, Janet: The Contingent Nature of the New Museum Ethics, in: Dies. (Hg.): The Rout-

Authentisierungsprozesse lassen sich auf analytischer Ebene als ein dreiteiliger Mechanismus verstehen, dessen Komponenten wie bei einem Räderwerk ineinandergreifen: Zunächst werden Authentizitätsvorstellungen, *notions of authenticity*, festgelegt und überprüft, in diesem Beispiel durch die Überlegung, was einen Schauspieler zu einem authentischen Hüttenarbeiter macht. Wären die Kriterien erfüllt, fände eine Zuschreibung von Authentizität (Authentisierung) statt. Als zweiter Schritt werden die *notions of authenticity* angewandt bzw. umgesetzt, es wird also eine Entscheidung getroffen, welcher Mantel zum Einsatz kommen soll und wie entsprechend gehandelt werden kann. Drittens wird diese Authentizitätsvorstellung durch die passende Inszenierung kommuniziert. Beim Rezipienten greifen entsprechend ähnliche Mechanismen.

Auch wenn die Erkenntnis, dass Authentizität das Endprodukt einer Zuschreibung ist, in der Theorie nicht neu ist, gibt die Analyse der Praxis doch Antworten auf die selten gestellte Frage, was das für die Museumspraxis bedeutet bzw. wie Authentisierungsprozesse in der Museumspraxis ablaufen.[11] Was jetzt so schematisch dargestellt ist, ist keinesfalls ein immer gleicher Automatismus, sondern von zahlreichen Faktoren abhängig. Auch wenn sich die einzelnen Schritte an diesem Beispiel analytisch ablesen lassen, durchliefen die Betroffenen die Schritte nicht bewusst, wie bei Gesprächen im Nachhinein deutlich wurde, und Entscheidungen wurden in Sekundenschnelle getroffen. Die Authentisierungsmechanismen verlaufen nur in dem Sinne automatisiert, dass sie tendenziell wie aus einer Haltung heraus geschehen. Diese Haltung folgt verinnerlichten Werten, die aus zahlreichen Erfahrungen, (Fach-)Wissen und dem persönlichen und kulturellen Hintergrund gewachsen sind.[12] Dementsprechend werden die Authentisierungsprozesse eher gelebt als reflektiert und spielen in der Museumspraxis keine bewusste Rolle, auch wenn sie allgegenwärtig sind und ständig vollzogen werden, wie die Untersuchungen ergaben. Selbst die Handlungen, die vordergründig erst einmal wenig mit Authentisierung zu tun zu haben scheinen, basieren größtenteils auf *notions of authenticity*, wie das dritte Beispiel zeigen wird. Dennoch sind nicht immer alle drei Schritte notwendig für einen vollständigen Authentisierungsprozess.

Dadurch, dass zahlreiche unterschiedliche Faktoren auf die Authentisierung Einfluss nehmen, können nicht nur Museumsteam und Publikum unterschiedliche Kriterien für Authentizität entwickeln, sondern es kann auch unter

---

ledge Companion to Museum Ethics. Redefining Ethics for the Twenty-First-Century Museum, London/ New York 2011, S. 3–25.

11 Siehe beispielsweise Thiemeyer: Zwischen Aura und Szenografie, S. 61–63.

12 IIM 3270.45/0344, Z. 314–348. Für weitere Ausführungen siehe: Schorr, Reflecting on Practiced Authenticity, S. 39.

den Museumsmitarbeitern unterschiedliche Vorstellungen vom Umgang mit Objekten geben. Kommt dann noch eine möglicherweise in Widerspruch dazu stehende Anforderung an die Nutzung dazu, gilt es abzuwägen. Welche Zusammenhänge und Grenzen es in solchen Situationen gibt, soll das nächste Beispiel aufzeigen.

Zusammenhänge und Grenzen von Authentizitätskonzepten – *notions of authenticity* auf Objekt- und Institutionsebene

Die größten und zugleich für das Ausstellungsnarrativ wichtigsten Exponate des Museums Henrichshütte Hattingen sind das Gelände und die noch erhaltenen Gebäude und Maschinen. Sie haben eine Doppelfunktion, denn sie sind einerseits Exponate der Ausstellung, zugleich aber auch Rahmen der Ausstellung.

Abb. 2: Luftaufnahme des Museumsgeländes der Henrichshütte Hattingen

Der Hochofen beispielsweise zeugt als Objekt unter anderem von den aktiven Zeiten der Eisenhütte und dient als Anschauungsbeispiel für einen Hochofen in natura, gleichzeitig ist er aber auch begehbar und ermöglicht einen 360°-Blick über die Umgebung. Unter anderem durch diese Doppelfunktion muss sich das Museumsteam immer wieder mit der Frage auseinandersetzen, wie Konservierung und Zugänglichkeit des Industriedenkmals vereinbart werden können. Dabei spielen auch Authentizitätsvorstellungen eine wichtige Rolle, wie im folgenden Interviewzitat deutlich wird:

> „Solche Fotos haben wir auch, wo die Leute mit einem Seil um den Bauch und einer Leiter dann in die Bunker [geklettert sind] [...]. Wenn ich Besucher in diese Bunkeranlage lassen will, kann ich die nicht abseilen. Also das sind zum Beispiel so ganz klassische Fälle, wo ich sage, da muss ich ins Denkmal eingreifen – haben wir ja auch ganz bewusst gemacht beim Abgang durch die Erzbunker durchs Erzkabinett, wo der normale Weg, der authentische Weg überhaupt nicht zumutbar ist. Eine andere Sache, die, glaube ich, auch immer eine Rolle spielen wird, ist die Frage, wie bringe ich Authentizität und Inklusion und behindertengerechte Ausstattung irgendwie überein. Da kommen dann solche Geschichten wie Hochofen mit Aufzug. Was ich dann in dem Sinne für unsere Besucher auch genau richtig finde, wenn es nicht zu stark ins Denkmal eingreift. Wir haben jetzt ein anderes Beispiel gesehen in Tschechien, wo die also auf den Schrägaufzug zum Hochofen rauf eine Riesenaufzugskabine gepackt haben. Wo ich dann auch sage, ist beeindruckend, macht auch Spaß, aber eigentlich – okay, ich fördere jetzt die Leute da hoch, wo das Erz auch hochgekommen ist. Aber diese Riesenaufzugskiste, die da jetzt auf dieser historischen Bahn, nenne ich es jetzt mal, fährt, ist eigentlich fast schon wieder ein falsches Bild: Was hatten die es früher alle nett hier. Also, das sind schon so Entscheidungen, die man treffen muss."[13]

Das Treffen von Entscheidungen ist demnach immer auch abhängig davon, welches Authentizitätskonzept zum Tragen kommt. Kann es im Museum so sein wie es zu Zeiten des laufenden Betriebs gehandhabt wurde (Fotos)? Folgt der Gast dem Weg des Materials (Erzbunker, Schrägaufzug)? Wie weit darf in die Substanz eingegriffen werden, um nicht zu viel Originalsubstanz zu verlieren (Zugänglichkeit vs. Konservierung)? Welches Bild vermittelt der Eingriff (Ursprungssituation verfälschend)? In diesem Interviewbeispiel hat der Abwägungsprozess die Form eines Monologs. Darüber hinaus gibt es in der Praxis meist Diskussionen, man organisiert eine Ortsbegehung oder berät sich mit anderen Experten.[14]

Neben den persönlichen Authentizitätskonzepten spielt dabei auch die institutionelle Authentizität eine Rolle – zusätzlich zu weiteren Faktoren wie technische und finanzielle Machbarkeit. Mit institutioneller Authentizität ist die Au-

---

13 IIM 3270.45/0342, Z. 572–590. Das Zitat wurde zur besseren Lesbarkeit leicht verändert.
14 IIM 3270.45/0342, Z. 594–599; IIM 3270.45/0346, Z. 123–147, 200–248, 339–362.

thentizität des Museums als Institution gemeint. Pine II und Gilmore, zwei amerikanische Ökonomen, die sich mit der Experience Economy auseinandergesetzt haben, gehen davon aus, dass wir in einer Zeit leben, in der Kunden nicht nur ein Produkt, sondern auch ein Erlebnis (experience) kaufen wollen: Der Kaffee von Starbucks ist nicht wesentlich anders als anderer Kaffee, man bekommt aber noch eine Art Starbucks-Lifestyle dazu.[15] Im Wettbewerb mit anderen ‚Erlebnisanbietern' muss Pine II und Gilmore zufolge auch das Museum um ‚Kunden' werben und dabei als besonders authentisch wahrgenommen werden, denn „[a]uthenticity is becoming [...] the new consumer sensibility."[16] Zwei Komponenten sind demnach entscheidend: Sich selbst treu sein und das sein, was man anderen sagt, das man sei.[17] Die erste Komponente richtet sich nach innen. Um als authentisch wahrgenommen zu werden, sollte das Museum in einer Art und Weise handeln, die der eigens definierten Identität des Museums entspricht. Die Identität setzt sich zusammen aus den Aufgaben, die das Museum als Institution erfüllen möchte, seiner Mission und Vision, welche oft im Leitbild festgehalten werden. Die Identität wird von den Museumsmitarbeitern definiert und in der Praxis gelebt. Die zweite Komponente richtet sich nach außen. Die Institution sollte das bieten, was sie verspricht. Im Falle der Henrichshütte sollte das Museumsteam dieser Theorie nach beispielsweise Inhalte zeigen, die der Gast unter dem Namen Industriemuseum und Hütte erwarten wird, um als authentisch wahrgenommen zu werden.[18] Hierfür ist ein ständiger Abgleich zwischen Handlung und Identität notwendig. Dieser Abgleich findet auch in solchen Abwägungssituationen wie dem oben genannten Beispiel statt. Einerseits möchte das Museum zugänglich sein und den Kriterien der Barrierefreiheit entsprechen, andererseits hat es als Museum auch Standards in der Erhaltung des Denkmals zu erfüllen. Um als Institution von ‚Kunden' als authentisch wahrgenommen zu werden, müssen den dem entgegenwirkenden Authentizitätsvorstellungen Grenzen gesetzt werden bzw. manche Authentizitätsvorstellungen können nicht gleichzeitig umgesetzt werden und begrenzen sich, indem sie sich gegenseitig ausschließen. Grenzlinien haben aber auch ein verbindendes Element: Die Entscheidung über Authentizität im Kleinen (Objektebene) hängt zusammen mit der Authentizität im Großen (Institutionsebene).

---

15 Pine II, B. Joseph/ Gilmore, James H.: Authenticity. What Consumers Really Want, Boston 2007, S. 1–2; Pine II/ Gilmore: Museums and Authenticity, S. 76–93.

16 Pine II/ Gilmore: Museums and Authenticity, S. 76.

17 Ebd., S. 79.

18 Dieser Wunsch wird von einem Mitarbeiter explizit geäußert: IIM 3270.45/0341, Z. 169, 529–543.

Das folgende Beispiel nimmt den Gedanken des Verbindungselements in zweierlei Hinsicht wieder auf: Es stellt Authentizitätskonzepte in Zusammenhang mit der sonstigen Museumsarbeit und spannt den Bogen zum ersten Beispiel.

Konsequenzen für die Museumspraxis

Beim Vorbereitungstreffen zur ‚ExtraSchicht' ging es nicht nur um Kostüme, sondern auch um das Motto des Events.[19] Der Museumsleiter erläuterte, die Henrichshütte sei immer ein Ort des Wandels gewesen. Bereits während der Produktionszeiten habe sich das Gelände stetig gewandelt, und nach Schließung des Betriebs seien zahlreiche Veränderungen vorgenommen worden, um letztlich ein Museum eröffnen zu können. Die Funktion des Ortes habe sich dadurch drastisch verändert – aus einem Ort der betrieblichen Eisenproduktion sei ein Ort des öffentlichen Lebens mit Gelegenheit zum geselligen Beisammensein und gegenseitigem Austausch geworden. Dort, wo man zu Produktionszeiten Geld verdient hätte, bezahle man jetzt Eintritt. Das sei vor allem für die ehemaligen Hüttenarbeiter eine gewaltige Umstellung. Dennoch handele es sich um den gleichen Ort, und der stetige Wandel sei typisch für ihn. Die ‚ExtraSchicht' wolle den Ort deshalb in einem ganz anderen Licht als gewöhnlich zeigen und so seine Wandlungsfähigkeit unterstreichen. Dementsprechend laute das Motto der ExtraSchicht 2016 auf der Henrichshütte ‚alles bleibt anders'.

Die Überlegung, ob es erst den Titel gab und dann nach einer plausiblen Erklärung gesucht wurde oder ob der Situation der Henrichshütte entsprechend ein Titel gewählt wurde, gleicht der Frage nach der Henne und dem Ei und spielt in diesem Fall keine Rolle. Entscheidend ist, dass es eine Verbindung zwischen einer Authentizitätsvorstellung (*notion of authenticity*: es war immer schon alles im Wandel, das ist typisch für den Ort) und einer Handlung gibt (Vergabe des Mottos ‚alles bleibt anders'): Die ‚ExtraSchicht' wird als Gelegenheit genutzt, diese *notion of authenticity* zu kommunizieren. Das ist strategisch vor allem insofern günstig für das Museum, als dass es ein Event, das durch seinen Unterhaltungscharakter möglicherweise als gegen den Respekt vor der harten Arbeit auf der Hütte verstanden werden könnte, in eine Art Traditionslinie stellt.[20]

Zugegebenermaßen ist die ‚ExtraSchicht' eine Ausnahme in der alltäglichen Museumsarbeit und deshalb sollen ‚klassischere' Beispiele zusätzlich erläutert

---

19 Beobachtungsprotokoll 14. Juni 2016.

20 Der Respekt vor den ehemaligen Arbeitern der Hütte und ihrer Arbeit ist ein zentrales Element der Museumsarbeit auf der Henrichshütte und wird unter anderem durch den biografischen Ansatz der Ausstellung und die aktive Zusammenarbeit mit Ehemaligen deutlich.

werden, um noch deutlicher aufzuzeigen, welche Konsequenzen Authentizitätskonzepte für die Museumspraxis haben können.

Unter anderem die Vorstellung, ein Objekt sei dann authentisch, wenn sich daran Spuren der Geschichte ablesen lassen und das Objekt sozusagen eine Art Zeitzeugencharakter hat, führt dazu, dass diese Objekte besonders sorgfältig konserviert werden, um sie in dieser Funktion zu erhalten und so eine Authentisierung zu ermöglichen.[21] Ein klassisches Beispiel aus der Henrichshütte ist der Rost an den Rohren und anderen Metallteilen. Ihm wird die Fähigkeit zugeschrieben, den Wandel des Geländes und das Vergehen der Zeit darstellen zu können.[22] In dieser Funktion erfährt er besondere Aufmerksamkeit durch den Restaurator, der ihn so konserviert, dass er erhalten bleibt, den Objekten darunter aber möglichst wenig Schaden zufügt. Im Interview berichtet der Restaurator sogar von kleinen Teststellen am Hochofen, bei dem zu Forschungszwecken künstlicher Rost in Form von Rostlack im Konservierungsverfahren aufgetragen wurde, so dass kein Zweifel an seiner Historizität aufkommen konnte.[23] Die Museumspraxis, in diesem Fall die Konservierung, basiert analytisch betrachtet somit auf *notions of authenticity*. Da es sich um dynamische Prozesse und keine Endgültigkeiten handelt, verändert sich die Vorstellung davon, welches Objekt unter welchen Umständen authentisch ist, selbstredend immer wieder, und dementsprechend unterschiedlich sind auch die Maßnahmen.[24]

Nicht nur die Konservierung basiert auf *notions of authenticity*, sondern auch das Narrativ der Ausstellung und dazugehörige Aktionen sind von *notions of authenticity* geprägt. Die Überlegung, die Sicht der Arbeiter zeige besser, wie es auf der Hütte für die meisten zuging, führte zu der Entscheidung, einen biografischen Ansatz für die Ausstellung zu wählen und Geschichte von unten zu erzählen.[25] Diese *notion of authenticity* wirkt bis in die Gegenwart und Zukunft: Die Vorstellung, die emotionale Komponente der Ausstellung ginge verloren, wenn die Stimmen der Arbeiter verstummten oder je länger die Funktion der Hütte als Eisen- und Stahlproduktionsstandort vergangen sei, führt dazu, dass

---

21 IIM 3270.45/0342, Z. 393–482; IIM 3270.45/0343, Z. 113–115; IIM 3270.45/0338, Z. 169–175; IIM 3270.45/0344, Z. 40–49, 118–185, 485–515.
22 IIM 3270.45/0343, Z. 212; IIM 3270.45/0340, Z. 93; IIM 3270.45/0339, Z. 211–216.
23 IIM 3270.45/0346, Z. 477–494. Zu diesem Konservierungsverfahren siehe auch: Brüggerhoff, Stefan: Dokumentation und Erhalt industriekulturellen Erbes durch materialkundliche Forschung, in: Michael Farrenkopf (Hg.): Vom Entwurf zum Depositum. Über den wissenschaftlichen Umgang mit dem zeichnerischen Nachlass der Industrie, Bochum 2007, S. 82–91.
24 IIM 3270.45/0342, Z. 396; IIM 3270.45/0346, Z. 230–245.
25 IIM 3270.45/0342, Z. 115, 132, 239.

heute verstärkt Interviewaufnahmen gemacht werden, um möglichst viele O-Töne für die Zukunft zu erhalten.[26]

Die Liste an Beispielen ließe sich beliebig fortführen, die zentrale Beobachtung ist jedoch, dass über konkrete Authentisierungsprozesse hinaus Authentizitätskonzepte Einfluss auf die Museumspraxis nehmen und ebenso von dieser beeinflusst werden. So unterschiedlich die einzelnen Vorstellungen der Museumspraktiker davon, was Authentizität ist und wie sie entsteht, sein mögen – vermutlich ist die Diskussion über Authentizität genau aufgrund der zahlreichen Konsequenzen, die sich aus den *notions of authenticity* ergeben, so unumgänglich im Museum.

Die Strukturen dahinter: visualisierte Zusammenhänge

Zusammenfassend sollen die hier erläuterten Mechanismen der Authentisierungsprozesse sowie die darüberhinausgehenden Einflussfaktoren und Zusammenhänge grafisch dargestellt werden, um trotz ihrer Abstraktheit besser greifbar zu werden. Das folgende Modell ist somit ein Versuch, die gelebten Strukturen schematisch zu erfassen und zu visualisieren. Es ist ausdrücklich ein Versuch und soll zur Diskussion und Weiterentwicklung anregen.

Das Dreieck (Abb. 3) benennt drei Bereiche und die entsprechenden Komponenten: Die Museumsinstitution und -identität oben, das Museumspersonal und der Akteur links unten sowie die Museumspraxis und die Aktion rechts unten. Alle sind durch Doppelpfeile (den Seitenlinien des Dreiecks) verbunden. Die rechte Seitenlinie des Dreiecks bildet die Verbindung der Museumsidentität und der Aktion. Die Argumentation des zweiten Fallbeispiels aufgreifend beeinflusst die Identität des Museums die Handlung (= Ausstellungen, Angebote, Aktionen etc.) durch den in Anlehnung an Pine II und Gilmore formulierten Anspruch, in seiner Handlung so zu sein, wie das Museum sagt, es sei. Dementsprechend sollte die Handlung umgekehrt so vollzogen werden, dass sie der Identität des Museums treu bleibt um den Eindruck institutioneller Authentizität zu vermitteln.

---

26 IIM 3270.45/0343, Z. 171–179, 498–502; IIM 3270.45/0347, Z. 385–399.

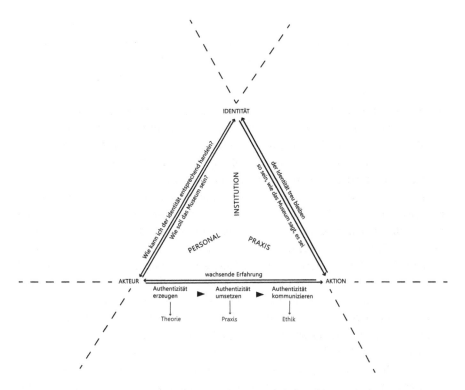

Abb. 3: Visualisierungsversuch der Zusammenhänge und Einflussfaktoren in der Museumspraxis hinsichtlich der Authentisierungsprozesse

Die linke Seitenlinie verbindet den Akteur und die Identität der Institution. Diese Verbindung ist als Frage formuliert, denn es geht um ein ständiges Aushandeln und Hinterfragen der aktuellen Situation. Der Akteur nimmt Einfluss auf die Identität des Museums mit der Antwort auf die Frage „Wie soll das Museum sein?" Gleichzeitig wirkt die Identität des Museums auf den Akteur und wirft die Frage auf: „Wie kann ich der Identität entsprechend handeln?"

Die Basislinie des Dreiecks stellt die Verbindung zwischen dem Akteur und der Aktion dar. Durch die Aktion, also dadurch, dass der Museumspraktiker handelt und sozusagen ‚seine Arbeit macht', wächst die Erfahrung des Akteurs und beeinflusst dadurch wiederum auch seine (zukünftige) Handlung (Verbindungslinie Aktion – Akteur). Das Modell beschreibt in erster Linie die Museumspraxis hinsichtlich der Authentisierungsprozesse. Die oben beschriebenen Mechanismen werden somit wieder aufgegriffen (Verbindungslinie Akteur – Aktion): Authentizität wird erzeugt in dem auf *notions of authenticity* basierte Kriterien festgelegt und überprüft werden. Diesen *notions of authenticity* entsprechend wird gehandelt, was im Modell etwas verkürzt als ‚Authentizität umsetzen' bezeichnet wird. Als drittes Element folgt das Kommunizieren von Authentizität, also das Vermitteln der angewandten *notions of authenticity*.

Die Museumspraxis kann jedoch jegliche Form annehmen und beschränkt sich nicht auf Authentisierungsprozesse. Um das Modell etwas allgemeingültiger zu halten, finden sich darin als Referenz die Beobachtungen von Peter van Mensch und Léontine Meijer-van Mensch, die verdeutlichen soll, dass die Authentisierungsmechanismen nur ein mögliches Beispiel des Zusammenhangs von Akteur und Aktion darstellen (blau). Laut van Mensch und Meijer-van Mensch sind die drei Säulen, auf denen die Professionalität der Museumspraxis ruht, Theorie, Praxis und Ethik.[27] Je nach Aufgabe muss sich der Akteur im Spannungsverhältnis von Theorie, Praxis und Ethik positionieren und eine Haltung finden, die sich an diesen drei Komponenten orientiert. Das gilt selbstverständlich auch für den *authenticator* als Akteur, denn das Erzeugen von Authentizität bezieht sich auf die Theorie (*notions of authenticity* sind geprägt, diskutiert und analysiert auf theoretischer Ebene und stellen das theoretische Konzept hinter der Praxis dar), das Umsetzen findet in der Praxis statt (oft basierend auf praktischen Erfahrungen) und die Kommunikation oder Vermittlung beinhaltet ethische Komponenten (insbesondere bezüglich Transparenz und Verantwortung).

Was dieses Modell in seiner Statik nicht wiedergibt ist zum einen, dass die visualisierten Zusammenhänge Prozesse sind, die sich ständig verändern und in der Regel nicht so linear wie dargestellt ablaufen. Zum anderen unterschlägt das Modell weitere Faktoren, die auf Identität, Akteur und Handlung Einfluss nehmen. Eine Möglichkeit, diese Faktoren deutlicher sichtbar zu machen, wäre, das Dreieck um weitere Vielecke an den Spitzen zu ergänzen, um darstellen zu können, dass der Akteur nicht nur von seiner Handlung und der Museumsidentität, sondern auch von seinem persönlichen und kulturellen Hintergrund etc. beeinflusst ist oder auch die Aktion zum Beispiel zusätzlich von finanziellen und technischen Möglichkeiten abhängt und die Identität beispielsweise unter dem Einfluss von politischen Forderungen und dem Zeitgeist steht. Die komplexe Struktur wäre also durch ein Netz aus Vielecken möglicherweise besser dargestellt, angedeutet durch die gestrichelten Linien. Das Modell erhebt also nicht Anspruch auf das letzte Wort oder in diesem Fall auf ein vollständiges Bild, um die Zusammenhänge der Authentisierungsmechanismen aufzuzeigen, sondern soll vielmehr als Diskussionsgrundlage dienen.

---

27 van Mensch, Peter/ Meijer-van Mensch, Léontine: New Trends in Museology II, Celje 2015, S. 8.

Diskrepanz zwischen Theorie und Praxis als Chance

Wie eingangs bereits erwähnt, ist das Ausschlaggebende zur Einordnung dieser Analyse, dass die theoriebildende Abstraktion der Museumspraxis bestrebt ist, die im Museumsalltag vollzogenen Authentisierungsprozesse zu verstehen, die tatsächliche Praxisrealität diese Abstraktion jedoch kaum vollzieht. Der Museumspraxis als Raum des Handelns scheint es aus diversen Gründen eigen zu sein, Authentisierungsprozesse auf theoretischer Ebene eher selten zu reflektieren.[28] Die hier dargelegten Prozesse, ihre Mechanismen, Zusammenhänge und Konsequenzen sind Produkt einer subjektiven Interpretation der Praxis, die von den Museumspraktikern kaum bestätigt werden konnte, jedoch auch nicht widerlegt wurde, sondern eher die eingangs zitierte Frage aufwarf, wie Authentizität denn überhaupt erzeugt werden könne, wo sie doch einfach da sei. In der Praxisrealität ist sie das tatsächlich. Der analytische Blick von außen sagt etwas anderes. Es geht dabei explizit nicht darum, die ‚Wahrheit‘ herauszufinden, sondern festzuhalten, dass hier eine Diskrepanz zwischen Praxis und Theorie der Praxis besteht, die in der gemeinsamen Reflexion während eines Workshops zur Diskussion und Ergänzung der Forschungsergebnisse besonders deutlich wurde. Dort wurden verschiedene Erklärungsansätze geäußert, unter anderem die Beobachtung, dass es in der Praxis wenig Gelegenheit für Reflexion gibt, weil andere Dinge akuter sind sowie auch die Überlegung, dass die fachliche Ausbildung eine Rolle spielen könnte.[29] Diese Feststellung zieht die Frage nach sich, wie damit umzugehen ist, aber auch, was sie für die Authentisierungsprozesse und die Relevanz museumstheoretischer Forschung für die Praxis bedeutet. Wie sähen Authentisierungsprozesse in der Museumspraxis aus, wenn sie noch bewusster vollzogen werden würden? Wäre mehr Raum für Reflexion und weitere analytische Forschung nicht sogar notwendig um als *authenticator* wirklich transparent und verantwortungsvoll handeln zu können? Oder ist vielleicht das Unbewusste im Umgang mit *notions of authenticity* gerade das Entscheidende? Denn durch intensive Beschäftigung mit dem Thema wurde deutlich, dass die Authentizität in ihrer Eigenart als subjektives Konstrukt beliebig wird und so ihren Zauber verliert. Müssen Museumspraktiker nicht die Fähigkeit behalten, den Zauber spüren zu können, um die Besucherperspektive nicht zu verlieren?

Diese Denkanstöße sollen die hoffentlich anhaltende und die auf analytischer wie auf praktischer Ebene zu führende Diskussion um Authentisierungs-

---

28 Dies trifft zumindest auf die Henrichshütte zu, für eine Aussage über andere Museen stehen keine Daten zur Auswertung zur Verfügung.
29 Beobachtungsprotokoll und Tonaufnahme des Workshops am 15. Februar 2017.

prozesse bereichern und deutlich machen, dass viele Fragen – nicht nur zur Authentizität, sondern auch zum Zusammenhang zwischen museologischer Praxis und Theorie – noch offen sind und als Chance in vielerlei Hinsicht begriffen werden sollten.

Literatur

Brüggerhoff, Stefan: Dokumentation und Erhalt industriekulturellen Erbes durch materialkundliche Forschung, in: Michael Farrenkopf (Hg.): Vom Entwurf zum Depositum. Über den wissenschaftlichen Umgang mit dem zeichnerischen Nachlass der Industrie, Bochum 2007, S. 82–91.

Lethen, Helmut: Versionen des Authentischen. Sechs Gemeinplätze, in: Hartmut Böhme/ Klaus R. Scherpe (Hg.): Literatur und Kulturwissenschaften. Positionen, Theorien, Modelle, Hamburg 1996, S. 205–231.

Marstine, Janet: The Contingent Nature of the New Museum Ethics, in: Dies. (Hg.): The Routledge Companion to Museum Ethics. Redefining Ethics for the Twenty-First-Century Museum, London/ New York 2011, S. 3–25.

van Mensch, Peter/ Meijer-van Mensch, Léontine: New Trends in Museology II, Celje 2015.

Pine II, B. Joseph/ Gilmore, James H.: Authenticity. What Consumers Really Want, Boston 2007.

Pine II, B. Joseph/ Gilmore, James H.: Museums and Authenticity, in: Museum News May/June 2007, S. 76–93.

Schorr, Carla-Marinka: Reflecting on Practiced Authenticity. Museological Considerations of the Henrichshütte Hattingen or the Challenge to Look Beyond Constructedness in Museum Theory and Practice. Master Thesis, Amsterdam 2017.

Thiemeyer, Thomas: Zwischen Aura und Szenografie. Das (Literatur-)Museum im Wandel, in: Burckhard Dücker/ Thomas Schmidt (Hg.): Lernort Literaturmuseum. Beiträge zur kulturellen Bildung, Göttingen 2011, S. 60–71.

Welz, Gisela: Die Inszenierung von Authentizität im Kulturbetrieb. Vom Forschungsproblem zum Forschungsgegenstand, in: Klara Löffler (Hg.): Dazwischen. Zur Spezifik der Empirien in der Volkskunde. Hochschultagung der Deutschen Gesellschaft für Volkskunde in Wien 1998 (Veröffentlichungen des Instituts für Europäische Ethnologie der Universität Wien 20), Wien 2001, S. 93–99.

Quellen

Beobachtungsprotokoll 14. Juni 2016, Treffen mit den freien Mitarbeitern zur Vorbereitung der ExtraSchicht.

Beobachtungsprotokoll und Tonaufnahme des Workshops am 15. Februar 2017.

Interviewarchiv LWL-Industriemuseum 3270.45/0338.

Interviewarchiv LWL-Industriemuseum 3270.45/0339.

Interviewarchiv LWL-Industriemuseum 3270.45/0340.
Interviewarchiv LWL-Industriemuseum 3270.45/0341.
Interviewarchiv LWL-Industriemuseum 3270.45/0342.
Interviewarchiv LWL-Industriemuseum 3270.45/0343.
Interviewarchiv LWL-Industriemuseum 3270.45/0344.
Interviewarchiv LWL-Industriemuseum 3270.45/0345.
Interviewarchiv LWL-Industriemuseum 3270.45/0346.
Interviewarchiv LWL-Industriemuseum 3270.45/0347.

Katarzyna Nogueira
Zwischen Authentizität und Inszenierung: Oral History und die Zeitzeugenschaft des Ruhrbergbaus

Einleitung

Die Geschichte des Ruhrbergbaus wird auf verschiedenen Ebenen bezeugt: Ehemalige Industriegebäude und technische wie alltagshistorische Objekte vermitteln uns als „dinghafte Zeitzeugen"[1] ein Bild der Vergangenheit. Sie bringen uns räumlich nah, was historisch fern und fremd ist.[2] Ihre Anbindung an die Geschichte macht sie zu Informationsträgern und Vermittlern, ist zugleich aber auch ein wesentliches Kriterium für die durch sie entstehenden Authentizitätseffekte, da Geschichte durch sie nahezu sinnhaft erfahrbar zu werden scheint.[3] In der öffentlichen Vermittlungspraxis, insbesondere im Museum, sind beide Aspekte gleichsam von Bedeutung: der den Objekten eingeschriebene Informationsgehalt ebenso wie ihre sinnliche Anmutungsqualität und Aura.[4]

Nun wird die Vergangenheit des Ruhrbergbaus nicht allein über ihre materiellen Relikte vermittelt. Längst sind es auch die Erinnerungserzählungen der Menschen, die im Ruhrbergbau gearbeitet haben oder deren Lebensalltag durch ihn geprägt worden ist, die Einzug in die Praxis regionaler Geschichtskultur und Geschichtsvermittlung gefunden haben. Hierfür spricht die Vielzahl unterschiedlicher Interviewprojekte, welche in den vergangenen rund 50 Jahren im Ruhrgebiet entstanden sind. Obgleich ihnen allen gemein ist, dass sie den subjektiven Blick auf die regionale Geschichte in den Mittelpunkt stellen, unterscheiden sie sich auch voneinander: sei es im Hinblick auf ihren Entstehungskontext, die daran angebundenen Fragestellungen und Zielsetzungen oder aber im Hinblick auf ihren Präsentationsrahmen und medialen Vermittlungsträger. Auch in der methodischen Herangehensweise lassen sich Unterschiede ausmachen. Damit sehen wir uns bis heute einer Vielfalt von Interviewprojekten ge-

---

1 Korff, Gottfried: Zur Eigenart der Museumsdinge, in: Martina Eberspächer u. a. (Hg.): Gottfried Korff. Museumsdinge. Deponieren – Exponieren, Köln u. a. 2002, S. 140–145, hier S. 141.
2 Korff, Gottfried: Speicher und/oder Generator. Zum Verhältnis von Deponieren und Exponieren im Museum, in: Eberspächer u. a. (Hg.): Gottfried Korff, S. 167-178, hier S. 168.
3 Korff: Zur Eigenart, in: Eberspächer u. a. (Hg.): Gottfried Korff, S. 141.
4 Korff, Gottfried/ Roth, Martin: Einleitung, in: Dies. (Hg.): Das historische Museum. Labor, Schaubühne, Identitätsfabrik, Frankfurt (Main) 1990, S. 9–37, hier S. 15–17.

https://doi.org/10.1515/9783110683103-009

genübergestellt. Die Annahme liegt nahe, dass hieran auch unterschiedliche Vorstellungen, Formen und Funktionen des Authentischen angebunden sind. Dass dem Authentischen im Kontext lebensgeschichtlicher Erinnerungserzählung und Zeitzeugenschaft eine besondere Rolle zukommt, zeigt bereits ein kurzer Blick in die geschichtskulturelle Praxis der Region: Die Erinnerungserzählungen ehemaliger Bergleute werden hier durch ihren subjektiven Zeugnischarakter als „authentische Quellen"[5] für die Arbeiten künftiger Generationen gesehen, ehemalige Bergleute erzählen in historischen Dokumentationen „persönlich und authentisch"[6] von ihren Erlebnissen oder teilen in persona als Museumsführer „hautnah und authentisch spannende Geschichten von unter Tage [...]."[7]

Authentizität hat sich bis heute zu einem zentralen Schlagwort sowohl objekt- als auch auch subjektzentrierter Geschichtsvermittlung und Geschichtskultur entwickelt. Doch auch wenn es insbesondere die historische Anbindung ist, die die Objekte und Lebensgeschichten authentisch erscheinen lässt, zeigen sich gerade im Fall personaler Zeitzeugenschaft und individueller Erinnerungserzählungen schnell auch die Grenzen einer vornehmlich als Ursprünglichkeit oder Originalität bestimmten Authentizität. Stärker noch als es bei materiellen Spuren der Vergangenheit der Fall ist, sind Erinnerungsprozesse und damit auch Erinnerungserzählungen dynamischer, wandelbarer und stärker als zum Beispiel Gebäude oder Objekte durch zahlreiche Einflussfaktoren in ihrer Ursprünglichkeit überformbar.[8] Gleiches gilt für ihre Nutzung im geschichtskulturellen Rahmen: Das Interviewmaterial kann je nach Präsentationskontext verändert werden. Es kann editiert, gekürzt oder neu zusammengestellt werden und erfährt auf diese Weise im doppelten Sinne zahlreiche Transfer- und Modifikati-

---

5 Langemeyer, Gerhard: Vorwort, in: Dortmunder Museumsgesellschaft (Hg.): „Leben mit Gneisenau, hundert Jahre ...". Eine Zeche zwischen Dortmund und Lünen. Begleitbuch zur Ausstellung der VHS Dortmund im Museum für Kunst und Kulturgeschichte Dortmund, Essen 1986, S. 7.

6 Aus der Pressemitteilung (16.11.2016) zur im Dezember 2016 ausgestrahlten WDR-Dokumentation „Schicht im Schacht", die die für 2018 vorgesehene Schließung der letzten Ruhrgebietszeche Prosper-Haniel in Bottrop zum Thema machte (https://presse.wdr.de/plounge/tv/wdr_fernsehen/2016/11/20161115_schicht_im_schacht.html, letzter Abruf am 01.02.2017).

7 Das Beispiel bezieht sich auf das Führungsangebot „Triff den Bergmann" am Deutschen Bergbau-Museum Bochum (http://www.bergbaumuseum.de/de/information/events, letzter Abruf am 03.04.2017).

8 Siehe zu den Schwierigkeiten musealer Authentizitäts- und Echtheitszuschreibungen von Objekten: Burmeister, Stefan: Der schöne Schein. Aura und Authentizität im Museum, in: Martin Fitzenreiter (Hg.): Authentizität. Artefakt und Versprechen in der Archäologie (IBAES. Internet-Beiträge zur Ägyptologie und Sudanarchäologie XV), 2014, S. 99–108, hier S. 99 f. (http://www2.rz.hu-berlin.de/nilus/net-publications/ibaes15/publikation/ibaes15_authentizitaet.pdf, letzter Abruf am 14.04.2017).

onsprozesse: durch den Erinnerungs- und Erzählprozess sowie im Zuge ihrer Einbettung in öffentliche Geschichtsrepräsentationen. Damit sind ihre Authentizitätseffekte nicht an die Originalität des Datenträgers, nicht an seine Reliktauthentizität, sondern vielmehr an die Performanz der Erzählung selbst gebunden. Jedes Interview kann in Zeiten technischer Reproduzierbarkeit beliebig oft kopiert oder in neue Medienformate transferiert werden ohne an Authentizität einbüßen zu müssen. Was also lässt Zeitzeugen und Zeitzeugenerinnerungen dennoch authentisch wirken? Und wo liegen die Grenzen des Authentischen? Anhand ausgewählter Fallbeispiele soll mit Blick auf das Ende des deutschen Steinkohlenbergbaus auch nach der künftigen Funktion und Rolle „authentischer" Zeitzeugenschaft in der regionalen Geschichts- und Industriekultur gefragt werden.

Auf der Suche nach authentischer Erinnerung

In der Entstehungsphase der deutschsprachigen Oral History ab den späten 1970er und frühen 1980er Jahren wurde die Glaubwürdigkeit mündlich erzählter Geschichte(n) vor allem von wissenschaftlicher Seite wiederholt angezweifelt. Die junge Oral History verstand sich als Element einer neuen Geschichtsbewegung, die der bis dato vorherrschenden Historiographie „großer Männer" die alltäglichen Erfahrungen der „kleinen Leute" entgegenzustellen versuchte – im Fall des Ruhrgebiets vor allem die Erfahrungen der Arbeiter und ihrer Angehörigen. Historiker wie auch Laienhistoriker, Gedenk- und Geschichtswerkstätten begannen, die Vergangenheit ihrer unmittelbaren Umgebung zu erforschen.[9] Ganz im Sinne der vom schwedischen Literaturhistoriker Sven Lindqvist ausgehenden „Grabe wo Du stehst-Bewegung"[10] sollte Geschichte fortan auch „von unten" geschrieben, statt nur „von oben" in ihrer Authentizität autorisiert zu werden. Einige für diese Phase besonders relevante Projekte fanden ihren Ursprung im Ruhrgebiet. Hervorzuheben sind insbesondere ein Projekt regionaler Spurensucher des Hochlarmarker Geschichts-Arbeitskreises sowie unter anderem Lutz Niethammers Oral History-Projekt zur Lebensgeschichte und Sozialkultur im Ruhrgebiet.

---

9 Paul, Gerhard/ Schossig, Bernhard (Hg.): Die andere Geschichte. Geschichte von unten. Spurensicherung, ökologische Geschichte, Geschichtswerkstätten, Köln 1986.
10 Lindqvist, Sven (Hg.): Grabe wo du stehst. Handbuch zur Erforschung der eigenen Geschichte, Bonn 1989; Heer, Hannes/ Ullrich, Volker: Die „neue Geschichtsbewegung" in der Bundesrepublik. Antriebskräfte, Selbstverständnis, Perspektiven, in: Dies. (Hg.): Geschichte entdecken. Erfahrungen und Projekte der neuen Geschichtsbewegung, Reinbek 1987, S. 9–36.

Die Initialzündung des ersten Projektbeispiels aus Recklinghausen-Hochlarmark bildete ein im Herbst 1978 durch die dortige Volkshochschule angebotener Kurs mit dem Titel „Wissen Sie noch? Hochlarmarker erzählen von früher". An dem Volkshochschulkurs nahmen neben 16 Bewohnern auch die damalige Stadtteilkulturreferentin, ein Grafiker sowie ein Historiker teil. Die Teilnehmer waren Bewohner Hochlarmarks und dem lokalen Steinkohlenbergbau entweder durch ihren beruflichen Werdegang oder durch ihren Lebensalltag verbunden. In gemeinsamen Gesprächen, in Interviews aber auch in der Auseinandersetzung mit historischen Dokumenten und Fotografien wurde die regionale Geschichte mitsamt ihren individuellen Geschichten in wöchentlichen Treffen aufgearbeitet. Inhaltlich lag ein wesentlicher Schwerpunkt dabei auf der Wahrnehmung und Verarbeitung der NS-Vergangenheit und der Nachkriegszeit, doch wurden auch die Erinnerungen an das alltägliche Leben und Arbeiten besprochen. Die Ergebnisse dieser gemeinsamen Arbeiten wurden in die Stadt getragen: Sie mündeten in regional-verankerte Vorträge und Dia-Abende sowie in gemeinsam erarbeitete Ausstellungen zur Stadtteilgeschichte. Zudem bildeten sie die Grundlage für eine 1982 erschienene Publikation, dem „Hochlarmarker Lesebuch",[11] welche als „Buch mit Geschichten zur Geschichte" konzipiert worden ist.[12] Ganz im Sinne der neuen Geschichtsbewegung bot das Projekt den Perspektiven „von unten" eine Plattform, gab den Arbeitern und ihren Angehörigen eine Stimme und stärkte dadurch ihr Bewusstsein für die eigene Geschichte. Gleichzeitig sollte es zur Diskussion anregen. Im Vorwort der Publikation schrieb der Hochlarmarker Geschichts-Arbeitskreis: „[...] es werden Leser da sein, mit der Meinung: ,Das ist aber nicht typisch für Hochlarmark.' Oder: ,In Wirklichkeit war das ganz anders.'"[13] Ziel sei es ihm zufolge jedoch weniger, bloße Identifikationsangebote zu liefern, als durch die Initiativen „zum Gespräch und zur Auseinandersetzung zwischen den Hochlarmarkern über die Entwicklung ihres Stadtteils und seine Zukunft zu führen."[14]

Nahezu zeitgleich, ab 1980, führten Lutz Niethammer und weitere Historikerinnen und Historiker[15] eines der ersten wissenschaftlichen Oral History-Projekte zur Lebensgeschichte und Sozialkultur im Ruhrgebiet zwischen 1930 und

---

11 Hochlarmarker Geschichts-Arbeitskreis (Hg.): Hochlarmarker Lesebuch. Kohle war nicht alles. Hundert Jahre Ruhrgebietsgeschichte, Oberhausen 1981.

12 Goldmann, Margarethe/ Zimmermann, Michael: „Kohle war nicht alles". Das „Hochlarmarker Lesebuch", in: Heer/ Ullrich (Hg.): Geschichte entdecken, S. 345–351, hier S. 345.

13 Vorbemerkung, in: Hochlarmarker Geschichts-Arbeitskreis (Hg.): Hochlarmarker Lesebuch, S. 2.

14 Ebd.

15 Auch am Projekt beteiligt waren zudem: Alexander von Plato, Ulrich Herbert und Dorothee Wierling.

1960, kurz LUSIR, durch.[16] Zunächst an der Universität Essen ansässig, wurde das Projekt an der Fernuniversität Hagen (Institut für Geschichte und Biografie) fortgeführt, wo die Interviewquellen auch heute noch archiviert sind.[17] Mit einer breiten Basis von mehreren 100 InterviewpartnerInnen – darunter vor allem Personen aus der Arbeiterschaft, dem Mittelstand und auch der Wirtschaft – fragten die beteiligten WissenschaftlerInnen im Kern nach den Faschismus- und Nachkriegserfahrungen der Ruhrgebietsbevölkerung. Diese Herangehensweise führte zu unerwarteten Einblicken in ihre Mentalitäten und Deutungswelten[18] und bildete damit langfristig gesehen einen wichtigen Schritt zur allgemeinen Anerkennung der deutschsprachigen Oral History. Hierzu erarbeiteten Lutz Niethammer und seine Kollegen ein wissenschaftlich-methodisches Handwerkszeug, welches in seinen Grundzügen auch noch für die heutige Oral History-Praxis Gültigkeit hat. Erst durch dieses quellenkritische und hermeneutische Methodenrepertoire sei es möglich, an die authentische Erfahrung und möglichst unbeeinflusste Erinnerungsschicht der Interviewpartner zu gelangen sowie die Entstehungszeit der Erfahrungen und Sinnbezüge einzugrenzen.[19] Durch die das Interview begleitende Quellenkritik können, so Niethammer, die „fälschlich eingemischten Überlieferungen" der Erinnerungsschichten und die „Fiktion von Authentizität"[20] als solche erkannt werden.

Trotz LUSIR wurde die Glaubwürdigkeit dieser neuen Quellenform und Forschungsmethode in der Frühphase noch länger in Frage gestellt. Die Erinnerungen und Erzählungen der InterviewpartnerInnen seien potentiell von zu vielen

---

16 Siehe hierzu: Niethammer, Lutz (Hg.): „Die Jahre weiß man nicht, wo man die heute hinsetzen soll." Faschismuserfahrungen im Ruhrgebiet (Lebensgeschichte und Sozialkultur im Ruhrgebiet 1), Berlin/ Bonn 1983; Niethammer, Lutz (Hg.): „Hinterher merkt man, daß es richtig war, daß es schiefgegangen ist." Nachkriegserfahrungen im Ruhrgebiet (Lebensgeschichte und Sozialkultur im Ruhrgebiet 2), Berlin/ Bonn 1983; Niethammer, Lutz/ von Plato, Alexander (Hg.): „Wir kriegen jetzt andere Zeiten." Auf der Suche nach der Erfahrung des Volkes in nachfaschistischen Ländern (Lebensgeschichte und Sozialkultur im Ruhrgebiet 3), Berlin/ Bonn 1985.

17 In Zusammenarbeit mit dem Center für Digitale Systeme (CeDis) und unter Förderung des Ministeriums für Innovation, Wissenschaft und Forschung des Landes NRW sollen u. a. 50 ausgewählte Interviews aus dem LUSIR-Projekt im Online-Archiv „Deutsches Gedächtnis" öffentlich zugänglich gemacht werden.

18 So machte LUSIR deutlich, dass sich die junge Generation der Arbeiterschaft weitgehend ausdifferenziert hatte und die Wahrnehmung der NS-Zeit längst nicht so deutlich von einem kollektiven Widerstand geprägt gewesen sei, wie man es von der damaligen Hochburg der Sozialdemokratie erwartet hätte.

19 Niethammer, Lutz: Fragen – Antworten – Fragen. Methodische Erfahrungen und Erwägungen zur Oral History, in: Ders./ von Plato (Hg.): „Wir kriegen jetzt andere Zeiten", S. 392–433, hier S. 413 f.

20 Ebd., S. 413.

Faktoren beeinflusst, als dass die hier gewonnenen Informationen sichere Indizien für historische Sachlagen bieten würden. Durch die Subjektivität der Quellen könnten keine allgemeingültigen Schlussfolgerungen gezogen werden. Auch situative und zwischenmenschliche Faktoren würden sich während des Erinnerungs- und Erzählprozesses auf das Gesagte und auf das Nicht-Gesagte auswirken. Doch gerade in diesen Punkten, in der Subjektivität, in der Verarbeitung von Erinnerung sowie in der narrativen Konstruktion von Erfahrungen, lag für LUSIR ein zentraler Mehrwert individueller Erinnerungserzählungen.[21]

Was als authentische Erinnerung gedeutet wird, hat sich gewandelt. Während Interviewprojekte der frühen 1980er Jahren noch unter einem gewissen Rechtfertigungsdruck standen, gilt die Oral History als etablierte Forschungsmethode und Quellenform: Sie ist international wie national organisiert und institutionalisiert und wird zunehmend auch an Universitäten unterrichtet.[22] In den vergangenen Jahren und Jahrzehnten entstandenes Interviewmaterial wird zunehmend erschlossen und archiviert sowie für wissenschaftliche Zweitauswertungen zur Verfügung gestellt.[23] Genutzt und gedeutet werden Oral History-Quellen heute für zwei Lesarten: für die Aufarbeitung jener Aspekte der Geschichte, für die sonst keine anderen Quellen vorliegen und für alltags- und wahrnehmungsgeschichtliche Fragestellungen, für die Deutung von Vergangenheit aus einer konkreten und prägenden Gegenwart heraus.

Medialisierte Zeitzeugenschaft

Lebensgeschichtliche Erinnerungserzählungen begegnen uns längst nicht mehr allein als Text oder Tonaufnahme. Heute haben Zeitzeugen nicht nur eine Stimme, sondern auch ein Gesicht bekommen. Diese Erweiterung technischer und performativer Möglichkeiten beförderte maßgeblich die „Geburt des Zeitzeu-

---

21 Ebd.

22 Ihre nationale Institutionalisierung erfährt die deutsche Oral History gegenwärtig beispielsweise am Institut für Geschichte und Biografie der Fernuniversität Hagen oder der Werkstatt der Erinnerung an der Hamburger Forschungsstelle für Zeitgeschichte. Ferner besteht seit 2014 auch das „Netzwerk Oral History" (NOH).

23 So arbeitet gegenwärtig beispielsweise das LWL-Industriemuseum daran, seine seit den 1980er Jahren an den jeweiligen Standorten entstandenen Interviewquellen systematisch zu erfassen und einer interessierten Öffentlichkeit in einem „Erinnerungsarchiv" zugänglich zu machen. Vgl.: Kift, Dagmar/ Schmidt-Rutsch, Olaf: Tonband – Vitrine – Digitalisat. Das Erinnerungsarchiv des LWL-Industriemuseums, in: Westfälische Forschungen. Zeitschrift des LWL-Instituts für Westfälische Forschung 65 (2015), S. 283–292.

gen"[24] als Figur der Geschichtskultur und prägt bis heute mediale Sehgewohnheiten und Geschichtserfahrungen. Gleichzeitig wirkt sich die Diversifizierung der Zeitzeugenfigur auch auf ihre Authentizitätseffekte aus, welche im Folgenden näher in den Blick genommen werden sollen.

Durch die Medialisierung des Zeitzeugen in Form videografierter Interviews ist die Bandbreite seiner emotionalen Ausdrucksfähigkeit gestiegen: Videointerviews eröffnen dem Rezipienten Einblick in die Gestik und Mimik des Erzählers und können das Erzählumfeld und die Erzählsituation vermitteln. Durch diese zusätzlichen Vermittlungsebenen rückt neben den Inhalten zunehmend auch die performative Ebene in den Vordergrund und bietet dem Rezipienten neue Anhaltspunkte, um die Glaubwürdigkeit oder Nicht-Glaubwürdigkeit des Erzählers zu bewerten bzw. seine Gesamterscheinung als authentisch oder nicht-authentisch wirkend zu deuten. Daran angebunden ist die Frage danach, was einen guten Zeitzeugen und einen guten Erzähler ausmacht. Wenn ästhetische Kriterien, ein guter Bildausschnitt oder ein schönes Hintergrundbild in den Vordergrund rücken und gute Erzähler und Erzählsequenzen vorgezogen werden, dann lässt die Performanz der Zeitzeugen Inhalte als Authentizitätsfaktor potentiell aus dem Blick geraten.

Mehr denn je erscheint der subjektive Blick auf die Geschichte zu einem wesentlichen Bestandteil geschichtskultureller Praxis geworden zu sein – so auch im Ruhrgebiet. Zeitzeugen werden hier in diversen Kontexten und durch unterschiedliche Medien nach außen getragen: Sie prägen die Geschichtsbilder historischer Dokumentationen und Fernsehformate oder sind Bestandteil von musealen Sonder- und Dauerausstellungen. Auch erscheinen sie in persona als Museumsführer oder im Rahmen (museums)pädagogischer Programme. Die enorme Popularität und Diversität der Zeitzeugenfigur führen bis heute zu regen Diskussionen über die Vor- und Nachteile ihrer Erinnerungserzählung. Während die Oral History weitgehend anerkannt ist, richtet sich die Kritik gegenwärtig auf die öffentliche Figur des Zeitzeugen. Gerade die methodisch-wissenschaftliche Komplexität, wie sie sich bis heute in der deutschsprachigen Oral History herausgebildet hat, scheint im Kontext öffentlicher Zeitzeugenschaft oftmals eine zu geringe Berücksichtigung zu finden. Dieser Einwand kommt vor allem dann zum Tragen, wenn Zeitzeugen als „talking heads"[25] in Erscheinung treten und es offenkundig weniger um die Vermittlung ihrer eigenen lebensgeschichtlichen

---

24 Vgl. Sabrow, Martin/ Frei, Norbert (Hg.): Die Geburt des Zeitzeugen nach 1945, Göttingen 2012.
25 Vgl. Handro, Saskia: Musealisierte Zeitzeugen. Ein Dilemma, in: Public History Weekly 14 (2014:2) (https://public-history-weekly.degruyter.com/2-2014-14/musealisierte-zeitzeugen-ein-dilemma, letzter Abruf am 16.03.2017).

Hintergründe und spezifischen, teils komplexen Narrative geht, als vielmehr darum, durch sie Geschichte mit besonders eingängigen, gut erzählten und emotionalisierenden Geschichten auszuschmücken. Die Subjektivität und narrative Konstruiertheit, welche in Oral History-Quellen heute als Mehrwert angesehen wird, erfährt beim Zeitzeugen eine verstärkte Problematisierung, da der hierdurch evozierte Authentizitätseffekt lebensgeschichtlicher Erinnerungserzählungen potentiell zu einer fehlenden Hinterfragung ihrer Inhalte und zu einer Erschwerung einer kritisch-distanzierten Haltung führen kann. Überspitzt man diesen Kritikpunkt, ließe sich die Frage stellen, ob es in derartigen Fällen – anders als in der Oral History – weniger um die Suche nach historischer Aufklärung gehe, denn um den bloßen Eindruck glaubwürdig bezeugter, authentischer Erfahrung.[26]

---

26 Diese Thesen fomulierte beispielsweise Dorothee Wierling im Rahmen der Tagung „Opfer, Täter, Jedermann? DDR-Zeitzeugen im Spannungsfeld von Aufarbeitung, Historisierung und Geschichtsvermittlung" vom 14. bis 15. Februar 2015 im Potsdamer Haus der Natur (http://www.arbeit-mit-zeitzeugen.org/teil-1/podium-funktionen-und-potenziale-von-zeitzeugen-in-wissenschaft-und-geschichtskultur/, letzter Abruf am 08.02.2017).

Abb. 1–3: Filmstil aus dem Videointerview mit Alphons Stiller

Ein frühes Beispiel aus dem Ruhrgebiet sowohl für eine mediatisierte und videografierte Interviewpräsentation als auch für eine geschichtskulturelle Spielart personaler Zeugenschaft findet sich im 1977 durch die Filmemacher Gabriele Voss und Christoph Hübner realisierten Interview mit dem ehemaligen Bergarbeiter Alphons Stiller aus Castrop-Rauxel.[27] Das insgesamt 22-stündige Interviewmaterial ist für die spätere Veröffentlichung auf rund 270 Minuten gekürzt und in acht Filme zusammengefasst worden.[28] Teile der Videos (in diesem Fall die Teile fünf bis acht) sind 1979 im WDR ausgestrahlt worden. Die Dokumentation wurde seither in verschiedenen Arbeits- und Bildungszusammenhängen präsentiert, wie etwa in Schulen, Volkshochschulen aber auch als Bestandteil gewerkschaftlicher Bildungsarbeit.

Der Dokumentarfilm setzt die bloße Interviewsituation, die interviewte Person und ihre Erinnerungserzählung in den Mittelpunkt. Bewusst verzichteten die Filmemacher dabei auf weitere Bebilderungen und auf Befragungen zusätzlicher Personen. Gerade diese, möglichst einfach gehaltene und auf die Erzählsituation reduzierte Herangehensweise ist es, so die Filmemacher, die das Ergebnis besonders authentisch erscheinen lässt: „Von der Fülle der geläufigen Möglichkeiten, Vergangenes lebendig zu machen, bleibt am Schluss wenig zur Wahl, wenn das Zeugnis dieses Lebens in seiner Authentizität und Einzigartigkeit nicht zerstört werden soll."[29] Diese besondere, der Erzählung innewohnende Authentizität besteht in diesem Fall gerade in der Einzigartigkeit der Erinne-

---

27 Bereits vor dem Dokumentarfilm um Alfons S. stellten beide Filmemacher den Menschen des Ruhrgebiets, seine Perspektiven und Erfahrungen in den Mittelpunkt. So zum Beispiel in den Dokumentationen „Huckinger März" (1974) oder „Der zweite Blick. Prosper-Ebel – Chronik einer Zeche und ihrer Siedlung" (1983); Alphons Stiller ist 1906 im Saarland geboren. Seine Erinnerungserzählungen konzentrieren sich auf seinem beruflichen Werdegang und seine Faschismuserfahrungen. Er verstarb 1979.

28 Die Filme sind 1987 als Videokassetten, 2006 auf DVD erschienen: Hübner, Christoph u. a.: Lebensgeschichte des Bergarbeiters Alfons S. Ein Bio-Interview in acht Filmen, 1975.

rungen, in der Schlichtheit der Präsentationsweise sowie in dem Versuch einer größtmöglichen Reduktion filmischer Inszenierungsmaßnahmen. Mit der Fokussierung auf Alphons Stiller stellen die Filmemacher inhaltlich zugleich auch die Subjektivität der Erzählung in den Mittelpunkt. Doch wird ihnen zufolge dadurch die Authentizität des Ergebnisses nicht geschmälert, im Gegenteil: „Wir haben kein sogenanntes objektives Bild der Geschichte schaffen wollen. Solche Bilder sind immer zusammengesetzt und von Interessen bestimmt. Hier wird Geschichte und Lebensgeschichte erzählt aus der Interessenslage eines Arbeiters."[30] In diesem Fall wird die durch eine konkrete Person unmittelbar erlebte und vermittelte Geschichte als besonders authentischer Zugang zur Vergangenheit gewertet, vor allem dann, wenn ihr der notwendige und größtmögliche Erzählrahmen geboten und die Performanz des Interviews auf den Befragten reduziert wird.

Das Interviewprojekt lässt sich methodisch nicht gänzlich in der Oral History verorten, zeigen die hiermit verbundenen Zielsetzungen und methodischen Überlegungen vielmehr deutliche Gemeinsamkeiten mit der neuen Geschichtsbewegung der späten 1970er und frühen 1980er Jahre. Denn auch der als sogenanntes „Bio-Interview"[31] konzipierte Dokumentarfilm sieht sich konzeptionell in Abgrenzung zur bis dato vorherrschenden Historiographie. Wie auch viele der damaligen Oral History-Projekte sahen die Filmemacher in ihrem Projekt die Gelegenheit, Individualgeschichte in der Zeitgeschichte sichtbar zu machen und dabei vor allem jene Perspektiven in den Blick zu nehmen, die in der bisherigen Geschichtsschreibung unterrepräsentiert geblieben waren. Zudem wollte das Projekt dazu anregen, die Geschichtlichkeit in der eigenen Umgebung zu suchen, auf vergleichbare Weise zu erfassen und zu bewahren. Vor allem SchülerInnen sollten angeregt werden, Geschichte nicht als reine Ansammlung von Daten zu begreifen, sondern die menschlichen Erfahrungen hinter ihr zu erkennen.[32] In Abgrenzung zur Geschichtsvermittlung historischer Daten, würde durch das Interview „lebendige Geschichte" erfahrbar werden.[33] Hierfür sei der Zugang zur Geschichte durch Lebensgeschichten besonders geeignet: „Hätten wir uns auf diese Art in der Schule mit Geschichte beschäftigt", schreibt die Au-

---

29 Materialanhang, in: Stüber, Jaimi (Hg.): Textbuch zum Filmzyklus „Lebensgeschichte des Bergarbeiters Alphons S." Ein Bio-Interview in acht Filmen von Alphons Stiller, Gabriele Voss und Christoph Hübner, Bremen 1980, S. 124–141, hier S. 124 f.
30 Ebd.
31 Das Konzept des „Bio-Interviews" wurde durch den sowjetischen Schriftsteller und Theoretiker Sergej Tretjakov geprägt: Tretjakow, Sergej: Den Schi-Chua. Ein junger Chinese erzählt sein Leben. Bio-Interview, Berlin 1932; vgl.: Stüber (Hg.): Textbuch zum Filmzyklus.
32 Stüber, Jaimi: Einleitung, in: Dies. (Hg.): Textbuch zum Filmzyklus, S. 8–10.
33 Stüber, Jaimi: Vorwort, in: Dies. (Hg.): Textbuch zum Filmzyklus, S. 7.

torin des Begleitbandes, Jaimi Stüber, im Vorwort, „dann hätten wir einen ganz anderen Zugang zu ihr gehabt."

Aus heutiger Sicht steht diese eher puristische und fokussierte Annäherung an die lebensgeschichtliche Perspektive einer Person in Kontrast zu der aktuell verbreiteten Präsentationsform des Zeitzeugen als einem von mehreren Stichwortgebern. Der Eindruck von Authentizität entsteht hier durch den Verzicht auf ergänzendes Material, durch die Fokussierung auf das Eigentliche und die Sichtbarmachung der Erzählsituation. Zusammengenommen evoziert diese Herangehensweise eine erzählerische Unmittelbarkeit und größtmögliche Ursprünglichkeit. Sie steht damit im Kontrast zur oftmals kritisierten Unsichtbarmachung der Erzählsituation und Konstruiertheit medialer Präsentationen – vor allem dann, wenn der Kamerafokus nur einen Blick auf das Gesicht vor vereinheitlichtem und neutralem Hintergrund erlaubt und eine zeit- und ortlose Gültigkeit der Erinnerung inszeniert.[34]

Authentizitätsfiktionen

Eine andere Spielart lebensgeschichtlich orientierter Erzählformen bilden sogenannte „Authentizitätsfiktionen".[35] Diese finden sich vor allem in jenen historischen Spielfilmen wieder, die mit Handlungen und Lebensgeschichten arbeiten, welche grundsätzlich fiktiv sind, sich aber so oder zumindest so ähnlich hätten abspielen können. Oftmals sind sie an historischen Sachlagen orientiert, erlauben sich jedoch gerade auf der subjektiven Ebene der Protagonisten, auf der Ebene ihrer Wahrnehmungen und Deutungen sowie ihrer situativ-spezifischen Interaktionen mit anderen Figuren künstlerische Freiräume. Für ein stimmiges und authentisch wirkendes Gesamtbild müssen dem Rezipienten genügend Wiedererkennungspunkte gegeben werden, die es ihm ermöglichen, die fiktive Geschichte einer historischen Begebenheit, Zeit oder Person zuzuordnen. Erst durch diese Kohärenz des Dargestellten mit den Erwartungen des Rezipienten kommen in medialen Geschichtsfiktionen auch Effekte des Authentischen zum Tragen. Dies gilt dabei nicht allein für wesentliche Handlungsstränge oder Kulissenelemente, sondern auch für die Verhaltensweisen, Redensarten und Deutungswelten der Protagonisten.

Ein aktuelles und bergbaunahes Beispiel für eine solche Authentizitätsfiktion ist der 2016 von Adolf Winkelmann inszenierte Film „Junges Licht". Es han-

---

34 Vgl. Handro: Musealisierte Zeitzeugen.
35 Schmidt, Siegfrid J.: Lernen, Wissen, Kompetenz, Kultur. Vorschläge zur Bestimmung von vier Unbekannten, Heidelberg 2005.

delt sich hierbei um den gleichnamigen Film des Romans des deutschen Schrift-
stellers Ralf Rothmann, der 2004 erschienen ist und die Nachkriegszeit in Dortmund aus der Sicht des aus dem Bergarbeitermilieu stammenden Jungen Julian
Collien schildert. Um hier für eine größtmögliche Kohärenz zwischen dem Dargestellten und dem Bekannten zu sorgen, zog der Filmemacher Adolf Winkelmann zahlreiche Berater, darunter auch Zeitzeugen, hinzu. „Man kennt all das",
schrieb DIE ZEIT im Mai 2016 in einer Rezension des Spielfilmes, „diese Sätze und
diese Bilder, die die Bewusstseinsgrundlage und das Selbstverständnis der jungen Republik geprägt haben: die Wäsche, die im Wind flattert und in der rußge-
schwärzten Luft nicht lange sauber bleibt."[36] Was geschieht, wenn die Authentizitätsvorstellungen von Produzenten und Rezipienten nicht übereinstimmen,
zeigte eindrücklich die Veröffentlichung des dreiteiligen Romans die „Kohle-
Saga" durch Rafael Seeligman zwischen 2006 und 2008. Denn das im Untertitel
als Tatsachenroman bezeichnete Werk stieß – gerade im Kreis ehemaliger Bergleute – auf deutliche Kritik und ist, obgleich es sich um eine fiktive Geschichte
handelte, als nicht authentisch wirkend beurteilt worden.[37]

Der musealisierte Zeitzeuge

Gerade Museen gelten als Orte des Authentischen. Für das „Museum als Institution, die sich über das Sammeln, Bewahren, Erforschen und Ausstellen seiner
Objekte definiert, bleiben die Originale die raison d'être."[38] Heute sind sie einige
der wenigen Orte, an denen Begegnungen mit dem Unmittelbaren, mit „originalen" und „authentischen" Objekten der Vergangenheit möglich sind. In einer
medialisierten Welt bieten sie eine „Konträrfaszination des Authentischen".[39]
Eben diese „Authentizität der Dinge"[40] ist es, die die Erfolgsgeschichte des
Museums mitbegründet hat. Objekten, Dokumenten, Fotografien oder Erinne-

---

36 Schröder, Christoph: Junges Licht. Kohle, Stahl, Arbeit, Aufschwung, in: Zeit online vom
11.05.2016 (http://www.zeit.de/kultur/film/2016-05/junges-licht-film-rothmann-charly-hueb-
ner, letzter Abruf am 30.10.2017).
37 Vgl.: Assmann, Heinz: Widerspruch beim Lesen der „Kohle-Saga – Der Tatsachenroman aus
dem Revier", Hamm 2008.
38 Thiemeyer, Thomas: Die Sprache der Dinge. Museumsobjekte zwischen Zeichen und Erscheinung, in: Museen für Geschichte (Hg.): Online-Publikation der Beiträge des Symposiums
„Geschichtsbilder im Museum" im Deutschen Historischen Museum Berlin, Februar 2011
(http://www.museenfuergeschichte.de/downloads/news/Thomas_Thiemeyer-Die_Sprache_-
der_Dinge.pdf, letzter Abruf am 16.04.2017).
39 Korff: Zur Eigenart der Museumsdinge, S. 141.
40 Ebd.

rungserzählungen wird bereits durch den Einzug in das Museum kulturelle Bedeutung und gesellschaftliche Relevanz zugesprochen. Es authentisiert und authentifiziert sie und bestätigt ihren Bewahrungs- und Vermittlungswert. Authentizitätseindrücke entstehen hier als unausgesprochene Vereinbarung zwischen Besuchern, Ausstellungsmachern und der Institution, als „collaborative hallucination".[41]

Standen im Ruhrgebiet zu Beginn der Musealisierung des Bergbaus vielfach noch die Geologie, die Technik- und Unternehmensgeschichten im Fokus, verschob sich der Schwerpunkt ab den 1970er Jahren hin zum Alltäglichen, zum Arbeiten und Leben der Menschen und damit auch zu ihren Objekten – seien sie noch so unscheinbar. Eine Vorreiterrolle im Ruhrgebiet übernahm hier das heutige Ruhr Museum in Essen, welches vor allem mit der Neukonzeption seiner Dauerausstellung 1984 (Arbeit und Alltag um 1900. Industrie- und Sozialgeschichte des Ruhrgebietes) seinen Themenschwerpunkt auf die sozialen und gesellschaftlichen Erscheinungen rund um den Bergbau verlegte. Die Musealisierung des Populären und des Alltäglichen ging mit neuen Fragestellungen einher, deren Beantwortung neue Quellen- und Vermittlungsformen nach sich zog und zur allmählichen Musealisierung des Zeitzeugen führte. So setzte beispielsweise das 1979 gegründete LWL-Industriemuseum/Westfälisches Landesmuseum für Industriekultur bereits früh auf die Generierung, Bewahrung und museale Nutzung lebensgeschichtlicher Perspektiven ehemaliger Mitarbeiter der jeweiligen Museumsstandorte.[42] Bis heute sind die partizipative Einbindung der Community durch Interviews wesentlicher Bestandteil der dortigen Museumsarbeit.

Der Gedanke einer „demokratischen Geschichtsschreibung", wie ihn auch die neue Geschichtsbewegung prägte, fand im Ruhrgebiet ab den 1980er Jahren Einzug in die Museumswelt, so beispielsweise durch Ausstellungen wie „100 Jahre Leben mit Gneisenau – eine Zeche zwischen Dortmund und Lünen",[43] welche vor dem Hintergrund der für 1985 festgesetzten Schließung der Zeche Gneisenau in Dortmund-Derne entstand. Die Ausstellung verstand sich angesichts der baldigen Zechenschließung als Projekt der Spurensicherung, in dem die subjektiven Wahrnehmungen, Deutungen und Erfahrungen der Arbeiter ernst genommen und nach außen getragen werden sollten. Sie entstand in Zusam-

---

41 Kirshenblatt-Gimblett, Barbara: Destination Culture. Tourism, Museums and Heritage, Berkeley/ Los Angeles 1998, S. 168.
42 Das dezentral organisierte Museum verfügt heute über acht Standorte. Dazu gehören die Zeche Zollern (Dortmund), Zeche Hannover (Bochum), Zeche Nachtigall (Witten), Henrichshütte Hattingen, Schiffshebewerk Henrichenburg, TextilWerk Bocholt, Ziegeleimuseum Lage und die Glashütte Gernheim.
43 Vgl. Dortmunder Museumsgesellschaft (Hg.): „Ein Leben mit Gneisenau, hundert Jahre ...".

menarbeit mit der Volkshochschule Dortmund und dem Dortmunder Museum für Kunst- und Kulturgeschichte und bot zunächst Bergleuten Wochenendseminare zur Medienkompetenz an. Schnell entstand in diesen Seminaren die Idee, das Leben und Arbeiten auf und rund um die Zeche Gneisenau zu dokumentieren. Sodann wurden Anlässe zum Reden und Erzählen geschaffen, größtenteils direkt vor Ort auf Gneisenau. Das Projekt setzte „[...] ein bei den Menschen dort, den Objekten, den Phänomenen, so, wie die Bearbeiter des Projektes sie im realen Zusammenhang ihres Alltags vorfanden. Es wurde versucht, diese Phänomene, Verhaltensweisen und Gewohnheiten in Beschreibungen und auf Fotos festzuhalten, vor allem aber, sie durch die Erzählungen der Kumpels aus sich heraus sprechen zu lassen."[44] Weiter heißt es im Begleitband: „In erster Linie ging es den Organisatoren um die möglichst ungefilterte Darstellung der Phänomene. [...] Die wissenschaftliche Analyse kann anderen überlassen werden. Für sie sind die Bilder der Ausstellung und Texte des Buches Quellen, die es zu erschließen gilt – authentische Quellen und keine erfundenen Geschichten."[45] Durch diese Annäherungsweise sind das Projekt mehr als Feldforschung denn als reines Interviewprojekt zu verstehen und die Beobachter selbst als Zeitzeugen der letzten Tage auf der Zeche Gneisenau. Der Ansatz ist dadurch vergleichbar mit dem Bio-Interview von Alphons Stiller, da in beiden Fällen eine größtmögliche Annäherung an das Ausgangsmaterial und die Entstehungssituation angestrebt worden ist. Im Unterschied zum Video-Projekt handelt es sich bei der Gneisenau-Ausstellung jedoch um eine Mischung unterschiedlicher Präsentationsformen und Medien, die miteinander zu einem „Kaleidoskop von Zeichen und Zeugnissen"[46] zusammengestellt worden sind.

Wie bei diesen frühen Interview- und Ausstellungsprojekten gibt es auch heute Initiativen, die Erinnerungserzählungen als Weg sehen, gängige Narrative zu hinterfragen und neue Perspektiven aufzuzeigen. Deutlich wird dies beispielsweise, wenn es um das Thema Migration und kulturelle Vielfalt im Ruhrbergbau geht. Nahezu durchgehend war der Steinkohlenbergbau durch Zuwanderungsbewegungen geprägt, ab Mitte der 1950er Jahre insbesondere durch die sogenannte Gastarbeiteranwerbung. Gerade im Zuge der Jährung der Anwerbeabkommen nutzen regionale Museen ihre Zeitzeugenarbeit zur Aufarbeitung und Vermittlung lebensgeschichtlicher Perspektiven von Zuwanderern und ih-

---

44 Langemeyer: Vorwort, S. 7.
45 Ebd.
46 Spiker, Jürgen: Lesehinweise, in: Dortmunder Museumsgesellschaft (Hg.): „Leben mit Gneisenau, hundert Jahre ...", S. 9–10, hier S. 10.

ren Familien.[47] Doch auch Kulturvereine machen „von unten" auf ihre Geschichte(n) aufmerksam. So beispielsweise die Ausstellung „Glückauf in Deutschland",[48] die als Wanderausstellung konzipiert worden ist und erstmals im Oktober 2015 zu sehen war. Ausgangspunkt des Projektes waren Gesprächskreise ehemaliger Gastarbeiter im Verein für Internationale Freundschaften e. V., der seit 1987 in der Dortmunder Nordstadt aktiv ist. Hier entstand die Idee zum Projekt, welches sich auf die Spurensuchen nach der Zuwanderungs- und Lebensgeschichte türkischer Jugendlicher begab, die 1964 in das Ruhrgebiet und in den Ruhrbergbau kamen. Es sollte Einblicke in ihren Werdegang, ihre Gedanken und Perspektiven eröffnen und ihnen die Möglichkeit geben, die Geschichte(n) türkischer Zuwanderung aus der eigenen Perspektive heraus nach außen zu tragen und diese zugleich in das industriekulturelle Narrativ einzuschreiben.

Abb. 4: Interview mit dem Castroper Pestalozzivater Dieter Barylla für das Projekt „Glückauf in Deutschland"

Der professionalisierte Zeitzeuge

Bei der Vermittlung regionaler Bergbaugeschichte spielt der „authentische Ort" eine entscheidende Rolle. Zahlreiche ehemalige Industriestandorte sind erhalten worden, um museal oder kulturell genutzt zu werden. So werden „authentische Industriestandorte" beispielsweise im westfälischen LWL-Industriemuseum wie auch im rheinischen LVR-Industriemuseum für die Vermittlung regionaler Geschichte genutzt. Die Zeche Zollverein in Essen erreichte gar den Status des kulturellen Welterbes, um nur einige Beispiele zu nennen. Viele ehemalige

---

47 Zum Beispiel die Ausstellung „Glückauf und Uğur Ola – türkische Kumpel zwischen Zonguldak und dem Ruhrgebiet" im Deutschen Bergbau-Museum Bochum (DBM) vom 21.10.2014 bis zum 12.04.2015.
48 Vgl. Waltz, Viktoria/ Verein für Internationale Freundschaft e. V. Dortmund (Hg.): Glückauf in Deutschland, Oberhausen 2015.

Zechen jedoch bestehen heute nicht mehr. Dem Bild eines vom aktiven Stein-kohlenbergbau geprägten Ruhrgebietes kann man sich in der Vermittlung nur noch punktuell annähern, da es keine aktiven Bergwerke mehr gibt und sich das Ruhrgebiet im Zuge des Strukturwandels deutlich verändert hat. Hier kön-nen durch Erinnerungserzählungen von Zeitzeugen Lücken gefüllt und das Ruhrgebiet der Vergangenheit narrativ nachgezeichnet werden, indem in ihnen bildhaft Standorte, Eindrücke und Erfahrung geteilt und vergegenwärtigt wer-den.

Diese vergegenwärtigte und nacherlebbare Vergangenheit wird vor allem dann in ihren Authentizitätseffekten wirkmächtig, wenn Zeitzeugenerzählungen nicht in Medien fixiert und durch Medien vermittelt werden, sondern Zeitzeugen „in echt" auftreten und mit ihren Erinnerungserzählungen und Emotionen per-formativ und unmittelbar erfahrbar werden. Anders als bei medialen Vermitt-lungsformen bestehen hier weniger Transfer- und Modifikationsprozesse und weniger Zwischeninstanzen. Die Unmittelbarkeit zeigt sich beispielsweise in der Möglichkeit der Interaktion mit dem Zeitzeugen, da Fragen gestellt und Antwor-ten erhalten werden können. Das Erzählte ist, anders als in medial fixierten Er-zählungen, unvorhersehbar – wenn man so mag, in gewisser Weise gar einzigar-tig. Dies mag für die Authentizitätseindrücke der Rezipienten förderlich sein, birgt aber ohne kritische Hinterfragung die Gefahr der Blendung.

Im Ruhrgebiet ist ein derartiger Einsatz von Zeitzeugen nicht unüblich, sei es im Rahmen von regelmäßigen Erzählcafés, als Teil museumspädagogischer Programme oder in Begleitveranstaltungen musealer Sonderausstellungen. So sind ehemalige Bergleute im Deutschen Bergbau-Museum Bochum Teil des mu-seumspädagogischen Programms „Triff den Bergmann" und führen durch das Anschauungsbergwerk. Aus ihrer eigenen Erfahrung heraus können sie vermit-teln, was durch das Anschauungsbergwerk allein nicht vermittelt werden kann. Auch das LWL-Industriemuseum bietet regelmäßig Zeitzeugengespräche mit ehemaligen Bergleuten an. Hinzu kommen Initiativen und Geschichtskreise, die vor allem durch ehemalige Bergleute getragen werden. Ein Beispiel von vielen bildet hier die Arbeit des Geschichtsforums Nordsternpark in Gelsenkirchen, welches sich vor allem aus ehemaligen Mitarbeitern der Zeche Nordstern zusam-mensetzt. Sie führen durch das Gelände des ehemaligen Zechenstandortes und nutzen auch einen eigens errichteten Stollen für ihre Vermittlungsarbeit. Sie lie-fern allgemeine Informationen, lassen jedoch immer auch eigene Erlebnisse ein-fließen und nutzen ihre berufliche Erfahrung im Dialog mit den Besuchern des Nordsternparks. Oftmals lässt sich in solchen Fällen von professionellen Zeit-zeugen sprechen, die, wie beispielsweise im Falle des Nordsternparks, mit ihren lebensgeschichtlichen Perspektiven bereits auch in Zeitungen, Interviewprojekten und Ausstellungen auftauchen.[49] Man muss sich bewusst sein, dass deren Erzählungen bereits mehrfach nach außen getragen und im Laufe der Zeit inhaltlich wie erzählerisch perfektioniert worden sind. Durch die enge geschichts- und industriekulturelle Vernetzung gibt es gegenwärtig nicht wenige derart routinierte Zeitzeugen. Obgleich auch ihre Perspektiven spannende Einblicke liefern, sollten auch die Wahrnehmungen und Deutungen derjenigen Zeitzeugen Einzug in die regionalen Geschichtsnarrative erhalten, die keine guten Erzähler sind, keine Erfolgsgeschichten zu erzählen haben oder vielleicht nur wenige Jahre im Bergbau verbracht haben und sich entsprechend kaum mit diesem identifizieren.

Abb. 5: Wilhelm Weiss (rechts), Mitglied des Geschichtsforums Nordsternpark vor seiner Interviewstation in der Ausstellung „Wandel ist immer"

Der „Bergbau-Zeitzeuge" scheint im Ruhrgebiet gegenwärtig eine besondere Popularität zu erfahren. Das mag am weiterhin omnipräsenten Ende des Ruhrbergbaus liegen, welches Erzähl- und Erinnerungsanlässe produziert. Vielleicht ist es auch das Bewusstsein darum, dass nicht nur die Schließung der letzten Zechen eine Zäsur darstellt, sondern, dass der erlebte und gelebte Bergbau gegenwärtig vor allem noch in der Erinnerung der Zeitzeugen weiterlebt und mit ihnen aus dem kommunikativen Gedächtnis des Ruhrgebiets zu entschwinden droht. Diese zweite Zäsur wird vor allem Auswirkungen auf die regionale Erinnerungs- und Geschichtskultur haben. Wenn nicht mehr auf „echte" Zeitzeugen zurückgegriffen werden kann, werden nur die Interviewquellen bleiben, die im Laufe der Jahre in der Region generiert worden sind. Hierzu wäre eine Erschließung bisheriger Projekte notwendig. Während das LWL-Industriemuseum in den ver-

---

49 In diesem Fall nahmen die Zeitzeugen beispielsweise Teil am Projekt „Digitaler Gedächtnisspeicher. Menschen im Bergbau", einem Oral History-Projekt des Deutschen Bergbau-Museums Bochum (DBM) in Kooperation mit der Stiftung Geschichte des Ruhrgebiets (SGR). Zugleich waren ihre Erinnerungserzählungen auch Teil der Ausstellung „Wandel ist immer" im Nordsternturm in Gelsenkirchen.

gangenen Jahren bestehendes Interview-Material in das „Erinnerungsarchiv Industriearbeit" überführt hat, gibt es auch andere Projekte, die sich zum Ziel setzen, Interviewquellen zu generieren und auch für künftige Generationen nutzbar zu halten. Das in Kooperation zwischen der Stiftung Geschichte des Ruhrgebiets (SGR) und dem Deutschen Bergbau-Museum Bochum (DBM) durchgeführte Oral History-Projekt „Digitaler Gedächtnisspeicher: Menschen im Bergbau"[50] nahm das Ende des deutschen Steinkohlenbergbaus zum Anlass, Interviewquellen zu generieren. Bis 2018 sind so rund 90 lebensgeschichtliche Videointerviews durchgeführt, erschlossen und im Sinne einer digitalen Langzeitarchivierung künftigen Generationen für wissenschaftliche aber auch für (geschichts)kulturelle oder pädagogische Zwecke zur Verfügung gestellt worden. Der Interviewpool setzt sich aus unterschiedlichen Generationen, Herkünften und beruflichen Hierarchieebenen zusammen mit dem Ziel, die größtmögliche Multiperspektivität auf den Steinkohlenbergbau der vergangenen rund 60 Jahre zu ermöglichen.

Die Bedeutung ‚authentischer' Zeitzeugenschaft für das industriekulturelle Erbe – ein Ausblick

Der allgemeine Zeitzeugenboom der Gegenwart kann als Sehnsucht nach dem Authentischen in einer Welt des „Nicht-Authentischen"[51] oder als Kompensation von Entfremdungserscheinungen in postindustriellen Regionen wie dem Ruhrgebiet gewertet werden.[52] Vor allem in Zeiten gesellschaftlicher Umbrüche scheinen die durch Erinnerungserzählungen entstehenden Erinnerungs- und Identifikationsanlässe wirksam zu werden.[53] Die Rückbesinnung auf eine geteilte Vergangenheit kann in diesen Fällen das Gefühl der Kontinuität und Zugehörigkeit stärken. Insbesondere wenn die Wissensbestände der Rezipienten mit dem Dar-

---

50 Siehe hierzu: Farrenkopf, Michael/ Moitra, Stefan: Authentifizierungsstrategien von Bergbau-Zeitzeugen im Deutschen Bergbau-Museum (DBM) und Zeitzeugenprojekte des Montanhistorischen Dokumentationszentrums (montan.dok), in: Forum Geschichtskultur Ruhr (2015:1), S. 39–41; Moitra, Stefan: Interviewprojekt „Digitaler Gedächtnisspeicher: Menschen im Bergbau". Ein Zwischenbericht, in: Forum Geschichtskultur Ruhr (2015:1), S. 48.
51 Lévi-Strauss, Claude (Hg.): Strukturale Anthropologie, Frankfurt (Main) 1967, S. 391.
52 Knaller, Susanne/ Müller, Harro: Einleitung. Authentizität und kein Ende, in: Dies. (Hg.): Authentizität. Diskussion eines ästhetischen Begriffs, München 2006, S. 7–16.
53 von Plato, Alexander: Lebensgeschichtliche Erinnerungszeugnisse in Museen und Ausstellungen, in: Bios – Zeitschrift für Biographieforschung und Oral History (1992:2), S. 213–230, hier S. 217.

gestellten – sei es als „Geschichte von unten" oder als Bekräftigung dominierende Narrative – kongruent sind, werden sie als besonders authentisch wahrgenommen. Dies gilt nicht nur für Geschichtsbilder und -narrative, die, wie es vor allem bei den frühen Projekten der neuen Geschichtsbewegung und Oral History der Fall war, informierend und aktivierend in die Community hineinwirken wollten. Immer wichtiger werden angesichts einer zunehmenden kulturellen Vernetzung und touristischen Prägung der Region vielmehr auch die nach außen getragenen Bilder. Das kulturelle Erbe kann in Kontrast zur kritischen Spurensuche der 1980er Jahre gesehen werden, da hiermit Prozesse einer fortschreitende Kommodifizierung und Harmonisierung des Historischen und einer zunehmenden Kommerzialisierung und Inszenierung des Authentischen einhergehen.[54]

Für künftige Vermittlungswege industriekulturellen Erbes gilt es, dieser Entwicklung Alternativen gegenüberzustellen, damit der Zeuge und die Bezeugung nicht wichtiger werden als das Zeugnis selbst.

Literatur

Assmann, Heinz: Widerspruch beim Lesen der „Kohle-Saga – Der Tatsachenroman aus dem Revier", Hamm 2008.

Burmeister, Stefan: Der schöne Schein. Aura und Authentizität im Museum, in: Martin Fitzenreiter (Hg.): Authentizität. Artefakt und Versprechen in der Archäologie (IBAES. Internet-Beiträge zur Ägyptologie und Sudanarchäologie XV), 2014, S. 99–108 (http://www2.rz.hu-berlin.de/nilus/net-publications/ibaes15/publikation/ibaes15_authentizitaet.pdf, letzter Abruf am 14.04.2017).

Dortmunder Museumsgesellschaft (Hg.): „Ein Leben mit Gneisenau, hundert Jahre …". Eine Zeche zwischen Dortmund und Lünen. Begleitbuch zur Ausstellung der VHS Dortmund im Museum für Kunst- und Kulturgeschichte der Stadt Dortmund, Essen 1986.

Farrenkopf, Michael/ Moitra, Stefan: Authentifizierungsstrategien von Bergbau-Zeitzeugen im Deutschen Bergbau-Museum (DBM) und Zeitzeugenprojekte des Montanhistorischen Dokumentationszentrums (montan.dok), in: Forum Geschichtskultur Ruhr (2015:1), S. 39–41.

Goldmann, Margarethe/ Zimmermann, Michael: „Kohle war nicht alles". Das „Hochlarmarker Lesebuch", in: Hannes Heer/ Volker Ullrich (Hg.): Geschichte entdecken. Erfahrungen und Projekte der neuen Geschichtsbewegung, Hamburg 1985, S. 345–351.

Handro, Saskia: Musealisierte Zeitzeugen. Ein Dilemma, in: Public History Weekly 14 (2014:2) (https://public-history-weekly.degruyter.com/2-2014-14/musealisierte-zeitzeugen-ein-dilemma, letzter Abruf am 16.03.2017).

---

54 Sabrow, Martin/ Saupe, Achim: Historische Authentizität. Zur Kartierung eines Forschungsfeldes, in: Dies. (Hg.): Historische Authentizität, Göttingen 2016, S. 7–28, hier S. 15.

Heer, Hannes/ Ullrich, Volker: Die „neue Geschichtsbewegung" in der Bundesrepublik. Antriebskräfte, Selbstverständnis, Perspektiven, in: Dies. (Hg.): Geschichte entdecken. Erfahrungen und Projekte der neuen Geschichtsbewegung, Hamburg 1985, S. 9–36.

Hochlarmarker Geschichts-Arbeitskreis (Hg.): Hochlarmarker Lesebuch. Kohle war nicht alles. Hundert Jahre Ruhrgebietsgeschichte, Oberhausen 1981.

Kift, Dagmar/ Schmidt-Rutsch, Olaf: Tonband – Vitrine – Digitalisat. Das Erinnerungsarchiv des LWL-Industriemuseums, in: Westfälische Forschungen. Zeitschrift des LWL-Instituts für Westfälische Forschung 65 (2015), S. 283–292.

Kirshenblatt-Gimblett, Barbara: Destination Culture. Tourism, Museums and Heritage, Berkeley/ Los Angeles 1998.

Knaller, Susanne/ Müller, Harro: Einleitung. Authentizität und kein Ende, in: Dies. (Hg.): Authentizität. Diskussion eines ästhetischen Begriffs, München 2006, S. 7–16.

Korff, Gottfried: Das Popularisierungsdilemma, in: Landesmuseum für Arbeit und Technik Mannheim (Hg.): Zauberformeln des Zeitgeistes. Erlebnis, Event, Aufklärung, Wissenschaft. Wohin entwickelt sich die Museumslandschaft?, Mannheim 2001, S. 49–63.

Korff, Gottfried: Zur Eigenart der Museumsdinge, in: Martina Eberspächer u. a. (Hg.): Museumsdinge. Deponieren – Exponieren, Köln u. a. 2002, S. 140–145.

Korff, Gottfried: Speicher und/oder Generator. Zum Verhältnis von Deponieren und Exponieren im Museum, in: Martina Eberspächer u. a. (Hg.): Gottfried Korff. Museumsdinge. Deponieren – Exponieren, Köln u. a. 2002, S. 167-178.

Korff, Gottfried/ Roth, Martin: Einleitung, in: Dies. (Hg.): Das historische Museum. Labor, Schaubühne, Identitätsfabrik, Frankfurt (Main) 1990, S. 9–37.

Langemeyer, Gerhard: Vorwort, in: Museum für Kunst und Kulturgeschichte der Stadt Dortmund (Hg.): „Leben mit Gneisenau, hundert Jahre …". Eine Zeche zwischen Dortmund und Lünen. Begleitbuch zur Ausstellung der VHS Dortmund im Museum für Kunst und Kulturgeschichte Dortmund, Essen 1986, S. 7.

Lévi-Strauss, Claude (Hg.): Strukturale Anthropologie, Frankfurt (Main) 1967.

Lindqvist, Sven: Grabe wo du stehst. Handbuch zur Erforschung der eigenen Geschichte, Bonn 1989.

Moitra, Stefan: Interviewprojekt „Digitaler Gedächtnisspeicher: Menschen im Bergbau". Ein Zwischenbericht, in: Forum Geschichtskultur Ruhr (2015:1), S. 48.

Niethammer, Lutz (Hg.): „Die Jahre weiß man nicht, wo man die heute hinsetzen soll." Faschismuserfahrungen im Ruhrgebiet (Lebensgeschichte und Sozialkultur im Ruhrgebiet 1), Berlin/ Bonn 1983.

Niethammer, Lutz (Hg.): „Hinterher merkt man, daß es richtig war, daß es schiefgegangen ist." Nachkriegserfahrungen im Ruhrgebiet (Lebensgeschichte und Sozialkultur im Ruhrgebiet 2), Berlin/ Bonn 1983.

Niethammer, Lutz/ von Plato, Alexander (Hg.): „Wir kriegen jetzt andere Zeiten." Auf der Suche nach der Erfahrung des Volkes in nachfaschistischen Ländern (Lebensgeschichte und Sozialkultur im Ruhrgebiet 3), Berlin/ Bonn 1985.

Paul, Gerhard/ Schossig, Bernhard (Hg.): Die andere Geschichte. Geschichte von unten. Spurensicherung, ökologische Geschichte, Geschichtswerkstätten, Köln 1986.

von Plato, Alexander: Lebensgeschichtliche Erinnerungszeugnisse in Museen und Ausstellungen, in: Bios – Zeitschrift für Biographieforschung und Oral History (1992:2), S. 213–230.

Sabrow, Martin/ Saupe, Achim: Historische Authentizität. Zur Kartierung eines Forschungsfeldes, in: Dies. (Hg.): Historische Authentizität, Göttingen 2016, S. 7–28.

Sabrow, Martin/ Frei, Norbert (Hg.): Die Geburt des Zeitzeugen nach 1945, Göttingen 2012.

Schmidt, Siegfrid J.: Lernen, Wissen, Kompetenz, Kultur. Vorschläge zur Bestimmung von vier Unbekannten, Heidelberg 2005.

Stüber, Jaimi (Hg.): Textbuch zum Filmzyklus „Lebensgeschichte des Bergarbeiters Alphons S." Ein Bio-Interview in acht Filmen von Alphons Stiller, Gabriele Voss und Christoph Hübner, Bremen 1980.

Thiemeyer, Thomas: Der Status der Dinge. Dokument und Reizobjekt, in: Leo von Stieglitz/ Thomas Brune (Hg.): Hin und Her. Dialoge im Museum zur Alltagskultur. Aktuelle Positionen zur Besucherpartizipation, Bielefeld 2015, S. 46–54.

Thiemeyer, Thomas: Die Sprache der Dinge. Museumsobjekte zwischen Zeichen und Erscheinung, in: Museen für Geschichte (Hg.): Online-Publikation der Beiträge des Symposiums „Geschichtsbilder im Museum" im Deutschen Historischen Museum Berlin, Februar 2011 (http://www.museenfuergeschichte.de/downloads/news/Thomas_Thiemeyer-Die_Sprache_der_Dinge.pdf, letzter Abruf am 16.04.2017).

Waltz, Viktoria/ Verein für Internationale Freundschaften e. V. Dortmund (Hg.): Glückauf in Deutschland, Oberhausen 2015.

Susanne Abeck und Uta C. Schmidt

Von der „Industriegeschichte" zur „Heimat Ruhrgebiet"

Authentizitätsdiskurse am Beispiel der sechs Geschichtswettbewerbe des „Forum Geschichtskultur an Ruhr und Emscher" zwischen 1991 und 2014

Einleitung

In einem sehr umfassenden Sinn berühren die mittlerweile sieben Wettbewerbe[1] zur Geschichte des Ruhrgebietes Fragen nach Authentizität und industriekulturellem Erbe:

– Sie sind Ausdruck und Inhalt der Inwertsetzung industriekulturellen Erbes.
– Sie belegen das, was der Geschichtstheoretiker Jörn Rüsen an der Ruhr-Universität Bochum mit dem Begriff der „Geschichtskultur" fasste und was von da an zur Chiffre wurde für das Feld, „in dem die Vernunftpotentiale des historischen Denkens lebenspraktisch zur Geltung gebracht werden."[2]
– Sie stehen für die Partizipation neuer Bevölkerungsgruppen am Diskurs um die Vergangenheit, Gegenwart und Zukunft des Ruhrgebiets.
– Sie dokumentieren die Bedeutung der neuen Geschichtsbewegungen der 1980er Jahre für die Authentizitätszuweisungen des industriekulturellen Erbes.

---

1 Zum Auslaufen des subventionierten Steinkohlenbergbaus 2018 trägt der siebte Wettbewerb den Titel „HAU REIN! Bergbau im Ruhrgebiet. Alltag. Wissen. Wandel.", Laufzeit 1. Januar bis 31. Dezember 2017, Veranstalter: Forum Geschichtskultur an Ruhr und Emscher e. V., Finanzierung: RAG-Stiftung – unter dem Dach von „Glückauf Zukunft!" – und Nordrhein-Westfalen-Stiftung Naturschutz, Heimat- und Kulturpflege.

2 Vgl. Rüsen, Jörn: Lebendige Geschichte. Formen und Funktion des historischen Wissens (Grundzüge einer Historik 3), Göttingen 1989, S. 109. Interessant wäre es, die von Jörn Rüsen als Zusammenspiel von kognitiven, politischen und ästhetischen Dimensionen der Geschichtskultur benannte Sinnbildung über Zeiterfahrung mit dem Konzept der „Authentizität" in Bezug zu setzen. Vgl. Schmidt, Uta C.: Authentizitätsstrategien im nationalsozialistischen Spielfilm ‚Wunschkonzert', in: Daniela Münkel/ Jutta Schwarzkopf (Hg.): Geschichte als Experiment. Studien zu Politik, Kultur und Alltag im 19. und 20. Jahrhundert. Festschrift für Adelheid von Saldern, Frankfurt (Main) 2004, S. 195–206.

https://doi.org/10.1515/9783110683103-010

– In ihnen vermengen sich Praktiken der Authentifizierung als Überprüfungsverfahren mit denen der Authentisierung als Echtheitszuschreibungen.[3]

Und nicht zuletzt lässt sich jeder Geschichtswettbewerb auch als ein Aushandlungsprozess von Milieus und Gruppen um die Deutungshoheit dessen, was als „authentisch" gilt, lesen. Dabei konkurrieren nicht nur sogenannte Hauptamtliche („Profis") und Nebenamtliche („Laien") um die Autorität, sondern vor allem auch unterschiedliche geschichtswissenschaftliche Zugänge. Vielleicht ist es eines der überraschendsten Ergebnisse dieser erstmaligen wissenschaftlichen Befassung mit den Geschichtswettbewerben, dass man nicht nur zusehen kann, wie sich eine ganze Region als industriekulturelles Erbe wahrzunehmen lernt, sondern dass man dabei zugleich unversehens in der Geschichte der Geschichtswissenschaften landet und bei den Grenzziehungen verschiedener fachwissenschaftlicher Zugänge um die Deutung über das authentische industriekulturelle Erbe.

Die hier eingangs formulierten Thesen werden in sieben Schritten entfaltet.

Das Ruhrgebiet als Überlieferungsraum

Das Ruhrgebiet umfasst 4 436 Quadratkilometer Fläche mit rund 5,05 Millionen Einwohnern – 53 Städte und Gemeinden, mitten in Nordrhein-Westfalen gelegen. Als statistische und räumliche Grundlage wird das Gebiet des Regionalverbands Ruhr zugrunde gelegt, der sich 1920 als „Siedlungsverband Ruhrkohlenbezirk" zusammenschloss, um als Wirtschaftsraum für die Reparationszahlungen aus dem Versailler Vertrag gerüstet zu sein. Das Ruhrgebiet sah sich selbstbewusst als Energie-, Eisen- und Stahllieferant des Deutschen Reiches und später vor allem als Motor des sogenannten Wirtschaftswunders.

Die Wahrnehmung des Ruhrgebiets sowohl als einer Landschaft, die Geschichte aufweist, als auch einer Region, über die historisch geforscht werden kann, entwickelte sich im bürgerlichen Milieu der zweiten Hälfte des 19. Jahrhunderts. Forschung bedeutete für die daran beteiligten Honoratioren vor allem Lokalforschung in Historischen Vereinen.[4] Eine eigentliche Ruhrgebietsgeschichte kam erst in den 1920er Jahren auf, als sich – eng verknüpft mit der

---

3 Vgl. Sabrow, Martin/ Saupe, Achim: Historische Authentizität. Zur Kartierung eines Forschungsfeldes, in: Dies. (Hg.): Historische Authentizität, Göttingen 2016, S. 7–28, hier S. 10.
4 Hierzu z. B. Stremmel, Ralf: Geschichtslandschaften. Bedingungsfaktoren, Elemente und Funktionen. Berlin und das Ruhrgebiet im Vergleich, in: Informationen zur Raumentwicklung 10/11 (2007), S. 613–626.

Ruhrbesetzung durch belgische und französische Truppen – langsam ein Bewusstsein als Region bildete. Als Vertreter dieser frühen Ruhrgebietsgeschichte seien hier nur kurz der Volkswirt Walther Däbritz und der umstrittene Soziologe Wilhelm Brepohl genannt.[5]

Industriekulturelle Hinterlassenschaften

Mit den ersten Feierschichten und Zechenschließungen 1958 begann der Anfang vom Ende des Montanzeitalters. Das Ruhrgebiet durchlebte einen massiven Strukturwandel, bedingt durch die Reduzierung der Bergwerke von 146 im Jahr 1960 auf 39 im Jahr 1980 bei gleichzeitigem Abbau der Arbeitsplätze von 490 190 auf 186 822 „Kumpel".[6] Hinzu kam die Krise der Eisen- und Stahlindustrie, in der seit den 1970er Jahren drei Viertel der Arbeitsplätze verloren gingen.[7]

Die Schließung und der Abriss von montanindustriellen Produktionsstätten hinterließ riesige „Wunden" im Stadtgefüge. Zum Verlust des Arbeitsplatzes kam der Verlust sozialräumlicher Gewissheit. Die ruhrgebietsspezifische Verknüpfung von Arbeitsplatz und Wohnraum in Unternehmenshand führte, unterstützt durch staatliche Subventionen für den Stadtumbau, zum Abriss von Zechensiedlungen, ihre Umwertung in Spekulationsobjekte und ihre Rückverwandlung in frei verfügbares Bodenkapital.[8] Es war das Zeitalter der „Verdichteten Stadt", das nun auch endlich im Ruhrgebiet Einzug halten sollte.[9]

5 Grütter, Heinrich Theodor: Klio an der Ruhr. Geschichtskultur im Ruhrgebiet, in: Ulrich Borsdorf/ Heinrich Theodor Grütter/ Dieter Nellen (Hg.): Zukunft war immer. Zur Geschichte der Metropole Ruhr, Essen 2007, S. 234–245, hier S. 238. Zu Brepohl siehe Goch, Stefan: Wege und Abwege der Sozialwissenschaft. Wilhelm Brepohls industrielle Volkskunde, in: Mitteilungsblatt des Instituts für Soziale Bewegungen 26 (2001), S. 139–176.
6 Goch, Stefan: Von der Kohlekrise zum neuen Ruhrgebiet. Strukturwandel und Strukturpolitik, in: Jana Golombek/ Dietmar Osses (Hg.): Schichtwechsel. Von der Kohlekrise zum Strukturwandel, Essen 2011, S. 6–19, hier S. 8.
7 Vollmer, Walter/ Wesley Löwen, John: Wirtschaftlicher Strukturwandel. Technische Innovation und Arbeit im Ruhrgebiet, in: Klaus Tenfelde/ Thomas Urban (Hg.): Das Ruhrgebiet. Ein historisches Lesebuch, Bd. 2, Essen 2010, S. 831–888, hier S. 834.
8 Vgl. Unverfehrt, Gabriele: Kohle für die Hermannshütte. Zur Geschichte des Hoerder Bergwerks- und Hütten-Vereins, seiner Zechen und Siedlungen, in: Dies. (Hg.): Leben im Schatten des Förderturms. Die Kolonie Holstein in Dortmund-Asseln, Werne 2005, S. 10–50, bes. S. 36.
9 Vgl. Schanetzky, Tim: Endstation Größenwahn, Essen 1998.

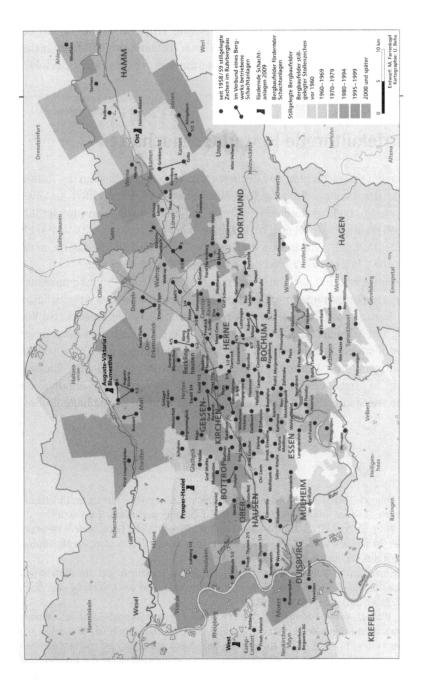

Abb. 1: Die seit 1958/59 stillgelegten Zechen im Ruhrgebiet

Arbeitersiedlungsinitiativen gründeten sich und kämpften bis hin zum Hunger-streik[10] für den Erhalt „ihrer" rund 1 000 Zechensiedlungen. Die Rekonstruktion der jeweiligen Siedlungsgeschichte gehörte dabei zu ihrer Selbstautorisierungs-strategie. Wissenschaftlich untermauert formulierten sie Originalität und Echt-heitsansprüche als kulturelle und politische Argumente.[11] Sie hatten gegen drei unheilvoll miteinander verknüpfte Prozesse zu kämpfen: gegen den Abriss ihres preisgünstigen, gemeinschaftsfreundlichen Wohnraums, gegen die Diskursdo-minanz einer von „Verdichtung" geleiteten Stadtplanung[12] sowie gegen ein pa-ternalistisches, patriarchales Politikmodell, das sich nach eigenem Selbstver-ständnis „basisnah" verstand, während es zu Filz und Vorteilsnahme tendierte und Bürgerbeteiligung zu unterbinden wusste.[13]

Den Arbeitersiedlungsinitiativen war es angesichts von gigantischen Stadt-planungen und Wohnungsspekulationen wichtig, „das konkrete Leben von Menschen" im Blick zu haben: „Nicht in der Abstraktion zu ersaufen", so der Kunsthistoriker und Denkmalpfleger Roland Günter, der zusammen mit den Be-wohnern und Bewohnerinnen „Eisenheim", die älteste Arbeitersiedlung des Ruhrgebiets – Baubeginn 1846 – rettete. Heute gilt sie als industriekulturelles Highlight, das „authentisch" die Lebensverhältnisse in Arbeiterkolonien vermit-telt.[14]

---

10 Vgl. Günter, Roland: Im Tal der Könige. Ein Handbuch für Reisen zu Emscher, Rhein und Ruhr, Essen 2000, S. 469.

11 Vgl. Sabrow/ Saupe: Historische Authentizität, S. 12. Dabei fanden sie in der Denkmalpflege Bündnispartner, besonders gut zu sehen in der Auseinandersetzung um die Gelsenkirchener Auguststraße und um die Siedlung „Flöz Dickebank", vgl. Schmidt, Uta C.: Parteinahme. Das Industrie- und Sozialpfarramt als Soziale Bewegung, in: Dies./ Evangelischer Kirchenkreis Gel-senkirchen und Wattenscheid (Hg.): Kirche in der Stadt. Wattenscheider Barock – Gelsenkir-chener Appell, Gelsenkirchen 2017, S. 143–160.

12 Günter: Im Tal der Könige, S. 214 f.

13 Ebd., S. 224–232; Boström, Jörg/ Günter, Roland: Arbeiterinitiativen, Berlin 1976.

14 Vgl. Günter, Roland: Die Siedlung als Geschichte, als Gegenwart und Vision, in: Forum Geschichtskultur an Ruhr und Emscher. Informationen 2 (1997), S. 17–25, hier S. 19. Zu Günter siehe: Abeck, Susanne: Ein Beispiel von Altersradikalismus. Ein Gespräch zum achtzigsten Geburtstag mit Roland Günter, in: Forum Geschichtskultur Ruhr 2 (2016), S. 44–47.

Abb. 2: Das Foto zeigt Willi Wittke, einen ehemaligen Bergmann und Sprecher der „Arbeiterinitiative" in der von Abriss bedrohten Siedlung Eisenheim in Oberhausen

Angesichts des allerorten drohenden Verlustes von Arbeits- *und* Lebenszusammenhängen konstatierte der Bochumer Historiker Klaus Tenfelde rückblickend „ein ausgeprägtes Orientierungsbedürfnis", das „nach dem Besonderen und Bewahrenswerten in der Geschichte der Region" suche und es in Stätten, Bauwerken und Orten der Erinnerung zu finden glaubte, „die das Leben der Vorgenerationen geprägt, begleitet, ja, ausgemacht haben".[15] Und er stellte weiter fest, dass erst eine neue Generation gebildeter Arbeiterkinder den Fragen nach Selbstorientierung hätte reflektiert nachgehen und eine Geschichtsbewegung im Ruhrgebiet hätte initiieren können.[16]

---

15 Tenfelde, Klaus: Geschichtskultur im Ruhrgebiet, in: Forum Geschichtskultur an Ruhr und Emscher. Informationen 1 (1997), S. 5–13, hier S. 10.
16 Ebd., S. 11. Hans-Ulrich Wehler sprach 1985 davon, dass „neuerdings [...] auch alternativ-kulturelle ‚Geschichtswerkstätten' von sich reden [machten], wo mit historischen Projekten experimentiert, gleichzeitig aber auch in geschäftiger Betriebsamkeit wieder auf Selbstfindungs- und Selbsterweckungserlebnisse gewartet" würde und dass in „diesen basisdemokratischen ‚Initiativgruppen' [...] manchmal, vor allem durch zur Zeit arbeitslose Historiker, seriöse Lokalforschung betrieben" würde. Wehler, Hans-Ulrich: Geschichte – von unten gesehen. Wie bei der Suche nach dem Authentischen Engagement mit Methodik verwechselt wird, in: DIE ZEIT vom 03.05.1985 (http://www.zeit.de/1985/19/geschichte-von-unten-gesehen, letzter Abruf am 31.05.2017).

Die IBA-Emscherpark als Experimentierfeld für Perspektivenwandel

Es waren dieses neue, zumeist aus Arbeiterfamilien erwachsene „Ausbildungs-bürgertum", die Arbeitersiedlungsinitiativen und eine neue Generation in Ministerien, Stadtverwaltung, Landschaftsverbänden, Stadtplanung und Denkmalpflege, die einen Politikwechsel hin zu offenen Beteiligungsstrukturen herbeiführten. Als Gesicht dieser neuen Politik gilt der erste Minister für Stadtentwicklung des Landes Nordrhein-Westfalen, Christoph Zöpel.

Die Landesregierung NRW startete 1988 mit einem neuen Planungsansatz die IBA Emscher Park, die Internationale Bauausstellung Emscher Park,[17] ein Strukturprogramm für das nördliche Ruhrgebiet, das die alte Industrieregion ökonomisch, ökologisch, sozial und kulturell zukunftsfähig machen sollte.[18] Die Hauptaufgabe dieses bis 1999 angesetzten Strukturprogramms war es, „mit neuen Ideen und Projekten Impulse zu setzen", um den „wirtschaftlichen Wandel in einer alten Industrieregion" zu erreichen.[19]

Die sieben Wettbewerbe zur Geschichte des Ruhrgebiets als Praktiken des Authentifizierens und Authentisierens

Dazu setzte die IBA auf vielfältige Partizipationsstrukturen, zumal Teile der Bevölkerung, die im Strukturwandel ihre Arbeits- und Lebensgrundlagen verloren hatten, in den 1980er Jahren mental zumeist für ein „Hau weg damit!" votierten.[20] Die authentischen Orte des Industriezeitalters galten längst nicht allen vom Strukturwandel Betroffenen als erhaltenswert, ja, vielen Bergleuten galt es als völlig abwegig, eine Zeche nach ihrer Schließung als Produktionsstätte zu erhalten. „Das war für die Leute, die hier beschäftigt waren, eine Utopie: Berg-

---

17 Staatskanzlei des Landes Nordrhein-Westfalen: Strukturwandel durch Kultur. Städte und Regionen im postindustriellen Wandel, Düsseldorf 2009 (http://u-institut.de/wp-content/uploads/2014/11/Strukturwandel_durch_Kultur_u-institut-2009.pdf, letzter Abruf am 31.05.2017).
18 Vgl. Internationale Bauausstellung Emscher Park (Hg.): IBA '99 Finale, [o. O.] 1996, S. 9.
19 Internationale Bauausstellung Emscher Park (http://www.iba-emscherpark.de/, letzter Abruf am 31.05.2017).
20 Vgl. Schmidt, Uta C.: „Der Bergmann war immer von Signalen umgeben!" Das akustische Denkmal von Dortmund-Eving, in: Technikgeschichte 72 (2005:2), S. 127–147.

werk unter Denkmalschutz. Für einen Pütt galt: wo wir malocht haben, das muss weg."[21]

Doch gleichzeitig entstanden Gruppen, die sich die Geschichte *ihrer* Zeche, *ihres* Werkes, *ihrer* Siedlung, *ihres* Vereins mit eigensinnigem Anspruch aneigneten, um Deutungsmacht über *ihre* spezifischen Erfahrungen zu artikulieren.

Um diese Aktiven in die Zukunftsplanung einzubinden, schrieb die IBA als konstitutiven Bestandteil ihres zukunftsweisenden Programms den ersten Geschichtswettbewerb aus, der 1991 in Zusammenarbeit mit der damaligen Nordrhein-Westfalen-Stiftung durchgeführt wurde: „Ohne das kritische und beharrliche Engagement vieler Bürgergruppen ‚vor Ort' wären manche Arbeitersiedlung und mancher Förderturm dem Abrissbagger zum Opfer gefallen, wertvolle Bausubstanz unwiederbringlich verloren, wären soziale Strukturen zerstört. Vor diesem Hintergrund hat die IBA Emscher Park unter der Schirmherrschaft des Ministers für Stadtentwicklung und Verkehr des Landes NRW, Franz-Josef Kniola, einen Wettbewerb zur ‚Industriegeschichte an Emscher und Ruhr' ausgeschrieben, der sich insbesondere an die ehrenamtlich Aktiven, die Laiengeschichtsforscher wandte."[22] So Karl Ganser, Geschäftsführer der IBA, in seinem Vorwort der 1991 erschienenen Wettbewerbsdokumentation. Die Diskussion über den Erhalt und die Nutzungsperspektiven von Industriekultur sei „wesentlicher Bestandteil des notwendigen Strukturwandels."[23] Die Laiengeschichtsforscher waren damit aufgerufen, sich an der Diskussion zu beteiligen.

Ulrich Borsdorf, damals Direktor des Ruhrlandmuseums und Mitglied der dreiköpfigen Jury des ersten Geschichtswettbewerbs, schrieb zum Zusammenhang von Geschichte und Zukunft: Die IBA muss „den Druck und Zug auch in den Lebenswelten der Menschen aufspüren, wenn sie diese Landschaft als Ergebnis eines Prozesses lesbar machen will, um in ihn eingreifen und ihn umlenken zu können." Der Geschichtswettbewerb diene dazu, den „demokratischen Planungsprozess bei der IBA um das Geschichtsverständnis derer [zu] ergänzen,

---

21 Zit. nach Abeck, Susanne: Essen, Zeche Zollverein. Ehrenamt auf Anfrage, in: Schall und Rauch. Industriedenkmäler bewahren. Dokumentation der Jahrestagung der Vereinigung der Landesdenkmalpfleger in der Bundesrepublik Deutschland, 13. bis 15. Juni 2016 in Oberhausen (Arbeitsheft der rheinischen Denkmalpflege 84), Petersberg 2017, S. 67–71, hier S. 68. Dazu auch: Schmidt, Uta C.: Das Signal von Minister Stein. Ein O-Ton als Erinnerungsort, in: Harun Maye/ Cornelius Reiber/ Nikolaus Wegmann (Hg.): Original / Ton. Zur Mediengeschichte des O-Tons, Konstanz 2007, S. 361–383, hier bes. S. 375.
22 Industriegeschichte an Emscher und Ruhr. Dokumentation des Geschichtswettbewerbs der Internationalen Bauausstellung Emscher Park in Zusammenarbeit mit der Nordrhein-Westfalen-Stiftung, Gelsenkirchen 1992, S. 6.
23 Ebd.

deren Lebenswelt in ihn einbezogen und von ihm betroffen ist."[24] Er wies denjenigen Authentizität zu, die mit ihrer Lebenswelt in die Planungsprozesse der IBA einbezogen waren. Strukturwandel konnte nur dort gelingen, wo die in ihn involvierten Personen nicht nur als passive Beobachter, sondern in ihrer Authentizität als Zeitzeugen ernst genommen und aktiv beteiligt wurden.

Diese Zuweisung von Authentizität an die „Eingeborenen" korrespondierte mit dem erklärten Ziel der regionalen Strukturpolitik der IBA, das industriekulturelle Potential für Freizeit und Tourismus zu erschließen und das „industriekulturelle Erbe als unverwechselbares Markenzeichen der Region" in den Mittelpunkt zu stellen. Es sollte als „leicht merk- und vermarktbares Produkt" zum „Kernbereich dieses neuen touristischen Profils" entwickelt werden. Dazu hatte die IBA 19 herausragende Orte der Industriekultur als „Ankerpunkte" mit einer Route der Industriekultur verknüpft. In der ihr zugewiesenen Authentizität sah sie „Identitätsanker" für die Region und zeichenhafte Repräsentationen nach außen:[25] „Diese Ankerpunkte haben bereits jeder für sich überregionale Aufmerksamkeit und sind mit ihrem typischen Profil und ihrer komplexen Qualität authentische Symbole der Region."[26] Die Qualität dieser Orte war von der Fachöffentlichkeit authentifiziert worden und Denkmale wie das Fördergerüst von Schacht XII der Zeche Zollverein, die Hochöfen vom Landschaftspark Duisburg-Nord oder das Dortmunder U sollten sich von nun an über die Jahre als „Branding" und als „Identitätsanker" etablieren.

Eingereicht wurden bei diesem ersten Geschichtswettbewerb, der sich, und das unterscheidet ihn von den weiteren Wettbewerben, ausschließlich an Ehrenamtliche wandte, viele Arbeiten rund um den Bergbau: es ging um die Zeche, auf der man beschäftigt gewesen war oder die das eigene Lebensumfeld bestimmt hatte, um den Erhalt einer Industrieanlage wie der Kokerei der Zeche Westfalen in Ahlen, eines Fördergerüsts des Bergwerks Wilhelmine Victoria in Gelsenkirchen, des Konrad-Ende-Schachts in Recklinghausen oder um den Erhalt einer Arbeiterwohnsiedlung wie Flöz-Dickebank in Gelsenkirchen und um den dortigen Kampf gegen – so formulierte es der Einreicher Fritz Weber – „Großkopferte, gegen Willkür und Profitstreben".[27]

---

24 Borsdorf, Ulrich: Das Unfaßbare wird greifbar, in: Industriegeschichte an Emscher und Ruhr, S. 39–40.
25 Vgl. Sabrow/ Saupe: Historische Authentizität, S. 23.
26 Vgl. Internationale Bauausstellung Emscher Park (Hg.): IBA '99 Finale, S. 58.
27 Industriegeschichte an Emscher und Ruhr, S. 7.

Abb. 3: Auch das zentrale Fördergerüst über dem Schacht Konrad Ende wurde durch eine Initiative ehemaliger Bergleute und Bewohner vor dem Abriss bewahrt und mit erheblicher Eigenleistung restauriert

Zum Teil entstammten die eingereichten Arbeiten aus den sich in den 1980er Jahren gegründeten Geschichtskreisen, -werkstätten und Fördervereinen, oft angeleitet und unterstützt von über Arbeitsbeschaffungsmaßnahmen finanzierten Historikerinnen und Historikern. Häufig basierten die Publikationen und Ausstellungsdokumentationen auf Zeitzeugengesprächen, um – so wurde explizit formuliert – „eine authentische, lebendige Quellenlage" liefern zu können.[28]

Während der Laufzeit der IBA wurden vier Geschichtswettbewerbe zum Ruhrgebiet mit unterschiedlichen Finanzierungspartnern durchgeführt.[29] Insgesamt wurden so über 1 000 Befassungen mit der Geschichte der Region eingereicht – von schriftlichen Ausarbeitungen über Ausstellungsdokumentationen, Modellbauten, Projektarbeiten bis hin zu Fotostrecken und Filmbeiträgen. Zum Abschluss der Bauausstellung 1999 fand der vierte und letzte Geschichtswettbewerb unter der IBA statt, verbunden mit einem großen Geschichtsfest unter der Schirmherrschaft des Ministerpräsidenten Johannes Rau: „... kein Thema. Bild und Gestalt des Ruhrgebietes". Auch wenn damit nach einer Engführung auf die Zeitgeschichte im dritten Wettbewerb eine möglichst thematische Weite in der

---

28 Ebda, S. 23.

29 Zweiter Geschichtswettbewerb, 1993/94 („Geschichte des Ruhrgebiets"), dritter Geschichtswettbewerb, 1996/97 („Das Ruhrgebiet von 1945 bis morgen") und vierter Geschichtswettbewerb, 1999/00 („... kein Thema. Bild und Gestalt des Ruhrgebietes") (http://www.geschichtskultur-ruhr.de/hau-rein/geschichtswettbewerbe-no-1-bis-5/, letzter Abruf am 31.05.2017).

Ausschreibung des vierten intendiert sein sollte: Mit diesem Titel zeigte sich die Suche nach der Inwertsetzung des industriekulturellen Erbes als abgeschlossen: Bild und Gestalt waren offensichtlich kein Thema mehr. Und gleichzeitig erweist sich der Titel selbst als Authentisierungsstrategie, da er in typischem Ruhrpottidiom „kein Thema" zum Ausdruck bringt, dass kein Problem (mehr) mit der Wahrnehmung der Region vorliegt, vielmehr alles klar sei mit deren Bild und Gestalt.

Abb. 4 und 5: Die Dokumentationen des vierten und des fünften Geschichtswettbewerbs

Die Laiengeschichtsbewegung wurde mit in den Authentisierungsprozess des Ruhrgebiets als industriekulturellem Raum eingebunden – doch die Fachhistorie behielt sich gleichwohl die Deutungshoheit über die Wertigkeit zu erinnernder Themen vor. Ulrich Borsdorf kritisierte bereits beim ersten Geschichtswettbewerb die Politikferne der Einreichungen und das weitgehende Ausblenden der Zeit des Nationalsozialismus: „Ein Heimatverständnis, das an deren Geschichte [gemeint ist die von Juden und Zwangsarbeiter*innen] an der ganzen

Phase vorbeisieht, verdeckt mit seinem zwanghaften Bedürfnis zur Idylle mehr als es zum Begreifen der eigenen Geschichte beiträgt."[30]

13 Jahre später wurde mit dem sechsten Geschichtswettbewerb „War was? Heimat im Ruhrgebiet" die „Heimat" sogar explizit zum Thema: Man war angekommen in der postindustriellen Gesellschaft und beforschte die Industriekultur jetzt als Heimat. Finanzielle Unterstützung wurde von Institutionen wie der NRW-Stiftung Naturschutz, Heimat- und Kulturpflege und dem Regionalverband Ruhr gewährt.[31] Sie hatten ein institutionelles Interesse daran, wie sich das Ruhrgebiet in den Befassungen mit Geschichte als Heimat vor- und darstellt und wo, beziehungsweise wie sich materielle und gedächtnisgeschichtliche Dimensionen des historischen Erinnerns und Vergessens manifestieren.

Für einige Vertreter und Vertreterinnen der Geschichtswissenschaft im Vorbereitungsgremium des Wettbewerbs blieb der Heimatbegriff aufgrund seiner nationalistischen Einschreibungen stark umstritten und konnte nur durch den Titelzusatz „Erinnerungsorte und Gedächtnisräume" fachwissenschaftlich erweitert stehen bleiben. Andere Wissenschaften sahen hingegen „Heimat" gerade für eine Zuwanderungsgesellschaft wie das Ruhrgebiet produktiv, um Authentisierungen vorzunehmen, mit denen das Ruhrgebiet seine Exklusivität zur Geltung bringen könne. Sie sahen ihn konstruktiv als Zugang, um Eigenes und Fremdes, Verlust und Resonanz zu ordnen.[32]

Explizit und besonders eindrucksvoll – und damit auch preiswürdig – gelang dies beim sechsten Geschichtswettbewerb einer Gruppe junger Flüchtlinge unterschiedlicher Nationalitäten, die ihren Hauptschulabschluss bei der Evangelischen Kirche in Dortmund nachholten. Hervorzuheben ist auch ein voluminöses, 400 Seiten starkes Buch „Lebensraum Kirche", mit dem sich sieben katholische Bochumer Gemeinden ihrer jeweiligen Einzigartigkeit in Geschichte, Architektur und Ausstattung vergewisserten, bevor sie ihre Eigenständigkeit in der Großpfarrei St. Franziskus verloren.

---

30 Borsdorf, Ulrich: Das Eingesandte, in: Industriegeschichte an Emscher und Ruhr, S. 41–44, hier S. 43.

31 Vgl. NRW-Stiftung (Hg.): Heimat NRW gestern – heute – morgen. Kongress der Nordrhein-Westfalen-Stiftung am 18. November 2011, Essen 2012. Zum originären Arbeitsbereich des RVR gehört es seit seiner Gründung, Bild und Gestalt des Ruhrgebiets zu entwickeln, vgl. Schmidt, Uta C.: „Lasst uns den Kohlenpott umfunktionieren!" Repräsentationspolitik der Stadtlandschaft Ruhrgebiet, in: Adelheid von Saldern (Hg.): Stadt und Kommunikation in bundesrepublikanischen Umbruchzeiten, Wiesbaden 2006, S. 258–282.

32 Nach Gebhard, Gunter/ Geisler, Oliver/ Schröter, Steffen (Hg.): Heimat. Konturen und Konjunkturen eines umstrittenen Konzepts, Bielefeld 2007.

Wissensordnungen der Authentisierung

Eine unerwartet hohe Zahl an Einsendungen von Egodokumenten ließ eine „Heimat Ruhrgebiet" in der Narration entstehen. Doch nur wenige entsprachen in Form und Inhalt wissenschaftlichen Erwartungen. Wenn „viktimistische"[33] Bunkererinnerungen oder undifferenziert das Zusammentreffen mit „Russen" thematisiert wurden, durchkreuzten die Selbstzeugnisse zudem geschichtspolitische Positionen. In den Jurysitzungen wurde daher diskutiert, ob Erinnerungs- und Erfahrungsberichte dieser Art überhaupt als Einsendungen zu einem *Geschichts*wettbewerb angenommen werden können. Hier wurden Konflikte um Authentifizierung und Authentisierung deutlich: Bedeutung entstand über Grenzziehungen zwischen „Erinnerung" und „Geschichte", zwischen Vernunftpotentialen in und subjektiven Befassungen mit industriekulturellem Erbe. Eine wissensorganisatorische Lösung bestand darin, die Erinnerungen redaktionell ausgewählt und bearbeitet in einer eigenen Publikation zu veröffentlichen. Der so entstandene Sammelband „Stulle mit Margarine und Zucker. Heimat Ruhrgebiet" entwickelte sich zum Bestseller mit Verkaufszahlen im fünfstelligen

---

33 Sabrow/ Saupe: Historische Authentizität, S. 25.

Abb. 7: Das Cover des nach dem sechsten Geschichtswettbewerb erstellten Sammelbandes mit Auszügen eingereichter Egodokumente

Bereich, denn das Publikum verbindet mit den ausgewählten Geschichten, dem Titelbild, aber vor allem mit dem Titel einen authentischen „Geschmack" des Ruhrgebiets.

Gerade aus dem Fundus dieser Erzählungen speisen sich lebensweltliche Authentizitätsdiskurse – immer mit einem leichten Hang zur Heroisierung der Menschen und der Region, die die authentifizierte Industriekultur mit prallem Leben anfüllen. „Drittes Lehrjahr! Ich mache eine Dreherlehre hier auf dem Edelstahlwerk, bin einer von vielen [...] Ich hätte auch bei Rheinstahl in Annen anfangen können, aber Edelstahl hat eine feine Kantine. Nach der Werksbesichtigung gab's da Steak im Brötchen. Mit ordentlich Ketchup drauf. Außerdem ist die Lehrwerkstatt ganz neu. Das gab den Ausschlag. Der Arbeitsanzug mit Werkemblem auf der Brusttasche wird vom Werk gewaschen, ich kriege 220 Mark im Monat, muss zu Hause nichts abgeben. Die Arbeiter in der Teeküche würden sagen: ‚Der hat noch was vom Leben'. [...] Nach der Gesellenprüfung gehen wir feiern. Alle acht aus unserem Lehrjahr haben bestanden. Wir stehen an der Theke des ‚Tor 6', einer winzigen Kneipe direkt gegenüber vom Pförtner, und trinken.

Wir trinken Sachen, die wir sonst nicht trinken und die wir nicht vertragen. Es ist Juli 1974. In ein paar Tagen werde ich zwanzig."[34]

Oder: „Der Alte unterbrach seine Arbeit, lehnte seinen Besen an den Stoß, hielt seine Hand hinter das rechte Ohr und sagte laut: ‚Hää?' Ich dachte, er wäre schwerhörig und wiederholte meine Frage langsam mit lauter und betonter Stimme: ‚Können sie mir sagen, wie spät es ist?' – ‚Hömma du Schnösel, du brauchs nich zu schrein, ich bin nich schwerhörig un außerdem heißt datt hier du un nich sie – hier unten sind wir alle Kumpels!'"[35] Der Übergang zwischen Authentisierung und Mythologisierung kommt fließend daher, wenn aus Versatzstücken dieser Narrative die zunehmende Kommerzialisierung und Inszenierung des Ruhrgebiets als authentischem Raum – „Ach, woanders is auch scheiße!"[36] – ihr Bildprogramm bezieht.

Abb. 8: Die Zeche Posper Haniel in Bottrop als Postkartenmotiv

34 Peter Zontowski: in Abeck, Susanne/ Schmidt, Uta C. (Hg.): Stulle mit Margarine und Zucker. Heimat Ruhrgebiet, Essen 2015, S. 38 f.

35 Aus einer Zusendung zum siebten Geschichtswettbewerb „Hau Rein! Bergbau im Ruhrgebiet. Alltag. Wissen. Wandel.", Laufzeit 1. Januar bis 31. Dezember 2017.

36 Ein im Ruhrgebiet kursierendes Regionalplacet nach Frank Goosens Opa in: Goosen, Frank: Radio Heimat, Frankfurt (Main) 2009, S. 13.

Involvierte Akteurinnen und Akteure

Die rege Resonanz auf den ersten Geschichtswettbewerb 1991 hatte eine „lebendige ‚Geschichtsbewegung von unten‘" im Ruhrgebiet sichtbar gemacht.[37] Mit dem Ziel, diese zu vernetzen, zu erweitern und deren Arbeit zu verbessern, um den Austausch zwischen Professionellen und Laien zu fördern, wurde 1992 der Initiativkreis „Forum Geschichtskultur an Ruhr und Emscher" gegründet. 35 Mitglieder gehörten zu den Gründungsmitgliedern, darunter Rainer Slotta vom Deutschen Bergbau-Museum Bochum, Udo Mainzer vom Rheinischen Amt für Denkmalpflege und die Filmemacherin Gabriele Hübner-Voß. Ein Vertreter oder eine Vertreterin der Geschichtsinitiativen und -werkstätten gehörte nicht dazu.[38]

```
Initiativkreis
"Forum Geschichtskultur an Ruhr und Emscher"
c/o Internationale Bauausstellung
Emscher Park GmbH
Leithestraße 35
4650 Gelsenkirchen
Tel.:  02 09/17 03-105/6
Fax:   02 09/17 03-298



Gelsenkirchen, den 31.03.1992

    Die Nordrhein-Westfalen-Stiftung für Naturschutz, Heimat-
    und Kulturpflege und die Internationale Bauausstellung Em-
    scher Park haben 1991 einen Wettbewerb zur Industrie-
    geschichte des Ruhrgebietes durchgeführt. Die Resonanz war
    groß und der Wunsch gemeinsam, die Arbeit an der jüngeren
    Geschichte des Reviers zu intensivieren und die Geschichts-
    arbeit mehr zusammenzuführen.

    Dieses Anliegen soll ein "Forum Geschichtskultur an Ruhr und
    Emscher" fördern. Es soll ein Forum für Professionelle und
    Laien, für lokale Arbeit und den internationalen Austausch,
    für die Verbindung von Denkmalpflege, Geschichtsforschung,
    Museumsarbeit, Architektur und Kunst, also für alle ge-
    schichtskulturell interessierten Personen und Institutionen
    sein. Die Mitarbeit in diesem Forum steht allen Personen,
    Personengruppen, Vereinen, Institutionen und Unternehmen
    offen.

    Das "Forum Geschichtskultur an Ruhr und Emscher" soll am
    Montag, den 11. Mai 1992, um 18.30 Uhr im Pumpenhaus des
    ehemaligen Hüttenwerks in Duisburg-Meiderich, Emscherstraße
    72, gegründet werden.

    Der Initiativkreis, bestehend aus den unterzeichnenden Perso-
    nen, möchte Sie hiermit zu dieser Gründungsversammlung sehr
    herzlich einladen. Er hat das beiliegende Memorandum
    erarbeitet.

    Der Entwurf einer Tagesordnung für den Ablauf der Gründungs-
    sammlung ist ebenfalls beigefügt. Bitte teilen Sie uns auf
    der beigefügten Postkarte bis zum 24.04.92 mit, ob Sie teil-
    nehmen können!


    Mit freundlichem Gruß


    Der Initiativkreis "Forum Geschichtskultur"
```

Abb. 9: Die Einladung zur Gründungsversammlung des Netzwerkes „Forum Geschichtskultur an Ruhr und Emscher"

---

37 Industriegeschichte an Emscher und Ruhr, S. 6.
38 Gründungsmemorandum „Forum Geschichtskultur an Ruhr und Emscher", 1992.

Damit griff von nun an ein neuer Akteur in die Herausbildung der regionalen Geschichtskultur und ihre Authentizitätsdiskurse ein. Die Vernetzungsarbeit war wichtig geworden, weil sich seit den 1960er Jahren verschiedene institutionelle Felder wie Denkmalpflege, Geschichtsforschung, Museumsarbeit, Architektur und Kunst ausdifferenzierten und mit dem industriekulturellen Erbe auseinandersetzten. Geschichtsarbeit lag nicht mehr ausschließlich in den Händen bürgerlicher Honoratioren und ihrer Geschichtsvereine, wie im 19. Jahrhundert.

Abb. 10: Künstlergruppe B 1, Ferdinand Kriwett: Manifest zur Umstrukturierung des Ruhrreviers zum Kunstwerk, Rettet das Revier! Glückauf, 1968, Buchdruck 80,7 x 40 cm

Seit 1965 gab es im Ruhrgebiet in Bochum die erste Universität, an der auch eine historische Fakultät ihre Arbeit aufnahm. Kurz darauf kamen die Hochschulen in Dortmund, Essen, Duisburg und Hagen hinzu. Geschichtswissenschaft hieß hier nicht länger Politik- und Ereignisgeschichte, sondern Sozial- und Gesellschaftsgeschichte – eng verknüpft mit Namen wie Hans Mommsen, der mit großem Engagement die Errichtung des Instituts zur Erforschung der europäischen Arbeiterbewegung (IGA) bewirkte, dem heutigen Institut für soziale Bewegungen.[39] In Dortmund wurde mit der Raumplanung ein gänzlich neues Forschungsfeld etabliert, deren Studierende für die wissenschaftliche Anerkennung von industriellen Siedlungsformen und Hinterlassenschaften eine nicht unerhebliche Rolle spielten, unterstützten sie doch die zahlreichen Bürgerinitiativen, und beförderten Jahre später, beruflich etabliert, ein institutionelles Umdenken mit.

Abb. 11: Bis in die 1990er Jahre hinein wurde sich an den Universitäten des Ruhrgebiets auch mit Regionalgeschichte beschäftigt, hier zu sehen die Ruhr-Universität Bochum in den 1960er Jahren

---

39 Vgl. Friedemann, Peter: Ruhr-Universität Bochum. Institut zur Erforschung der europäischen Arbeiterbewegung. Tätigkeitsbericht 1989–1998. Von einer „Büchersammlung" zum Zentralinstitut der Ruhr-Universität und zur „Stiftung Bibliothek des Ruhrgebiets", Bochum 1998.

Bereits im Oktober 1969 hatten engagierte Bürger und Bürgerinnen, unter ihnen die Fotografen Bernd und Hilla Becher, auf den drohenden Verlust „eines bedeutenden Industriebauwerks des Ruhrbergbaus" hingewiesen und darum gebeten, die Maschinenhalle der Zeche Zollern II/IV als „ein Stück der überlieferten Industrielandschaft zu erhalten".[40] Das Bürgerbegehren führte überraschend schnell zu politischem Handeln auf der Landesebene: am 30. Dezember 1969 wurden die Maschinenhalle und die Fördermaschine von 1902 vor dem Abbruch bewahrt und unter Denkmalschutz gestellt. Dies bedeutete nicht weniger als den Auftakt der Industriedenkmalpflege in Nordrhein-Westfalen.[41]

Auch in den Medien arbeiteten junge Redakteure und Redakteurinnen, die die Zerstörung von Lebenszusammenhängen und Totalsanierungen kritisch sahen. Sie brachten dies zum Beispiel mit Beiträgen wie „Vom Ende einer Straße ... Kein Knappenchor singt" über den Abriss einer Wohnsiedlung in Duisburg im Westdeutschen Rundfunk 1967 zum Ausdruck.[42]

Im „NordrheinWestfalenProgramm 1975" von 1970 erklärte die NRW-Landesregierung, zukünftig die für die Technik- und Wirtschaftsgeschichte des Landes charakteristischen Bauwerke sichern zu wollen. Der Historiker Lutz Engelskirchen spricht von einer Zeit sozialdemokratischer Traditionsvergewisserung und einem neuen Kulturverständnis, das seinen Ausdruck unter anderem in der Gründung der beiden dezentralen Industriemuseen fand,[43] 1979 im westfälischen Raum, 1984 im rheinischen.[44]

Mit dem Kampf um den Erhalt der Arbeitersiedlungen artikulierten sich soziale Bewegungen, die sich nicht mehr willenlos Großsanierungsprojekten unterwerfen wollten und in denen auch arbeitslose Historiker und Historikerinnen von den Ruhrgebietsuniversitäten aktiv wurden. Mit dabei waren Künstlerinnen und Kreative, die durch die Umnutzung ehemaliger Industrieareale wie der Zeche Carl in Essen preisgünstigen Raum für kulturelle Aktivitäten erschließen wollten.[45]

---

40 Parent, Thomas: Schloss der Arbeit, Familienpütt und Ikone der Industriekultur. Die Geschichte der Zeche Zollern (https://www.lwl.org/industriemuseum/standorte/zeche-zollern/geschichte, letzter Abruf am 31.05.2017).

41 Zur Geschichte der Industriedenkmalpflege in NRW. Historische Wurzeln (http://www.industriedenkmal-stiftung.de/docs/340813018849_de.php, letzter Abruf am 31.05.2017).

42 Vom Ende einer Straße ... Kein Knappenchor singt, WDR 1967 (https://www.youtube.com/watch?v=iGlRFpOTvU8, letzter Abruf am 31.05.2017).

43 Engelskirchen, Lutz: „... kein Thema! Bild und Gestalt des Ruhrgebiets". Der vierte Geschichtswettbewerb des Forum Geschichtskultur. Analyse und Dokumentation, Essen 2001, S. 10.

44 Heute: LWL- und LVR-Industriemuseum.

45 Siehe hierzu: Völz, Regina: Vielleicht war ich auch der richtige Minister zur richtigen Zeit. Ein Interview mit Dr. Christoph Zöpel, in: Anthe Grajetzky/ Gerd Spieckermann/ Uwe Vorberg

Von enormer Strahlkraft auf die Geschichtskultur der Region war ein Forschungsprojekt an der damaligen Gesamthochschule Essen zu Beginn der 1980er Jahre: Lutz Niethammer, Alexander von Plato, Ulrich Herbert, Michael Zimmermann und andere führten ein Forschungsprojekt zu „Lebensgeschichte und Sozialkultur im Ruhrgebiet 1930–1960" (LUSIR) durch. Sie etablierten in der Bundesrepublik die Oral History als wissenschaftliche Methode und verhalfen der Alltagsgeschichte zu wissenschaftlichem Ansehen.[46]

Zahllose Geschichtsinitiativen und -werkstätten, Arbeitskreise und Volkshochschulkurse begannen, sich mit der Geschichte der eigenen Stadt oder des Stadtteils zu beschäftigen und ließen dabei vielfach Zeitzeugen und Zeitzeuginnen zu Wort kommen. Vorbild für viele folgende Arbeiten im Ruhrgebiet war das von dem promovierten Historiker Michael Zimmermann bearbeitete „Hochlarmarker Lesebuch. Kohle war nicht alles. 100 Jahre Ruhrgebietsgeschichte" aus dem Jahr 1981. Darin festgehalten waren die autobiografischen Berichte von Bergarbeitern und deren Frauen aus Recklinghausen-Hochlarmark.

Angesichts dieser Ausdifferenzierung des Feldes, den zahlreichen Praktiken der Geschichtskultur und der bunten Vermischung von Profis und Laien machte es Sinn, dass sich bereits der zweite Geschichtswettbewerb 1993/94 zur „Geschichte des Ruhrgebiets" an „Laien" und „Profis" gleichermaßen wandte und Preise in verschiedenen Kategorien auslobte: für Profis, Amateure, journalistisch Arbeitende, Schülerinnen und Schüler.

Am sechsten Geschichtswettbewerb 2013/2014 nahm nur noch eine Initiative teil, die sich dezidiert in der Tradition der Geschichtswerkstättenbewegung verstand: Die Geschichtswerkstatt Oberhausen e. V. Sie erhielt einen Sonderpreis für den „Aufbau kontinuierlicher Strukturen in der Geschichtskultur". In der Laudatio hieß es: „Auszeichnen möchte die Jury die gesamten Aktivitäten der Geschichtswerkstatt. Die Geschichtswerkstatt, gegründet vor genau 20 Jahren von Studenten der Ruhr-Universität Bochum, hat sich in Anlehnung an die Geschichtswerkstättenbewegung der 1980er Jahre vor allem mit der ‚Geschichte von unten' beschäftigt, in Form von Ausstellungen, Rundgängen, Vorträgen, Filmen etc. Im Reigen der lokalgeschichtlichen Initiativen gilt sie als die letzte ‚linke' Geschichtswerkstatt. Preiswürdig ist deren partizipativer Ansatz, deren Ver-

---

(Bahnhof Langendreer – Soziokulturelles Zentrum e. V.) (Hg.): In Fahrtrichtung links. Eine Odyssee durch Revue und Revolte, Essen 2006, S. 102–110.

46 Vgl. Reulecke, Jürgen: Laudatio auf Lutz Niethammer, Bochum 2002 (http://www.isb.ruhr-uni-bochum.de/sbr/historikerpreis/laudatio_niethammer.html.de, letzter Abruf am 31.05.2017).

netzungsaktivität und die Ausdauer der Geschichtswerkstatt, die oft unter widrigsten finanziellen Verhältnisse einen wichtigen Beitrag zur lokalen und regionalen Geschichtskultur geliefert hat und hoffentlich noch liefern wird."[47]

Zum 20-jährigen Jubiläum erinnerte André Wilger an die Gründungsimpulse dieser Geschichtswerkstatt: „Wo sind nur die aufwühlenden, emotionalen und politisch kontroversen Themen, welche die drei [Gründer] interessieren? Was hört man hier vom Kapp-Putsch, wer setzt sich mit Zwangsarbeit auseinander und warum gibt es immer noch so viele weiße Flecken in der Aufarbeitung der Nazi-Zeit? Und wo ist denn bitte schön die Berücksichtigung der ‚normalen', der so genannten kleinen Menschen? [...] Fasziniert sind die Studenten von der Philosophin Hannah Arendt, die in ihrem Buch ‚Elemente und Ursprung totalitärer Herrschaft' neue Ansätze der Erklärung von Totalitarismus, Imperialismus und Antisemitismus vorstellt. Ebenfalls verinnerlichen sie die Ansätze der aus Schweden stammenden Bewegung ‚Grabe, wo du stehst'. Das vom Oberhausener Landtagsabgeordneten Prof. Dr. Manfred Dammeyer übersetzte gleichnamige Buch von Sven Lindqvist wird gleichsam verschlungen."[48] Die von Martin Sabrow und Achim Saupe für das Authentisierungsgeschehen konstatierte zunehmende „unkritische Selbstbestätigung"[49] zeigte sich auch in der Beteiligungsstruktur des sechsten Geschichtswettbewerbs: Es nahmen bis auf Oberhausen keine *Werkstätten* mehr teil, sondern Geschicht*svereine* und Geschicht*sarchive;* schon die Begrifflichkeiten verweisen auf einen Zugang zur Geschichte, der sich als Akt des Bewahrens, Vergewisserns und der Repräsentation versteht.

Mag sein, dass das Wettbewerbsthema „Heimat" diesen bewahrenden Gestus beförderte, verknüpfte sich doch Heimat im Verlauf des 19. Jahrhunderts nicht nur untrennbar mit dem chauvinistisch-imperialen Projekt[50] und dem Rassesignifikanten als dessen Struktur,[51] sondern sie verdichtete sich angesichts von Industrialisierung und Urbanisierung zudem zum „Bollwerk im Strom der Zeit".[52] Und so kommt angesichts der zahlreichen Authentizitätsbekundungen

---

47 Materialien zum sechsten Geschichtswettbewerb, Forum Geschichtskultur an Ruhr und Emscher e. V. (http://warwas-ruhr.de/preise/, letzter Abruf am 31.05.2017).
48 Wilger, André: Geschichtswerkstatt Oberhausen. 20 Jahre Geschichte von unten, in: Schichtwechsel 2 (2014), S. 7.
49 Sabrow/ Saupe: Historische Authentizität, S. 15.
50 Vgl. Berger, Stefan (Hg.): The Contested Nation. Ethnicity, Class, Religion and Gender in National Histories, Basingstoke 2008; Berger, Stefan/ Conrad, Christoph: The Past as History. National Identity and Historical Consciousness in Modern Europe, Basingstoke u. a. 2015.
51 Vgl. Mbembe, Achille: Kritik der schwarzen Vernunft, Berlin 2014.
52 Vgl. Hartung, Werner: „Das Vaterland als Hort von Heimat". Grundmuster konservativer Identitätsstiftung und Kulturpolitik in Deutschland, in: Edelgard Klueting (Hg.): Antimodernis-

zur „Heimat Ruhrgebiet" beim sechsten Geschichtswettbewerb die Diagnose des Philosophen Hermann Lübbe in den Sinn: In der Behauptung des authentischen Ruhrgebiets kompensieren sie den Vertrautheitsschwund, der sich aufgrund der unerträglichen Gegenwartsschrumpfung ergibt. Die Konstanz der Verhältnisse in einer sich so rasch ändernden Zivilisation wie der gegenwärtigen nimmt immer schneller ab. Den änderungsbedingten Vertrautheitsschwund suchen die Beiträge deshalb weniger durch kritische Aufklärung denn durch eine Hinwendung zur authentisierten Vergangenheit auszugleichen.[53]

Konflikte um Authentizität

Zunächst verwiesen defensive Formulierungen in den Anschreiben zu den Geschichtswettbewerben auf konflikthafte Auseinandersetzungen um Authentizität zwischen „Laien" und „Profis", zwischen Einsender und Bewertungsinstanz: „Sicherlich kann das Buch nicht den Anspruch auf ‚historische Geschichtsschreibung' erheben und auch nicht dem auf ‚literarischer Spitzenqualität' genügen, auch ist mir kein sprachwissenschaftlich exaktes Werk zum Ruhrgebietsdialekt gelungen, aber ein Stück ‚Heimat', und wenn es nur meine eigene ist, hoffe ich, bewahrt zu haben."[54], oder: „Die Kinder, geboren zwischen 1930 und 1945 und später, die dem Bombenkrieg, Flucht und Vertreibung erlebt haben, sind als vergessene Generation zu bezeichnen, da eine Aufarbeitung des Erlebten im Elternhaus, Schule oder auch in der Politik nie stattgefunden hat. Falls Sie der Meinung sind, mein Beitrag hat das Thema verfehlt, lassen Sie es mich wissen und übergeben Sie ihn anschließend dem Papierkorb."[55]

Doch dann gerieten bei der Lektüre der dokumentierten Reflexionen zu den Geschichtswettbewerben zunehmend innerwissenschaftliche Konflikte um die „richtige" Geschichtsforschung in den Blick: Die Auseinandersetzungen zwischen Bielefelder Schule und Alltagsgeschichte wurden auch auf Schauplätzen im Ruhrgebiet ausgefochten: So untertitelte Hans-Ulrich Wehler einen Artikel

---

mus und Reform. Zur Geschichte der deutschen Heimatbewegung, Darmstadt 1991, S. 112–156, hier S. 115.

53 Vgl. Lübbe, Hermann: Der Fortschritt von gestern. Über Musealisierung als Modernisierung, in: Ulrich Borsdorf / Heinrich Theodor Grütter/ Jörn Rüsen (Hg): Die Aneignung der Vergangenheit. Musealisierung und Geschichte, Bielefeld 2004, S. 13–38.

54 Anschreiben zur Einsendung für den zweiten Geschichtswettbewerb von Walter Wehner, 1993.

55 Anschreiben zur Einsendung für den sechsten Geschichtswettbewerb von Heribert Pemp, 2013.

mit „Wie bei der Suche nach dem Authentischen Engagement mit Methodik verwechselt wird."[56]

Die teilweise sehr vorsichtigen Bewertungen fachwissenschaftlicher Jurymitglieder in den einzelnen Geschichtswettbewerben erscheinen vor diesem Hintergrund in einem anderen Licht. Und auch Klaus Tenfeldes Sympathie für die „Geschichtskultur im Ruhrgebiet" aus dem Jahre 1997 erhält eine neue, prononcierte Note. Während er der modernen Geschichtsbewegung mit leicht erhobenem Zeigefinger ins Arbeitsbuch diktierte, sie müsse sich stets „vom Respekt vor der Quelle als dem Grundmaterial des Historikers" leiten lassen, richtete er sich an die Zunft: „Als wichtigste Aufgabe der Zukunft drängt sich das absehbare Problem auf, der modernen Geschichtsbewegung im Ruhrgebiet gerade auch in den lockeren Beziehungen zur universitären historischen Bildung Kontinuität zu verleihen. Das ist, aus der Sicht des Fachhistorikers, eine etwas prekäre Aufgabe. Allzu leicht gerät, wer sich mit gewissem buchgestütztem Ansehen und gewohnter akademischer Eloquenz, aus der Fülle der Methoden und Theorien plappernd, hineinmengt, in ungewollte Kanzelfunktionen, die rasch zur wissenschaftlichen Arroganz verkommen können und dann leicht dämpfend, gar abtötend wirken können. Dieses Plädoyer richtet sich an die Fachkollegen und enthält Selbstkritik aus dem Bewusstsein, daß nicht alles, was gedruckt wurde, standgehalten hat. Aus der Situation, in der sich die Region gegenwärtig befindet, und aus ihren historischen Besonderheiten erwächst für die Fachhistorie eine Pflicht des Zuhörens – und eine Chance des Lernens."[57] Dem ist auch heute nichts hinzuzufügen.

Literatur

Abeck, Susanne: Ein Beispiel von Altersradikalismus. Ein Gespräch zum achtzigsten Geburtstag mit Roland Günter, in: Forum Geschichtskultur Ruhr 2 (2016), S. 44–47.

Abeck, Susanne: Essen, Zeche Zollverein. Ehrenamt auf Anfrage, in: Schall und Rauch. Industriedenkmäler bewahren. Dokumentation der Jahrestagung der Vereinigung der Landesdenkmalpfleger in der Bundesrepublik Deutschland, 13. bis 15. Juni 2016 in Oberhausen (Arbeitsheft der rheinischen Denkmalpflege 84), Petersberg 2017, S. 67–71.

Abeck, Susanne/ Schmidt, Uta C. (Hg.): Stulle mit Margarine und Zucker. Heimat Ruhrgebiet, Essen 2015.

---

56 Hans-Ulrich Wehler sprach im Zusammenhang mit Alltagsgeschichte von einem „biederen Hirsebrei" und „grünlich schillernde Seifenblasen". Wehler: Geschichte – von unten gesehen (http://www.zeit.de/1985/19/geschichte-von-unten-gesehen, letzter Abruf am 31.05.2017).

57 Tenfelde: Geschichtskultur im Ruhrgebiet, S. 11.

Berger, Stefan (Hg.): The Contested Nation. Ethnicity, Class, Religion and Gender in National Histories, Basingstoke 2008.

Berger, Stefan/ Conrad, Christoph: The Past as History. National Identity and Historical Consciousness in Modern Europe, Basingstoke u. a. 2015.

Borsdorf, Ulrich: Das Unfaßbare wird greifbar, in: Industriegeschichte an Emscher und Ruhr. Dokumentation des Geschichtswettbewerbs der Internationalen Bauausstellung Emscher Park in Zusammenarbeit mit der Nordrhein-Westfalen-Stiftung, Gelsenkirchen 1992, S. 39–40.

Borsdorf, Ulrich: Das Eingesandte, in: Industriegeschichte an Emscher und Ruhr, Dokumentation des Geschichtswettbewerbs der Internationalen Bauausstellung Emscher Park in Zusammenarbeit mit der Nordrhein-Westfalen-Stiftung, Gelsenkirchen 1992, S. 41–44.

Boström, Jörg/ Günter, Roland: Arbeiterinitiativen, Berlin 1976.

Engelskirchen, Lutz: „... kein Thema! Bild und Gestalt des Ruhrgebiets". Der vierte Geschichtswettbewerb des Forum Geschichtskultur, Analyse und Dokumentation, Essen 2001.

Friedemann, Peter: Ruhr-Universität Bochum. Institut zur Erforschung der europäischen Arbeiterbewegung. Tätigkeitsbericht 1989–1998. Von einer „Büchersammlung" zum Zentralinstitut der Ruhr-Universität und zur „Stiftung Bibliothek des Ruhrgebiets", Bochum 1998.

Gebhard, Gunter/ Geisler, Oliver/ Schröter, Steffen (Hg.): Heimat. Konturen und Konjunkturen eines umstrittenen Konzepts, Bielefeld 2007.

Goch, Stefan: Wege und Abwege der Sozialwissenschaft. Wilhelm Brepohls industrielle Volkskunde, in: Mitteilungsblatt des Instituts für Soziale Bewegungen 26 (2001), S. 139–176.

Goch, Stefan: Von der Kohlekrise zum neuen Ruhrgebiet. Strukturwandel und Strukturpolitik, in: Jana Golombek/ Dietmar Osses (Hg.): Schichtwechsel. Von der Kohlekrise zum Strukturwandel, Essen 2011, S. 6–19.

Goosen, Frank: Radio Heimat, Frankfurt (Main) 2009.

Grütter, Heinrich Theodor: Klio an der Ruhr. Geschichtskultur im Ruhrgebiet, in: Ulrich Borsdorf/ Heinrich Theodor Grütter/ Dieter Nellen (Hg.): Zukunft war immer. Zur Geschichte der Metropole Ruhr, Essen 2007, S. 234–245.

Günter, Roland: Die Siedlung als Geschichte, als Gegenwart und Vision, in: Forum Geschichtskultur an Ruhr und Emscher. Informationen 2 (1997), S. 17–25.

Günter, Roland: Im Tal der Könige. Ein Handbuch für Reisen zu Emscher, Rhein und Ruhr, Essen 2000.

Hartung, Werner: „Das Vaterland als Hort von Heimat". Grundmuster konservativer Identitätsstiftung und Kulturpolitik in Deutschland, in: Edelgard Klueting (Hg.): Antimodernismus und Reform. Zur Geschichte der deutschen Heimatbewegung, Darmstadt 1991, S. 112–156.

Industriegeschichte an Emscher und Ruhr. Dokumentation des Geschichtswettbewerbs der Internationalen Bauausstellung Emscher Park in Zusammenarbeit mit der Nordrhein-Westfalen-Stiftung, Gelsenkirchen 1992.

Internationale Bauausstellung Emscher Park (Hg.): IBA '99 Finale, [o. O.] 1996.

Internationale Bauausstellung Emscher Park (http://www.iba-emscherpark.de/, letzter Abruf am 31.05.2017).

Lübbe, Hermann: Der Fortschritt von gestern. Über Musealisierung als Modernisierung, in: Ulrich Borsdorf/ Heinrich Theodor Grütter/ Jörn Rüsen (Hg): Die Aneignung der Vergangenheit. Musealisierung und Geschichte, Bielefeld 2004, S. 13–38.

Mbembe, Achille: Kritik der schwarzen Vernunft, Berlin 2014.

NRW-Stiftung (Hg.): Heimat NRW gestern – heute – morgen. Kongress der Nordrhein-Westfalen-Stiftung am 18. November 2011, Essen 2012.

Parent, Thomas: Schloss der Arbeit, Familienpütt und Ikone der Industriekultur. Die Geschichte der Zeche Zollern (https://www.lwl.org/industriemuseum/standorte/zeche-zollern/geschichte, letzter Abruf am 31.05.2017).

Reulecke, Jürgen: Laudatio auf Lutz Niethammer, Bochum 2002 (http://www.isb.ruhr-uni-bochum.de/sbr/historikerpreis/laudatio_niethammer.html.de, letzter Abruf am 31.05.2017).

Rüsen, Jörn: Lebendige Geschichte. Formen und Funktion des historischen Wissens (Grundzüge einer Historik 3), Göttingen 1989.

Sabrow, Martin/ Saupe, Achim: Historische Authentizität. Zur Kartierung eines Forschungsfeldes, in: Dies. (Hg.): Historische Authentizität, Göttingen 2016, S. 7–28.

Schanetzky, Tim: Endstation Größenwahn, Essen 1998.

Schmidt, Uta C.: Authentizitätsstrategien im nationalsozialistischen Spielfilm ‚Wunschkonzert', in: Daniela Münkel/ Jutta Schwarzkopf (Hg.): Geschichte als Experiment. Studien zu Politik, Kultur und Alltag im 19. und 20. Jahrhundert. Festschrift für Adelheid von Saldern, Frankfurt (Main) 2004, S. 195–206.

Schmidt, Uta C.: „Der Bergmann war immer von Signalen umgeben!" Das akustische Denkmal von Dortmund-Eving, in: Technikgeschichte 72 (2005:2), S. 127–147.

Schmidt, Uta C.: „Lasst uns den Kohlenpott umfunktionieren!" Repräsentationspolitik der Stadtlandschaft Ruhrgebiet, in: Adelheid von Saldern (Hg.): Stadt und Kommunikation in bundesrepublikanischen Umbruchzeiten, Wiesbaden 2006, S. 258–282.

Schmidt, Uta C.: Das Signal von Minister Stein. Ein O-Ton als Erinnerungsort, in: Harun Maye/ Cornelius Reiber/ Nikolaus Wegmann (Hg.): Original / Ton. Zur Mediengeschichte des O-Tons, Konstanz 2007, S. 361–383.

Schmidt, Uta C.: Parteinahme: Das Industrie- und Sozialpfarramt als Soziale Bewegung, in: Dies./ Evangelischer Kirchenkreis Gelsenkirchen und Wattenscheid (Hg.): Kirche in der Stadt. Wattenscheider Barock – Gelsenkirchener Appell, Gelsenkirchen 2017, S. 143–160.

Staatskanzlei des Landes Nordrhein-Westfalen: Strukturwandel durch Kultur. Städte und Regionen im postindustriellen Wandel, Düsseldorf 2009 (http://u-institut.de/wp-content/uploads/2014/11/Strukturwandel_durch_Kultur_u-institut-2009.pdf, letzter Abruf am 31.05.2017).

Stremmel, Ralf: Geschichtslandschaften. Bedingungsfaktoren, Elemente und Funktionen. Berlin und das Ruhrgebiet im Vergleich, in: Informationen zur Raumentwicklung 10/11 (2007), S. 613–626.

Tenfelde, Klaus: Geschichtskultur im Ruhrgebiet, in: Forum Geschichtskultur an Ruhr und Emscher. Informationen 1 (1997), S. 5–13.

Unverfehrt, Gabriele: Kohle für die Hermannshütte. Zur Geschichte des Hoerder Bergwerks- und Hütten-Vereins, seiner Zechen und Siedlungen, in: Dies. (Hg.): Leben im Schatten des Förderturms. Die Kolonie Holstein in Dortmund-Asseln, Werne 2005, S. 10–50.

Vollmer, Walter/ Wesley Löwen, John: Wirtschaftlicher Strukturwandel – technische Innovation und Arbeit im Ruhrgebiet, in: Klaus Tenfelde/ Thomas Urban (Hg.): Das Ruhrgebiet. Ein historisches Lesebuch Bd. 2, Essen 2010, S. 831–888.

Völz, Regina: Vielleicht war ich auch der richtige Minister zur richtigen Zeit. Ein Interview mit Dr. Christoph Zöpel, in: Anthe Grajetzky/ Gerd Spieckermann/ Uwe Vorberg (Bahnhof Langendreer – Soziokulturelles Zentrum e. V.) (Hg.): In Fahrtrichtung links. Eine Odyssee durch Revue und Revolte, Essen 2006, S. 102–110.

Vom Ende einer Straße … Kein Knappenchor singt, WDR 1967 (https://www.youtube.com/watch?v=iGlRFpOTvU8, letzter Abruf am 31.05.2017).

Wehler, Hans-Ulrich: Geschichte – von unten gesehen. Wie bei der Suche nach dem Authentischen Engagement mit Methodik verwechselt wird, in: Die Zeit vom 03.05.1985 (http://www.zeit.de/1985/19/geschichte-von-unten-gesehen, letzter Abruf am 31.05.2017).

Wilger, André: Geschichtswerkstatt Oberhausen. 20 Jahre Geschichte von unten, in: Schichtwechsel 2 (2014), S. 7.

Zur Geschichte der Industriedenkmalpflege in NRW. Historische Wurzeln (http://www.industriedenkmal-stiftung.de/docs/340813018849_de.php, letzter Abruf am 31.05.2017).

Quellen

Archiv des Forums Geschichtskultur an Ruhr und Emscher e. V., Essen

Anschreiben zur Einsendung für den zweiten Geschichtswettbewerb von Walter Wehner, 1993.

Anschreiben zur Einsendung für den sechsten Geschichtswettbewerb von Heribert Pemp, 2013.

Gründungsmemorandum „Forum Geschichtskultur an Ruhr und Emscher", 1992.

Helen Wagner

„Authentische Symbole der Region"[1]

Zur Transformation des Ruhrgebiets von einer
Industrielandschaft zur ‚Kulturlandschaft neuen Typs'
anhand der Route der Industriekultur

Einleitung

Nachdem die Stadt Essen stellvertretend für das Ruhrgebiet im Jahr 2010 den Titel der Europäischen Kulturhauptstadt tragen durfte, will sich die Region nun
zehn Jahre später um den Titel eines UNESCO-Welterbes bewerben.[2] Durch die
von der Stiftung Industriedenkmalpflege und Geschichtskultur in Kooperation
mit verschiedenen Partnern erarbeitete Bewerbung soll anders als bisher nun
nicht nur die Zeche Zollverein, sondern die gesamte „industrielle Kulturlandschaft Ruhrgebiet" als Weltkulturerbe ausgezeichnet werden.[3] Diese selbstbe-
wusste Präsentation des Ruhrgebiets als einzigartiger und schützenswerter
Raum ist der vorläufige Höhepunkt der Transformation einer ehemaligen Industrielandschaft zu einer ‚Kulturlandschaft neuen Typs', die ohne als authentisch
empfundene Materialisierungen dieses Raumkonzepts nicht denkbar wäre.

Bei dieser Transformation handelt es sich um einen planvollen und gesteu-
erten Wandlungsprozess, der nicht nur das spezifische Argumentationspotenzi-
al des Raumkonzepts „Kulturlandschaft" gezielt als Mittel der Strukturpolitik
einsetzte – vielmehr wurde dieses Raumkonzept auch einer grundlegenden Er-

---

1 Budde, Reinhold/ Heckmann, Ulrich: Die Route der Industriekultur. Tourismusoffensive für
das Ruhrgebiet, in: Andrea Höber (Hg.): IndustrieKultur. Mythos und Moderne im Ruhrgebiet,
Essen 1999, S. 61–66, hier S. 64.
2 Nachdem eine erste Bewerbung um die Aufnahme in deutsche Tentativliste, also die Vor-
schlagsliste für zukünftige Nominierungen für die UNESCO-Welterbe-Liste, im Jahr 2014 vor
dem Fachbeirat der Kultusministerkonferenz gescheitert war, soll für die nächste Fortschreibung der Tentativliste ein überarbeiteter Vorschlag eingereicht werden, der aber verfahrensge-
mäß zunächst dem Land NRW zur Begutachtung vorgelegt werden muss. Dies ist für Herbst
2020 geplant. Für die Bewerbung kooperiert die Stiftung Industriedenkmalpflege und Geschichtskultur mit dem Ministerium für Heimat, Kommunales, Bau und Gleichstellung des Landes Nordrhein-Westfalen, dem Regionalverband Ruhr, dem Landschaftsverband Rheinland,
dem Landschaftsverband Westfalen-Lippe, der Emschergenossenschaft und dem externen bri-
tischen Berater Barry Gamble.
3 Vgl. Stiftung Industriedenkmalpflege und Geschichtskultur: Weltweit einzigartig. Zollverein
und die industrielle Kulturlandschaft Ruhrgebiet, Essen 2012, hier bes. S. 7–9.

https://doi.org/10.1515/9783110683103-011

weiterung unterzogen. Mit der Internationalen Bauausstellung (IBA) Emscher Park (1989–1999) gelang es, den traditionell und ästhetisch idealisierend auf vorindustrielle, bäuerliche Landschaften bezogenen Begriff „Kulturlandschaft" auf eine ehemalige Industrieregion zu übertragen und diese, vormals als „Negativfolie der deutschen Kulturlandschaft" wahrgenommen,[4] Region als schützenswerten Kulturraum umzudeuten.[5] Die zahlreichen erhaltenen materiellen Relikte der Montanindustrie wurden im Zuge dieser Entwicklung als Zeugen dieser Transformation ausgewiesen und als „authentische Symbole der Region" mit Bedeutung aufgeladen.[6]

Der folgende Beitrag setzt sich mit der Bedeutung von Authentizität für diese Umdeutung auseinander, indem er danach fragt, wie jene für den Prozess der sozialen und kulturellen Konstruktion von „Kulturlandschaft" funktionalisiert wird.[7] Hierzu wird zunächst der diskursive Transformationsprozess des Ruhrgebiets von einer Industrielandschaft zu einer ‚Kulturlandschaft neuen Typs' skizziert. Anschließend dient das Fallbeispiel der im Rahmen der IBA Emscher Park initiierten „Route der Industriekultur" zur Analyse der materiellen Konsolidierung des Raumkonzepts „Kulturlandschaft" in Form eines Netzwerks aus als authentisch kommunizierten Orten der Industriekultur. Das Fallbeispiel soll außerdem ein Licht auf die Motive der beteiligten AkteurInnen werfen, die die Vermarktung einer als authentisch empfundenen industriellen Kulturlandschaft planvoll als Mittel der Struktur-, Image- und Kulturpolitik einsetzten.

---

4 Blotevogel, Hans Heinrich: Industrielle Kulturlandschaft im Ruhrgebiet. Die Geschichte einer schwierigen Annäherung (Diskussionspapier Institut für Geographie, Gerhard-Mercator-Universität Duisburg), Duisburg 2001, S. 7.
5 Vgl. zur IBA als Ausgangspunkt für die Erweiterung des Kulturlandschaftsbegriffs: Haber, Wolfgang: Kulturlandschaft zwischen Bild und Wirklichkeit, in: Akademie für Raumforschung und Landesplanung (Hg.): Die Zukunft der Kulturlandschaft zwischen Verlust, Bewahrung und Gestaltung. Wissenschaftliche Plenarsitzung 2000 der Akademie für Raumforschung und Landesplanung, Hannover 2001, S. 6–29, hier S. 18; zum traditionellen und für die Kulturlandschaftsdebatte sowie die alltägliche Sprachpraxis immer noch prägenden Verständnis der Kulturlandschaft als vorindustrieller, bäuerlicher Landschaft vgl. Gailing, Ludger/ Leibenath, Markus: Von der Schwierigkeit, „Landschaft" oder „Kulturlandschaft" allgemeingültig zu definieren, in: Raumforschung und Raumordnung 70 (2012:2), S. 95–106, hier S. 102; Amman, Christof: Landschaft. Ein Widerspruch?, in: Helmut Haberl/ Gerhard Strohmeier (Hg.): Kulturlandschaftsforschung (IFF-Texte 5), Wien/ New York 1999, S. 31–35, hier S. 33.
6 Budde/ Heckmann: Die Route der Industriekultur, S. 64.
7 Zu „Kulturlandschaft" als soziale und kulturelle Konstruktion vgl. Gailing/ Leibenath: Schwierigkeit, S. 101 f.; Kilper, Heiderose u. a.: Die gesellschaftliche Konstituierung von Kulturlandschaft, in: Raumforschung und Raumordnung 70 (2012:2), S. 91–94, hier. S. 92.

Abb. 1 und 2: Vorschläge der Stiftung Industriedenkmalpflege und Geschichtskultur zur Fortschreibung der deutschen Tentativliste für das UNESCO-Welterbe von 2012 und 2017

Die Konstruktion einer ‚Kulturlandschaft neuen Typs' im Zuge der IBA Emscher Park

Zum Finale der IBA Emscher Park erschien im Jahr 1999 ein Sammelband mit dem Titel „IndustrieKultur. Mythos und Moderne im Ruhrgebiet",[8] der die in den vorangegangen zehn Jahren realisierten Projekte resümierend vorstellen sollte. Das erste Kapitel des Bands ist den „Strategischen Überlegungen" gewidmet, die der IBA Emscher Park zugrunde lagen, wobei einleitend ein Aufsatz des Geschäftsführers der für die IBA gegründeten Landesgesellschaft, Karl Ganser, den Weg „von der Industrielandschaft zur Kulturlandschaft" nachzeichnet.[9] Gleich zu Beginn seines Aufsatzes stellte der Geograph und Raumplaner fest: „Die Industrielandschaft an der Emscher wird zur Vergangenheit. Daraus ent-

---

8 Höber (Hg.): IndustrieKultur.
9 Ganser, Karl: Von der Industrielandschaft zur Kulturlandschaft, in: Höber (Hg.): IndustrieKultur, S. 11–15.

steht eine Kulturlandschaft für die Zukunft."[10] Diese Worte sind nicht als reine Beobachtung eines durch den Strukturwandel angestoßenen Transformationsprozesses zu verstehen, sondern als Zusammenfassung des strategischen Programms der IBA Emscher Park.

Die Bauausstellung war als Instrument der Strukturpolitik vor allem dazu gedacht, die im Strukturwandel hinterherhinkende nördliche Emscherzone der Region durch ein forciertes Strukturprogramm zukunftsfähig zu machen.[11] Dieses auf zehn Jahre angelegte Stadtplanungsprogramm zeigt, dass Planung auch über ihre „klassische Phase" hinaus,[12] deren Ende sich mit Dirk van Laak in den 1970er Jahren ansetzen lässt, als das geeignete Mittel zur langfristigen Gestaltung einer besseren Zukunft erschien. In „Situationen der räumlichen und zeitlichen Verdichtung",[13] wie eines Umbruchs vom Ausmaße des Strukturwandels im Ruhrgebiet, erschien eine auf Langfristigkeit angelegte, koordinierte Planung erforderlich. Zudem hinkte die nördliche Emscher Zone des Ruhrgebiets in der Bewältigung dieses strukturellen Wandels im Vergleich zur südlich gelegenen alten Hellwegzone deutlich hinterher. Angesichts eines solchen, als gravierend wahrgenommenen Rückstands erschien Planung auch nach dem Ende der „Planungseuphorie" in den 1970er Jahren nicht nur zur Bewahrung eines Status quo, sondern als aktiver, gestaltender Vorgriff auf die Zukunft erforderlich.[14]

Die Vorstellung einer gestaltbaren Zukunft reichte hierbei weit über das Ruhrgebiet hinaus, da sich die IBA Emscher Park selbstbewusst als „Zukunftswerkstatt" für alte Industrieregionen im Allgemeinen verstand und auch nach außen so präsentierte – deutlich nach dem in der Forschung häufig konstatierten Verlust des Glaubens an eine gestaltbare Zukunft „nach dem Boom".[15] Die von Karl Ganser als leitendem Planer der IBA Emscher Park proklamierte Transformation ist somit als Höhepunkt einer planerischen Politik zu sehen, die die als veraltet wahrgenommene und mit einem deutlich negativen Image behaftete

10 Ebd., S. 11.

11 Zum Programm der IBA und für ein Resümee der Projekte vgl. die Dokumentation von Urban, Thomas (Hg.): Visionen für das Ruhrgebiet. IBA Emscher Park. Konzepte, Projekte, Dokumentation, Essen 2008.

12 van Laak, Dirk: Planung. Geschichte und Gegenwart des Vorgriffs auf die Zukunft, in: Geschichte und Gesellschaft 34 (2008), S. 305–326, hier S. 322.

13 Ebd.

14 Vgl. van Laak, Dirk: Planung, Planbarkeit und Planungseuphorie. Version 1.0, in: Docupedia-Zeitgeschichte (http://docupedia.de/zg/Planung, letzter Abruf am 28.02.2017).

15 Vgl. z. B. Esposito, Fernando: Von no future bis Posthistoire. Der Wandel des temporalen Imaginariums nach dem Boom, in: Anselm Doering-Manteuffel/ Lutz Raphael/ Thomas Schlemmer (Hg.): Vorgeschichte der Gegenwart. Dimensionen des Strukturbruchs nach dem Boom (Nach dem Boom 1), Göttingen 2016, S. 393–423, hier bes. S. 410.

Industrielandschaft Ruhrgebiet endgültig zugunsten einer modernen Region ablösen sollte.

Mit der Transformation zu einer „Kulturlandschaft der Zukunft" war mehr gemeint als nur die Schaffung und Aufwertung von Kulturstandorten.[16] Das Raumkonzept der „Kulturlandschaft" verfügt über ein spezifisches argumentatives und strategisches Potenzial, das im Kontext der Bewältigung des strukturellen Wandels im Ruhrgebiet gezielt eingesetzt wurde, ähnlich wie die Konzepte der „Hochschullandschaft" und „Wissenschaftslandschaft".[17] Für das Verständnis dieses Potenzials ist es entscheidend, zwei verschiedene Bedeutungsebenen und Verwendungsweisen von „Kulturlandschaft" zu unterscheiden. Ähnlich wie etwa der Begriff „Hochschullandschaft" wird „Kulturlandschaft" einerseits verwendet, um die „Ausstattung eines Raumausschnitts mit Kultureinrichtungen und daran gebundenen kulturellem Leben" zu kennzeichnen.[18] Der Begriff dient also dazu, die Dichte, Beschaffenheit und Versorgung eines räumlichen Bereichs mit Kulturstandorten zu beschreiben.

Die „Kulturlandschaft Ruhrgebiet" sollte aber nicht nur in diesem Sinne des räumlichen Bereichs „Ruhrgebiet" mit einer bestimmten Ausstattung an Kulturstandorten zu einer „Kulturlandschaft der Zukunft" werden. Eine in diesem Sinne verstandene Modernisierung der Region durch die gezielte Planung und Förderung von Kulturstandorten war bereits in Planungsprogrammen der späten 1960er, der 1970er und auch noch 1980er Jahre vorangetrieben worden.[19] Neben der Absicht, die Region für ihre BewohnerInnen lebenswerter zu gestalten,[20] sollten diese Maßnahmen auch zur Verbesserung des Images der als Industrie-

---

16 Ganser: Industrielandschaft, S. 15.

17 Zur Hochschullandschaft vgl. Celebi, Timo J.: Universität als Steuerungsinstrument, in: Richard Hoppe-Sailer/ Cornelia Jöchner/ Frank Schmitz (Hg.): Ruhr-Universität Bochum. Architekturvision der Nachkriegsmoderne, Berlin 2015, S. 21–30, hier S. 28. Zur Wissenschaftslandschaft vgl. z.B. Rüsen, Jörn/ Wulfert, Heike: Die Wissenschaftsregion Ruhr. Perspektiven in Wissenschaft und Forschung: Institutionen, Allianzen, Projekte, in: Konrad A. Schilling (Hg.): Kulturmetropole Ruhr. Perspektivplan II, Duisburg 2007, S. 269–293; Müller-Börling, Detlef: „Universität Nordrhein-Westfalen". Eine Wissenslandschaft im Entstehen, in: Heribert Meffert/ Ulrich von Alemann (Hg.): Trendbuch NRW. Perspektiven einer Metropolregion, Gütersloh 2005, S. 141–152; Engelskirchen, Lutz: Von der Halden- zur Bildungslandschaft. Hochschul- und Bildungspolitik für das Ruhrgebiet seit den 1950er Jahren, in: Rainer Wirtz (Hg.): War die Zukunft früher besser? Visionen für das Ruhrgebiet, Bottrop u.a. 2000, S. 287–306.

18 Gailing/ Leibenath: Schwierigkeit, S. 102.

19 Planungsprogramme wie das „Entwicklungsprogramm Ruhr" (1968–73), das „Aktionsprogramm Ruhr" (1980–84), die „Zukunftsinitiative Montanregionen" (1987–89) oder auch das übergreifende „NRW-Programm 1975" (1970–75) enthielten neben wirtschaftlichen Strukturmaßnahmen auch zahlreiche Fördermaßnahmen für Kulturstandorte im Ruhrgebiet.

20 Vgl. z.B. Landesregierung Nordrhein-Westfalen: Entwicklungsprogramm Ruhr. 1968–1973, Düsseldorf 1968, S. 65.

landschaft wahrgenommenen Region beitragen. Als Industrielandschaft galt die Region bis zur IBA Emscher Park aus Sicht Gansers als ein Raum für Arbeit und Wirtschaft, der kaum Möglichkeiten zur Entfaltung von Kultur und Freizeit bot und dessen Landschaft keinerlei ästhetischen Wert aufwies.[21] Um dieses Verständnis abzulösen, galt es, den Kulturlandschaftsbegriff in seiner Bedeutung zu erweitern.

Die geplante Bedeutungserweiterung bezog sich nicht auf diese erstgenannte Bedeutungsebene von „Kulturlandschaft" als Beschreibung der Ausstattungsdichte eines räumlichen Bereichs mit Kulturstandorten. Vielmehr handelt es sich bei „Kulturlandschaft" auch um einen Begriff der Geographie, insbesondere der Landschaftsforschung, dessen Definition zwar umstritten ist, aber gemeinhin einen als Einheit wahrgenommen Raumausschnitt bezeichnet, der bestimmte natürliche Gegebenheiten aufweist und in einem zeitlich andauernden Prozess anthropogen überformt worden ist.[22] Diese recht neutrale Minimaldefinition ist aber keineswegs als dominante, für alle mit dem Begriff „Kulturlandschaft" operierenden Diskurse erschöpfende Begriffsklärung zu verstehen. Vielmehr ist mit Ludger Gailing zu betonen, dass „der Begriff sowohl in alltagssprachlichen Zusammenhängen als auch als Gegenstand unterschiedlicher Wissenschaftsdisziplinen ein weitläufiges Bedeutungsfeld" einschließt.[23] Gailing zeigt auf, dass insbesondere für innerhalb der im Rahmen der IBA Emscher Park bedeutsamen Diskurse der Denkmal- und Landschaftspflege die „ästhetische Perspektive" auf Kulturlandschaften prägend ist.[24] In dieser ästhetischen, auch den alltagssprachlichen Gebrauch prägenden Perspektive bezeichnet „Kulturlandschaft" vor allem agrarisch geprägte Räume, sodass der Begriff noch immer häufig mit dem Idealbild eines vorindustriellen Raumes verknüpft wird.[25] Besonders einflussreich wurde diese Deutung durch die Heimatschutzbewegung und Heimatvereine des späten 19. und frühen 20. Jahrhunderts, die die deutsche Kultur-

---

21 Vgl. Ganser: Industrielandschaft, S. 14.
22 Vgl. z.B. Wehling, Hans-Werner: Die Idee der Kulturlandschaft und ihre Übertragbarkeit auf das Ruhrgebiet. Die industrielle Kulturlandschaft Zollverein, in: Walter Buschmann (Hg.): Zwischen Rhein-Ruhr und Maas. Pionierland der Industrialisierung, Werkstatt der Industriekultur, Essen 2013, S. 185–194, hier S. 186; Wehling, Hans-Werner: Kulturlandschaft Ruhrgebiet im Wandel. Regionale, lokale und europäische Aspekte, in: Ulrich Borsdorf/ Heinrich Theodor Grütter/ Dieter Nellen (Hg.): Zukunft war immer. Zur Geschichte der Metropole Ruhr, Essen 2007, S. 40–51, hier S. 40; Haberl, Helmut/ Strohmeier, Gerhard: Thema „Kulturlandschaft", in: Dies. (Hg.): Kulturlandschaftsforschung, S. 30; vgl. Amman: Landschaft, S. 34.
23 Gailing, Ludger: Kulturlandschaft. Begriff und Debatte, in: Dietrich Fürst u. a. (Hg.): Kulturlandschaft als Handlungsraum. Institutionen und Governance im Umgang mit dem regionalen Gemeinschaftsgut Kulturlandschaft, Dortmund 2008, S. 21–34, hier S. 21.
24 Vgl. ebd., S. 22.
25 Vgl. Amman: Landschaft, S. 33.

landschaft als vorindustriellen Raum idealisierten und eine enge Verbindung zwischen den natürlichen Gegebenheiten eines Raums und dem kulturellen Hintergrund der ihn bewohnenden Bevölkerung konstruierten.[26] Das Ruhrgebiet wurde so mit seiner von der Industrie dominierten Landschaft und der durch Migration und kultureller Vielfalt geprägten Bevölkerungsstruktur gleichsam zur „Negativfolie der ‚deutschen Kulturlandschaft'".[27] Durch die semantische Verknüpfung mit dem im alltäglichen Sprachgebrauch mit positiven Werten assoziierten Begriffsfeld der „Kultur" ist der Begriff „Kulturlandschaft" in seiner herkömmlichen Verwendung also stark normativ konnotiert, sodass Kulturlandschaften „häufig als besondere, schützenswerte Raumausschnitte" gelten.[28]

Dieser stark normative, auf den Idealtypus einer ästhetisch ansprechenden, vorindustriellen Landschaft bezogene Kulturlandschaftsbegriff ist sowohl für die denkmal- und landschaftspflegerische Kulturlandschaftsdebatte als auch für die Verwendung des Begriffs im alltagssprachlichen Diskurs noch immer besonders prägend.[29] In der wissenschaftlichen Beschäftigung mit Kulturlandschaften dominiert dagegen inzwischen eine eher konstruktivistische Perspektive, die versucht, sich von der normativen Konnotation des Begriffs und seiner Bindung an traditionelle Raumvorstellungen zu lösen. In diesem Verständnis ist die physische Verfassung der Kulturlandschaft zwar noch von Bedeutung, allerdings wird der als Kulturlandschaft bezeichnete Raumausschnitt nicht in erster Linie essentialistisch bestimmt, sondern als soziales und gedankliches Konstrukt verstanden, das über perzeptive und kommunikative Prozesse hervorgebracht und mit Bedeutungen und Symbolfunktionen aufgeladen wird.[30]

Über dieses prozessuale Verständnis der sozialen und kommunikativen Konstruktion von Kulturlandschaften lassen sich die beiden unterschiedlichen Verwendungsweisen des Begriffs in der diskursiven Konstruktion des Ruhrgebiets als Kulturlandschaft einordnen. Diese sozialkonstruktivistische Perspektive beleuchtet, dass der Kulturlandschaftsbegriff sowohl in seiner landschaftspflegerischen Bedeutungsdimension als auch in Bezug auf die Ausstattung mit Kulturstandorten nicht lediglich zur Beschreibung der physischen Verfasstheit einer als räumlichen Einheit zu verstehenden Landschaft Ruhrgebiet dient. Vielmehr ist deutlich eine strategische und normative Verwendung des Begriffs „Kulturlandschaft" zu erkennen, der spezifische Interessen wie Denkmalschutz,

---

26 Vgl. Blotevogel: Industrielle Kulturlandschaft, S. 7.
27 Ebd.
28 Gailing/ Leibenath: Schwierigkeit, S. 102.
29 Vgl. Gailing: Kulturlandschaft, S. 22.
30 Vgl. ebd., S. 25; Gailing/ Leibenath: Schwierigkeit, S. 97; Kilper u. a.: Kulturlandschaft, S. 92; Micheel, Monika: Alltagsweltliche Konstruktionen von Kulturlandschaft, in: Raumforschung und Raumordnung 70 (2012:2), S. 107–117, hier S. 108.

Imagepolitik oder die Bildung einer regionalen Identität zugrunde liegen.[31] So erklärt sich die bereits angerissene Strategie innerhalb der planerischen Politik seit den späten 1960er Jahren, die Dichte und Ausstattung des als Industrielandschaft wahrgenommenen Ruhrgebiets mit Kultureinrichtungen zu verbessern und das Bild einer Industrielandschaft, die kaum Wohn- und Freizeitwert aufweise, aufzuwerten.[32]

Zusätzlich zu den konkreten planerischen Tätigkeiten, die auf die Aufwertung des Ruhrgebiets als Kulturlandschaft im Sinne eines Raumausschnitts mit einer spezifischen Ausstattung mit Kulturstandorten abzielten, ist auch die kommunikative Strategie zu erkennen, die hohe Dichte und Vielfalt der Kulturstandorte zu betonen. Diese Strategie war Teil einer sowohl auf die Eigen- als auch die Fremdwahrnehmung der Region ausgerichteten Imagepolitik, die das negative Image des Ruhrgebiets als Industrielandschaft verbessern sollte. Dieser Teil des Transformationsprozesses bezieht sich vor allem auf die von bildungsbürgerlichen Idealen geprägten Vorstellungen von Kultur, die dem Konzept der „Kulturlandschaft" zugrunde liegen.[33] So entstand in den Städten der Region eine hohe Dichte an Stätten und regelmäßigen Veranstaltungen der klassischen Hochkultur, sodass in den 1970er Jahren ein breit gefächertes Netz „nebeneinander jeweils selbstgenügsam abgeschlossener ‚Stadtkulturen'" vorhanden war.[34]

Diese auf das kulturelle Leben im Ruhrgebiet bezogenen Modernisierungsmaßnahmen der Planungsprogramme der 1960er, 1970er und 1980er Jahre sind auch als Reaktion auf das skizzierte, von bildungsbürgerlichen Idealen des Kulturbegriffs geprägte Verständnis von Kulturlandschaft zu verstehen. Der Ausbau eines Netzes von Kulturinstitutionen im klassischen Verständnis des städtischen Bildungsbürgertums sollte eine Angleichung der Region an bildungsbürgerliche Normalitätsstandards bewirken. Diese auf Kultur- und Imagepolitik zielenden Planungsmaßnahmen lassen sich im Hinblick auf das skizzierte sozialkonstruktivistische Verständnis von Kulturlandschaft als eine erste Stufe des Transformationsprozesses des Ruhrgebiets von einer Industrielandschaft zur Kulturlandschaft verstehen.

Indem die AkteurInnen der IBA Emscher Park die ganze Region als Kulturlandschaft im Sinne des landschaftsplanerischen Raumkonzepts umdeuten wollten, gingen sie einen entscheidenden Schritt weiter. Nicht erst seit der Auf-

---

31 Zum strategischen Gebrauch des Kulturlandschaftsbegriffs vgl. Gailing/ Leibenath: Schwierigkeit, S. 99.

32 Vgl. Landesregierung Nordrhein-Westfalen: Entwicklungsprogramm, S. 65.

33 Vgl. hierzu z. B. Gailing: Kulturlandschaft, S. 23.

34 Pankoke, Eckart: Das Industrierevier als Kulturlandschaft. Politische Kulturen aktiver Politik im Ruhrgebiet, in: Othmar Nikola Haberl/ Karl Rohe (Hg.): Politische Deutungskulturen. Festschrift für Karl Rohe, Baden-Baden 1999, S. 405–424, hier S. 412.

nahme von Kulturlandschaften als Kategorie in die Richtlinien zur Umsetzung der Welterbekonvention der UNESCO (Operational Guidelines) im Jahr 1992 – aber durch diese noch einmal deutlich vorangetrieben – erlebte der Kulturlandschaftsbegriff eine starke Konjunktur. Mit der Aufnahme in die Operational Guidelines institutionalisierte sich die normative Dimension des Kulturlandschaftsbegriffs, wodurch das identitätstiftende Potenzial dieses Raumkonzepts gestärkt wurde. Dieses Potenzial machte das Raumkonzept der Kulturlandschaft zu einem geeigneten politischen Instrument „zur Schaffung regionaler Identität und zur Förderung einer integrierten Regionalentwicklung",[35] das den eingangs skizzierten Zielen des Strukturprogramms IBA Emscher Park besonders entgegen kam.

Sollte auch innerhalb der IBA Emscher Park ursprünglich noch das Ruhrgebiet an einen klassisch vorindustriell idealisierenden Kulturlandschaftsbegriff angeglichen werden, entwickelte sich laut Ganser schnell ein viel umfassenderes Ziel: ein tiefgreifender Wandel des Kulturlandschaftsbegriffs selbst, die Entwicklung eines „neuen Typus von Kulturlandschaft".[36] Durch die gezielte Bedeutungserweiterung des Kulturlandschaftsbegriffs wird die IBA Emscher Park immer wieder als Wendepunkt für die Kulturlandschaftsforschung bezeichnet, da hier nun auch industrielle Räume als Kulturlandschaft konstituiert und wahrgenommen wurden.[37] Diese Entwicklung ist allerdings als Prozess zu sehen, der nicht von allen AkteurInnen der IBA gleichermaßen forciert wurde. Dies lässt sich beispielsweise anhand einer Publikation aus der Halbzeitphase der IBA im Jahr 1994 nachvollziehen. Der Sammelband mit dem Titel „Bauplatz Zukunft" zog eine erste Zwischenbilanz und ließ dazu die verschiedenen AkteurInnen mit ihren durchaus unterschiedlichen Positionen zu Wort kommen.[38]

Beiträge, die das Ruhrgebiet nicht explizit als Landschaft in den Blick nehmen, arbeiten hier noch mit einem traditionellen Verständnis von Kulturlandschaft. So lässt sich beispielsweise im Beitrag von Rolf Kreibich, Soziologe, Zukunftsforscher und Mitglied des IBA-Direktoriums, noch der deutliche Gegensatz zwischen dem Ruhrgebiet als Industrielandschaft und dem wünschenswerten Ideal einer vorindustriellen Kulturlandschaft herauslesen. Der Beitrag diskutiert die Möglichkeiten zur Bewältigung des Strukturwandels durch harte oder weiche Standortfaktoren, wobei er durchaus bereits die Bedeutung von Kulturlandschaften als weiche Standortfaktoren anerkennt, die gegenüber klassi-

---

35 Gailing: Kulturlandschaft, S. 25.
36 Vgl. Ganser: Industrielandschaft, S. 11.
37 Vgl. Haber: Kulturlandschaft, S. 18.
38 Kreibich, Rolf u. a. (Hg.): Bauplatz Zukunft. Dispute über die Entwicklung von Industrieregionen, Essen 1994.

schen, traditionell als hart klassifizierten Standortfaktoren wie Verkehrs- oder Energieinfrastruktur immer mehr an Bedeutung gewinnen würden. Allerdings ist hier noch eindeutig die konventionelle Auffassung zu erkennen, die Industrialisierung habe die Kulturlandschaft des Ruhrgebiets „zerfasert".[39] Dort wo noch Kulturlandschaft im Sinne eines vorindustriellen, agrarisch geprägten Raums vorhanden sei, sei sie zumeist von der Industrielandschaft „überwölbt".[40] Auch die aus dem Bereich der Wirtschaft stammenden AkteurInnen, wie der seinerzeitige Hauptgeschäftsführer der Dortmunder Industrie- und Handelskammer Walter Aden, gehörten nicht zu den treibenden Kräften der Bedeutungserweiterung des Kulturlandschaftsbegriffs. Zwar diskutierte auch er die sich entwickelnde Kulturlandschaft des Ruhrgebiets im Hinblick auf die Abwägung von weichen und harten Standortfaktoren,[41] verstand Kulturlandschaft hierbei aber vorrangig im Sinne eines räumlichen Bereichs mit einer bestimmten Ausstattung an Kulturstandorten.

Andere AkteurInnen der IBA aus dem Bereich der Stadt- und Landschaftsplanung gingen zu diesem Zeitpunkt bereits deutlich weiter. Auch sie gingen, wie bereits angedeutet, zunächst vom Planungsziel einer Angleichung an räumliche Idealvorstellungen einer vorindustriellen Kulturlandschaft aus, wie etwa der Diskussionsbeitrag der Stadt- und Landschaftsplanerin Donata Valentien zeigt.[42] Als Mitglied im Lenkungsausschuss der IBA resümiert sie in ihrem Beitrag die Entwicklung der landschaftsgestalterischen Projekte der Bauausstellung. Diese ließen bereits zur Mitte der Laufzeit deutlich ein Abweichen vom ursprünglichen Ziel der Normalisierung erkennen. Interessant ist hierbei, welche unterschiedlichen Raumvorstellungen den verschiedenen Zugriffen auf das Ruhrgebiet als Landschaft zugrunde liegen. Dem ursprünglichen Planungsziel, das Ruhrgebiet an bestehende Landschaftsideale anzugleichen, liegen bildlich geprägte Raumvorstellungen zugrunde. Die Industrielandschaft des Ruhrgebiets wird als abstoßendes Bild beschrieben, dem Visionen einer „retuschierten",[43] von den Spuren der Industrialisierung befreiten Landschaft gegenübergestellt werden. Mit den zugrundeliegenden Raumvorstellungen wird Landschaft, ausgehend von einem durch die Landschaftsmalerei des 16. Jahrhunderts geprägten

---

39 Kreibich, Rolf: Strukturwandel durch harte oder weiche Standortfaktoren, in: Ders. u. a. (Hg.): Bauplatz Zukunft, S. 79–96, hier S. 94.
40 Ebd.
41 Vgl. Aden, Walter: Weiche oder harte Standortfaktoren?, in: Kreibich u. a. (Hg.): Bauplatz Zukunft, S. 72–78.
42 Vgl. Valentien, Donata: IBA-Emscherpark. Landschaft in der Industrieregion, in: Kreibich u. a. (Hg.): Bauplatz Zukunft, S. 182–190.
43 Ebd., S. 184.

Begriffsverständnis, als sinnlich wahrnehmbarer und ästhetisch kategorisierter Raumausschnitt beschrieben.[44]

Dieses Raumverständnis passe allerdings nicht auf die industriell geprägte Landschaft des Ruhrgebiets, weshalb Valentien eine Übertragung als „grotesk" verwirft.[45] Für das Ruhrgebiet müsse vielmehr ein neues Verständnis von Kulturlandschaft entwickelt werden, das von der Bedeutung und Symbolhaftigkeit der Landschaft für ihre Bevölkerung ausgeht, also eher ein konstruktivistisches Verständnis von Kulturlandschaft zugrunde legt. Die Identifikation mit der Landschaft vollziehe sich hier nicht mehr primär über ästhetische Kategorien wie Schönheit, sondern vielmehr über „Vertrautheit und Heimatgefühl",[46] also über die geteilte Erinnerung an eine noch nicht lange zurückliegende und dennoch fremd gewordene Vergangenheit industrieller Arbeit. Landschaftsplanungsprojekte, die ein solches, von Symbolhaftigkeit und Bedeutungszuschreibungen ausgehendes Verständnis von Kulturlandschaft zugrunde legten, anstatt ein traditionell ästhetisch geprägtes Verständnis auf das Ruhrgebiet übertragen zu wollen, wurden vom Lenkungsausschuss der IBA gezielt bevorzugt, wie Valentiens Ausführungen beispielhaft zeigen.

Die Fokussierung auf Industriekultur als wesentlicher Bezugspunkt der Selbst- und Fremdwahrnehmung des Ruhrgebiets als Region wurde also durch die IBA Emscher Park gezielt und wirkungsmächtig vorangetrieben. Nicht mehr der noch bis in die 1980er Jahre einflussreiche Leitgedanke, durch den Strukturwandel „endlich so wie überall" werden zu können,[47] dominierte die nach innen und außen gerichtete Imagepolitik der Region, sondern die Ausbildung einer auf Industriekultur als Alleinstellungsmerkmal fußenden regionalen Identität. Der Stellenwert einer auf Industriekultur ausgerichteten Kulturpolitik als weicher Standortfaktor der Regionalentwicklung wird hierbei insbesondere in der wissenschaftlichen Rückschau auf die IBA Emscher Park immer wieder hervorgehoben.[48] Industriekultur wird als „authentischer Kern der regionalen Identität

---

44 Zum ästhetischen und von der Landschaftsmalerei geprägten Verständnis von Landschaft vgl. Gailing: Kulturlandschaft, S. 22.

45 Valentien: IBA-Emscherpark, S. 188.

46 Ebd., S. 189.

47 Zur negativen Wirkung der „Endlich so wie überall"-Strategie für das Regionalmarketing des Ruhrgebiets in den 1970er und 1980er Jahren vgl. Prossek, Achim: Bilder des Ruhrgebiets. Vom Gestalten und Nutzen des (symbolischen) Kapitals, in: Kommunalverband Ruhrgebiet (Hg.): Regionalmarketing für das Ruhrgebiet. Internationale Erfahrungen und Bausteine für eine Region mit Zukunft, Essen 1999, S. 41–62, hier S. 43.

48 Vgl. z. B. Reicher, Christa: Industriekultur. Gespeicherte Erinnerung, kulturelles Potenzial und Chance für die Stadtentwicklung, in: Buschmann (Hg.): Zwischen Rhein-Ruhr und Maas, S. 9–17, hier S. 9 f.

des Ruhrgebiets" verstanden,[49] der nicht ohne die materiellen Träger der Industriekultur denkbar ist. Diese Zuschreibung von Authentizität ist für die bis hierhin skizzierte Konstruktion des Ruhrgebiets als industrieller Kulturlandschaft und ihre Funktionalisierung für die Ausbildung einer regionalen Identität also von entscheidender Bedeutung. Sie ist untrennbar an die materielle Verfasstheit des als Kulturlandschaft konstruierten Raums gebunden, weshalb im Folgenden dargestellt wird, wie die Zuschreibung von Authentizität als Basis für die materielle Konsolidierung des Raumkonzepts einer ‚Kulturlandschaft neuen Typs' fungiert.

Authentizität als Basis für die Konstruktion einer ‚Kulturlandschaft neuen Typs'

Für die Analyse der materiellen Konsolidierung der Konstruktion des Ruhrgebiets als industrieller Kulturlandschaft bietet sich die Route der Industriekultur als ein zentrales Element der Selbst- und Außendarstellung der Region an. Sie ist nicht nur ein Kernstück der regionalen touristischen Marketingstrategie, sondern ist insbesondere für die Vermittlung von Industriekultur als zentralem Referenzpunkt der Selbst- und Außendarstellung des Ruhrgebiets ein häufig gewählter Ansatzpunkt.[50] Ihr Konzept wurde außerdem Vorbild für ein europäisches Netzwerk der Industriekultur, der European Route of Industrial Heritage (ERIH),[51] was vor dem Hintergrund des bereits skizzierten Anspruchs der IBA Emscher Park, als Vorbild für andere altindustrielle Räume zu dienen, ebenfalls für die Wahl der Route als Fallbeispiel spricht.

Die Route der Industriekultur wurde 1999, im finalen Jahr der IBA Emscher Park, eröffnet und befindet sich seitdem in der Trägerschaft des Regionalverbands Ruhr (RVR).[52] Ihr Konzept geht auf den 1997 veröffentlichten „Masterplan Reisen ins Revier" zurück, mit dem im Auftrag der Landesregierung ein Konzept für die touristische Vermarktung des Ruhrgebiets geschaffen wurde. Hiermit wurde ein doppeltes Ziel verfolgt: Neben der Schaffung konkreter Beschäftigungsmöglichkeiten, die als strukturpolitische Maßnahme zur Stärkung des tertiären Sektors dienen sollten, war die Tourismusoffensive auch als Imagepolitik

---

49 Ebd., S. 14.
50 Vgl. z. B. ebd.
51 Zur Route der Industriekultur als Vorbild für ERIH vgl. z. B. Reicher: Industriekultur, S. 15; zu den Standorten siehe http://www.erih.net/ (letzter Abruf am 13.07.2017).
52 Bei Eröffnung der Route im Jahr 1999 noch Kommunalverband Ruhr (KVR).

gedacht. Von der Förderung eines touristischen Profils versprach sich die Landesregierung explizit eine positive und höchst effektive Imagepolitik, die wiederum der wirtschaftlichen Stärkung der durch den Strukturwandel geschwächten Region dienen sollte.

Die bereits skizzierte Klassifikation des Ruhrgebiets als eine ‚Kulturlandschaft neuen Typs' stellte hierfür eine entscheidende Voraussetzung dar. Sie markierte den Übergang von einer Imagepolitik, die auf eine Angleichung des Ruhrgebiets an traditionell als schön empfundene Landschaften zielte, hin zur Präsentation als einzigartige und daher touristisch wertvolle Region. Explizit wurde im „Masterplan Reisen ins Revier" das Ziel formuliert, „an die Stelle der seit Jahren üblichen Botschaft ‚Schaut her, wir haben auch ...' " müsse „die selbstbewußte Information treten: ‚Nur bei uns können Sie erleben ...' ".[53] So bildete die Präsentation von Schlössern und „schönen Landschaften" unter dem Claim „Das haben wir auch" zwar noch den Einstieg in die im Masterplan präsentierten Reisziele,[54] wurde dann aber gezielt von industriekulturellen Zielen unter der Rubrik „Das haben nur wir" abgelöst.[55] Die nachfolgenden Claims „Das machen wir besser als andere" und „Vielfältiger als anderswo" akzentuierten die Alleinstellungsmerkmale der Region über den direkten Vergleich von Unterhaltungsattraktionen und die Betonung kultureller Vielfalt, um mit einer auf explizite Abgrenzung zielende Überschrift „Anders als überall" zu schließen.[56] Zur konkreten Umsetzung dieses Konzepts wurden verschiedene touristische Maßnahmen erdacht, wobei der Route der Industriekultur als Pilotprojekt zur Erschließung von Industriekultur „strategische Bedeutung" zugeschrieben wurde.[57] Sie ist damit ein Beispiel für konkrete wirtschaftliche Interessen, die mit der landschaftlichen Aufwertung des Ruhrgebiets und seiner Umwidmung zu einer ‚Kulturlandschaft neuen Typs' verbunden waren.

Voraussetzung für diesen Umwidmungsprozess war die materielle Verfasstheit der Region, präziser – die Präsenz der vielen materiellen Hinterlassenschaften der Industrie,[58] die als Industriedenkmale in-Wert gesetzt und konserviert wurden. Entscheidend war hierbei nicht das einzelne Denkmal, sondern die Vielzahl der materiellen Hinterlassenschaften, die die Vergangenheit des Ruhr-

---

53 Nordrhein-Westfalen/ Ministerium für Wirtschaft und Mittelstand, Technologie und Verkehr: Masterplan für Reisen ins Revier. Bericht der Kommission, Düsseldorf/ Gelsenkirchen 1997, S. 87.

54 Ebd., S. 9.

55 Ebd., S. 31.

56 Ebd., S. 57, S. 71, S. 95.

57 Höber, Andrea: Industriekultur und Tourismus, in: Dies. (Hg.): IndustrieKultur, S. 117–120, hier S. 119.

58 Vgl. Wehling: Idee der Kulturlandschaft, S. 187.

gebiets als Industrieregion sinnlich erfahrbar machen sollten. Für die diskursive Transformation des Ruhrgebiets zu einer ‚Kulturlandschaft neuen Typs' wurde die Menge der erhaltenen Relikte der Montanindustrie zum wichtigen Argument. Durch sie sollte, über die Anschauung am einzelnen Objekt hinaus, das Nachvollziehen funktionaler Zusammenhänge und räumlicher Bezüge innerhalb der ehemaligen Industrieregion ermöglicht werden.[59] Die Präsenz der materiellen Überreste der Montanindustrie vermittelt das Ruhrgebiet als gewachsene industrielle Landschaft, die als eine industrielle Kulturlandschaft und somit eine ‚Kulturlandschaft neuen Typs' verstanden werden kann.

Die Absicht der PlanerInnen, das Ruhrgebiet als eine solche Kulturlandschaft touristisch zu vermarkten, schlägt sich auf materieller Ebene deutlich in der Netzwerkstruktur der Route der Industriekultur nieder. Nicht einzelne Denkmäler sollten das Ziel der zu werbenden BesucherInnen sein, sondern das Ruhrgebiet als Region. Die Möglichkeit zur „Reise in die jüngste Vergangenheit"[60] – nämlich die der Industriegesellschaft, die sich gerade erst auf der Schwelle von der Gegenwart zur Vergangenheit befinde – sollte TouristInnen anziehen. Das starke öffentliche Interesse an als authentisch empfundenen Orten, wie „historische[n] Bauwerke[n], Stadtensembles oder aber Gedenkstätten, in denen sich Geschichte anscheinend direkt materialisiert oder verkörpert",[61] wurde also als touristisches Potenzial erkannt und Geschichte als Erlebnis zu einem zentralen Marketingmotiv erklärt.

Authentizität ist hier also nicht nur im Sinne Aleida Assmanns als „letzte[r] (Gegen-)Wert in Zeiten der Postmoderne, in denen (fast) alles als optional, konstruiert, inszeniert und manipuliert gilt" zu verstehen.[62] Vielmehr wird die von Assmann beschriebene Sehnsucht nach Authentizität, durch ihre ökonomische Funktionalisierung als touristisches Potenzial, von einem eher abstrakten Wert, als Reaktion auf Erfahrungen der Postmoderne, zu einem konkreten Wert innerhalb der Tourismus- und Marketingstrategie für die Gestaltung der postindustriellen Zukunft einer Region. So bezeichnete beispielsweise Andrea Höber, im Rahmen der IBA Emscher Park Leiterin des Bereichs „Industriekultur und Tourismus", Industriekultur als „das Authentische",[63] das zum Kern der touristi-

59 Vgl. ebd.

60 Vgl. Nordrhein-Westfalen/ Ministerium für Wirtschaft und Mittelstand, Technologie und Verkehr: Masterplan, S. 25.

61 Sabrow, Martin/ Saupe, Achim: Historische Authentizität. Zur Kartierung eines Forschungsfelds, in: Dies. (Hg.): Historische Authentizität, Göttingen 2016, S. 7–28, hier S. 7.

62 Assmann, Aleida: Authentizität. Signatur des abendländischen Sonderwegs?, in: Michael Rössner/ Heidemarie Uhl (Hg.): Renaissance der Authentizität? Über die neue Sehnsucht nach dem Ursprünglichen (Kultur- und Medientheorie 6/2012), Bielefeld 2012, S. 27–42, hier S. 29.

63 Vgl. Höber: Industriekultur, S. 118.

schen Strategie der Region werden müsse. Was als authentisch gilt, ist Ergebnis eines Aushandlungsprozesses zwischen den Erwartungen der zu werbenden TouristInnen,[64] und den mit diesen Erwartungen operierenden GestalterInnen des touristischen Angebots. So suggeriert die Ansprache der potenziellen BesucherInnen als „wahre Entdeckungsreisende, die jenseits überkommener Klischees eine neue und andere Wirklichkeit erfahren" könnten,[65] dass es einen echten, einen als authentisch erkennbaren Kern des Ruhrgebiets jenseits seines vorherrschenden Images gebe, der darauf warte, sich TouristInnen zu erkennen zu geben. Die materiellen Relikte der Ruhrgebietsindustrie fungierten in dieser Konzeption als Zeugen für die Echtheit dieses Kerns, weshalb der Route der Industriekultur als Vermittler des Ruhrgebiets als ‚Kulturlandschaft neuen Typs' eine zentrale Bedeutung zukam und weiterhin zukommt.

Die Route wurde als ein Netzwerk aus ursprünglich 19, mittlerweile 26 so genannten „Ankerpunkten", 13 bedeutenden Wohnsiedlungen und 17 Aussichtspunkten, den „Panoramen der Industrielandschaft", entworfen, die auf mehrfache Weise untereinander verbunden und somit als räumliches System wahrnehmbar sind. Die Ankerpunkte bilden hierbei das „Kernnetz der Route".[66] Zu ihnen zählen Relikte der Kohle- und Stahlindustrie wie die Zeche Zollverein in Essen oder die Henrichshütte in Hattingen, aber auch während der IBA Emscher Park geschaffene und somit bereits post-industrielle Landschafts- und Kunstprojekte wie der Landschaftspark Duisburg-Nord oder der Tetraeder auf der Halde Beckstraße in Bottrop. Die Zuordnung der Einzelobjekte zueinander erfolgt auf mehreren Ebenen. Vor Ort sind die Ankerpunkte durch weiträumig sichtbare Signalobjekte sowie durch Schilder mit erklärenden Texten gekennzeichnet, die sie als Punkte auf der Route der Industriekultur ausweisen und so für den Besucher als Orte der Industriekultur explizieren.

---

64 Vgl. zu Authentizität als marktorientierter Kategorie im Geschichts- und Heritage-Tourismus Franck, Sybille: Der Mauer um die Wette gedenken, in: Aus Politik und Zeitgeschichte 31–34 (2011), S. 47–54; in Anlehnung an Tunbridge, John E./ Ashworth, Gregory J.: Dissonant Heritage. The Management of the Past as a Resource in Conflict, Chichester/ New York/ Brisbane 1996. Vgl. auch Groebner, Valentin: Touristischer Geschichtsgebrauch. Über einige Merkmale neuer Vergangenheiten im 20. und 21. Jahrhundert, in: Historische Zeitschrift 296 (2013:2), S. 408–428 sowie zu Authentizität als touristischem Bedürfnis Seidenspinner, Wolfgang: Authentizität. Kulturanthropologisch-erinnerungskundliche Annäherungen an ein zentrales Wissenschaftskonzept im Blick auf das Weltkulturerbe, in: kunsttexte 7 (2007:7), S. 1–20, hier S. 2, S. 14 f.
65 Höber: Industriekultur, S. 117.
66 Regionalverband Ruhr: Ankerpunkte. Erlebnisorte und Meilensteine der Industriekultur (http://www.route-industriekultur.ruhr/ankerpunkte.html, letzter Abruf am 28.02.2017).

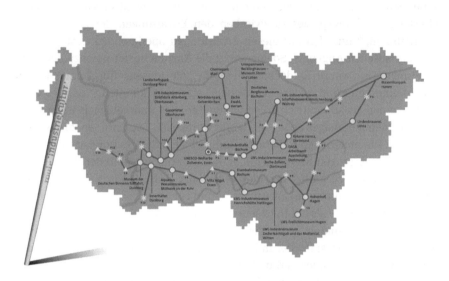

Abb. 3: Übersichtskarte der Route der Industriekultur mit Abbildung des Pfahls zur Markierung der Ankerpunkte vor Ort

Die Beschilderung lässt sich als Praktik der Authentisierung verstehen, die das Objekt in seiner Echtheit als einen aus der industriellen Vergangenheit erhaltenen Überrest ausweist.[67] Auch die erst im Prozess des Strukturwandels entstandenen Ankerpunkte, die sich den BesucherInnen beispielsweise als umgenutzte industrielle Relikte wie im Falle eines zum Landschaftspark Duisburg-Nord umgestalteten Eisenhüttenwerks präsentieren, lassen sich durch diese Praktik als Orte der Industriekultur authentisieren. Nicht ihre anscheinende Unmittelbarkeit als Überreste der Vergangenheit ist Referenzpunkt der Zuschreibung von Authentizität, sondern ihre Präsentation als Symbol einer regionalen Identität, die sich immer mehr aus der Erfahrung des Wandels einer ehemals industriellen Region speist. Der Strukturwandel wird somit in der Außendarstellung der Region von einer Bedrohung ihrer Identität zu einem Kernbestandteil derselben umgedeutet. Die Konstruktion von Authentizität als „Form, über die Gesellschaften

---

67 Zur Authentisierung als Echtheitszuschreibung vgl. Sabrow, Martin: Die Aura des Authentischen in historischer Perspektive, in: Ders./ Saupe (Hg.): Historische Authentizität, S. 29–43, hier S. 33 f.

ihre Vergangenheit verhandeln" und „gleichzeitig eine Autorisierung von Vergangenheit für die Zukunft" vornehmen,[68] wird hier besonders virulent.

Die Kennzeichnung der Ankerpunkte der Route der Industriekultur in einem einheitlichen Corporate Design soll die Einzelobjekte außerdem auch visuell als ein funktional und räumlich aufeinander bezogenes System kennzeichnen. Die Erschließung der Route ist sowohl per Fahrrad als auch per Auto über ein zusammenhängendes Verkehrsnetz möglich. Die Beschilderung der Themenrouten und der Einzelstandorte als Punkte auf der Route der Industriekultur im bestehenden Straßenverkehrsnetz erfolgte im bereits etablierten Stil brauner Unterrichtungstafeln. Auf diese Weise machten die InitiatorInnen der Route einen Anschluss an konventionalisierte Kennzeichnungssysteme touristischer Regionen deutlich. Sie kommunizierten den Anspruch, das Ruhrgebiet als eine touristisch wertvolle ‚Kulturlandschaft neuen Typs' darzustellen, also gezielt auch visuell, auf materieller Ebene der Beschilderung und Kennzeichnung der Standorte. Die Kartierung der Route der Industriekultur bildet eine weitere, zentrale Ebene, auf der die Einzelstandorte zu einem räumlichen System verbunden und als zusammenhängender Landschaftsbereich visuell kommuniziert werden.

Die Authentizität der Kulturlandschaft im Spannungsfeld von Einzelobjekten und räumlichen Netzwerk

Die räumliche Erschließung der Kulturlandschaft Ruhrgebiet über die als Netzwerk von Einzelstandorten konzipierte Route der Industriekultur lässt sich als Strategie der materiellen Konsolidierung des diskursiven Transformationsprozesses von der Industrielandschaft zur ‚Kulturlandschaft neuen Typs' betrachten. Wie in der Kulturlandschaftsforschung immer wieder betont wird, neigt besonders die denkmalpflegerische Perspektive auf Kulturlandschaften zu einer Elementarisierung von Räumen. Dies bedeutet, dass der landschaftliche Raum „analytisch in physiognomisch fassbare Elemente und Strukturen" zerlegt wird, „auch um die komplexe Totalität ‚Kulturlandschaft' in pragmatischer Form ‚in den Griff zu bekommen'".[69] Die Hervorhebung einzelner Standorte dient also

---

68 Rehling, Andrea/ Paulmann, Johannes: Historische Authentizität jenseits von „Original" und „Fälschung". Ästhetische Wahrnehmung, gespeicherte Erfahrung, gegenwärtige Performanz, in: Sabrow/ Saupe (Hg.): Historische Authentizität, S. 91–125, hier S. 100.
69 Gailing/ Leibenath: Schwierigkeit, S. 100.

der Konstruktion des landschaftlichen Raums, die über die materielle Anschauung der industriellen Denkmale vor Ort ermöglicht wird.

Sowohl in der Konzeption der Route der Industriekultur als auch in der durch die IBA-Publikationen vorangetriebenen diskursiven Transformation des Ruhrgebiets zur ‚Kulturlandschaft neuen Typs', wurde diese Notwendigkeit zur Hervorhebung einzelner Standorte reflektiert. Die AkteurInnen forderten gezielt die Aufladung eines zentralen Orts als symbolischen und materiellen Anlaufpunkt für die neue Kulturlandschaft.[70] Die Zeche Zollverein bot hierbei mit Aussicht auf die Eintragung in die UNESCO-Welterbe-Liste einen geeigneten Ort. Mit der Aufnahme in die Welterbe-Liste im Jahr 2001, also nur zwei Jahre nach der Eröffnung der Route der Industriekultur, wurde die Aufladung Zollvereins zu einem als authentisch gekennzeichneten Symbol der Region institutionell bestätigt.[71] Die Anerkennung durch die UNESCO – als einer besonders wirkmächtigen „Legitimationsinstanz" im sozialen Aushandlungsprozess der Zuschreibung von Authentizität –[72] ließ sich als Bestätigung des durch die IBA Emscher Park eingeschlagenen Wegs hin zur Transformation des Ruhrgebiets zur ‚Kulturlandschaft neuen Typs' lesen. So wird die Eintragung in die Welterbe-Liste, als „Nobilitierungs- und Authentisierungsinstanz",[73] nicht nur als Beleg für den besonderen Wert des Zollverein-Komplexes gedeutet, sondern auch als Verweis darauf, dass ihm eine „besondere Relevanz in der Inszenierung und Verankerung einer Ruhrgebietsidentität jenseits von einzelnen Stätten, Stadtteilen oder Städten der Region zukommt."[74]

---

70 Vgl. Nordrhein-Westfalen/ Ministerium für Wirtschaft und Mittelstand, Technologie und Verkehr: Masterplan, S. 29; Kania, Hans: Die gewachsene industrielle Kulturlandschaft Zollverein 1847–1986, in: Höber (Hg.): IndustrieKultur, S. 16–18, hier S. 18.
71 Zu Authentizität als „zentrale[m] Bewertungskriterium zur Aufnahme kultureller Stätten in die Liste des UNESCO-Welterbes" vgl. Falser, Michael S.: Von der Charta von Venedig 1964 zum Nara Document on Authenticity 1994. 30 Jahre „Authentizität" in Namen des kulturellen Erbes der Welt, in: Rössner/ Uhl (Hg.): Renaissance der Authentizität? S. 63–87, hier S. 66.
72 Knaller, Susanne: Original, Kopie, Fälschung. Authentizität als Paradoxie der Moderne, in: Sabrow/ Saupe (Hg.): Historische Authentizität, S. 44–61, hier S. 49.
73 Bernhardt, Christoph/ Sabrow, Martin/ Saupe, Achim: Authentizität und Bauerbe. Transdisziplinäre Persapektiven, in: Dies. (Hg.): Gebaute Geschichte. Authentizität im Stadtraum, Göttingen 2017, S. 9–22, hier S. 12.
74 Schwarz, Angela: Vom Nicht-Ort zum geschichtstouristischen Reiseziel. Der Authentizitätsbegriff und die Umdeutungen des Ruhrgebiets im frühen 20. und 21. Jahrhundert, in: Bernhardt/ Sabrow/ Saupe (Hg.): Gebaute Geschichte, S. 269–284, hier S. 277.

Abb. 4: UNESCO-Welterbe Stätte Zeche Zollverein

Die Elementarisierung der Kulturlandschaft durch die Fokussierung auf einzelne Objekte mit hoher Symbolkraft wie Zollverein ermöglicht also einerseits Zugang zur Identifikation des Raumausschnitts als zusammenhängender Landschaft. Andererseits führt sie gleichzeitig dazu, dass nur ein Teil der industriellen Kulturlandschaft über die „Summe von Einzelobjekten mit hoher symbolischer Bedeutung" repräsentiert werden kann,[75] wie Hans Werner Wehling betont. Dieser Umstand spiegelt sich auch in der Aufforderung zur Überarbeitung der Bewerbung des Ruhrgebiets als Kulturlandschaft für die Nominierung der deutschen Vorschläge für die UNESCO-Welterbe-Liste wider. Der von der Kultusministerkonferenz eingesetzte Fachbeirat für die Nominierungen zur Fortschreibung der deutschen Tentativliste bescheinigte dem Ruhrgebiet zwar „ein Potenzial, mit dem man die Komplexität einer industriell erzeugten Kulturlandschaft erfassen könnte. Allerdings wäre dafür eine Konzentration und Fokussierung auf ausgewählte und innerhalb der industriellen Kulturlandschaft repräsentative Objekte notwendig gewesen. Die hier dargelegten Einzelobjekte sind jedoch

---

75 Wehling: Idee der Kulturlandschaft, S. 186.

additiv aufgereiht, ohne dass ihre funktionalen, genetischen und topographischen Zusammenhänge deutlich gemacht werden."[76]

Die notwendige Fokussierung auf einzelne Objekte, die gleichzeitig nicht nur repräsentativ für die Kulturlandschaft sein müssen, sondern auch die funktionalen Zusammenhänge der einzelnen Objekte verdeutlichen sollen, erscheint als Dilemma der Elementarisierung von Kulturlandschaften. Als eine Voraussetzung für die Anerkennung als Welterbe ist die Zuschreibung von Authentizität an einen materiellen Träger, eine „Unterlage",[77] gebunden. Im Falle einer Kulturlandschaft ist hier nicht nur die Zuschreibung von Authentizität im Hinblick auf Einzelobjekte entscheidend, sondern auf den gesamten, historisch gewachsenen und funktional zusammenhängenden Raumausschnitt. Die Bemühung um eine glaubhafte, mithin erfolgreiche Zuschreibung von Authentizität wirkt also auf das Verständnis und die Präsentation des Ruhrgebiets als ‚Kulturlandschaft neuen Typs' zurück.

Literatur

Assmann, Aleida: Authentizität. Signatur des abendländischen Sonderwegs?, in: Michael Rössner/ Heidemarie Uhl (Hg.): Renaissance der Authentizität? Über die neue Sehnsucht nach dem Ursprünglichen (Kultur- und Medientheorie 6/2012), Bielefeld 2012, S. 27–42.

Amman, Christof: Landschaft. Ein Widerspruch?, in: Helmut Haberl/ Gerhard Strohmeier (Hg.): Kulturlandschaftsforschung (IFF-Texte 5), Wien/ New York 1999, S. 31–35.

Bernhardt, Christoph/ Sabrow, Martin/ Saupe, Achim: Authentizität und Bauerbe. Transdisziplinäre Persapektiven, in: Dies. (Hg.): Gebaute Geschichte. Authentizität im Stadtraum, Göttingen 2017, S. 9–22.

Blotevogel, Hans Heinrich: Industrielle Kulturlandschaft im Ruhrgebiet. Die Geschichte einer schwierigen Annäherung (Diskussionspapier Institut für Geographie, Gerhard-Mercator-Universität Duisburg), Duisburg 2001.

Celebi, Timo J.: Universität als Steuerungsinstrument, in: Richard Hoppe-Sailer/ Cornelia Jöchner/ Frank Schmitz (Hg.): Ruhr-Universität Bochum. Architekturvision der Nachkriegsmoderne, Berlin 2015, S. 21–30.

Engelskirchen, Lutz: Von der Halden- zur Bildungslandschaft. Hochschul- und Bildungspolitik für das Ruhrgebiet seit den 1950er Jahren, in: Rainer Wirtz (Hg.): War die Zukunft früher besser? Visionen für das Ruhrgebiet, Bottrop u. a. 2000, S. 287–306.

Esposito, Fernando: Von no future bis Posthistoire. Der Wandel des temporalen Imaginariums nach dem Boom, in: Anselm Doering-Manteuffel/ Lutz Raphael/ Thomas Schlemmer (Hg.):

---

76 Fachbeirat der Kultusministerkonferenz zur Fortschreibung der deutschen Tentativliste für das UNESCO-Welterbe: Abschlussbericht. Empfehlungen des Fachbeirates an die Kultusministerkonferenz zur Fortschreibung der deutschen Tentativliste für das UNESCO-Welterbe, April 2014.

77 Sabrow: Aura, S. 33.

Vorgeschichte der Gegenwart. Dimensionen des Strukturbruchs nach dem Boom (Nach dem Boom 1), Göttingen 2016, S. 393–423.

Falser, Michael S.: Von der Charta von Venedig 1964 zum Nara Document on Authenticity 1994. 30 Jahre „Authentizität" in Namen des kulturellen Erbes der Welt, in: Michael Rössner/ Heidemarie Uhl (Hg.): Renaissance der Authentizität? Über die neue Sehnsucht nach dem Ursprünglichen (Kultur- und Medientheorie 6/2012), Bielefeld 2012, S. 63–87.

Franck, Sybille: Der Mauer um die Wette gedenken, in: Aus Politik und Zeitgeschichte 31–34 (2011), S. 47–54.

Gailing, Ludger: Kulturlandschaft. Begriff und Debatte, in: Dietrich Fürst u. a. (Hg.): Kulturlandschaft als Handlungsraum. Institutionen und Governance im Umgang mit dem regionalen Gemeinschaftsgut Kulturlandschaft, Dortmund 2008, S. 21–34.

Gailing, Ludger/ Leibenath, Markus: Von der Schwierigkeit, „Landschaft" oder „Kulturlandschaft" allgemeingültig zu definieren, in: Raumforschung und Raumordnung 70 (2012:2), S. 95–106.

Groebner, Valentin: Touristischer Geschichtsgebrauch. Über einige Merkmale neuer Vergangenheiten im 20. und 21.Jahrhundert, in: Historische Zeitschrift 296 (2013:2), S. 408–428.

Haber, Wolfgang: Kulturlandschaft zwischen Bild und Wirklichkeit, in: Akademie für Raumforschung und Landesplanung (Hg.): Die Zukunft der Kulturlandschaft zwischen Verlust, Bewahrung und Gestaltung. Wissenschaftliche Plenarsitzung 2000 der Akademie für Raumforschung und Landesplanung, Hannover 2001, S. 6–29.

Haberl, Helmut/ Strohmeier, Gerhard: Thema „Kulturlandschaft", in: Dies. (Hg.): Kulturlandschaftsforschung (IFF-Texte 5), Wien/ New York 1999, S. 30.

Kilper, Heiderose u. a.: Die gesellschaftliche Konstituierung von Kulturlandschaft, in: Raumforschung und Raumordnung 70 (2012:2), S. 91–94.

Knaller, Susanne: Original, Kopie, Fälschung. Authentizität als Paradoxie der Moderne, in: Martin Sabrow/ Achim Saupe (Hg.): Historische Authentizität, Göttingen 2016, S. 44–61.

van Laak, Dirk: Planung, Planbarkeit und Planungseuphorie. Version 1.0, in: Docupedia-Zeitgeschichte (http://docupedia.de/zg/Planung, letzter Abruf am 28.02.2017).

van Laak, Dirk: Planung. Geschichte und Gegenwart des Vorgriffs auf die Zukunft, in: Geschichte und Gesellschaft 34 (2008), S. 305–326.

Micheel, Monika: Alltagsweltliche Konstruktionen von Kulturlandschaft, in: Raumforschung und Raumordnung 70 (2012:2), S. 107–117.

Müller-Börling, Detlef: „Universität Nordrhein-Westfalen". Eine Wissenslandschaft im Entstehen, in: Heribert Meffert/ Ulrich von Alemann (Hg.): Trendbuch NRW. Perspektiven einer Metropolregion, Gütersloh 2005, S. 141–152.

Pankoke, Eckart: Das Industrierevier als Kulturlandschaft. Politische Kulturen aktiver Politik im Ruhrgebiet, in: Othmar Nikola Haberl/ Karl Rohe (Hg.): Politische Deutungskulturen. Festschrift für Karl Rohe, Baden-Baden 1999, S. 405–424.

Prossek, Achim: Bilder des Ruhrgebiets. Vom Gestalten und Nutzen des (symbolischen) Kapitals, in: Kommunalverband Ruhrgebiet (Hg.): Regionalmarketing für das Ruhrgebiet. Internationale Erfahrungen und Bausteine für eine Region mit Zukunft, Essen 1999, S. 41–62.

Regionalverband Ruhr: Ankerpunkte. Erlebnisorte und Meilensteine der Industriekultur (http://www.route-industriekultur.ruhr/ankerpunkte.html, letzter Abruf am 28.02.2017).

Rehling, Andrea/ Paulmann, Johannes: Historische Authentizität jenseits von „Original" und „Fälschung". Ästhetische Wahrnehmung, gespeicherte Erfahrung, gegenwärtige Perfor manz, in: Martin Sabrow/ Achim Saupe (Hg.): Historische Authentizität, Göttingen 2016, S. 91–125.

Reicher, Christa: Industriekultur. Gespeicherte Erinnerung, kulturelles Potenzial und Chance für die Stadtentwicklung, in: Walter Buschmann (Hg.): Zwischen Rhein-Ruhr und Maas. Pionierland der Industrialisierung, Werkstatt der Industriekultur, Essen 2013, S. 9–17.

Rüsen, Jörn/ Wulfert, Heike: Die Wissenschaftsregion Ruhr. Perspektiven in Wissenschaft und Forschung. Institutionen, Allianzen, Projekte, in: Konrad A. Schilling (Hg.): Kulturmetropole Ruhr. Perspektivplan II, Duisburg 2007, S. 269–293.

Sabrow, Martin: Die Aura des Authentischen in historischer Perspektive, in: Ders./ Achim Saupe (Hg.): Historische Authentizität, Göttingen 2016, S. 29–43.

Sabrow, Martin/ Saupe, Achim: Historische Authentizität. Zur Kartierung eines Forschungsfelds, in: Dies. (Hg.): Historische Authentizität, Göttingen 2016, S. 7–28.

Schwarz, Angela: Vom Nicht-Ort zum geschichtstouristischen Reiseziel. Der Authentizitätsbegriff und die Umdeutungen des Ruhrgebiets im frühen 20. und 21. Jahrhundert, in: Christoph Bernhardt/ Martin Sabrow/ Achim Saupe (Hg.): Gebaute Geschichte. Authentizität im Stadtraum, Göttingen 2017, S. 269–284.

Seidenspinner, Wolfgang: Authentizität. Kulturanthropologisch-erinnerungskundliche Annäherungen an ein zentrales Wissenschaftskonzept im Blick auf das Weltkulturerbe, in: kunsttexte 7 (2007:7), S. 1–20.

Tunbridge, John E./ Ashworth, Gregory J.: Dissonant Heritage. The Management of the Past as a Resource in Conflict, Chichester/ New York/ Brisbane 1996.

Urban, Thomas (Hg.): Visionen für das Ruhrgebiet. IBA Emscher Park. Konzepte, Projekte, Dokumentation, Essen 2008.

Wehling, Hans-Werner: Die Idee der Kulturlandschaft und ihre Übertragbarkeit auf das Ruhrgebiet. Die industrielle Kulturlandschaft Zollverein, in: Walter Buschmann (Hg.): Zwischen Rhein-Ruhr und Maas. Pionierland der Industrialisierung, Werkstatt der Industriekultur, Essen 2013, S. 185–194.

Wehling, Hans-Werner: Kulturlandschaft Ruhrgebiet im Wandel. Regionale, lokale und europäische Aspekte, in: Ulrich Borsdorf/ Heinrich Theodor Grütter/ Dieter Nellen (Hg.): Zukunft war immer. Zur Geschichte der Metropole Ruhr, Essen 2007, S. 40–51.

Quellen

Aden, Walter: Weiche oder harte Standortfaktoren?, in: Rolf Kreibich u. a. (Hg.): Bauplatz Zukunft. Dispute über die Entwicklung von Industrieregionen, Essen 1994, S. 72–78.

Budde, Reinhold/ Heckmann, Ulrich: Die Route der Industriekultur. Tourismusoffensive für das Ruhrgebiet, in: Andrea Höber (Hg.): IndustrieKultur. Mythos und Moderne im Ruhrgebiet, Essen 1999, S. 61–66.

Fachbeirat der Kultusministerkonferenz zur Fortschreibung der deutschen Tentativliste für das UNESCO-Welterbe: Abschlussbericht. Empfehlungen des Fachbeirates an die Kultusministerkonferenz zur Fortschreibung der deutschen Tentativliste für das UNESCO-Welterbe, April 2014.

Ganser, Karl: Von der Industrielandschaft zur Kulturlandschaft, in: Andrea Höber (Hg.): IndustrieKultur. Mythos und Moderne im Ruhrgebiet, Essen 1999, S. 11–15.

Höber, Andrea (Hg.): IndustrieKultur. Mythos und Moderne im Ruhrgebiet, Essen 1999.

Dies.: Industriekultur und Tourismus, in: Dies. (Hg.): IndustrieKultur. Mythos und Moderne im Ruhrgebiet, Essen 1999, S. 117–120.

Kania, Hans: Die gewachsene industrielle Kulturlandschaft Zollverein 1847–1986, in: Andrea Höber (Hg.): IndustrieKultur. Mythos und Moderne im Ruhrgebiet, Essen 1999, S. 16–18.

Kreibich, Rolf u. a. (Hg.): Bauplatz Zukunft. Dispute über die Entwicklung von Industrieregionen, Essen 1994.

Kreibich, Rolf: Strukturwandel durch harte oder weiche Standortfaktoren, in: Ders. u. a. (Hg.): Bauplatz Zukunft. Dispute über die Entwicklung von Industrieregionen, Essen 1994, S. 79–96.

Landesregierung Nordrhein-Westfalen: Entwicklungsprogramm Ruhr. 1968–1973, Düsseldorf 1968.

Nordrhein-Westfalen/ Ministerium für Wirtschaft und Mittelstand, Technologie und Verkehr: Masterplan für Reisen ins Revier. Bericht der Kommission, Düsseldorf/ Gelsenkirchen 1997.

Stiftung Industriedenkmalpflege und Geschichtskultur: Weltweit einzigartig. Zollverein und die industrielle Kulturlandschaft Ruhrgebiet, Essen 2012.

Valentien, Donata: IBA-Emscherpark. Landschaft in der Industrieregion, in: Rolf Kreibich u. a. (Hg.): Bauplatz Zukunft. Dispute über die Entwicklung von Industrieregionen, Essen 1994, S. 182–190.

Gerhard A. Stadler

Altlast oder Chance? Das industriekulturelle Erbe der Habsburger Monarchie

Vorbemerkung

Aufgelassene Produktionsstätten, leer stehende Fabriksgebäude und ausgedehnte Industriebrachen bilden mitunter brisante Altlasten, deren Beseitigung nur unter Aufbringung großer finanzieller Summen bewerkstelligt werden kann. Mancherorts gelten sie als Chance für einen produktiven Neubeginn mit geänderten Funktionen, für kreative Umgestaltung, für urbanistische Experimente und Expansion. Betrachtet man die Situation in den Nachfolgestaaten der Habsburger Monarchie, so zeigt sich auf den ersten Blick eine disparate Praxis im Umgang mit dem industriellen Erbe. Unterschiedliche Ausgangspositionen bei dem Zerfall der Monarchie am Ende des Ersten Weltkriegs und die mehrfachen Zäsuren im politischen, wirtschaftlichen wie auch kulturellen Leben während des 20. Jahrhunderts gelten als Ursachen dieser Disparität.

Industrielles Erbe und Industriedenkmalpflege

Die Industrialisierung erfasste die Habsburger Monarchie im späten 18. Jahrhundert. Ihrer ökonomischen Entwicklung in den ersten beiden Dritteln des 19. Jahrhunderts konstatierte man ein tendenzielles Zurückfallen hinter die westeuropäischen Länder, während sich danach ein Aufholprozess im Wirtschaftswachstum abzeichnete.[1] Die regionale Spezialisierung zwischen dem agrarisch geprägten Transleithanien, der ungarischen Reichshälfte, und dem industrialisierten Zisleithanien, der österreichischen Reichshälfte, war schon in den Zeiten des Merkantilismus typisch für die Monarchie, die der Wirtschaftswissenschaftler Scott Eddie aus diesem Grund als eine „Ehe von Weizen und Textilien" bezeichnete.[2] Die mangelhafte Ausstattung mit Wasserstraßen und die Segmentierung des Binnenmarktes wurden erst mit dem Ausbau des Eisenbahnnetzes

---

1 Sandgruber, Roman: Ökonomie und Politik. Österreichische Wirtschaftsgeschichte vom Mittelalter bis zur Gegenwart (Österreichische Geschichte), Wien 1995, S. 233.
2 Good, David F.: Der wirtschaftliche Aufstieg des Habsburgerreiches 1750–1914 (Forschungen zur Geschichte des Donauraumes 7), Wien/ Köln/ Graz 1986, S. 112.

https://doi.org/10.1515/9783110683103-012

überwunden, der sich als Schlüssel zur industriellen Expansion entpuppte.[3] Zwar erfuhr die Monarchie in den Jahrzehnten vor dem Ausbruch des Ersten Weltkriegs eine wirtschaftliche Integration, sie konnte allerdings den politischen Zerfall nicht verhindern.[4]

Zum Nachlass der Habsburger Monarchie zählte auch ein umfassendes industriekulturelles Erbe, das sich als Folge der politischen Neuordnung Mitteleuropas 1918/19 auf die Territorien der Nachfolgestaaten verteilte. Als Nachfolgestaaten bezeichnet man jene Staaten, die 1918 entweder zur Gänze aus dem Gebiet der aufgelösten österreichisch-ungarischen Monarchie entstanden sind wie Österreich, die Tschechoslowakei und Ungarn, oder durch Gebiete der ehemaligen Monarchie wesentlich vergrößert wurden wie Polen, Rumänien und Jugoslawien. Bevor dieses Erbe nun exemplarisch am Sektor des Montan- und Hüttenwesens vorgestellt und die Fragen nach dem Umgang mit diesen historischen Zeugnissen beleuchtet werden, zunächst noch einige Anmerkungen zur staatlichen Denkmalpflege, die sich bislang in allen Nachfolgestaaten zwar nicht immer mit Erfolg, so doch als Schrittmacher bei den Bestrebungen um den Erhalt des industriekulturellen Erbes erwies.

Mit der Gründung der „Central-Commission zur Erforschung und Erhaltung der Baudenkmale" im Jahr 1850, die 1873 um die Agenden der „Kunst- und historischen Denkmale" erweitert wurde,[5] schuf man ein beratendes Fachgremium, aus dem der seit 1910 mit dem Ehrentitel „Protektor der Zentralkommission" ausgestattete Thronfolger Erzherzog Franz Ferdinand ein „Staatsdenkmalamt" schuf und Landeskonservatoren in den einzelnen Kronländern einsetzte. Es gelang ihm mit der Errichtung moderner Verwaltungsinstrumentarien und durch seinen persönlichen Einsatz, den Schutz und Erhalt von Denkmalen zu erreichen.[6] Seine Ermordung am 28. Juni 1914 in Sarajevo bildete den Anlass zum Ausbruch des Ersten Weltkriegs, der letztlich auch den Zerfall der Habsburger Monarchie zur Folge hatte.

Am 28. Oktober 1918, dem Gründungstag der Tschechoslowakei, wurden in der neu proklamierten Republik alle künstlerischen und historischen Denkmale unter den Schutz des Nationalausschusses und seiner Beauftragten gestellt, wobei das aus dem vormaligen Landesdenkmalamt für das Königreich Böhmen in Prag hervorgegangene staatliche Denkmalamt die Aufgaben wie bislang auch

---

3 Sandgruber: Ökonomie und Politik, S. 237.

4 Ebd., S. 311.

5 Frodl, Walter: Die staatliche Denkmalpflege in Österreich, in: Peter Pötschner (Hg.): Denkmalpflege in Österreich 1945–1970, Wien 1970, S. 9–17, hier S. 9 f.

6 Brückler, Theodor: Thronfolger Franz Ferdinand als Denkmalpfleger. Die „Kunstakten" der Militärkanzlei im Österreichischen Staatsarchiv (Kriegsarchiv) (Studien zu Denkmalschutz und Denkmalpflege XX), Wien/ Köln/ Weimar 2009.

weiterhin wahrnehmen sollte. Wenige Jahre später veröffentlichte der Verein der tschechischen Ingenieure am 19. Oktober 1924 in der Zeitung „Národní listy" einen Appell zur Rettung der technischen Denkmale, musste sich allerdings bis 1958 auf den Erlass eines entsprechenden Denkmalschutzgesetzes gedulden.[7] Großen Einfluss auf die Wissensvermittlung naturwissenschaftlicher und technischer Errungenschaften des Industriezeitalters gewann das Nationale Technische Museum in Prag, das auch eine aktive Rolle bei der Inventarisation des industriellen Erbes sowie bei Bemühungen um dessen Unterschutzstellung einnahm. Die Errichtung des „Technischen Museums für das Königreich Böhmen" im Jahr 1908 stand in einer Reihe von ähnlichen Museumsgründungen wie etwa in München oder Wien. Die Präsentation technischer Leistungen sowie Erzeugnisse der Industrie, die auf den Territorien Böhmens, Mährens und Schlesiens entstanden, zielte auf eine Einbettung in den Kontext der europäischen Errungenschaften des Industriezeitalters.[8] Eine erste Übersicht von schutzwürdigen Industriedenkmalen in der Tschechoslowakei wurde 1970 von dem im Museum als Kustos tätigen Jiří Vondra publiziert.[9] Ebenso wurde eine erweiterte Übersicht mit ungefähr 900 Objektbeschreibungen 1993 unter der Leitung von Zdeněk Rasl im Nationalen Technischen Museum herausgegeben.[10]

Allerdings zeigten sich trotz der Erfassung und Bewertung des industriellen Erbes große Defizite in Hinblick auf wirkungsvolle Schutzmaßnahmen, als nach der Samtenen Revolution in der ersten Hälfte der 1990er-Jahre die Stilllegung ganzer Bergbaureviere mit der Niederlegung historisch bedeutender Werksanlagen abgewickelt wurde. Endlich reagierte das tschechische Kulturministerium auf diese sinnlosen Zerstörungen und gewährte eine finanzielle Unterstützung, um zumindest in ausgewählten Regionen eine systematische Dokumentation der historischen Industrieanlagen vornehmen zu können.[11] Als landesweit erste komplexe Übersicht eines Produktionsbereiches entstand darauf hin eine Bestandsaufnahme des mährisch-schlesischen Steinkohlenbergbaus auf Initiative des Staatlichen Denkmalamts in Ostrava/ Ostrau unter Miloš Matěj.[12] Ein weite-

---

7 Kruml, Miloš: Technische Denkmäler und Industriearchäologie in Tschechien, in: Blätter für Technikgeschichte 63 (2001), S. 99–113, hier S. 99 f. und S. 102.

8 Hozák, Jan: Das Technische Nationalmuseum. Blick in die Geschichte, in: Technisches Nationalmuseum in Prag. Geschichte – Gegenwart – Sammlungen, Prag 1997, S. 15–22.

9 Rasl, Zdeněk: Technische Denkmäler und das Nationale Technische Museum Prag, in: industrie-kultur 19 (2002:2), S. 5.

10 Kruml: Technische Denkmäler, S. 103.

11 Matěj, Miloš: Industriedenkmalpflege in der Tschechischen Republik. Entwicklung und Strukturen, in: industrie-kultur 19 (2002:2), S. 3.

12 Dvořáková, Eva: Technisches Erbe und wissenschaftliche Forschung, in: industrie-kultur 19 (2002:2), S. 4; Matěj, Miloš: Das Industrieerbe des Ostrauer Ballungsgebietes, in: industrie-kultur 19 (2002:2), S. 18–21.

res Forschungsprojekt, das ebenfalls vom Staatlichen Denkmalamt in Ostrava/ Ostrau ausgeführt wurde, befasste sich mit der Inventarisation der Kaiser Ferdinands-Nordbahn: Alena Borovcová konzentrierte sich dabei auf die Dokumentation der Hochbauten und der technischen Ausstattung der Eisenbahnstrecken von Wien über Břeclav/ Lundenburg, Přerov/ Prerau, Ostrava/ Ostrau und Bohumín/ Oderberg nach Krakow/ Krakau.[13] Einen bedeutenden Schritt zur Popularisierung des industriekulturellen Erbes stellte die Publikation einer vierbändigen Enzyklopädie über die Technischen Denkmäler Böhmens, Mährens und Schlesiens dar, deren erster Band 2002 erschien.[14] Die Bearbeitung übernahm ein vielköpfiges Autorenkollektiv, dem Fachleute aus unterschiedlichen technischen Sparten angehörten, ebenso Denkmalpfleger, Museumsmitarbeiter, Historiker und Hochschulpädagogen.

In der Republik Österreich wurde das Staatsdenkmalamt zum Bundesdenkmalamt, das sich, seit 1925 mit einer Abteilung für wirtschaftsgeschichtliche Denkmale ausgestattet, dem Erhalt des industriellen Erbes verpflichtete. Auf der Grundlage des am 25. September 1923 verabschiedeten Denkmalschutzgesetzes konnten auch technische und industrielle Denkmale unter gesetzlichen Schutz gestellt werden. Neben Walter von Semetkowski, dem Landeskonservator für die Steiermark, und der Landeskommission für geistige Zusammenarbeit gilt auch der Wirtschaftshistoriker Alfons Dopsch am Institut für Österreichische Geschichtsforschung als ein Geburtshelfer des wirtschaftsgeschichtlichen Referats im Bundesdenkmalamt. Ebenso wie in Prag unterstützten in Wien die Direktoren und Kustoden des Technischen Museums den Leiter des Referats, August Loehr, bei seinem Engagement für den Erhalt von technischen Denkmalen. Insgesamt war eine Vielzahl von Experten in die von Loehr initiierten Studien bei der Erfassung des industriekulturellen Erbes eingebunden. Bis zu Beginn der 1940er-Jahre gelang die Unterschutzstellung bedeutender Anlagen des Eisenhüttenwesens, von Bauten der Pferdeeisenbahn sowie von Objekten verschiedener Industriebranchen wie etwa Brauereien und Textilfabriken.[15]

Der Zweite Weltkrieg bildete für die so erfolgreich angelaufene Industriedenkmalpflege eine herbe Zäsur, das Referat für wirtschaftsgeschichtliche Denkmale blieb nach dem Ausscheiden August Loehrs 1949 wegen Personalmangels unbesetzt. Erst 1976, im Sog einer von der ersten internationalen Konferenz zur

---

13 Dvořáková: Technisches Erbe, S. 4.
14 Hlušičkové, Hany (Hg.): Technické Památky v Čechách, na Moravě a ve Slezsku, I. díl A–G, Prag 2002.
15 Stadler, Gerhard A.: Industriearchäologie in Österreich, in: Hans-Joachim Braun (Hg.): Industriearchäologie, Industriekultur, Industriedenkmalpflege. Vorträge der Jahrestagung der Georg-Agricola-Gesellschaft 2008 in Schlatt (Schweiz) (Schriftenreihe der Georg-Agricola-Gesellschaft 34), Freiberg 2011, S. 53–80, hier S. 55–59.

Erhaltung von Industriedenkmalen in Ironbridge ausgelösten euphorischen Aufbruchsstimmung in West- und Mitteleuropa, wurde das nun in Abteilung für technische, wirtschafts- und sozialgeschichtliche Denkmale umbenannte Referat wieder besetzt. Freilich verzeichnete man in der mehr als drei Jahrzehnte andauernden Absenz der staatlichen Industriedenkmalpflege empfindliche Verluste an dem reichen industriekulturellen Erbe des Landes, die mit der Sprengung der Linzer Wollzeugfabrik im Herbst 1969 ihren Tiefpunkt erreichten.[16] Allerdings geriet auch nach der Wiederbesetzung der Abteilung die denkmalgerechte Bewahrung von Einrichtungen des Berg- und Hüttenwesens bei der Sicherung von bedeutenden Zeugnissen der Industrieanlagen des 20. Jahrhunderts aus der Erfolgsspur. In diesem Zusammenhang seien beispielhaft die Demolierung des Hallstätter Sudhauses im Ortsteil Lahn, die Demontage des weltweit ersten LD-Stahlwerks auf dem Gelände des Linzer Hüttenwerks erwähnt, oder an die Sprengung der Aufbereitungsanlage des Molybdänbergbaus in Vals in den Zillertaler Alpen sowie an das Abräumen eines Großteils der baulichen Überreste der Erdölförderung im sogenannten Nordfeld erinnert, die auch vom Bundesdenkmalamt nicht verhindert werden konnten. Gesichert und vorerst bewahrt werden konnten hingegen das Radwerk X in Vordernberg, das Hüttenwerk der Hüttenberger Eisenwerks-Gesellschaft in Heft, der Förderturm über dem Wodzicki-Schacht zusammen mit dem Fördermaschinenhaus und der Dampfmaschine im Fohnsdorfer Braunkohlerevier, die Bergarbeiter-Siedlung des Goldbergbaus in Böckstein sowie das mit 219 Einzelobjekten als Ensemble geschützte Wehrgrabenviertel in der historischen Eisenstadt Steyr.[17]

In Ungarn erfolgte eine aktive Auseinandersetzung der Denkmalbehörden mit dem industriekulturellen Erbe vergleichsweise spät, ein Umstand der einer missglückten Reorganisation des staatlichen Denkmalwesens geschuldet war. Im Zuge der gesellschaftlichen und politischen Veränderungen zu Beginn der 1990er-Jahre zielte eine 1993 erlassene Verfügung auf die Umgestaltung der insgesamt 36 Einrichtungen des dezentral organisierten staatlichen Denkmalschutzwesens. Allerdings blieb das Landesamt für Denkmalpflege in seiner alten Form mit der monopolartigen Stellung bei Planung, Ausführung, Restaurierung und Forschung sowie bei der behördlichen Genehmigung in erster und zweiter Instanz bestehen. „Als infolge der Veränderungen des Jahres 1989 neue Unternehmungen in den Bereichen der Planung, der Bausanierung und -durchführung auf den Plan traten, entpuppten sich die staatlichen Einrichtungen als

---

16 Stadler, Gerhard A.: Das industrielle Erbe Niederösterreichs. Geschichte – Technik – Architektur, Wien/ Köln/ Weimar 2006, S. 30 f.
17 Bundesdenkmalamt (Hg.): Gerettet! Denkmale in Österreich. 75 Jahre Denkmalschutzgesetz, Wien/ Köln/ Weimar 1998.

schwer defizitär. Sie wurden aber nicht abgeschafft, sondern vermehrt mit staatlichen Mitteln subventioniert, sodass ihr Unterhalt letztlich den Großteil der für den Denkmalschutz vorgesehenen Mittel verschlang."[18]

In der Hauptstadt Budapest begann man bereits 1974 mit der Inventarisation und Dokumentation des industriellen Erbes und 1989, im Jahr der Wende, zählte man an die 20 große leer stehende Industriekomplexe, die zunächst allerdings weder für eine Neunutzung zur Disposition standen noch bei stadtplanerischen Überlegungen Berücksichtigung fanden. Während die staatliche Denkmalpflege landesweit nur einige wenige Objekte als schutzwürdig ansah, stellte die Selbstverwaltung der Hauptstadt kraft ihrer Verordnung Nr. 54/1993 vom 1. Februar 1994 ungefähr 50 Industrieensembles unter Denkmalschutz. Mitte der 1990er-Jahre startete endlich auch die staatliche Denkmalbehörde eine Kampagne zur Erfassung und zum Erhalt des industriellen Erbes in Ungarn.[19]

Chancen und Perspektiven in ausgewählten Montanrevieren

Das industrielle Erbe der Habsburger Monarchie wird im Folgenden am Beispiel des Montan- und Hüttenwesens mit den Ressourcen Salz, Eisen, Kohle, Gold und Silber, Quecksilber sowie Erdöl exemplarisch beleuchtet, wobei das Hauptaugenmerk jenen Anlagen und Einrichtungen gilt, die Chancen auf Erhalt und Fortbestand haben.

Die Salzlagerstätten in den Ostalpen zählen seit Jahrtausenden zu den begehrtesten Mineralien der hier ansässigen Menschen, wie die historischen Salzbergbaureviere in Tirol, Salzburg, Oberösterreich und in der Steiermark belegen. Als Prototyp einer „single factory town" kann das im Inneren Salzkammergut gelegene Hallstatt bezeichnet werden,[20] wo der Salzbergbau – wie neue Erkenntnisse einer Projektstudie des Botanischen Institutes der Universität Innsbruck belegen – seit zumindest 7 000 Jahren, also seit der Jungsteinzeit betrieben wurde.[21] Belege für den Abbau von Steinsalz im Hochtal des Salzberges in bronzezeitlichen Kulturschichten hatten neben zahlreichen Funden vor allem die Freilegung von bislang mehr als 1 000 Gräbern in dem 1846 entdeckten Gräberfeld

---

18 Kiss, Katalin: Industriedenkmalpflege in Ungarn. Probleme und Perspektiven beim Schutz des industriellen Erbes, in: Blätter für Technikgeschichte 63 (2001), S. 173–191, hier S. 175.

19 Ebd., S. 173 f.

20 Idam, Friedrich: Pfannhaus Hallstatt. Unter der Idylle liegt die Fabrik, in: Blätter für Technikgeschichte 63 (2001), S. 149–172, hier 149.

21 Kurier. Unabhängige Tageszeitung für Österreich. Oberösterreich vom 21.05.2017, S. 1.

erbracht. Wie aus importierten Grabbeigaben und der hohen Funddichte entlang der Saumpfade geschlossen werden kann, lag das Hauptabsatzgebiet des Steinsalzes in Südosteuropa. Nicht zuletzt wurden die Erkenntnisse über den frühgeschichtlichen Salzbergbau in Hallstatt namensgebend für die Kulturepoche der älteren Eisenzeit, die als „Hallstattzeit" Eingang in die Geschichtsbücher fand.[22] Die Hallstattkultur lässt signifikante „ideelle und materielle Fortschritte gegenüber dem bis dahin Gewesenen erkennen", sodass ihr mit großer Berechtigung der „Charakter einer wohldifferenzierten, geschlossenen und gefestigten Kultur" zugesprochen werden kann. Sie kann daher als ein Grundpfeiler mitteleuropäischer Tradition gewertet werden.[23]

Nach dem Ende der römischen Bergbauaktivitäten im 5. Jahrhundert erfuhr die Salzproduktion erst wieder seit dem Mittelalter überregionale Bedeutung.[24] Im 16. Jahrhundert befanden sich das Bergregal, die Salzproduktion wie auch der Salzhandel sowie das gesamte Innere Salzkammergut im Besitz der Landesherren, der Habsburger. Deren Investitionen in die Entwicklung der Produktionsmittel und die daraus abgeleiteten Rechtsverhältnisse prägten das sozio-ökonomische Gefüge der Region. Als 1525 mit der Erwerbung Ungarns und Böhmens auch die Salzmärkte dieser Länder übernommen wurden, stieß die Produktionskapazität der Hallstätter Saline, die mit dem lokalen Brennholzdargebot begrenzt war, alsbald an ihre Grenzen. Um die überschüssige Sole aus dem Hallstätter Bergbau in die Sudhäuser in Ischl und Ebensee zu transportieren, fertigte man 1596 eine 34 Kilometer lange Rohrleitung, die aus 13 000 Einzelstücken zusammengefügt war.[25]

---

22 Morton, Friedrich: Viertausendfünfhundert Jahre Hallstatt im Bilde, Innsbruck 1959, S. 39.
23 Reitinger, Josef: Oberösterreich in ur- und frühgeschichtlicher Zeit, Linz 1969.
24 Morton: Viertausendfünfhundert Jahre Hallstatt, S. 32 f.
25 Idam, Friedrich: 13 000 Rohre für den Soletransport. Das Salzwesen im Salzkammergut, in: industrie-kultur 49 (2009:4), S. 16–17.

Abb. 1: Solestuben am Salzberg bei Hallstatt, Oberösterreich

Abb. 2: Stollenportal des Maria Theresia-Stollens am Perneck bei Bad Ischl, Oberösterreich

Seit der zweiten Hälfte des 18. Jahrhunderts verzeichnete man einen steten Rückgang der Salzproduktion, 1965 wurde der Sudbetrieb in Hallstatt einge-stellt, das Pfannhaus nur wenige Jahre später demoliert.[26] Längst hatten die Sommerfrischler und Touristiker den Marktflecken zwischen Hallstätter See und

---

26 Rausch, Wilhelm (Hg.): Die Salzorte an der Traun. Ein Exkursionsführer, bearbeitet von Willibald Katzinger, Helmut Lackner, Hermann Rafetseder, Maximilian Schimböck, Linz 1986, S. 45.

Dachsteinmassiv als begehrte Urlaubsdestination auserkoren, der sich dem Besucher als „ein pittoresker Ort in einer Ideallandschaft" präsentiert. „Doch unter der Idylle liegt eine industrielle Vergangenheit, die den ganzen Lebensraum geprägt hat. Gerade dort, wo die Tourismuswirtschaft ein romantisierendes Vergangenheitsbild erzeugen will, ist die Forschung gefordert, an den bunten Fassaden zu kratzen und die darunter liegenden Rußschichten freizulegen."[27] Schließlich wurden die Natur- und die von der prägenden Kraft der Geschichte der Salzgewinnung überformte Kulturlandschaft des Inneren Salzkammerguts 1997 mit dem Prädikat Weltkulturerbe der UNESCO ausgezeichnet.[28] Seither scheint man dem Ansturm der Touristen – viele von ihnen kommen aus weit entfernten Weltgegenden – nicht mehr gewachsen, wie Vertreter der neuen politischen Gruppierung im Hallstätter Gemeinderat beklagen. Ob mit dem Nachbau Hallstatts in der südchinesischen Provinz Guangdong für eine Entlastung des originalen Standortes gesorgt wurde, wird erst die Zukunft weisen.

Am Steirischen Erzberg, der als das weltgrößte Sideritvorkommen gilt, wird seit der Antike Bergbau betrieben. Wenn auch das Gastspiel der Römer bei den Norikern nur etwa eineinhalb Jahrhunderte andauerte, der Bergbau infolge des Niedergangs der alten Ordnung für mehrere hundert Jahre in Vergessenheit geriet, so verweist man in der Region stolz auf den seit dem Mittelalter beinahe eintausend Jahre hindurch ununterbrochenen Abbau des „Steirischen Brotlaibs". Die Erzgewinnung erfolgte bis in das 19. Jahrhundert vorwiegend unter Tage, ehe um 1890 der Tagebau mit einer umfassenden Etagenbildung begann. Bei seiner Vollendung 1907 waren insgesamt 60 Etagen von jeweils zwölf Meter Höhe hergestellt und verleihen dem Erzberg seither das Aussehen einer Stufenpyramide. 1928 wurde die Höhe der Etagen auf 24 Meter verdoppelt, sodass sich die Anzahl der Etagen auf 30 halbierte. Entgegen des in den vergangenen Jahrzehnten immer wieder einmal totgesagten Erzabbaus erzeugt die Voestalpine Erzberg GmbH derzeit bei einer jährlichen Gesamtabbaumenge von zwölf Millionen Tonnen ungefähr drei Millionen Tonnen Feinerz, das in den konzerneigenen Hüttenwerken in Donawitz und Linz zu Eisen und Stahl verarbeitet wird.[29]

Der Erzberg gilt als ein Landschaftsdenkmal des Industriezeitalters, das infolge der beachtlichen Abbaumengen beständig schrumpft und zugleich sein

---

27 Idam: Pfannhaus Hallstatt, S. 172.
28 Jeschke, Hans Peter (Hg.): Das Salzkammergut und die Weltkulturerbelandschaft Hallstatt-Dachstein/Salzkammergut. Grundlagenforschung, Kulturlandschaftspflegewerk und Monitoring, Bd. 1 (Beiträge zur Landeskunde von Oberösterreich 13), Linz 2002.
29 Zur Geschichte und Bergtechnik siehe Weiss, Alfred: Eisenerzbergbau in der Steiermark, in: Paul W. Roth (Hg.): Erz und Eisen in der Grünen Mark. Beiträge zum steirischen Eisenwesen, Graz 1984, S. 45–81. Die aktuellen Daten über die Erzproduktion stammen von der VA Erzberg GmbH (http://www.vaerzberg.at/erzproduktion.html, letzter Abruf am 30.05.2017).

äußeres Erscheinungsbild ändert. Nur geringfügige topographische Veränderungen bewirkten bislang die seit Ende des 20. Jahrhunderts betriebenen touristischen Initiativen und Motorsport-Veranstaltungen wie etwa die Besucherfahrten mit den 80 Tonnen Nutzlast fassenden Haulpak-Erztransportern oder das seit 1995 jährlich stattfindende Enduro-Rennen.[30] Mehr Kontinuität mit der Bergbautradition verspricht hingegen ein von der Montanuniversität Leoben geplantes „Zentrum am Berg", das sich – unter realen Untertage-Bedingungen – dem Bau und der Sicherheit in Tunnelbauten widmen wird. Das Forschungslabor soll in dem stillgelegten Stollensystem des Erzberges eingerichtet werden.[31]

Die zunächst unmittelbar neben den Schürfen, später am Fuße des Erzberges und an den für die Blasebälge der Radwerke Antriebskraft bietenden Wasserläufen errichteten Schmelzofenanlagen zählen zu dem hervorragenden industriekulturellen Erbe der Alpenländer. Die Renn-, Stuck-, Floß- und Hochöfen, denen ob des enormen Waldreichtums der Brennstoff niemals abhanden zu kommen schien, spiegeln den technologischen Fortschritt des Eisenhüttenwesens wider. Bauliche Überreste der vor- und frühindustriellen Eisengewinnung in den Bundesländern Steiermark, Kärnten und Salzburg konnten gesichert und erhalten werden, um als technische Denkmale der postindustriellen Gesellschaft als Forschungs- und Schauobjekte zu dienen. Weitere Zeugnisse der Eisenbearbeitung werden im Rahmen der Eisenstraße, mit Routen in der Steiermark, in Oberösterreich und in Niederösterreich präsentiert.[32]

Mit dem technologischen Wandel in der Eisenverhüttung und der Verdrängung der Holzkohle als Brennstoff durch Koks verlagerten sich die Standorte der Hüttenwerke allmählich in die Steinkohlenreviere Böhmens und Mährens. Der rasante Ausbau der Kohlenförderung im mährisch-schlesischen Revier, die Errichtung von Eisenhütten und der Bau der Kaiser Ferdinands-Nordbahn schufen eine Industrielandschaft, die von Zeitgenossen als das „österreichische Ruhrgebiet" bezeichnet wurde. Die bekannten ersten Auseinandersetzungen um einen denkmalgerechten Umgang mit dem industriekulturellen Erbe in Ostrava/ Mährisch Ostrau bildeten die Anstrengungen um den Erhalt der Sophienhütte im Zentrum der Stadt in den späten 1960er Jahren. Damals scheiterten zwar die von einer kleinen Gruppe von Architekten und Künstlern initiierten Aktivitäten, dennoch bildeten sie den Anstoß für einen unumgänglichen Schutz sowie für die Dokumentation von Ostravas industriellem Erbe. Als erstes Beispiel einer groß-

---

30 Hackel, Birgit: Deus ex machina, „ein Open-Air am steirischen Erzberg". Diplomarbeit, Technische Universität Wien 2010, S. 21.
31 O.V.: Das Forschungslabor im Berg, in: Kurier. Unabhängige Tageszeitung für Österreich vom 09.09.2016, S. 16.
32 Siehe dazu Andel, Adolf/ Dabringer, Wilhelm: Die Steirische Eisenstraße. Steinzeugen der Feuerzeit im eisernen Herzen Österreichs, Leoben 1983.

flächigen und interdisziplinären Erforschung der ausgedehnten Werksanlagen des Bergbaureviers gilt eine unter der Leitung von Miroslav Baše in den Jahren 1971/72 initiierte Studie.[33]

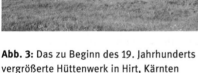

Abb. 3: Das zu Beginn des 19. Jahrhunderts vergrößerte Hüttenwerk in Hirt, Kärnten

Abb. 4: Bauliche Überreste des Eisenwerks in Kendlbruck, Salzburg

Die mit dem politischen Wandel einhergehenden Privatisierungen und damit verbundenen Stilllegungsprogramme beschleunigten in den 1990er-Jahren die Entwicklung von Maßnahmen zum Schutz der Industriekultur. Während man mit den Bestrebungen um den Erhalt der Sophienhütte, der Zeche Salomon oder der Kohlenwäsche der Kokerei Karolina im Zentrum von Ostrava/ Mährisch Ostrau noch gescheitert war, gelang endlich auf Basis eines zeitgemäßen Denkmalschutzgesetzes die Bewahrung bedeutender Werksanlagen: Das Betriebsgelände der Zeche Anselm beherbergt heute ein Bergbaumuseum. Ebenso ist die

---

33 Matěj, Miloš: Industrial Complexes in Ostrava Selected by the National Heritage Institute to Nominate to Inscription on the UNESCO World Heritage List, in: Helmuth Albrecht/ Friederike Hansell (Hg.): Industrial and Mining Landscapes within World Heritage Context. International Workshop TU Bergakademie Freiberg/Germany, 25th October 2013 (INDUSTRIEarchäologie – Studien zur Erforschung, Dokumentation und Bewahrung von Quellen zur Industriekultur 15), Freiberg 2014, S. 81–94, hier S. 83.

Zeche Michal, die nach ihrer Modernisierung zu Beginn des Ersten Weltkrieges als eine der fortschrittlichsten im Revier galt, der Öffentlichkeit zugänglich. Den eindrucksvollsten Werkskomplex in Ostrava bilden die Zeche Hlubina und das unmittelbar anschließende Eisenhüttenwerk in Vítkovice/ Witkowitz.[34]

Das technisch modernste und größte Hüttenwerk der Monarchie entwickelte sich aus der 1828 auf Initiative des Kardinal-Erzbischofs von Olmütz/ Olomouc, Erzherzog Rudolf von Habsburg, gegründeten Rudolfshütte in Witkowitz/ Vítkovice. Standortbestimmend waren die Kohlevorkommen, die Wasserkraft der Ostravice und die Nähe zu den Eisenerzlagerstätten in den Beskiden. 1830 ging ein Puddelofen in Betrieb, 1836 wurde der erste mit Koks befeuerte Hochofen auf dem Gebiet der Habsburger Monarchie angeblasen, 1838 folgte ein zweiter.[35] Als man 1852 mit der Kohlenförderung auf der unweit der Hochöfen eingerichteten Grube Hlubina begann, war ein werksinterner Produktionsfluss von der Kohleförderung über die Kokserzeugung bis zur Eisenschmelze im Hochofen gewährleistet. Von den Wiener Bankhäusern Rothschild und Gutmann wurden das Eisenhüttenwerk sowie Eisenerzbergbaue in Mähren und in Ungarn als auch mehrere Steinkohlengruben und Kokereien 1873 in der Witkowitzer Bergbau- und Eisenhütten-Gewerkschaft zusammengeführt. Während der deutschen Besetzung der Tschechoslowakei wurden die Witkowitzer Eisenwerke im Zuge der „Arisierung" von der Reichswerke Aktiengesellschaft für Erzbergbau und Eisenhütten „Hermann Göring" verwaltet und 1942 übernommen. Nach der Befreiung 1945 wurden die Werksanlagen samt sieben Kohlengruben verstaatlicht.[36]

Mit dem letzten Abstich am 27. September 1998 endete die Roheisenproduktion in Vítkovice/ Witkowitz, doch bereits vier Jahre später wurden die Kohlengrube Hlubina, die Kokerei und die Hochöfen als Nationales Denkmal geschützt. Die einmalige integrierte Ausstattung des Werkskomplexes sowie der Umstand, dass die Grube und das Hüttenwerk über einen Zeitraum von mehr als 150 Jahren Eisen mit Koks erschmolz, machen den Standort Vítkovice/ Witkowitz zu einem der bemerkenswerten historischen Industrieanlagen in ganz Europa.[37] Seit 2002 verwandelt sich das Areal der Eisenwerke einmal im Jahr in ein riesiges Veranstaltungsgelände, wenn zwischen Koksbatterie und Hochofen 20 Bühnen aufgebaut werden, um eines der größten Musikfestivals Tschechiens abzuhalten.[38]

---

34 Matěj, Miloš: Exkursion in das mährische Ostrau zu Kohle und Stahl, in: industrie-kultur 46 (2009:1), S. 22.

35 Matěj, Miloš/ Korbelářová, Irena/ Tejzr, Ludvík: The Cultural Heritage of the Vítkovice Ironworks, Ostrava 2015, S. 15–19.

36 Ebd., S. 173 f.

37 Matěj: Industrial Complexes in Ostrava, S. 91 f.

38 Kaltenreiner, Caroline: Industrie-Chic, in: Kurier. Unabhängige Tageszeitung für Österreich. Reise vom 04.06.2017, S. 3.

Die Grube Anselm wurde 1835 gegründet und zählte zunächst zum Besitztum des Olmützer Erzbischofs Rudolf von Habsburg. 1843 erwarb Salomon Meyer Rothschild die Grube mit dem Maschinen-Schacht, der nach der Übernahme durch Rothschild nach dem Namen Rothschilds Sohn in „Anselm" umbenannt wurde. 1894 ging die Grube in das Eigentum der Witkowitzer Bergbau- und Eisenhütten-Gewerkschaft über. Als 1991 die Kohleförderung eingestellt wurde, verfüllte man den Schacht, dessen Obertagegebäude bereits 1988 unter Denkmalschutz gestellt worden waren. Nur wenige Jahre später öffnete das Kohlebergbaumuseum mit Führungen zu den historischen Flözen „Albert" und „František".[39]

Abb. 5: Schachtanlage Michal/ Petr Cingr in Ostrava-Michálkovice, Mähren-Schlesien

Abb. 6: Kohlenwäsche der Schachtanlage Michal/ Petr Cingr in Ostrava-Michálkovice

---

39 Matěj, Miloš u. a.: Ostrava's Technical and Industrial Heritage, Ostrava 2008, S. 59.

Eine weitere der zahlreichen Gruben des Reviers begann 1849 in Ostrava-Michálkovice mit der Kohleschürfung am Ferdinand-Hauptschacht, die infolge der hohen Qualität der geförderten Kohle für Aufsehen sorgte, sodass schon 1850 ein
zweiter, der Schacht Michal abgeteuft wurde, der seit 1882 als neuer Haupt-
schacht fungierte.[40] Als 1993 die Kohleförderung eingestellt wurde, übernahm
das tschechische Kulturministerium die Grube Michal, die aufgrund der quali-
tätsvollen Architektur ihrer Gebäude und der Authentizität ihrer maschinellen
Ausstattung, die weitgehend seit der Erneuerung in den Jahren 1913 bis 1915 un-
verändert erhalten geblieben sind, als Nationales Denkmal unter Schutz gestellt
wurde.[41] Das ehemalige Verwaltungsgebäude beherbergt nunmehr den Sitz der
Staatlichen Denkmalpflege, das Obertagegelände der Grube Michal ist öffentlich
zugänglich.

Als Zentren des Montan- und Hüttenwesens haben die zu beiden Seiten des
Flusses Uran/ Hron gelegenen sieben niederungarischen – heute mittelslowaki-
schen – Bergstädte über Jahrhunderte hinweg eine bedeutende Rolle in der europäischen Wirtschaftsgeschichte eingenommen. Hervorragend ob ihrer reichen
Gold-, Silber- und Kupfervorkommen waren dabei die Reviere Schemnitz/ Banská Štiavnica, Kremnitz/ Kremnica und Neusohl/ Banská Bystrica.[42]

Der Gold- und Silberbergbau im Slowakischen Erzgebirge fand bereits im
Hochmittelalter Beachtung. Im 16. Jahrhundert wechselte der Bergbau, der bislang von privaten Unternehmen kontrolliert worden war, in den Besitz der neu-
en Landesherren und somit in den Verwaltungsbereich des Ärars (Fiskus) der
Habsburger Monarchie.[43] 1627 wurde im Schemnitzer Revier erstmals im Bergbau Schwarzpulver zur Sprengarbeit, zum sogenannten Schießen, verwendet.[44]
Im 15. und 16. Jahrhundert arbeiteten hier bis zu 4 000 Bergleute. Während des
18. Jahrhunderts, des Goldenen Zeitalters im Schemnitzer Bergbau, hatte sich
deren Zahl auf 8 000 verdoppelt. Allein in den vier Jahrzehnten zwischen 1760
und 1800 verarbeitete die Münze in Kremnitz/ Kremnica ungefähr 420 000 Kilo-
gramm Silber.[45]

---

40 Klát, Jaroslav/ Matěj, Miloš: National Cultural Heritage Site Michal/Petr Cingr Coal Mine,
Ostrava, Ostrava 2007.
41 Matěj u. a.: Ostrava's Technical and Industrial Heritage, S. 26, S. 28 f.
42 Vozár, Jozef: Das Schemnitzer Bergwesen und die Gründung der Bergakademie, in: Der
Anschnitt. Zeitschrift für Kunst und Kultur im Bergbau 50 (1998:1), S. 20–24, hier S. 20.
43 Kladivík, Eugen: Zur Geschichte des Edel- und Buntmetallbergbaus im Slowakischen Erzgebirge, in: Der Anschnitt. Zeitschrift für Kunst und Kultur im Bergbau 50 (1998:1), S. 13–19.
44 Otruba, Gustav: Erfindung, technischer Transfer und Innovation in Manufaktur und Bergbau in Österreich, in: Ulrich Troitzsch (Hg.): Technologischer Wandel im 18. Jahrhundert (Wolfenbütteler Forschungen 14), Wolfenbüttel 1981, S. 73–103, hier S. 73 f.
45 Kladivík: Geschichte des Edel- und Buntmetallbergbaus, S. 14.

Aber nicht bloß wegen der großen Mengen an Gold und Silber, die aus den Erzen gewonnen wurden, erlangte Schemnitz/ Banská Štiavnica Berühmtheit, sondern wegen der dort errichteten Bergakademie. 1751 hatte Kaiser Franz I. Stephan in Begleitung des Abbé Jean-François de Marcy die Bergbaureviere in Oberungarn bereist, denn nach dem Verlust Schlesiens und den damit verbundenen wirtschaftlichen Einbußen versuchte er, entsprechenden Ersatz für die verloren gegangenen Ressourcen zu finden. Der Kaiser selbst forcierte Produktionssteigerungen in den Bergwerken, sodass die Schemnitzer Gruben infolge der nun eingeleiteten technischen und wirtschaftlichen Förderungen einen signifikanten Aufschwung erlebten.[46] Mit der Errichtung der Bergakademie hoffte man, den Grundstein für einen bestens ausgebildeten Nachwuchs zu schaffen, der wiederum ein Garant für die finanzielle Absicherung des Ärars sein sollte. 1762 erfolgte der Beschluss der Wiener Zentralbehörden zur Errichtung einer praktischen Bergschule, am 13. Juni 1763 ernannten sie Nikolaus Joseph von Jacquin zum Professor der Metallurgie und Chemie. Jacquin hielt seine erste Vorlesung am 18. September 1764. „Spätestens dieser Termin kann als der Beginn der ersten Hochschule zur Ausbildung von Fachleuten für das Berg- und Hüttenwesen, der weltberühmten Bergakademie Schemnitz, angesehen werden."[47] 1765 berief die Wiener Hofkammer den Grazer Jesuitenpater Nicolaus Poda auf den neu eingerichteten Lehrstuhl für Mechanik und Hydraulik. Schließlich folgte als dritter Professor in dieser Aufbauphase der Bergakademie der bisherige Assessor der Banater Bergdirektion Christoph Traugott Delius, der die Lehrkanzel für Bergbaukunde und Bergkameralistik übernahm. Mit der Einrichtung der drei Lehrstühle war das Ausbildungsangebot im Sinne der damaligen Konzeption montanistischen Wissens vervollständigt worden.[48]

In der zweiten Hälfte des 19. Jahrhunderts verlor die seit 1846 als Berg- und Forstakademie bezeichnete Ausbildungsstätte zusehends an Bedeutung. Nicht zuletzt drängte die Magyarisierung des Unterrichts nach dem österreichisch-ungarischen Ausgleich im Jahr 1867 die Akademie ins Abseits, als viele Studenten an die 1840/49 neu gegründete montanistische Hochschule in Leoben wechselten. Als Schemnitz/ Banská Štiavnica mit der Gründung der Tschechoslowakei 1918 eine neue territoriale Zuordnung erfuhr, zogen die Professoren nach Sopron/ Ödenburg ab. In den Räumlichkeiten der seit 1904 in Berg- und Forsthochschule umbenannten Akademie richtete man Fachschulen für Chemie, Bergbau

---

46 Zedinger, Renate: Franz Stephan von Lothringen (1708–1765). Monarch – Manager – Mäzen (Schriftenreihe der Österreichischen Gesellschaft zur Erforschung des 18. Jahrhunderts 13), Wien/ Köln/ Weimar 2008, S. 245.
47 Vozár: Schemnitzer Bergwesen, S. 24.
48 Ebd.

und Forstwirtschaft ein. Die seit 1950 unter Denkmalschutz gestellte Bergstadt wurde 1993 in die Liste des Welterbes der UNESCO aufgenommen.[49] Das industriekulturelle Erbe umfasst neben der berühmten Bergakademie zahlreiche Zeugnisse des Montanwesens wie Stollenmundlöcher, Fördertürme und Schachtanlagen sowie eine Vielzahl an Exponaten, die im Slowakischen Bergbaumuseum und dem dazugehörigen Freilichtgelände konserviert und präsentiert werden.[50]

Der Goldbergbau in Roşia Montană/ Rotbach zählt zu den ältesten und zugleich reichsten Lagerstätten Europas und birgt angesichts der Pläne zur Wiederaufnahme der Goldgewinnung enorme gesellschaftspolitische Sprengkraft. Die reichen Goldvorkommen sind seit mehr als zwei Jahrtausenden bekannt. In der Antike wurden viele Tonnen des Edelmetalls auf dem Mieresch zur Donau und von deren Mündung über das Schwarze Meer nach Rom verschifft, nachdem die Römer unter Kaiser Trajan Dakien in den Jahren 105/106 erobert hatten.[51] Der Blütezeit des Goldbergbaus unter den Römern folgte ein Niedergang in der Spätantike und im Mittelalter, ehe im 16. und im 17. Jahrhundert abermals eine Wachstumsphase im Bergbau einsetzte, als unter Anwendung des Freiberger Bergrechts die Gründung freier Bergstädte und die Anlage von Waldhufendörfern mit der Grubenholz und den zur Verhüttung benötigten Brennstoff liefernden Forstwirtschaft gelang.[52] Diese zunächst noch bescheidenen Aktivitäten in der sächsischen Bergarbeitersiedlung Großschlatten/ Abrud waren nicht zuletzt ein Ergebnis der erfolgreichen Zuwanderungspolitik der ungarischen Könige, die seit dem Spätmittelalter Siedler aus verschiedenen Regionen des Königreichs sowie deutsche „Sachsen" nach Siebenbürgen geholt hatten.[53] Große wirtschaftliche Bedeutung erlangte der Goldbergbau schließlich im 18. Jahrhundert, als die Habsburger das ungarische Königreich von den Osmanen erobert hatten und die Wiener Hofkammer die systematische Erschließung der Bodenschätze durch

---

49 Bergakademie Schemnitz aus Wikipedia, der freien Enzyklopädie (https://de.wikipedia. org/wiki/Bergakademie_Schemnitz, letzter Abruf am 05.06.2017).

50 Großewinkelmann, Johannes/ Putsch, Jochen: Industrielles Erbe und Tourismus in der Slowakei, in: industrie-kultur 19 (2002:2), S. 24–27.

51 Roth, Harald: Kleine Geschichte Siebenbürgens, 2. Aufl., Köln/ Weimar/ Wien 2003.

52 Ziehr, Wilhelm u. a. (Hg.): Weltreise. Alles über alle Länder unserer Erde, Bd. IV, München/ Basel 1971, S. 223.

53 Siehe dazu etwa Klusch, Horst: Zur Ansiedlung der Siebenbürger Sachsen, Bukarest/ Klausenburg 2001 sowie Gündisch, Konrad (Hg.): Generalprobe Burzenland. Neue Forschungen zur Geschichte des Deutschen Ordens in Siebenbürgen und im Banat (Siebenbürgisches Archiv 42), Köln/ Weimar/ Wien 2013.

einen auf technischen Errungenschaften basierenden Tiefbau förderte.[54] Nach
dem Zerfall der Habsburger Monarchie bildete der Goldbergbau in Roşia Monta-
nă/ Rotbach den finanziellen Rückhalt des jungen Staates Rumäniens. Während
der längsten Zeit wurden die Gold- und Silberminen vor allem von Kleingruppen
und Familienunternehmen beschürft. Mit der Nationalisierung des Bergbaus
1948 fand diese kleinbetriebliche Ära ihr Ende. Nun folgte eine Periode des industriell betriebenen Bergbaus unter staatlicher Kontrolle, der 2006 wegen Un-
rentabilität eingestellt wurde. Das industriekulturelle Erbe des Goldbergbaus ist
europaweit einzigartig; es umfasst zahlreiche Spuren des Abbaus, wie jene der
prähistorischen Schürfe oder die ausgedehnten Stollen unter Tage, die von den
Römern angeschlagen und letztlich bis in die 1970er-Jahre ausgebaut wurden.[55]

Mit der Gründung des Bergwerksunternehmens Roşia Montană Gold Corpo-
ration S. A. im Jahr 1997 sollte der Goldbergbau in Transsylvanien erneut für
wirtschaftliche Prosperität und internationales Ansehen sorgen. Der kanadische
Bergbaukonzern Gabriel Resources plante den großindustriell betriebenen Gold-
und Silberabbau im Tagebau, der nach Umsiedlung von etwa 2 000 Dorfbewoh-
nern, dem Absprengen von vier Berggipfeln unter der Anwendung von Natrium-
cyanid die Gold- und Silbergewinnung in schwindelerregende Höhen schrauben
sollte. Der Widerstand der regionalen Bevölkerung schien vorprogrammiert,
und nach zahlreichen Protesten, die alsbald auch internationale Unterstützung
erfuhren, verweigerten die politisch Verantwortlichen ihre Zustimmung für das
Bergbauvorhaben.[56] Während der Bergbaukonzern den rumänischen Staat zu
verklagen droht, hofft man, dass die Welterbe-Kommission der UNESCO die
Bergbaulandschaft um Roşia Montană/ Rotbach in die Liste des gefährdeten Erbes aufnehmen wird.

Im Bergbaugebiet Falkenstein bei Schwaz in Tirol erinnern 224 Stollen mit
insgesamt mehr als 100 Kilometern Länge und die zahlreichen kaum bewachse-
nen Halden an eines der bedeutendsten Bergbauzentren der Welt. Das zwischen
1470 und 1540 ertragreichste Montangebiet Europas umfasste Silber- und Kup-
fererz-Vorkommen in den Revieren Falkenstein, Alte Zeche und Ringenwechsel.
Als Schwazer Wasserkunst erlangten das 1554 vom Salzburger Kunstmeister und

---

54 Wollmann, Volker: Siebenbürgische Goldwäscher im Buch der Weltrekorde „Guinness
Book of Records", in: Der Anschnitt. Zeitschrift für Kunst und Kultur im Bergbau 63 (2011:6),
S. 235–241.

55 Bălici, Stefan/ Iamandesco, Irina: The Rosia Montana Mining Landscape, Romania. An Update and Call to Action, in: TICCIH Bulletin 67 (2015), S. 3–5.

56 Uken, Marlies: Vergiftetes Gold, in: Zeit Online vom 12.09.2013 (http://www.zeit.de/wirt-
schaft/2013-09/rosia-montana-gold, letzter Abruf am 20.04.2017) sowie Rosia Montana: Gold-
mine ad acta?! Posted on 1.03.2016 by p2 / facing finance (http://www.facing-finance.org/de/
2016/03/deutsch-rosia-montana-goldmine, letzter Abruf am 20.04.2017).

Gewerken Anthony Loyscher konstruierte Wasserhebewerk und die Erzförderanlage Berühmtheit. Mit Hilfe eines von zwei Bergleuten bedienten Kehrrades konnte sowohl zufließendes Bergwasser wie auch das abgebaute Erzgestein aus der Grube gehoben werden, wobei aus Tierhäuten zusammengenähte Säcke als Behälter für Wasser und metallene Tonnen für Gestein dienten. Während der Blütezeit des Bergbaus an der Wende vom 15. zum 16. Jahrhundert erreichte die Jahresproduktion zehn Tonnen Silber und 800 Tonnen Kupfer, das etwa einem Sechstel der Silber- und einem Zehntel der gesamteuropäischen Kupferproduktion entsprach. Um 1500 hatte sich das Bergbaurevier Schwaz zu einer komplexen Wirtschaftslandschaft gewandelt, in der die Beschaffung der für die Aufrechterhaltung der montanistischen Strukturen erforderlichen Materialien zu einer dominierenden Bestimmungsgröße wurde.[57]

Im Laufe des 16. Jahrhunderts wurden die heimischen Gewerken zusehends von oberdeutschen Kapitalgebern wie den Fuggern verdrängt. Aus Angst davor, dass die deutschen Geldgeber die Gruben wegen sinkender Einnahmen schließen könnten, war man in Tirol bestrebt, den eigenen Landesfürsten, den Habsburger Kaiser Ferdinand, als Bergherren wieder zu gewinnen. Daher widmete man dem Herrscher das 1556 entstandene Schwazer Bergbuch, das mit seiner umfangreichen schriftlichen wie auch bildlichen Darstellung des Tiroler Montanwesens das Interesse des Kaisers wecken sollte.[58] Schwaz war in dieser Zeit mit mehreren Tausend Einwohnern die mit Abstand größte Ansiedlung Tirols. 1526 waren im Revier am Falkenstein zumindest 4 600 Bergleute beschäftigt und noch 1589, als der Höhepunkt des Bergbaues bereits ein halbes Jahrhundert zurück lag, verzeichnete man immer noch 4 490 im Bergbau beschäftigte Personen. Als die oberflächennahen Lagerstätten zu Beginn des 17. Jahrhunderts weitgehend erschöpft waren, schwand die Bedeutung des Schwazer Bergbaues.[59]

Der Sigmund-Erbstollen im Bergbaurevier Falkenstein ist einer der letzten baulichen Überreste des Silberbergbaues. Mit einer Länge von ungefähr 2 400 Metern zählt der 1491 angeschlagene Stollen zu den längsten Strecken im Stollensystem des Falkensteiner Reviers. Seit der Einrichtung des Schaustollens 1989/90 gewährt man den Besuchern einen Einblick in die Technik des frühneuzeitlichen Bergbaus.

---

57 Unterkircher, Alois: Zur Bevölkerungsgeschichte und zur Sozialstruktur eines Bergbauzentrums in der frühen Neuzeit. Das Beispiel Schwaz (Tirol), in: Der Anschnitt. Zeitschrift für Kunst und Kultur im Bergbau 60 (2008:5-6), S. 222–231, hier S. 225.

58 Bartels, Christoph: Das Schwazer Bergbuch von 1556, in: Rainer Slotta/ Christoph Bartels: Meisterwerke bergbaulicher Kunst vom 13. bis 19. Jahrhundert, Bochum 1990.

59 Mutschlechner, Georg: Bergbau auf Silber, Kupfer und Blei, in: Gert Ammann u. a. (Hg.): Silber, Erz und weißes Gold. Bergbau in Tirol (Tiroler Landesausstellung 1990, Schwaz, Franziskanerkloster und Silberbergwerk), Innsbruck 1990.

Abb. 7: Der 1879 errichtete Malakoffturm des Ševčin-Schachtes in
Březové Hory/ Birkenberg, Böhmen

Das auf dem historischen Montanrevier im mittelböhmischen Příbram eingerich-
tete Hornické muzeum ist das größten Bergbaumuseen in der Tschechischen Republik. In Příbram wurden Silber- und Bleierze sowie Zinkblende und schließlich in der zweiten Hälfte des 20. Jahrhunderts Uranerz für das sowjetische
Atomwaffenprogramm geschürft.[60] 1886 als Freilichtmuseum gegründet, wurde
das Museum 1963 in das Regionalmuseum von Příbram integriert. Auf Initiative
von Jiří Majer, dem Begründer und Direktor der Bergbauabteilung im Nationalen
Technischen Museum in Prag, wurden in den 1970er-Jahren wesentliche Einrichtungen und Gebäude des Bergbaugeländes von Příbram nach deren Stilllegung Bestandteil des Museums.[61]

---

60 Brousek, Karl M.: Die Großindustrie Böhmens 1848–1918 (Veröffentlichungen des Collegi-
um Carolinum, 50), München 1987, S. 57 sowie Majer, Jiří: Zur Geschichte des böhmischen
Uranerzbergbaus, in: Der Anschnitt. Zeitschrift für Kunst und Kultur im Bergbau 57 (2005:4),
S. 144–158.
61 Velfl, Josef/ Haag, Ulrich: PhDr. Jiří Majer, Csc. verstorben, in: Der Anschnitt. Zeitschrift für
Kunst und Kultur im Bergbau 60 (2008:2), S. 111–112.

Abb. 8: Malakoffturm des Vojtěch-Schachtes, Hornické Muzeum Příbram, Böhmen

Nach der Wende kam es in den 1990er-Jahren zu einem weiteren Aufschwung, als man mit Rekonstruktionen und dem Wiederaufbau charakteristischer Objekte starke Impulse für den Ausbau des Bergbaumuseums setzte. Das etwa 40 Gebäude zählende Bergbaumuseum umfasst im Wesentlichen drei große Bereiche: Das Bergbauareal im Příbramer Ortsteil Březové Hory/ Birkenberg, die Uranschachtanlage mit dem ehemaligen Straflager Vojna und den Altbergbau mit dem Huthaus in Nový Knin. Im Stadtteil Březové Hory/ Birkenberg bildet der Ševčin-Schacht, vormals Kaiser-Franz-Josef-Schacht, mit einem 1879 errichteten Malakoffturm das Zentrum des Museums. Die anstelle von frühneuzeitlichen Schürfen angelegte Grube war von 1813 bis 1978 in Betrieb und erreichte im Tiefbau eine Teufe von 1 100 Metern.[62] Ein weiterer Malakoffturm erhebt sich über dem Vojtěch-/ Adalbert-Schacht, auf dem 1875 weltweit das erste Mal eine Teufe von 1 000 Metern erreicht wurde. Die Uranschachtanlage Vojna umfasste zwei Fördertürme sowie das Lager der politisch Inhaftierten, die von 1948 bis 1983

---

62 Wolf, Helmut: Böhmen im September 2005 – Montanhistorische Exkursion, in: Der Anschnitt. Zeitschrift für Kunst und Kultur im Bergbau 57 (2005:5-6), S. 227–229.

zur Zwangsarbeit im Uranerzbergbau verpflichtet waren, das zu einem Mahnmal der Opfer der kommunistischen Diktatur umgestaltet wurde.[63]

In Idria/ Idrija – westlich von Laibach im slowenischen Karst gelegen – wurde 1492 ein Quecksilber-Bergwerk in Betrieb genommen. Nach einer Periode des privaten Abbaus ging die Mine 1575 in den Besitz der innerösterreichischen Landesfürsten über und blieb bis zum Ende der Habsburger Monarchie in staatlichem Besitz. Aufgrund seiner wirtschaftlichen Bedeutung wurde das Bergwerk in Idria/ Idrija rasch ausgebaut. Der enorme Bedarf an Brenn- und Bauholz führte bereits nach wenigen Jahrzehnten der Betriebsamkeit zu weitreichender Abholzung beziehungsweise Vernichtung des Waldbestands und in weiterer Folge zu Erosion und Verkarstung. Die Befeuerung der Schmelzöfen und die toxischen Rauchgase des Verhüttungsprozesses führten zu einer Vielzahl von zum Teil lebensbedrohenden Erkrankungen sowohl der Knappen als auch der ansässigen Bevölkerung, darüber hinaus zu Missbildungen bei Tieren und zu geringeren Ernteerträgen.[64] Um 1740/50 kamen effizientere und holzsparende Brennverfahren mit der Aufstellung neuer Brennöfen nach spanischem Vorbild in Gebrauch. Diese Öfen waren von Alfonso Bustamante im spanischen Almadén bereits 1660 eingeführt worden.[65] Das Bergwerk, das bis zu 1 300 Menschen Arbeit bot, lieferte bis zu seiner Schließung 1992 ungefähr 13 Prozent des weltweit insgesamt geförderten Quecksilbers und wurde nur von der Mine in Almadén in Spanien übertroffen. Das Metall wurde aus Zinnobererz gewonnen und vorwiegend für die Amalgamation bei der Gewinnung von Edelmetallen aus ihren Erzen verwendet.[66]

Die Bemühungen um den Erhalt des montanhistorischen Erbes in Idria/ Idrija begannen 1953 mit der Gründung eines Museums. Zahlreiche Anlagen, Bauwerke und Einrichtungen am Ufer der Idrijca konnten bewahrt werden. Bemer-

---

63 Haag, Ulrich: Hornické Muzeum Příbram. Das größte Bergbaumuseum der Tschechischen Republik, in: industrie-kultur 19 (2002:2), S. 16–17 und Majer: Geschichte des böhmischen Uranerzbergbaus, S. 153.

64 Weitensfelder, Hubert: Bunte Metalle – vergiftete Umwelt. Auswirkungen von Bergbau und Verhüttung in historischer Perspektive, in: Ernst Bruckmüller (Hg.): Umweltgeschichte. Zum historischen Verhältnis von Gesellschaft und Natur, Wien 2000, S. 40–53.

65 Wollmann, Volker: Der Quecksilberbergbau in Siebenbürgen bis zur Mitte des 20. Jahrhunderts, in: Der Anschnitt. Zeitschrift für Kunst und Kultur im Bergbau 57 (2005: 2-3), S. 58–80, hier S. 65.

66 Zur Geschichte des Bergbaus in Idria siehe Valentinitsch, Helfried: Das landesfürstliche Quecksilberbergwerk Idria 1575–1659. Produktion – Technik – rechtliche und soziale Verhältnisse – Betriebsbedarf – Quecksilberhandel, Graz 1981 sowie Ders.: Quecksilberbergbau, -verhüttung und -handel in der frühen Neuzeit. Forschungsstand und -aufgaben, in: Werner Kroker (Hg.): Montanwirtschaft Mitteleuropas vom 12. bis 17. Jahrhundert. Stand, Wege und Aufgaben der Forschung, Bochum 1984, S. 199–203.

kenswert gelten der kamšt, eine von einem im Durchmesser 13 Meter großen hölzernen Wasserrad betriebene Pumpe zum Heben des Grubenwassers, sowie der für die Besucher auf einer Länge von ungefähr eineinhalb Kilometern Länge zugänglich gemachte Antonijstollen, der im Jahr 1500 aufgeschlagen wurde. Mit der Verleihung des Luigi-Micheletti-Preises für das beste Industriemuseum Europas im Jahr 1997 fand die engagierte Museumsarbeit internationale Anerkennung.[67] Die Aufnahme in die Liste des Weltkulturerbes der UNESCO, die 2012 gemeinsam mit dem Bergwerk in Almadén erfolgte, markierte die bislang höchste Auszeichnung für die Anstrengungen der Museumsbetreiber.

Galizien, seit 1772 das größte Kronland der Monarchie, verfügte mit seinen Erdölvorkommen über einen Bodenschatz, dessen großer wirtschaftlicher Wert erst im 20. Jahrhundert sichtbar wurde. Obgleich schon seit dem 16. Jahrhundert in der Region um Drohobycz Erdwachs und Erdöl gewonnen wurden, setzte der Boom erst Mitte des 19. Jahrhunderts ein, als die Apotheker Ignacy Lukasiewicz und Johann Zeh in Lemberg/ Lwiw ein bekanntes Destillationsverfahren verbesserten und aus dem zähen Rohöl dünnflüssiges Petroleum herstellten. Seither stieg die Nachfrage nach Petroleum markant an. „Drohobycz war das Zentrum des galizischen Pennsylvanien, aber im zwölf Kilometer südlich in den Bergen liegenden Dorf Borysław [...], befand sich die galizische Hölle. Die Lokalbahn nach Borysław fuhr durch das Tal der Tyśmienica, vorbei an den dunklen Holzgestellen der Bohrtürme, kleineren und größeren Raffinerien, auf Nebengleisen abgestellten Zisternenwagen und eisernen Ölbehältern, zu denen ein Gewirr von Rohrsträngen führte. In der Luft lag der schwere Geruch von Petroleum und Paraffin. Wären nicht die Bohrtürme gewesen, die, planlos über die Hänge bis hinauf zum Waldrand verstreut, aus dem Boden ragten, und die trüb schillernden Öllachen auf den zerstampften Wiesen und morastigen Wegen, man hätte Borysław und den Nachbarort Tustanowice für Goldgräbersiedlungen im amerikanischen Westen halten können."[68]

Gewonnen wurde das Öl mit einfachsten Mitteln: Man hob Senken und bis zu 50 Meter tiefe Brunnen aus und schöpfte, was sich in ihnen ansammelte, mit Kübeln, die an einem über eine hölzerne Haspel laufenden Seil in die Tiefe gelassen wurden, ab. Je tiefer man kam, desto leichter und damit besser geeignet für den Betrieb von Lampen wurde das Öl.[69] 1872 wurde Borysław an das k. u. k.

---

67 Ifko, Sonja: Das industrielle Erbe Sloweniens, in: Blätter für Technikgeschichte 63 (2001), S. 193–207, hier S. 203.

68 Pollack, Martin: Galizien. Eine Reise durch die verschwundene Welt Ostgaliziens und der Bukowina, Frankfurt (Main) 2001, S. 42 f.

69 The Oil Boom, in: Jacek Purchla/ Wolfgang Kos u. a. (Hg.): The Myth of Galicia. Album Published on the Occasion of the Exhibition *The Myth of Galicia* Organised by the International Cultural Centre in Cooperation with Wien Museum, Kraków 2014, S. 335–342.

Eisenbahnnetz angeschlossen, 1886 wurde eine der ersten Schulen Europas für Erdölförderung eröffnet. Als der Kanadier William Mac Garvey Mitte der 1880er-Jahre das in Nordamerika entwickelte Stangenbohrsystem mit Erfolg auf den galizischen Ölfeldern einführte, vervielfachte sich die Fördermenge. In den vier Jahrzehnten zwischen 1873 und 1912 gelang eine hundertfache Steigerung der Rohölproduktion von 21 000 auf 2,1 Millionen Tonnen. Als Zentrum der galizischen Erdölproduktion hatte sich Borysław etabliert, als beherrschendes Unternehmen der Branche die Galizische Karpathen-Petroleum-Aktiengesellschaft. Am Beginn des 20. Jahrhunderts lag Österreich-Ungarn als einer der weltgrößten Erdölproduzenten hinter den Vereinigten Staaten von Amerika und Russland an dritter Stelle,[70] weshalb die Erdölfelder um Borysław und Drohobycz auch als „österreichisches Texas" oder „Galician California" bezeichnet wurden.

Während des Ersten Weltkriegs wurden die galizischen Ölfelder zum Kampfgebiet zwischen österreichisch-ungarischen und russischen Truppen. Nach Kriegsende und dem Polnisch-Ukrainischen Krieg 1918/19 kam Borysław an das wieder errichtete Polen, 1938 zur Sowjetunion, ehe das Erdölgebiet nach dem deutschen Überfall auf die Sowjetunion im Juni 1941 von deutschen Truppen besetzt wurde und die Lagerstätten 1941/42 von der Beskiden-Erdöl-Gewinnungs-Gesellschaft m. b. H. ausgebeutet wurden. Seit 1991 in der von der Sowjetunion unabhängigen Ukraine gelegen, ist heute etwa ein Viertel der Bewohner Borysławs – das sind etwa 8 000 Personen – in der Erdölindustrie beschäftigt, die jährliche Rohölförderung beträgt ungefähr 100 000 Tonnen. Die ölführenden Horizonte liegen bereits tiefer als 2 500 Meter, größere Vorräte vermutet man in Teufen von 3 000 bis 5 000 Metern. Die Aufschließung unterblieb jedoch bislang mangels fehlender Investoren. Der Erdölbergbau bestimmt hier nach wie vor den industriekulturellen Alltag, dessen Chancen auf Fortbestand im Tiefbau liegen.

Zusammenfassung und Ausblick

Das industriekulturelle Erbe unterliegt in allen Ländern einem hohen ökonomischen Verwertungsdruck und den häufig damit verbundenen Auflagen der Dekontaminierung, sein Erhalt als technisches oder industrielles Denkmal scheitert nur allzu oft an den großen Geldsummen, die für Sicherung und Konservierung aufzubringen sind, oder am politischen Willen. Eine besondere Herausforderung – sowohl für eine wirtschaftliche Nachnutzung als auch für eine

---

70 Stadler, Gerhard A.: Erdöl in Österreich, in: wespennest. zeitschrift für brauchbare texte und bilder 139 (2005), S. 61–67.

denkmalgerechte Bewahrung – bildet die Hinterlassenschaft des Berg- und Hüttenwesens, die ob ihrer weitläufigen Reviere und ausgedehnten Werksanlagen vielfach als Industrielandschaft wahrgenommen wird. Denn Bergbau und Industrie entfalteten sich zwar stets in geeigneten Regionen, transformierten jedoch zugleich die Landschaft.[71] Als Industrielandschaft bezeichnen wir die historisch determinierte Prägung zahlreicher Regionen und damit auch ein bleibendes industrielles Erbes, das mit seiner Altlast die Chance für einen Neubeginn bietet.

Abb. 9: Abschussrampe der ehemaligen Torpedofabrik in Fiume/ Rijeka, Kroatien

Genauso wie die im vorliegenden Beitrag vorgestellten Montanreviere befinden sich die bedeutenden Bergbaugebiete der Nachfolgestaaten im böhmisch-sächsischen und im slowakischen Erzgebirge, an den Ausläufern der Beskiden, in den Karpaten sowie in den Alpen. Sie repräsentieren zwar allesamt eine bemerkenswerte Vergangenheit, scheinen jedoch nur in wenigen Fällen eine Chance auf eine Zukunft zu haben, gelten die meisten Bergbaue doch als „unbequeme

---

71 Lenz, Gerhard: Verlusterfahrung Landschaft. Über die Herstellung von Raum und Umwelt im mitteldeutschen Industriegebiet seit der Mitte des neunzehnten Jahrhunderts, Frankfurt (Main)/ New York 1999.

Denkmale"[72] oder „lost places."[73] Nicht selten werden sie als Filmkulissen devastiert und bei Sprengübungen des Feuerwehrnachwuchses demoliert oder sie verkommen zu illegalen Abenteuerspielplätzen. Ihre Degradierung als Endlager für verschlissene Brennstäbe und sonstigen kontaminierten Abfall aus Atomkraftwerken oder für anderweitig belasteten Industriemüll ist mit ihrer Zerstörung gleichzusetzen. Ohne hier näher auf die in allen Nachfolgestaaten verzeichneten erheblichen Verluste an industriekulturell bedeutender Bausubstanz oder auf das Abräumen ganzer Industrielandschaften einzugehen, werden die erfolgreichen Strategien des Erhalts in Erinnerung gebracht:

Vielfach bewährt hat sich die Konservierung der industriekulturellen Denkmale des Montan- und Hüttenwesens nach deren rechtwirksamer Unterschutzstellung, um sie in weiterer Folge einer touristischen Wertschöpfung zuzuführen. In der Sparte des Industrietourismus werden bereits Hunderttausende Menschen in Freilichtmuseen begleitet, zu Schauobjekten oder in Besucherbergwerke geführt und entlang von „Eisenstraßen" und „Routen der Industriekultur" zu historischen Zeugnissen einer im Verschwinden begriffenen Kulturepoche dirigiert. Die Aufnahme industrieller und technischer Denkmale sowie von Industrielandschaften in das Welterbe ist eine besondere Auszeichnung der UNESCO, die einerseits die Bemühungen um den Erhalt außergewöhnlicher und einmaliger Standorte finanziell zu unterstützen sich verpflichtet, andererseits den touristischen Marktwert des Welterbes hochschnellen lässt, der nicht selten – am Beispiel Hallstatt dargelegt – die Gefahr der Übernutzung der Welterbestätte implementiert. Neben dieser mitunter langfristig konzipierten Strategie der Musealisierung gewinnen temporäre Nachnutzungen, etwa als Ausstellungsgelände, als Veranstaltungsbühne oder als Sportarena zusehends an Bedeutung. Ob die industriehistorische Hinterlassenschaft dabei mehr als bloße Kulisse im Sinne ihres Gebrauchswertes der Bespielbarkeit bleiben wird, oder ob sie dabei als authentisches Zeugnis einer industriekulturellen Tradition im Gedächtnis der Besucher und Veranstalter begriffen wird, mag die Zukunft weisen. Gelingt es uns, die Altlasten als Orte unserer industriellen Vergangenheit in Erinnerung zu halten und zu bewahren, dann haben wir die Chance, die industriekulturellen Denkmale weiterhin als Teil unserer Identität zu verankern. So gesehen bildet die Denkmalpflege eine nicht unbedeutende Facette der Geschichtsschreibung. Nicht zuletzt porträtiert sich eine Gesellschaft im Umgang mit ihrer Geschichte selbst.

---

72 Huse, Norbert: Unbequeme Baudenkmale. Entsorgen? Schützen? Pflegen?, München 1997, S. 67–95.
73 Lux, Georg/ Weichselbraun, Helmuth: Verfallen & Vergessen. Lost Places in der Alpen-Adria-Region, Wien/ Graz/ Klagenfurt 2017, S. 7.

Literatur

Andel, Adolf/ Dabringer, Wilhelm: Die Steirische Eisenstraße. Steinzeugen der Feuerzeit im eisernen Herzen Österreichs, Leoben 1983.

Bălici, Stefan/ Iamandesco, Irina: The Rosia Montana Mining Landscape, Romania. An Update and Call to Action, in: TICCIH Bulletin 67 (2015), S. 3–5.

Bartels, Christoph: Das Schwazer Bergbuch von 1556, in: Rainer Slotta/ Christoph Bartels: Meisterwerke bergbaulicher Kunst vom 13. bis 19. Jahrhundert, Bochum 1990.

Brousek, Karl M.: Die Großindustrie Böhmens 1848–1918 (Veröffentlichungen des Collegium Carolinum 50), München 1987.

Brückler, Theodor: Thronfolger Franz Ferdinand als Denkmalpfleger. Die „Kunstakten" der Militärkanzlei im Österreichischen Staatsarchiv (Kriegsarchiv) (Studien zu Denkmalschutz und Denkmalpflege XX), Wien/ Köln/ Weimar 2009.

Bundesdenkmalamt (Hg.): Gerettet! Denkmale in Österreich. 75 Jahre Denkmalschutzgesetz, Wien/ Köln/ Weimar 1998.

Dvořáková, Eva: Technisches Erbe und wissenschaftliche Forschung, in: industrie-kultur 19 (2002:2), S. 4.

Frodl, Walter: Die staatliche Denkmalpflege in Österreich, in: Peter Pötschner (Hg.): Denkmalpflege in Österreich 1945–1970, Wien 1970, S. 9–17.

Good, David F.: Der wirtschaftliche Aufstieg des Habsburgerreiches 1750–1914 (Forschungen zur Geschichte des Donauraumes 7), Wien/ Köln/ Graz 1986.

Großewinkelmann, Johannes/ Putsch, Jochen: Industrielles Erbe und Tourismus in der Slowakei, in: industrie-kultur 19 (2002:2), S. 24–27.

Gündisch, Konrad (Hg.): Generalprobe Burzenland. Neue Forschungen zur Geschichte des Deutschen Ordens in Siebenbürgen und im Banat (Siebenbürgisches Archiv 42), Köln/ Weimar/ Wien 2013.

Haag, Ulrich: Hornické Muzeum Příbram. Das größte Bergbaumuseum der Tschechischen Republik, in: industrie-kultur 19 (2002:2), S. 16–17.

Hackel, Birgit: Deus ex machina, „ein Open-Air am steirischen Erzberg". Diplomarbeit, Technische Universität Wien 2010.

Hlušičkové, Hany (Hg.): Technické Památky v Čechách, na Moravě a ve Slezsku, I. díl A–G, Prag 2002.

Hozák, Jan: Das Technische Nationalmuseum. Blick in die Geschichte, in: Technisches Nationalmuseum in Prag. Geschichte – Gegenwart – Sammlungen, Prag 1997.

Huse, Norbert: Unbequeme Baudenkmale. Entsorgen? Schützen? Pflegen? München 1997.

Idam, Friedrich: 13 000 Rohre für den Soletransport. Das Salzwesen im Salzkammergut, in: industrie-kultur 49 (2009:4), S. 16–17.

Idam, Friedrich: Pfannhaus Hallstatt. Unter der Idylle liegt die Fabrik, in: Blätter für Technikgeschichte 63 (2001), S. 149–172.

Ifko, Sonja: Das industrielle Erbe Sloweniens, in: Blätter für Technikgeschichte 63 (2001), S. 193–207.

Jeschke, Hans Peter (Hg.): Das Salzkammergut und die Weltkulturerbelandschaft Hallstatt-Dachstein/Salzkammergut. Grundlagenforschung, Kulturlandschaftspflegewerk und Monitoring, Bd. 1 (Beiträge zur Landeskunde von Oberösterreich 13), Linz 2002.

Kaltenreiner, Caroline: Industrie-Chic, in: Kurier. Unabhängige Tageszeitung für Österreich. Reise vom 04.06.2017, S. 3.

Kiss, Katalin: Industriedenkmalpflege in Ungarn. Probleme und Perspektiven beim Schutz des industriellen Erbes, in: Blätter für Technikgeschichte 63 (2001), S. 173–191.

Kladivík, Eugen: Zur Geschichte des Edel- und Buntmetallbergbaus im Slowakischen Erzgebirge, in: Der Anschnitt. Zeitschrift für Kunst und Kultur im Bergbau 50 (1998:1), S. 13–19.

Klát, Jaroslav/ Matěj, Miloš: National Cultural Heritage Site Michal/Petr Cingr Coal Mine, Ostrava, Ostrava 2007.

Klusch, Horst: Zur Ansiedlung der Siebenbürger Sachsen, Bukarest/ Klausenburg 2001.

Kruml, Miloš: Technische Denkmäler und Industriearchäologie in Tschechien, in: Blätter für Technikgeschichte 63 (2001), S. 99–113.

Lenz, Gerhard: Verlusterfahrung Landschaft. Über die Herstellung von Raum und Umwelt im mitteldeutschen Industriegebiet seit der Mitte des neunzehnten Jahrhunderts, Frankfurt (Main)/ New York 1999.

Lux, Georg/ Weichselbraun, Helmuth: Verfallen & Vergessen. Lost Places in der Alpen-Adria-Region, Wien/ Graz/ Klagenfurt 2017.

Majer, Jiří: Zur Geschichte des böhmischen Uranerzbergbaus, in: Der Anschnitt. Zeitschrift für Kunst und Kultur im Bergbau 57 (2005:4), S. 144–158.

Matěj, Miloš/ Korbelářová, Irena/ Tejzr, Ludvík: The Cultural Heritage of the Vítkovice Ironworks, Ostrava 2015.

Matěj, Miloš: Industrial Complexes in Ostrava Selected by the National Heritage Institute to Nominate to Inscription on the UNESCO World Heritage List, in: Helmuth Albrecht/ Friederike Hansell (Hg.): Industrial and Mining Landscapes within World Heritage Context. International Workshop TU Bergakademie Freiberg/Germany, 25th October 2013 (INDUSTRIEarchäologie – Studien zur Erforschung, Dokumentation und Bewahrung von Quellen zur Industriekultur 15), Freiberg 2014, S. 81–94.

Matěj, Miloš: Exkursion in das mährische Ostrau zu Kohle und Stahl, in: industrie-kultur 46 (2009:1), S. 22.

Matěj, Miloš: Das Industrieerbe des Ostrauer Ballungsgebietes, in: industrie-kultur 19 (2002:2), S. 18–21.

Matěj, Miloš: Industriedenkmalpflege in der Tschechischen Republik. Entwicklung und Strukturen, in: industrie-kultur 19 (2002:2), S. 2–3.

Matěj, Miloš u. a.: Ostrava's Technical and Industrial Heritage, Ostrava 2008.

Morton, Friedrich: Viertausendfünfhundert Jahre Hallstatt im Bilde, Innsbruck 1959.

Mutschlechner, Georg: Bergbau auf Silber, Kupfer und Blei, in: Gert Ammann u. a. (Hg.): Silber, Erz und weißes Gold. Bergbau in Tirol (Tiroler Landesausstellung 1990, Schwaz, Franziskanerkloster und Silberbergwerk), Innsbruck 1990.

Otruba, Gustav: Erfindung, technischer Transfer und Innovation in Manufaktur und Bergbau in Österreich, in: Ulrich Troitzsch (Hg.): Technologischer Wandel im 18. Jahrhundert (Wolfenbütteler Forschungen 14), Wolfenbüttel 1981, S. 73–103.

Pollack, Martin: Galizien. Eine Reise durch die verschwundene Welt Ostgaliziens und der Bukowina, Frankfurt (Main) 2001.

Purchla, Jacek/ Kos, Wolfgang u. a. (Hg.): The Myth of Galicia. Album Published on the Occasion of the Exhibition *The Myth of Galicia* Organised by the International Cultural Centre in Cooperation with Wien Museum, Kraków 2014.

Rasl, Zdeněk: Technische Denkmäler und das Nationale Technische Museum Prag, in: industrie-kultur 19 (2002:2), S. 5.

Rausch, Wilhelm (Hg.): Die Salzorte an der Traun. Ein Exkursionsführer, bearbeitet von Willibald Katzinger, Helmut Lackner, Hermann Rafetseder, Maximilian Schimböck, Linz 1986.

Reitinger, Josef: Oberösterreich in ur- und frühgeschichtlicher Zeit, Linz 1969.

Roth, Harald: Kleine Geschichte Siebenbürgens, 2. Aufl., Köln/ Weimar/ Wien 2003.

Sandgruber, Roman: Ökonomie und Politik. Österreichische Wirtschaftsgeschichte vom Mittelalter bis zur Gegenwart (Österreichische Geschichte), Wien 1995.

Stadler, Gerhard A.: Industriearchäologie in Österreich, in: Hans-Joachim Braun (Hg.): Industriearchäologie, Industriekultur, Industriedenkmalpflege. Vorträge der Jahrestagung der Georg-Agricola-Gesellschaft 2008 in Schlatt (Schweiz) (Schriftenreihe der Georg-Agricola-Gesellschaft 34), Freiberg 2011, S. 53–80.

Stadler, Gerhard A.: Das industrielle Erbe Niederösterreichs. Geschichte – Technik – Architektur, Wien/ Köln/ Weimar 2006.

Stadler, Gerhard A.: Erdöl in Österreich, in: wespennest. zeitschrift für brauchbare texte und bilder 139 (2005), S. 61–67.

Uken, Marlies: Vergiftetes Gold, in: Zeit Online vom 12.09.2013 (http://www.zeit.de/wirtschaft/2013-09/rosia-montana-gold).

Unterkircher, Alois: Zur Bevölkerungsgeschichte und zur Sozialstruktur eines Bergbauzentrums in der frühen Neuzeit. Das Beispiel Schwaz (Tirol), in: Der Anschnitt. Zeitschrift für Kunst und Kultur im Bergbau 60 (2008:5-6), S. 222–231.

Valentinitsch, Helfried: Das landesfürstliche Quecksilberbergwerk Idria 1575–1659. Produktion – Technik – rechtliche und soziale Verhältnisse – Betriebsbedarf – Quecksilberhandel, Graz 1981.

Valentinitsch, Helfried: Quecksilberbergbau, -verhüttung und -handel in der frühen Neuzeit. Forschungsstand und -aufgaben, in: Werner Kroker (Hg.): Montanwirtschaft Mitteleuropas vom 12. bis 17. Jahrhundert. Stand, Wege und Aufgaben der Forschung, Bochum 1984, S. 199–203.

Velfl, Josef/ Haag, Ulrich: PhDr. Jiří Majer, Csc. verstorben, in: Der Anschnitt. Zeitschrift für Kunst und Kultur im Bergbau 60 (2008:2), S. 111–112.

Vozár, Jozef: Das Schemnitzer Bergwesen und die Gründung der Bergakademie, in: Der Anschnitt. Zeitschrift für Kunst und Kultur im Bergbau 50 (1998:1), S. 20–24.

Weiss, Alfred: Eisenerzbergbau in der Steiermark, in: Paul W. Roth (Hg.): Erz und Eisen in der Grünen Mark. Beiträge zum steirischen Eisenwesen, Graz 1984, S. 45–81.

Weitensfelder, Hubert: Bunte Metalle – vergiftete Umwelt. Auswirkungen von Bergbau und Verhüttung in historischer Perspektive, in: Ernst Bruckmüller (Hg.): Umweltgeschichte. Zum historischen Verhältnis von Gesellschaft und Natur, Wien 2000, S. 40–53.

Wolf, Helmut: Böhmen im September 2005 – Montanhistorische Exkursion, in: Der Anschnitt. Zeitschrift für Kunst und Kultur im Bergbau 57 (2005:5-6), S. 227–229.

Wollmann, Volker: Siebenbürgische Goldwäscher im Buch der Weltrekorde „Guinness Book of Records", in: Der Anschnitt. Zeitschrift für Kunst und Kultur im Bergbau 63 (2011:6), S. 235–241.

Wollmann, Volker: Der Quecksilberbergbau in Siebenbürgen bis zur Mitte des 20. Jahrhunderts, in: Der Anschnitt. Zeitschrift für Kunst und Kultur im Bergbau 57 (2005:2-3), S. 58–80.

Zedinger, Renate: Franz Stephan von Lothringen (1708–1765). Monarch – Manager – Mäzen (Schriftenreihe der Österreichischen Gesellschaft zur Erforschung des 18. Jahrhunderts 13), Wien/ Köln/ Weimar 2008.

Ziehr, Wilhelm u. a. (Hg.): Weltreise. Alles über alle Länder unserer Erde, Bd. IV, München/ Basel 1971.

Sönke Friedreich

Unzeigbare Authentizität. Zu einigen Problemen im Umgang mit dem industriellen Erbe im sächsischen Vogtland

Einleitung

Für die Bewahrung, Dokumentation und Vermittlung historischer Industriekultur ist die Authentizität des Gegenstandes von zentraler Bedeutung. Wie in der Geschichtskultur allgemein ist die Suche nach dem „Original" – ob als bauliche Hinterlassenschaft, technisches Objekt, archivalisches Dokument oder Bildnis – eine entscheidende Strategie für die Konstituierung einer legitimen Tradition und die Aneignung eines kanonischen Wissensbestandes.[1] Durch die Aufnahme in ihre Speicher, Magazine, Registraturen und andere Dokumentationsinstrumente versehen Institutionen wie Museen, Archive oder die staatliche Denkmalpflege ihre Sammlungen gleichsam mit dem Gütesiegel der Authentizität.[2] Für die mit den Überresten in verschiedenen Formaten (Bücher, Ausstellungen, TV-Dokumentationen usw.) konfrontierten Laien ist Authentizität eine zentrale Voraussetzung, um sich überhaupt ernsthaft mit Geschichtskultur zu beschäftigen. Der Begriff vereint das Versprechen von und den Anspruch auf eine historische Wahrheit und bleibt damit trotz aller wissenschaftlichen Dekonstruktionsbemühungen auch für die Experten der Geschichtskultur unverzichtbar.[3]

Was für die Beschäftigung mit der Vergangenheit allgemein gilt, lässt sich auch auf die historische Industriekultur übertragen, die sich beispielsweise an authentischen Produktionsstandorten in Form von stillgelegten Fabrikgebäuden und Anlagen, in technischen Museen mit ihrem reichen Bestand an Maschinen

---

1 Vgl. hierzu die Arbeit des Leibniz-Forschungsverbundes Historische Authentizität (http://www.leibniz-gemeinschaft.de/forschung/leibniz-forschungsverbuende/historische-authentizitaet/, letzter Abruf am 23.06.2020).

2 Genauere Ausführungen zu diesen Bewahrungsstätten von industriellem Erbe wurden kürzlich in den Beiträgen zur Tagung „Industriekultur. Erforschen – Bewahren – Nutzen" am 24./25.1.2017 in Chemnitz diskutiert. Vgl. das Programm unter http://www.cammann-manufaktur.de/wp-content/uploads/Programm_Mail.pdf (letzter Abruf am 23.06.2020).

3 Zu einer breiteren, hier nicht näher zu diskutierenden Fundierung des Begriffes und Konzeptes der Authentizität aus volkskundlich-kulturwissenschaftlicher Sicht vgl. Seidenspinner, Wolfgang: Authentizität. Kulturanthropologisch-erinnerungskundliche Annäherungen an ein zentrales Wissenschaftskonzept im Blick auf das Weltkulturerbe, in: Volkskunde in Rheinland-Pfalz 20 (2006), S. 5–39.

https://doi.org/10.1515/9783110683103-013

oder auch in Wirtschaftsarchiven erhalten hat. Über authentische Objekte ragt die Vergangenheit sozusagen in die Gegenwart hinein: Durch eine Begehung stillgelegter und umgebauter Fabrikgebäude oder die Demonstration einer original erhaltenen Maschine scheinen heutige Interessierte auch im postindustriellen Zeitalter Industrie unmittelbar erleben zu können, von technischen Abläufen bis zu einzelnen Arbeitsvorgängen. Durch diese (oft sinnlich unmittelbare) Anschaulichkeit scheint gerade die Welt des klassischen Industriezeitalters besonders gut vermittelbar zu sein. Dinge in Bewegung setzen zu können, sie zu hören und zu riechen, sie etwas herstellen zu lassen – das sind die viel gesuchten Reize eines Besuches im Industriemuseum oder Besucherbergwerk.

Umgekehrt wirkt der Einsatz von authentischen Orten, Gebäuden und Artefakten aber auch auf das Bild zurück, das sich das Publikum von Industriekultur macht. Versteht man Industrie allgemein als jenes Wirtschaftssegment, in dem die Gewinnung von Rohstoffen, die (Massen-)Produktion sowie die Weiterverarbeitung von materiellen Gütern in Fabriken und Anlagen mit einem hohen Grad an Mechanisierung und Automatisierung erfolgt, liegt es nahe, Produktionsstätten und Maschinen als Inkarnation von Industriekultur zu bewahren und zu zeigen. Folgt man indes der weitaus breiteren Definition von Industriekultur als der „gesamte[n] Kulturgeschichte des Industriezeitalters in Vergangenheit, Gegenwart und Zukunft", wie sie der Wissenschaftliche Beirat für Industriekultur in Sachsen in seinen Handlungsempfehlungen aus dem Jahr 2010 gefasst hat,[4] so ist unschwer erkennbar, dass große Bereiche der Industriekultur unsichtbar bleiben oder zumindest in die zweite Reihe rücken müssen: die soziale Frage, Aspekte der Alltagskultur, aber auch weitreichende Umweltzerstörungen als Konsequenzen des industriellen Wandels werden ausgeblendet oder treten doch deutlich hinter die ‚klassischen' Gegenstände und Orte der Industrie zurück.[5] Im Ergebnis erscheint historische Industriekultur immer dort besonders eindrucksvoll, wo ihre Authentizität ein unmittelbares Erleben ermöglicht, wogegen die Vermittlung von reproduzierten Quellen, die etwas über sozial- und alltagsgeschichtliche Entwicklungen des Industrialisierungszeitalters aussagen, kaum ähnliche Wirkungen erzielen kann.

Diese unterschiedlichen Zugangsweisen stellen die Akteure des weiten Feldes der Industriekultur vor grundsätzliche Probleme des Zeigbaren und sorgen dafür, dass Industrie und Industriegeschichte höchst selektiv rezipiert werden. Für Historiker, Museumsfachleute, Denkmalpfleger, Architekten und Archivare

---

4 Handlungsempfehlungen des wissenschaftlichen Beirates für Industriekultur in Sachsen, 2010 (http://www.kdfs.de/do/314.0.pdf, letzter Abruf am 23.06.2020).
5 Vgl. hierzu Lackner, Helmut: Industriekultur. Kritische Anmerkungen nach drei Jahrzehnten, in: Bettina Günter (Hg.): Alte und Neue Industriekultur im Ruhrgebiet, Essen 2010, S. 31–39.

stellt sich daher nicht nur die Frage, ob ein Gebäude, ein Objekt oder ein Dokument authentisch ist und wofür genau – für welche Zeit, welchen gesellschaftlichen Ausschnitt, welche historische Erscheinung – diese Authentizität steht. Es wird auch ein Ungleichgewicht zwischen unterschiedlichen Formaten, in denen diese Authentizität vermittelt wird, deutlich. Beschäftigt man sich genauer mit dem Ungleichgewicht der Vermittlungsarbeit, so wird deutlich, dass es nicht zuletzt historische Differenzen der industriellen Entwicklung, beispielsweise in verschiedenen Industrieregionen, reproduziert. Dies kann für einzelne Orte und Regionen und ihre Suche nach einem angemessenen Umgang mit dem industriellen Erbe problematische Konsequenzen haben, wie am Beispiel des sächsischen Vogtlandes und der vogtländischen ‚Hauptstadt' Plauen erkennbar wird.

Das Erbe der vogtländischen Textilindustrie

Die Industrialisierung Sachsens war bekanntlich durch eine frühzeitige, in den protoindustriellen Strukturen des Königreichs vorgeprägte und stark in unterschiedliche Branchen ausdifferenzierte wirtschaftliche Entwicklung gekennzeichnet. Trotz unterschiedlicher Akzentsetzungen (Rudolf Forberger hat bereits die letzten Jahre des 18. Jahrhunderts als Anfangsjahre der Industriellen Revolution in Sachsen identifiziert, Hubert Kiesewetter sieht dagegen das zweite Drittel des 19. Jahrhunderts als Durchbruchsphase an) ist sich die Forschung einig über den vergleichsweise frühen Zeitpunkt des Beginns der Industrialisierungsepoche.[6] Auch was die große Bedeutung des Textilgewerbes in diesem Prozess betrifft, gibt es keinen Dissens in den einschlägigen wirtschaftsgeschichtlichen Studien.[7] Im Textilgewerbe, aber auch in zahlreichen anderen industriellen Wirtschaftsbereichen wie dem Maschinenbau und der Leichtindustrie war Sachsens industrielle Struktur durch dezentrale Produktionsstrukturen und die Dominanz kleiner und mittlerer Unternehmen gekennzeichnet. Dies bedingte eine „andere Industrialisierung" (Michael Schäfer), in der sich Sachsen von der ‚klassischen', durch die Entwicklung und Mechanisierung der Groß- und Schwer-

---

6 Forberger, Rudolf: Die Industrielle Revolution in Sachsen, Bd. 1, Tl. 1: Die Revolution der Produktivkräfte in Sachsen 1800–1830, Berlin 1982; Kiesewetter, Hubert: Industrialisierung und Landwirtschaft. Sachsens Stellung im Industrialisierungsprozeß Deutschlands im 19. Jahrhundert, Köln/ Weimar/ Wien 1988.

7 Hahn, Hans-Werner: Motor regionaler Industrialisierung. Die Textilindustrie und der Aufstieg Sachsens zu einer wirtschaftlichen Führungsregion Deutschlands, in: Hans-Christian Hermann/ Annegret Wenz-Haubfleisch (Hg.): Geschichte braucht Stoff – Stoffe machen Geschichte. Historische, quellenkundliche und archivische Aspekte von Stoffmusterbüchern, Halle (Saale) 2001, S. 14–33, hier S. 17.

industrie geprägten Industrialisierung unterschied. Demnach wurde in Sachsen der regionale Industrialisierungsprozess „wesentlich von exportorientierten Konsumgüterindustrien getragen, die in protoindustriellen Vorläufern wurzelten."[8] Die Entwicklung der Industriewirtschaft und -gesellschaft in Sachsen vollzog sich in einem früh einsetzenden, aber lang andauernden Prozess, der die verschiedenen Landesteile und Städte ungleichmäßig erfasste, weshalb eine (bis heute ausgeprägte) heterogene Industriestruktur als ein wichtiges Merkmal dieses Prozesses bezeichnet werden kann.

Was für Sachsen insgesamt gilt, lässt sich im Einzelnen auch auf das sächsische Vogtland übertragen. Die textilgewerblichen Anfänge sind hier bereits in das 15. Jahrhundert zu datieren, wobei zunächst das Tuchmacherhandwerk vorherrschte und seit dem 16. Jahrhundert die Wollenweberei hinzutrat.[9] Für die spätere Entwicklung bedeutend war die im ausgehenden 16. Jahrhundert sich entwickelnde, von niederländischen Exulanten in das Vogtland mitgebrachte Baumwollverarbeitung (Musselin-Manufaktur), die bis in das frühe 19. Jahrhundert hinein den wichtigsten handwerklichen Gewerbezweig in der Region darstellte. Bereits seit etwa 1600 war dieses Gewerbe eng mit dem überregionalen Exportgeschäft verbunden, was sich u. a. an der Zahl der sog. Schleierhändler in Plauen ablesen lässt: Lassen sich 1618 insgesamt 22 solche Händler nachweisen, waren es 1687 bereits 52 und 1752 dann 132.[10] Weitere Zweige des Textilgewerbes wie die Kattundruckerei und die maschinelle Spinnerei traten im 18. Jahrhundert hinzu.[11] Seit den 1770er-Jahren verschärfte sich die Konkurrenz auf dem globalen Textilmarkt, bedingt durch den technologischen Vorsprung der englischen Baumwollspinnerei sowie durch die Einführung von Schutzzöllen durch Frankreich und Österreich.[12] Die Plauener Fabrikanten verlegten sich zunehmend auf die Herstellung von handgefertigten Luxusfabrikaten, deren Konkurrenzfähigkeit sie durch günstigere Arbeitskosten zu wahren versuchten. Dies hatte einen Konzentrationsprozess auf die Weißwarenstickerei als der letzten

---

8 Schäfer, Michael: Eine andere Industrialisierung. Die Transformation der sächsischen Textilexportgewerbe 1790–1890, Stuttgart 2016, S. 445.

9 Vogel, Lutz: Die vogtländische Wirtschaft im Industriezeitalter, in: Enno Bünz u. a. (Hg.): Vogtland (Kulturlandschaften Sachsens 5), Leipzig 2013, S. 99–136, hier S. 99.

10 Fröhlich, Horst/ Schimmack, Ernst: Ursprung und Entwicklung der Plauener Spitzenindustrie, in: Sächsische Heimatblätter 7 (1961:8), S. 465–475, hier S. 465.

11 Brunner, Sabine: Grundzüge der Geschichte der Stadt Plauen, in: Mitteilungen des Vereins für vogtländische Geschichte, Volks- und Landeskunde 1 (1992), S. 9–12, hier S. 10.

12 Naumann, Gerd: Grundzüge der wirtschaftlichen Entwicklung in der Stadt Plauen von der Mitte des 19. Jahrhunderts bis zum Jahre 1914, in: Mitteilungen des Vereins für vogtländische Geschichte, Volks- und Landeskunde 10 (2004), S. 53–71, hier S. 53; Fröhlich/ Schimmack: Ursprung und Entwicklung, S. 466.

Stufe der Musselin-Manufaktur zur Folge.[13] Im frühen 19. Jahrhundert erfolgte im sächsischen Vogtland somit eine Spezialisierung auf einen Bereich der Textilherstellung, der in hohem Maße exportabhängig war, technisch aber noch – anders als die Baumwoll- und Wollspinnerei sowie die Weberei – über Jahrzehnte auf einem relativ niedrigen Niveau verblieb.[14]

Die eigentliche Industrialisierung des vogtländischen Textilgewerbes erfolgte seit den späten 1850er-Jahren mit der Einführung von Handstickmaschinen aus dem St. Gallener Stickereirevier.[15] Weitere Schritte stellten die Einführung der maschinengestickten Tüllspitze 1881 sowie der Schiffchenstickmaschine 1883 dar.[16] Ausgehend von diesen Innovationen erlebte die vogtländische Spitzenstickerei eine dreißigjährige Expansionsphase, in deren Verlauf die Zahl der Produzenten und der eingesetzten Maschinen enorm zunahm und die vogtländischen Städte, voran Plauen, stark wuchsen. Lag die Zahl der im Vogtland nachweisbar aufgestellten Stickmaschinen zwischen 1858 und 1872 bei 1 330 (davon 907 in Plauen), so gab es 1897 nicht weniger als 2 643 Schiffchenstickmaschinen im Vogtland; 1902 waren es bereits 4 423 und 1910 ca. 6 000.[17] Die Mehrzahl dieser Maschinen war in kleinen und mittleren Unternehmen aufgestellt oder befand sich im Besitz sog. Lohnsticker, d. h. selbständigen Besitzern von Maschinen und Anlagen (zum Teil auch von Produktionsräumen), die Auftragsarbeiten von einem oder mehreren Verlegern ausführten und oft alleine bzw. mit ihrer Familie oder wenigen Angestellten arbeiteten.[18] Die Übernahme des in der Hausweberei verbreiteten Verlagssystems und die damit verbundene Kleinteiligkeit der Produktion waren prägende Kennzeichen der Stickereiindustrie bis in die 1930er-Jahre hinein.[19] Diese strukturellen Besonderheiten blieben über alle konjunkturellen Schwankungen und politischen Umbrüche hinweg bestehen. So wurden das vogtländische Textilgewerbe und nicht zuletzt die Spitzenherstel-

---

13 Schäfer: Eine andere Industrialisierung, S. 422 f.

14 Hahn: Motor regionaler Industrialisierung, S. 26 f.

15 Strobel, Heino: Die Beschaffung der ersten Stickmaschinen aus der Schweiz nach Plauen, in: Mitteilungen des Vereins für vogtländische Geschichte, Volks- und Landeskunde 19 (2013), S. 29–49; Luft, Frank: Die Textilregionen sächsisches Vogtland und Ascher Land 1750–1930, Plauen 2013, S. 61; Naumann: Grundzüge der wirtschaftlichen Entwicklung, S. 57; Fröhlich/ Schimmack: Ursprung und Entwicklung, S. 468 f.

16 Fröhlich, Horst: Plauens Weg zur Industriestadt, in: Vogtländisches Kreismuseum (Hg.): Plauen. Ein kleines Stadtbuch, Plauen 1963, S. 59–77, hier S. 71 f.; Naumann: Grundzüge der wirtschaftlichen Entwicklung, S. 63; Fröhlich/ Schimmack: Ursprung und Entwicklung, S. 470.

17 Naumann, Gerd: Die Plauener Spitzen- und Stickereiindustrie in Vergangenheit und Gegenwart, in: Sächsische Heimatblätter 43 (1997:4), S. 236–246, hier S. 239.

18 Schäfer: Eine andere Industrialisierung, S. 427.

19 Naumann: Grundzüge der wirtschaftlichen Entwicklung, S. 67; Ders.: Die Plauener Spitzen- und Stickereiindustrie, S. 241.

lung auch während der sozialistischen Planwirtschaft als wichtige Wirtschaftszweige weitergeführt. Nach 1990 war auch das Vogtland von dem Rückgang der
textilen Produktion in Ostdeutschland betroffen, was sich u. a. in einem Abbau
von zwei Dritteln aller Arbeitsplätze bis 1997 niederschlug.[20] Mit diesem Bruch
wandelte sich die Geschichte der Textilindustrie in ein regionales Kulturerbe,
dessen Bedeutung für die sächsische Industriekultur, aber auch für die lokale
Identität der Bevölkerung neu einzuschätzen ist.

Abb. 1: Stadtansicht von Plauen, Postkarte, um 1920

Eine ‚unsichtbare‘ Industrie

Aufgrund der historischen Besonderheiten der vogtländischen Textilindustrie
steht die Beschäftigung mit ihrem historischen Erbe vor nicht geringen Problemen. So ist festzuhalten, dass ein erheblicher Teil der Gebäude, technischen Objekte und Dokumente dieses Industriezweiges schlicht verlorengegangen sind.
Dies hat mehrere Ursachen: Fabrikgebäude sind – insbesondere in Plauen als
dem Zentralort der Spitzenstickerei – durch Kriegseinwirkungen verlorengegan-

---

20 Vogel: Die vogtländische Wirtschaft, S. 132–134.

gen,[21] weite Teile des Maschinenbestandes wurden in Zeiten der Wirtschaftskrise (so etwa während und unmittelbar nach dem Ersten Weltkrieg) verschrottet[22] und der überwiegende Teil der schriftlichen Dokumente von Privatunternehmen und -personen wurde niemals in Archive überführt.[23] Die wirtschaftliche Transformation nach 1990 hat zudem einen unvermeidlichen Traditionsbruch mit sich gebracht, sodass firmeninterne Überlieferungen selten sind. Am günstigsten stellt sich die archivalische Überlieferungslage noch für die DDR-Zeit dar, da die aus den staatlichen Betrieben erwachsenen Bestände (die ihrerseits teilweise Unterlagen aus der Zeit vor 1945 enthalten) in das Sächsische Staatsarchiv übernommen werden konnten.[24]

Neben den Verlusten im Überlieferungsgut erschweren aber auch branchenspezifische Besonderheiten die Bewahrung und Nutzung des industriellen Erbes. So sind die Zeugnisse der Textilindustrie in Sachsen weder von ihrer Größe und Ausdehnung noch von ihrer technischen Zugänglichkeit her besonders gut museal aufzubereiten oder touristisch zu vermarkten. Die Kleinteiligkeit und der dezentrale Charakter der Textilindustrie erschweren ihre Festlegung auf bestimmte ‚authentische‘ Orte – während ein Berg- oder Stahlwerk im Kontrast dazu schon allein aufgrund seiner Größe und Standortgebundenheit sowohl visuell beeindruckend wirkt als auch geradezu Authentizität ausstrahlt. Große Teile der Textilindustrie nicht nur im Vogtland waren in vergleichsweise unauffälligen, teilweise nicht als Fabrikgebäude zu identifizierenden Bauten untergebracht, was ihre Vermittlung als wichtige Bestandteile von regionaler Industriekultur schwierig macht. Bildliche Zeugnisse haben wir dagegen überwiegend von großen, aber eher die Ausnahme darstellenden Produktionsgebäuden. Auch verteilten sich die Produktionsstätten meist regional weitflächig, wogegen andere Industriezweige lokale Konzentrationsprozesse, vor allem in größeren Städten, durchliefen.[25] Wo Industriekultur mit „Kathedralen der Industrie" oder

---

21 Naumann, Gerd: Plauen im Bombenkrieg 1944/1945, Plauen 2011.
22 Naumann: Die Plauener Spitzen- und Stickereiindustrie, S. 243.
23 So weist etwa das Sächsische Wirtschaftsarchiv in seiner Beständeübersicht im Internet nur 18 Einträge (von 334 insgesamt) für die Textilbranche auf (https://www.swa-leipzig.de/best% C3%A4nde%C3%BCbersicht-nach-klassifikation.html, letzter Abruf am 23.06.2020).
24 Vgl. Müller, Klaus: Reichlich Stoff. Zur Überlieferung von Beständen der sächsischen Textilindustrie im Sächsischen Staatsarchiv Chemnitz, in: Hermann/ Wenz-Haubfleisch (Hg.): Geschichte braucht Stoff – Stoffe machen Geschichte, S. 74–82.
25 Ein Beispiel sind die zahlreichen Spinnmühlen im westlichen Sachsen. Vgl. Oehlke, Andreas: Einzigartige Zeugnisse der frühen Textilindustrie: Spinnmühlen in Sachsen, in: Industriekultur 12 (2006:1), S. 6–7, sowie jüngst Albrecht, Helmuth u. a. (Hg.): Verlorene Fäden. Denkmale der sächsischen Textilindustrie in den Tälern von Zschopau und Flöha (INDUSTRIEarchäologie – Studien zur Erforschung, Dokumentation und Bewahrung von Quellen zur Industriekultur 16), Chemnitz 2016.

„Kathedralen der Arbeit" gleichgesetzt wird,[26] verschwinden zahlreiche Orte der Textilindustrie in den Gewerbe- und Wohngebieten der Stadt, wie sich etwa in Plauen deutlich zeigt. Wenn Rudolf Boch zu Recht darauf hingewiesen hat, dass der „permanente Wandel, die [...] Vielfalt der Branchen in Industrie, Gewerbe und Bergbau, aber auch das ,mittelständische Gepräge' der Unternehmerschaft, die nur wenige ,große Namen' oder große Betriebe mit ,corporate identity' hervorgebracht hat", die Beschäftigung mit und die Darstellung der Industriekultur in Sachsen erschwert, so gilt dies umso mehr für die Textilindustrie als einem Industriezweig ohne große Gebäude und technische Anlagen.[27]

Abb. 2: Werbeanzeige der Weberei Meinhold, Plauen, 1925

---

26 Vgl. Günter, Roland: Die Internationale Bauausstellung (IBA) Emscher Park. Zehn Jahre Struktur-Entwicklung im Ruhrgebiet: 1989–1999, in: kritische berichte. Zeitschrift für Kunst- und Kulturwissenschaften 27 (1999:3), S. 52–64, hier S. 58. Siehe auch den Tenor von Günter, Roland: Im Tal der Könige. Ein Handbuch für Reisen zu Emscher, Rhein und Ruhr, 4. Aufl., Essen 2000.

27 Boch, Rudolf: Die Wirtschafts- und Unternehmensgeschichte Sachsens als Basis der heutigen Industriekultur, in: Jörg Feldkamp/ Ralph Lindner (Hg.): Industriekultur in Sachsen. Neue Wege im 21. Jahrhundert, Chemnitz 2010, S. 10–17, hier S. 14.

Mit dem Problem des Verschwindens und der Unsichtbarkeit der materiellen Hinterlassenschaften der historischen Textilindustrie ist zugleich das umfassendere Thema ihrer mangelnden Repräsentation im industriegeschichtlichen Diskurs verbunden. In der Gesamtschau erscheint die Textilindustrie – ebenso wie andere Zweige der Leichtindustrie – als weniger ‚wichtig' für gesellschaftliche Transformationsprozesse. Trotz aller statistischen Werte zu Wertschöpfung, Exporterlösen oder Beschäftigtenzahlen, die den hohen Stellenwert dieser Branche im Zeitalter der klassischen Industrialisierung dokumentieren,[28] dominiert zweifellos nach wie vor das Bild eines alten, vormodernen Gewerbes, das in der Industrialisierung gerade an Bedeutung verliert, d. h. in der Relation zu anderen Industriezweigen unwichtiger wird. Diese Bewertung als eine zweitrangige Industrie hat wiederum Rückwirkungen auf die Einschätzung nicht nur von Repräsentations*fähigkeit*, sondern auch von Repräsentations*würdigkeit*. Die Produktionsanlagen des Bergbaus und der Schwerindustrie erscheinen den Besuchern und Beobachtern beeindruckender (und durchaus auch ‚authentischer') als noch vorhandene Textilmaschinen oder Maschinensäle des 19. und frühen 20. Jahrhunderts.[29] Und auch die Produkte selbst machen hier einen Unterschied: Großmaschinen, Panzer, Automobile oder Lokomotiven rufen anderes (und meist größeres) Interesse hervor als die Erzeugnisse der Textilindustrie, deren Wert gerade in ihrer Gewöhnlichkeit und Verfügbarkeit liegt. Dass Branchen wie die Automobilfertigung heute als Kernindustrie in Deutschland gelten und die hier tätigen Unternehmen ihrerseits durch Ausstellungen und ‚Erlebnisschauen' in der Selbstdarstellung höchst aktiv sind, verstärkt diese Diskrepanz weiter.[30]

Abgesehen von der Kleinteiligkeit und der mangelnden unternehmerischen Traditionsbildung erschweren auch allgemeine Strukturmerkmale eine stärkere Förderung und Darstellung des industriekulturellen Erbes der Textilindustrie sowohl im Vogtland als auch in anderen Regionen. Hierzu zählt etwa die Tatsache, dass in weiten Teilen der Branche der Anteil der Frauen an den Beschäftigten hoch war – in dem (trotz aller Fortschritte der Frauen- und Geschlechtergeschichte in den vergangenen vierzig Jahren) nach wie vor dominierenden männlichen Blick auf die Industrie resultiert dies in einer Benachteiligung in der Darstellung von Industriegeschichte.[31] Während im Vogtland der weibliche Anteil

---

28 Vgl. ausführlich Schäfer: Eine andere Industrialisierung.

29 Bemerkenswert sind etwa die von Ehrfurcht geradezu durchtränkten Beschreibungen der industriellen Zeugnisse des Ruhrgebietes bei Günter: Im Tal der Könige.

30 So hat heute jede große deutsche Automarke ihr eigenes ‚Erlebniszentrum' oder Museum: Autostadt Wolfsburg (VW), Mercedes-Benz Welt, Porsche-Museum, Audi museum mobile und BMW Welt.

31 Vgl. Lackner: Industriekultur, S. 35 f.

an der Industriearbeiterschaft bis 1911 durchweg deutlich höher war als der männliche,[32] wird klassische Industriearbeit in weiten Teilen der Öffentlichkeit noch am ehesten mit dem männlichen Proletarier assoziiert, dessen Bild ikonenhaft durch Ausstellungen und in medialen Darstellungen reproduziert wird. Dies hat zur Folge, dass gerade jene Industrien bevorzugt zur Darstellung kommen, in denen männliche Arbeiter an Großmaschinen tätig waren.

Dies soll natürlich nicht heißen, dass es keine Bemühungen um eine differenzierte Darstellung und damit auch eine Aufwertung des textilindustriellen Erbes in Deutschland und speziell in Sachsen gibt. Allein die Museen zur Geschichte der Textilindustrie widerlegen eine solche Vermutung sehr rasch. Im Kontext der Industriegeschichte insgesamt wird man aber wohl kaum umhin können, eine Marginalisierung festzustellen, deren Grundbedingungen schwierig zu überwinden sind. Wenn Rudolf Boch etwa konstatiert, dass „der langfristige Einfluss der Textilindustrie auf die Ausbildung einer nachhaltigen sächsischen Industriekultur m. E. relativiert werden muss",[33] so reflektiert diese Einschätzung einerseits den tatsächlichen Bedeutungsverlust der Textilindustrie bis heute, andererseits aber wohl auch die Beobachtung, dass ihre Sichtbarkeit als kulturelles Erbe im Vergleich bis heute eher niedrig ist.

Ausprägungen eines ‚industriellen Ethos'

Aus einer volkskundlich-kulturwissenschaftlichen Sichtweise lässt sich auf die in der industriekulturellen Schieflage erkennbar werdenden Probleme der Beschäftigung mit authentischen Geschichtszeug(niss)en schließlich noch eine weitere, gleichsam mentalitätshistorische Perspektive gewinnen. Wenn sich industrielle Strukturen in verschiedenen Regionen unterschiedlich entwickelt haben, so liegt es nahe, die Frage nach spezifischen kollektiven Identitäten damit zu verknüpfen. Welche Folgen die Geschichte der Industrialisierung in dieser Hinsicht gehabt hat, lässt sich am deutlichsten wohl am Ruhrgebiet erkennen, das als Industrieregion *par excellence* eine Sonderstellung in Deutschland einnimmt. Rolf Lindner hat das „Ethos der Region" an diesem Beispiel exemplarisch mit mentalitätsgeschichtlichen Dispositionen der Einwohnerschaft verknüpft. So seien „das Fehlen von Arroganz, Eleganz und Größenwahn", die „Ab-

---

32 1895 lag der Frauenanteil bei ca. 60 Prozent, 1900 und 1905 bei 56 Prozent und 1910 bei 52 Prozent. Die Angaben nach Naumann: Die Plauener Spitzen- und Stickereiindustrie in Vergangenheit und Gegenwart, S. 241. Vgl. auch Schuster, Horst: Plauen als Standort der Textilindustrie, Plauen 1937, S. 106 f.

33 Boch: Die Wirtschafts- und Unternehmensgeschichte Sachsens, S. 16.

wehr jeden Versuchs der Exklusivität" und die Ablehnung von Distinktion „zentrale Elemente des traditionellen Revier-Ethos", die sich bis in die Gegenwart finden ließen.[34] Diese Elemente versteht Lindner als Ausfluss einer „Grundhaltung tiefster Beschämung", die historisch durch das vorherrschende Negativ-Image des Ruhrgebietes als schmutzig, hässlich, arm und unmoralisch gestützt worden sei.[35] Die Region verbiete sich gleichsam selbst eine Überhöhung, während die Bewohner jeden Versuch eines individuellen Höhenfluges ablehnend bewerteten.

Über die mit dem Ruhrgebiet verknüpften negativen Stereotypen und Werturteile und ihre Überwindung ist auch im Zusammenhang mit der Aufwertung von regionaler Industriekultur viel diskutiert und verhandelt worden. Es kann durchaus als Erfolg verbucht werden, wenn in den vergangenen drei Jahrzehnten durch eine (Wieder-)Entdeckung und Erschließung des industriellen Erbes zugleich eine positive Umdeutung des regionalen Images erfolgt ist. Die Implantierung von hochkulturellen Institutionen im Ruhrgebiet, aber auch die Darstellung der klassischen Industrie in Museen und an der Route der Industriekultur hat hierzu entscheidend beigetragen.[36] Bei allen weiterbestehenden Problemen des regionalen Selbstbildes lässt sich durchaus von einem erstarkten Selbstvertrauen sprechen. Dieses baut ganz zentral auch auf dem Faktor Authentizität auf: Die massive Transformation der Industrialisierung ist bis heute im Landschafts- und Städtebild, in den überlieferten Artefakten der Schwerindustrie und in einer Fülle von schriftlichen und bildlichen Quellen sichtbar. Auch der „Spirit der Maloche" ist, wie Angela Schwarz konstatiert hat, für die Strategie der Authentisierung in der Region von großer Bedeutung und wirkt auf das Selbstbild der Bevölkerung zurück.[37] Dass diese Entwicklung gelegentlich durch Befürchtungen flankiert wird, eine allzu starke Betonung des Ruhrgebiets als In-

---

34 Lindner, Rolf: Das Ethos der Region, in: Zeitschrift für Volkskunde 89 (1993), S. 169–190, hier S. 188.

35 Ebd., S. 175.

36 Parent, Thomas: Vom Anfang und Ende der Industriekultur, in: Günter (Hg.): Alte und Neue Industriekultur, S. 40–47; Albrecht, Helmuth: Industriedenkmalpflege, Industriearchäologie und Industriekultur – Quo Vadis Saxonia?, in: Katja Margarethe Mieth (Hg.): Industriearchitektur als Facette sächsischer Industriekultur. Industriedenkmale im Ortsbild, Chemnitz 2013, S. 68–85, hier S. 76–78. Eine kritische Reflexion dieses Vorgangs findet sich bei Heinemann, Ulrich: Industriekultur. Vom Nutzen zum Nachteil des Ruhrgebiets?, in: Forum Industriedenkmalpflege und Geschichtskultur 2003:1, S. 56–58.

37 Vgl. Zöller, Kathrin: Tagungsbericht: Authentisierung von StadtLandschaften, 20.06.2014– 21.06.2014 Potsdam, in: H-Soz-Kult, 21.11.2014 (www.hsozkult.de/conferencereport/id/tagungsberichte-5689, letzter Abruf am 23.06.2020).

dustrierevier verhindere seine Neupositionierung als moderne, postindustrielle, zukunftsträchtige Region, steht hierzu nicht im Widerspruch.[38]

Was für das Ruhrgebiet als das bedeutendste Industrierevier der deutschen Geschichte und die hier besonders enge Verknüpfung von Industrie und Identität gilt, kann selbstverständlich nicht ohne weiteres auf andere Regionen übertragen werden. Dennoch scheint die grundlegende Frage danach gerechtfertigt, wie sich regionales Ethos im Lindnerschen Sinne mit der spezifischen Industriekultur etwa im Falle des Vogtlandes verbindet. Dabei spielen nicht nur die geschilderten ungünstigen Voraussetzungen einer wirtschaftlich stark von der Textilindustrie bestimmten Region eine Rolle, sondern auch die Zugehörigkeit zu einem Bundesland, in dem bis heute vor allem Kunst und Kultur gefördert und hochgeschätzt und mit der Hochkultur gleichsam die „Wiederherstellung der Prachtentfaltung des sächsischen Königreiches" gefördert wird.[39] Hier tritt eine Konkurrenz des Authentischen insoweit auf, als das Land Sachsen sich stark über seine Kunstschätze und kulturellen Institutionen in ihrer authentischen Überlieferung darstellt und definiert, während authentisches Industrieerbe im Schatten bleibt. Regionaler Stolz und Selbstbewusstsein verbinden sich hier fast automatisch mit den Zeugnissen der Hochkultur. Im Falle der vogtländischen Textilindustrie gilt dies umso mehr, da das Erbe dieses Industriezweiges zumindest als zwiespältig angesehen wird: Ist man sich im Vogtland einerseits der bewegten und reichhaltigen Geschichte der Industrie und der damit einhergehenden gesellschaftlichen Blütezeit um die Wende zum 20. Jahrhundert bewusst,[40] so strebt man zugleich eine Bewusstmachung oder gar Rückkehr in dieses ‚goldene Zeitalter' nicht an. Die gegenwärtig bestehende mittelständische Textilindustrie wird nur bedingt als Erbe der alten Textilindustrie gesehen und gilt nicht als wesentliche Säule eines wirtschaftlichen Aufschwungs der Region. Von einem negativen Image der Textilwirtschaftsregion Vogtland wird man zwar kaum sprechen können, doch gibt es nur wenige Ansätze einer bewussten Aufwertungsstrategie, an deren Anfang das Sichtbarmachen textilindustrieller Spuren stehen müsste.

---

38 Vgl. etwa die Kritik des ehemaligen CDU-Generalsekretärs Laurenz Meyer an den touristischen Hinweisschildern zum industriellen Erbe des Ruhrgebietes im Juli 2014. „Man denkt doch, hier kann man nur Ruinen besichtigen!", Bild-Zeitung vom 29.07.2014 (http://www.bild.de/regional/ruhrgebiet/politiker/man-denkt-doch-hier-kann-man-nur-ruinen-besichtigen-37014162.bild.html, letzter Abruf am 23.06.2020).

39 Breuninger, Joachim: Resümee „Industriekultur in Sachsen". Industriekultur verbindet, in: Informationen des Sächsischen Museumsbundes e.V. 49 (2016), S. 91–94, hier S. 92.

40 Siehe z.B. die Darstellung für Plauen bei Ehrhardt, Willy: Das Glück auf der Nadelspitze. Vom Schicksalsweg der vogtländischen Stickereiindustrie, Plauen 1995.

Abschied vom Authentischen

Die Probleme im Umgang mit der regionalen Industriekultur lassen sich exemplarisch an den Konflikten um den Erhalt und die Nutzung historischer Überreste verdeutlichen, also eben jener authentischen Spuren, die im Vogtland (und nicht nur dort) nur noch geringfügig vorhanden sind. In Plauen ist es gelungen, zumindest einige Industriedenkmale zu retten und einer neuen Nutzung zuzuführen, wie etwa das 1901 errichtete Fabrikgebäude in der Rädelstraße, das heute als Pflegeheim dient, oder auch ein Lohnstickerhaus im Stadtteil Reusa, in dem sich die Schaustickerei Plauen befindet.[41] Weitaus präsenter im Diskurs um das industrielle Erbe sind jedoch die Gebäude, deren Zukunft lange Zeit ungewiss war. Hierzu zählt etwa das Weisbachsche Haus, das zwar als bedeutendes Zeugnis der Industriearchitektur des späten 18. Jahrhunderts und als Sehenswürdigkeit der Stadt gilt, bislang jedoch nur teilweise saniert wurde. In der Vielzahl der Vorschläge wurde stets versucht, der historischen Bedeutung des Hauses gerecht zu werden und zugleich innovative und zukunftsfähige Nutzungskonzepte zu finden. Während die Stadtverwaltung zu einer Neuetablierung des Spitzenmuseums und dessen Ausbau zu einer „Erlebniswelt Plauener Spitze" tendiert und damit eine touristische Schwerpunktsetzung anstrebt (was mittlerweile auch Beschlusslage ist), verfolgte die Bürgerinitiative „Forum Zukunft Elsteraue" das Ziel, ein Innovationszentrum Spitze und Stickerei zu errichten. Hierdurch sollte „eine einzigartige textile Erstausbildung in Plauen etabliert [werden], die dem Ausbildungsstandort ein Alleinstellungsmerkmal mit großen Ausstrahlungs-Effekten beschert. Eine Einbindung des Weisbachschen Hauses als Kommunikations- und Kristallisationspunkt für die Belange rund um die Textilindustrie des Vogtlandes liegt klar auf der Hand und muss unbedingt voran gebracht werden."[42] Dieser Ansatz spiegelt deutlich die Befürchtung, dass eine rein touristisch-museale Nutzung des Hauses nicht erfolgreich sein und zugleich das textilwirtschaftliche Potenzial der Stadt brach liegen gelassen wird.

---

41 Vgl. Sikora, Bernd: Industriearchitektur in Sachsen. Erhalten durch neue Nutzung, Leipzig 2010, S. 98.
42 http://www.forumzukunftelsteraue.de/WEISBACHSCHES-HAUS/weisbachsches-haus.html (letzter Abruf am 03.08.2020).

Abb. 3: Weisbachsches Haus (Teilansicht), Plauen, 2017

Ein anderer authentischer Ort der textilindustriellen Vergangenheit Plauens, die Hempelsche Fabrik an der Hofwiesenstraße, stellt gleichfalls ein Beispiel für die Konflikte um den Umgang mit dem industriellen Erbe dar. Das ab 1830 errichtete Gebäudeensemble der Firma F. A. Hempel mit Bleicherei, Färberei und Appreturanstalt wurde nach langem Leerstand seit dem Herbst 2016 teilweise abgerissen: So verschwanden eine Produktionshalle sowie das Heizhaus und mehrere kleine Gebäude. Über Jahre hatte es verschiedene Vorschläge für eine Sanierung und Nachnutzung gegeben, bis das Areal schließlich im Rahmen der Plauener Bewerbung um die Austragung der 4. Sächsischen Landesausstellung zur Industriekultur ins Gespräch gebracht wurde. Die Stadt erstellte eine Bewerbungsmappe, in der in der Liste der Gründe, warum die Landesausstellung gerade in Plauen stattfinden solle, die „Authentizität des Ausstellungsortes" an erster Stelle stand.[43] Für das Gelände der Hempelschen Fabrik wurden die Sanierung der bestehenden Gebäude, die Errichtung einiger Neubauten sowie eine Mischnutzung angestrebt. So sollte ein Deutsches Innovationszentrum für Stickerei ebenso entstehen wie Wohnungen und Räume für „industrielle und gewerbliche Nachnutzung".[44] Nachdem die Stadt mit diesem Konzept erfolglos blieb, bestan-

---

[43] Qualifizierung der Bewerbung der Stadt Plauen für die 4. Sächsische Landesausstellung 2018 „Industriekultur in Sachsen", S. 7 (www.plauen.de/media/dokumente/landesausstellung, letzter Abruf am 23.06.2020).

[44] Ebd., S. 16 f.

den zunächst Befürchtungen, das Hempelsche Areal werde endgültig verfallen. Durch eine Fördermaßnahme des Europäischen Fonds für regionale Entwicklung konnte inzwischen jedoch die Sanierung bei einem Teilabriss von kleineren Gebäuden, Heizhaus und Schornstein angegangen werden. So sollen in einer ehemaligen Fabrikhalle auf 4 000 Quadratmetern Räume für Kultur- und Kreativwirtschaft entstehen sowie eine Kindertagesstätte und eine öffentliche Parkanlage errichtet werden, während die zum Ensemble zugehörigen Villen an Privateigentümer verkauft werden sollen.[45]

Abb. 4: Hempelsche Fabrik während des Teilabrisses, Plauen, 2017

45 Vgl. Wie die Elsteraue zu Plauens Vorzeige-Stadtteil werden soll, Freie Presse vom 11.01.2017 (http://www.freiepresse.de/LOKALES/VOGTLAND/PLAUEN/Wie-die-Elsteraue-zu-Plauens-Vorzeige-Stadtteil-werden-soll-artikel9806944.php, letzter Abruf am 23.06.2020).

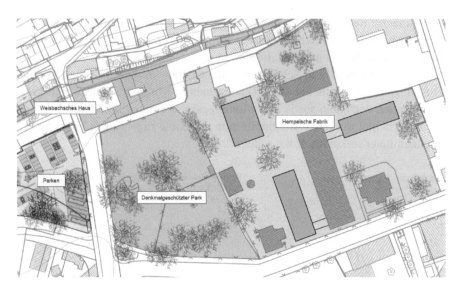

Abb. 5: Plan für die Nachnutzung des Areals der Hempelschen Fabrik (Ausschnitt)

Die Tatsache, dass die Entscheidung über den Standort der Landesausstellung die Stadt Plauen nicht berücksichtigt hat, kann für sich genommen bereits als Beleg für die Probleme bei der Sichtbarmachung der Textilindustrie genommen werden. Daran ändert auch die Tatsache nichts, dass dieser Industriezweig auf einem ‚Nebenschauplatz', der Textilfabrik Gebr. Pfau in Crimmitschau, gezeigt wird – die bestimmenden industriekulturellen *player* und die maßgeblichen Branchen der Industriegeschichte sind in Sachsen Maschinenbau, Automobilherstellung und Montanwesen, nicht aber die Textilindustrie. Immerhin lassen sich die Maßnahmen zum Erhalt des Weisbachschen Hauses und der Hempelschen Fabrik als Erfolge in der Auseinandersetzung mit der textilwirtschaftlichen Industriekultur verstehen. Sie zeigen, dass es gelegentlich einen langen Atem braucht, um authentische Zeugen industrieller Geschichte langfristig zu sichern. Allerdings gerät dabei, wie das Plauener Beispiel ebenfalls zeigt, die Authentizität selbst wieder in Gefahr: Wie authentisch ist ein Industriegebäude, dessen äußere Hülle zwar als Denkmal erhalten bleibt, das als Büro- oder Wohngebäude aber jegliche Assoziation mit der Industrie entbehrt? Die Rettung der verbleibenden Zeugen der Textilindustrie im Vogtland führt nicht automatisch zu einer stärkeren Sichtbarmachung des industriellen Erbes, und gerade hier ist die „Verteidigung alter Industrielandschaften gegen eine industrialisierte ‚Regionalfolklore'"[46] keine leichte Aufgabe. Unterschwellig wird eher eine Frontstellung von modernen, innovativen Industrieunternehmen gegen die klassische, überholte Industrie sichtbar. Im Vogtland, wo die Spuren der Industriegeschichte ohnehin stark verwischt sind, droht die Orientierung am Neuen, so notwendig sie für die Überlebensfähigkeit der Region auch ist, die Textilindustrie und ihre noch verbliebenen authentischen Überreste in der öffentlichen Wahrnehmung vollends zu marginalisieren.

Fazit

Die Bewahrung und Darstellung des industriellen Erbes der Textilregion Vogtland wie auch vergleichbarer Regionen weisen auf drei Probleme hin, die den industriekulturellen Diskurs maßgeblich beeinflussen. Erstens besteht nicht nur die Notwendigkeit, Industriekultur insgesamt aufzuwerten und ihr ein stärkeres Gewicht im historischen Bewusstsein zu geben, sondern auch, eine Über- und Ausblendung von zentralen Zweigen der Industrie zu verhindern. Nicht selten bestimmt bislang ein selektiver Blick auf ausgewählte, besonders imposante und gut zu präsentierende oder dauerhaft erfolgreiche Industriezweige den Umgang, was dann zu Nachteilen unter anderem für textilindustrielle Regionen führt. Zweitens werden Grenzen der Zeigbarkeit von authentischer Industriekultur deutlich: Weite Bereiche der klassischen industriellen Welt sind nicht (mehr) durch authentische Zeugnisse darstellbar und drohen daher in Vergessenheit zu geraten. Dies gilt zumindest dann, wenn ein weiter Begriff von Industriekultur Anwendung findet, in dem nicht allein die mit der Produktion zusammenhängenden Gebäude und Artefakte wie Fabriken und Maschinen zusammengefasst sind, sondern der darüber hinaus auch soziale und kulturelle Fakten und Entwicklungslinien einschließt. Ebenso wie der Begriff der „Kultur" heute nicht mehr eingeschränkt auf wenige Segmente und Produkte künstlerischen Ausdrucks (Hochkultur) angewandt werden kann, sollte auch „Industriekultur" nicht zu eng auf die ikonisch gewordenen Objektivationen der Industrieproduktion reduziert werden. Entscheidend ist daher, im Sinne Ulrich Borsdorfs die Industriekultur im Gesamtzusammenhang der regionalen Geschichtskultur zu sehen und damit auch ‚abgestorbenen' Industriezweigen ohne reichhaltige Hinterlassenschaft an Quellen ihr angemessenes Gewicht zu geben.[47] Drittens

---

46 Kierdorf, Alexander/ Hassler, Uta: Denkmale des Industriezeitalters. Von der Geschichte des Umgangs mit Industriekultur, Tübingen/ Berlin 2000, S. 275.
47 Borsdorf, Ulrich: Das Ruhr Museum. Die Industriekultur in einer regionalen Natur- und Kulturgeschichte, in: Feldkamp/ Lindner (Hg.): Industriekultur in Sachsen , S. 54–61, hier S. 56.

schließlich ist der zentrale Begriff der Authentizität stets neu zu reflektieren, wenn es um die (Nach-)Nutzung industrieller Hinterlassenschaften geht. Heutige Industriekultur bringt eine massive Transformation mit sich, die unweigerlich und unaufhörlich Neues aus diesem überkommenen Erbe schöpft. Ob Authentizität mehr ist als lediglich ein Begriff zur Inwertsetzung von „genialem Schrott",[48] sollte daher auch weiterhin ergebnisoffen diskutiert werden.

Literatur

Albrecht, Helmuth: Industriedenkmalpflege, Industriearchäologie und Industriekultur – Quo Vadis Saxonia?, in: Katja Margarethe Mieth (Hg.): Industriearchitektur als Facette sächsischer Industriekultur. Industriedenkmale im Ortsbild, Chemnitz 2013, S. 68–85.

Albrecht, Helmuth u. a. (Hg.): Verlorene Fäden. Denkmale der sächsischen Textilindustrie in den Tälern von Zschopau und Flöha (INDUSTRIEarchäologie – Studien zur Erforschung, Dokumentation und Bewahrung von Quellen zur Industriekultur 16), Chemnitz 2016.

Boch, Rudolf: Die Wirtschafts- und Unternehmensgeschichte Sachsens als Basis der heutigen Industriekultur, in: Jörg Feldkamp/ Ralph Lindner (Hg.): Industriekultur in Sachsen. Neue Wege im 21. Jahrhundert, Chemnitz 2010, S. 10–17.

Borsdorf, Ulrich: Das Ruhr Museum. Die Industriekultur in einer regionalen Natur- und Kulturgeschichte, in: Jörg Feldkamp/ Ralph Lindner (Hg.): Industriekultur in Sachsen. Neue Wege im 21. Jahrhundert, Chemnitz 2010, S. 54–61.

Breuninger, Joachim: Resümee „Industriekultur in Sachsen". Industriekultur verbindet, in: Informationen des Sächsischen Museumsbundes e. V. 49 (2016), S. 91–94.

Brunner, Sabine: Grundzüge der Geschichte der Stadt Plauen, in: Mitteilungen des Vereins für vogtländische Geschichte, Volks- und Landeskunde 1 (1992), S. 9–12.

Ehrhardt, Willy: Das Glück auf der Nadelspitze. Vom Schicksalsweg der vogtländischen Stickereiindustrie, Plauen 1995.

Forberger, Rudolf: Die Industrielle Revolution in Sachsen, Bd. 1, Tl. 1: Die Revolution der Produktivkräfte in Sachsen 1800–1830, Berlin 1982.

Fröhlich, Horst/ Schimmack, Ernst: Ursprung und Entwicklung der Plauener Spitzenindustrie, in: Sächsische Heimatblätter 7 (1961:8), S. 465–475.

Fröhlich, Horst: Plauens Weg zur Industriestadt, in: Vogtländisches Kreismuseum (Hg.): Plauen. Ein kleines Stadtbuch, Plauen 1963, S. 59–77.

Günter, Roland: Die Internationale Bauausstellung (IBA) Emscher Park. Zehn Jahre Struktur-Entwicklung im Ruhrgebiet: 1989–1999, in: kritische berichte. Zeitschrift für Kunst- und Kulturwissenschaften 27 (1999:3), S. 52–64.

Günter, Roland: Im Tal der Könige. Ein Handbuch für Reisen zu Emscher, Rhein und Ruhr, 4. Aufl., Essen 2000.

Hahn, Hans-Werner: Motor regionaler Industrialisierung. Die Textilindustrie und der Aufstieg Sachsens zu einer wirtschaftlichen Führungsregion Deutschlands, in: Hans-Christian

---

48 Keazor, Henry/ Schmitt, Dominik/ Peiler, Nils Daniel (Hg.): Genialer Schrott. Interdisziplinäre Studien zur Industriekultur, Saarbrücken 2014.

Hermann/ Annegret Wenz-Haubfleisch (Hg.): Geschichte braucht Stoff – Stoffe machen Geschichte. Historische, quellenkundliche und archivische Aspekte von Stoffmusterbüchern, Halle (Saale) 2001, S. 14–33.

Heinemann, Ulrich: Industriekultur. Vom Nutzen zum Nachteil des Ruhrgebiets?, in: Forum Industriedenkmalpflege und Geschichtskultur 2003:1, S. 56–58.

Keazor, Henry/ Schmitt, Dominik/ Peiler, Nils Daniel (Hg.): Genialer Schrott. Interdisziplinäre Studien zur Industriekultur, Saarbrücken 2014.

Kierdorf, Alexander/ Hassler, Uta: Denkmale des Industriezeitalters. Von der Geschichte des Umgangs mit Industriekultur, Tübingen/ Berlin 2000.

Kiesewetter, Hubert: Industrialisierung und Landwirtschaft. Sachsens Stellung im Industrialisierungsprozeß Deutschlands im 19. Jahrhundert, Köln/ Weimar/ Wien 1988.

Lackner, Helmut: Industriekultur. Kritische Anmerkungen nach drei Jahrzehnten, in: Bettina Günter (Hg.): Alte und Neue Industriekultur im Ruhrgebiet, Essen 2010, S. 31–39.

Lindner, Rolf: Das Ethos der Region, in: Zeitschrift für Volkskunde 89 (1993), S. 169–190.

Luft, Frank: Die Textilregionen sächsisches Vogtland und Ascher Land 1750–1930, Plauen 2013.

Müller, Klaus: Reichlich Stoff. Zur Überlieferung von Beständen der sächsischen Textilindustrie im Sächsischen Staatsarchiv Chemnitz, in: Hans-Christian Hermann/ Annegret Wenz-Haubfleisch (Hg.): Geschichte braucht Stoff – Stoffe machen Geschichte. Historische, quellenkundliche und archivische Aspekte von Stoffmusterbüchern, Halle (Saale) 2001, S. 74–82.

Naumann, Gerd: Die Plauener Spitzen- und Stickereiindustrie in Vergangenheit und Gegenwart, in: Sächsische Heimatblätter 43 (1997:4), S. 236–246.

Naumann, Gerd: Grundzüge der wirtschaftlichen Entwicklung in der Stadt Plauen von der Mitte des 19. Jahrhunderts bis zum Jahre 1914, in: Mitteilungen des Vereins für vogtländische Geschichte, Volks- und Landeskunde 10 (2004), S. 53–71.

Naumann, Gerd: Plauen im Bombenkrieg 1944/1945, Plauen 2011.

Oehlke, Andreas: Einzigartige Zeugnisse der frühen Textilindustrie: Spinnmühlen in Sachsen, in: Industriekultur 12 (2006:1), S. 6–7.

Parent, Thomas: Vom Anfang und Ende der Industriekultur, in: Bettina Günter (Hg.): Alte und Neue Industriekultur im Ruhrgebiet, Essen 2010, S. 40–47.

Schäfer, Michael: Eine andere Industrialisierung. Die Transformation der sächsischen Textilexportgewerbe 1790–1890, Stuttgart 2016.

Schuster, Horst: Plauen als Standort der Textilindustrie, Plauen 1937.

Seidenspinner, Wolfgang: Authentizität. Kulturanthropologisch-erinnerungskundliche Annäherungen an ein zentrales Wissenschaftskonzept im Blick auf das Weltkulturerbe, in: Volkskunde in Rheinland Pfalz 20 (2006), S. 5–39.

Sikora, Bernd: Industriearchitektur in Sachsen. Erhalten durch neue Nutzung, Leipzig 2010.

Strobel, Heino: Die Beschaffung der ersten Stickmaschinen aus der Schweiz nach Plauen, in: Mitteilungen des Vereins für vogtländische Geschichte, Volks- und Landeskunde 19 (2013), S. 29–49.

Vogel, Lutz: Die vogtländische Wirtschaft im Industriezeitalter, in: Enno Bünz u. a. (Hg.): Vogtland (Kulturlandschaften Sachsens 5), Leipzig 2013, S. 99–136.

Kathrin Kruner

Der Authentizitätsbegriff in der Technischen Denkmalpflege der Deutschen Demokratischen Republik

Einleitung

„Die Denkmalpflege – die Bewahrung und Restaurierung alter, historisch wertvoller Bauwerke – ist ein Aufgabenbereich staatlicher Organe, der keinesfalls unabhängig von den gesellschaftlichen Verhältnissen, etwa nach ‚rein künstlerisch-kunstgeschichtlichen' Gesichtspunkten bearbeitet werden kann. Im Gegenteil: Die Denkmalpflege hat nur dann und insoweit gesellschaftliche Daseinsberechtigung, als sie im gesellschaftlichen System eingebunden ist und innerhalb dieses Systems eine spezifische Aufgabe erfüllt."[1]

Die Denkmalpflege in der DDR fiel in den Bereich der staatlichen Erinnerungs- und Geschichtspolitik. Geschichtspolitik meint hier den öffentlichen Gebrauch der Geschichte durch Deutungseliten, vor allem politischer Eliten. Diese wurden seit 1945 vor allem von Personen gestellt, deren Erinnerungen durch die Moskauer Emigration während des Zweiten Weltkrieges geprägt waren. Sie konnten sich nach dem Krieg im Bereich der Sowjetischen Besatzungszone gegenüber anderen Gedächtnisgemeinschaften durchsetzen und entmachteten diese. Die anderen Gedächtnisgruppen blieben in der späteren DDR auf den privaten Raum beschränkt und konnten nicht an der öffentlichen politischen Gestaltung der Erinnerung teilnehmen.[2]

Der folgende Beitrag versucht zu erkunden, wie mit und durch Denkmalpflege, speziell der Technischen Denkmalpflege, das Konzept der Authentizität genutzt wurde, um den sozialistisch-deutschen Staat und seine Geschichtsschreibung zu legitimieren. Dabei wird davon ausgegangen, dass die Frage nach der Authentizität je nach Kontext differiert. Es kommt am Ende nicht auf die Originalität eines Objektes an, sondern auf eine sinnvolle Konstruktion von Ver-

---

1 Wagenbreth, Otfried: Die Pflege technischer Kulturdenkmale. Eine neue gesellschaftliche Aufgabe unserer Zeit und unseres Staates zur Popularisierung der Geschichte der Produktivkräfte, in: Wissenschaftliche Zeitschrift der Hochschule für Architektur und Bauwesen Weimar 16 (1969:5), S. 465–472, hier S. 465.

2 Vgl. Moller, Sabine: Vielfache Vergangenheit. Öffentliche Erinnerungskulturen und Familienerinnerungen an die NS-Zeit in Ostdeutschland (Studien zum Nationalsozialismus 8), Tübingen 2003, S. 33.

https://doi.org/10.1515/9783110683103-014

gangenheit, einer gefühlten und erfahrenen Geschichte. Das Authentische wird den Objekten von Deutungseliten zugeschrieben,[3] um eine Geschichtsauffassung zu legitimieren und haltbar zu machen. Gerade die Technische Denkmalpflege konnte hier Unterstützung geben, da durch die marxistische Geschichtsauffassung den Arbeitern und ihren Produktionsstätten eine hohe Bedeutung zugesprochen wurde und diese so in den Fokus der Aufmerksamkeit rückten.

Zunächst ist es daher notwendig, einen Blick auf die normativen Entwicklungen der Denkmalpflege in der DDR zu werfen, gefolgt von der Betrachtung der Entwicklungen in der Technischen Denkmalpflege mit ihren Personen und Institutionen. Im abschließenden Teil soll dann der Versuch unternommen werden, Konzepte der Authentizität zur Legitimation sowohl der Geschichtsschreibung als auch den damit einhergehenden Politiken mit Hilfe der Technischen Denkmalpflege herauszuarbeiten.

Normative Grundlagen der Denkmalpflege in der DDR

Die Denkmalpflege in der DDR hatte nach 1945 ähnlich wie die Denkmalpflege in der BRD mit den Folgen des Krieges zu kämpfen. Die Verwaltungsstrukturen lagen weitgehend brach, teilweise waren die Verwaltungsgebäude der Denkmalpflege dem Erdboden gleichgemacht oder so stark beschädigt, dass ein Arbeiten nicht möglich war. Mit dem Befehl Nr. 5 vom 9. Juli 1945 richtete die SMAD (Sowjetische Militäradministration in Deutschland) in der SBZ fünf Länder- bzw. Provinzverwaltungen ein. Die noch bestehenden Denkmalämter in Potsdam (Brandenburg), Dresden (Sachsen) und Halle (Sachsen-Anhalt) konnten übernommen werden. In Mecklenburg-Vorpommern wurde 1946 ein Landesamt für Denkmalpflege ins Leben gerufen. Thüringen gründete 1947 das Amt für Denkmalpflege und Naturschutz. Eine einheitliche, länderübergreifende Gesetzgebung gab es nicht. Ein Versuch, gemeinsam fachliche, rechtliche und theoretische Grundlagen zu schaffen, scheiterte auf einem Treffen der Denkmalpfleger 1946.[4] Die grundsätzliche Aufgabe der Denkmalpflege in den ersten Jahren nach dem Krieg

---

3 Vgl. Pirker, Eva Ulrike/ Rüdiger, Mark: Authentizitätsfiktionen in Populären Geschichtskulturen. Annäherung, in: Dies. (Hg.): Echte Geschichte. Authentizitätsfiktionen in Populären Geschichtskulturen, Bielefeld 2010, S. 11–30, hier S. 13.
4 Vgl. Schumacher-Lange, Silke: Denkmalpflege und Repräsentationskultur in der DDR. Der Wiederaufbau der Straße Unter den Linden 1945–1989, Hildesheim 2012, S. 35.

kann darin gesehen werden, das beschädigte oder total zerstörte Kulturgut aufzulisten.

Erst mit der Gründung der DDR 1949 kam es zu normativen und institutionellen Veränderungen innerhalb der Denkmalpflege. Der Artikel 34 der Verfassung von 1949 legte fest, dass der Staat an der Pflege von Kunst, Wissenschaft und Lehre teilnimmt und dessen Schutz gewährleistet.[5] Der Artikel 37 weist im Folgenden auf die Bedeutung des kulturellen Erbes für die humanistische Erziehung vor allem der Jugend hin.[6] Lange waren sich die Entscheidungsorgane nicht sicher, in welche institutionelle Struktur beziehungsweise in welches Ministerium die Denkmalpflege eingegliedert werden solle. Schließlich erfolgte 1951 nach Regierungsentschluss die Zuordnung in die neugegründete Staatliche Kommission für Kunstangelegenheiten (Stakoku). Diese erließ nach einigem Ringen die erste Verordnung zur Erhaltung und Pflege der natürlichen Kulturdenkmale (Denkmalschutz). Gerhard Strauß[7] und der Ministerialrat sowie spätere Generaldirektor der staatlichen Schlösser und Gärten Wolf Schubert wurden im Juni mit der Ausarbeitung eines Entwurfs für ein *Gesetz zum Schutz der Denkmale der Kultur und Natur* beauftragt.[8] Nach diesem Entwurf sollte als oberste Instanz der Denkmalpflege der Minister für Volksbildung, Kunst und Wissenschaft eingesetzt werden. Ihm sollten die Landeskonservatoren unterstellt sein.[9] 1952 wurde schließlich auf der Wartburg die *Verordnung zur Erhaltung und Pflege der nationalen Kulturdenkmale* verabschiedet. Sie kann im Vergleich mit der BRD als vorbildlich angesehen werden, da sie sämtliche Bereiche der Kulturdenkmale abdeckte. Die Verordnung verpflichtete die Eigentümer von Denkmalen zum pfleglichen Umgang mit diesen.[10] In ihrer Präambel heißt es:

„Das kulturelle Erbe des Deutschen Volkes umfasst kostbare Werke der Kunst, die durch ihre Schönheit und Wahrhaftigkeit Zeugnis für die schöpferische Kraft der Volksmassen ablegen. Dieses Erbe zu erhalten, zu pflegen und den breiten Massen unseres Volkes zugänglich zu machen, gehört zu den wichtigen kulturellen Aufgaben der Regierung der Deutschen Demokratischen Republik. Die Aneignung des kulturellen Erbes ist Sache des ganzen Volkes, das sich

---

5 Die Verfassung der Deutschen der Deutschen Demokratischen Republik [vom 7. Oktober 1949], Berlin 1949, Artikel 34.

6 Ebd., Artikel 37.

7 Strauß war seit 1950 freier Mitarbeiter des Ministeriums für Volksbildung und bis 1951 beauftragter Denkmalpfleger des Ministeriums für Aufbau, ab 1958 Professor für Kunstgeschichte an der HU Berlin und ab 1962 Vorsitzender der deutsch-italienischen Gesellschaft in der DDR.

8 Vgl. Schumacher-Lange: Denkmalpflege und Repräsentationskultur, S. 36.

9 Vgl. ebd., S. 37.

10 Vgl. Brandt, Sigrid: Geschichte der Denkmalpflege in der SBZ/DDR. Dargestellt an Beispielen aus dem sächsischen Raum 1945–1961, Berlin 2003, S. 22.

gegen alle Versuche böswilliger oder fahrlässiger Zerstörung von Kunstdenkmälern mit der Strenge des Gesetzes wendet."

Der Paragraph 1 definierte Denkmale noch aus einem nicht ideologischen Standpunkt: „Denkmale im Sinne dieser Verordnung sind alle charakteristischen Zeugnisse der kulturellen Entwicklung unseres Volkes, deren Erhaltung wegen ihrer künstlerischen, wissenschaftlichen oder geschichtlichen Bedeutung im öffentlichen Interesse liegt."

Allerdings war die Verordnung auf das Fortbestehen der Länder und der bis dahin bestehenden Landesämter für Denkmalpflege zugeschnitten. Mit deren Auflösung 1952 und der Neuorganisation der DDR in Bezirke sowie der damit einhergehenden rechtlichen Veränderung der Situation wurde die Verordnung mehr oder weniger ausgehebelt.[11] Eine übergeordnete Instanz für die nun rechtlich nicht mehr bestehenden Landesämter musste geschaffen werden. 1953 wurde daraufhin das Institut für Denkmalpflege mit Sitz in Berlin gegründet. Es sollte als Zentrale für nationale Gedenkstätten, Parkanlagen, Technische Denkmale, Stadtplanung etc. fungieren. Bereits klar zu erkennen ist die ideologische Ausrichtung des Institutes. So hatte es unter anderem an Publikationen zur Aneignung und Erschließung des nationalen Erbes mitzuwirken sowie Grundlagen dafür zu schaffen, dass Denkmale vor allem der, wie es hieß, „patriotischen Erziehung" zugänglich gemacht werden. Ferner hatte es dazu beizutragen, dass neue Denkmale zur Geschichte der deutschen Arbeiterbewegung errichtet werden.[12]

Um die Arbeit der Zentrale in Berlin zu unterstützen, wurden Außenstellen in Dresden, Halle, Schwerin und Berlin gegründet. Ihnen oblag die fachliche Arbeit, während die Zentrale in Berlin sich vorwiegend um die politische Arbeit kümmerte. Die Situation des Institutes für Denkmalpflege war allerdings noch nicht gefestigt, da die Unterstützung der ehemaligen Landeskonservatoren fehlte, welche sich nicht hinter die neue Organisation stellen wollten.[13] Keiner der Landeskonservatoren wollte sich auf die Stelle des Generalkonservators setzen lassen, da diese unstrittig bereits eine Parteifunktion innehatte. Grundlage für die Übernahme dieses Postens war ein einwandfreies politisches Handeln im Sinne der SED. Da 1955 die Zahl der Mitglieder der SED unter den Institutsmitarbeitern immer noch äußerst gering war, wurden sie von der Partei gedrängt, mehr politische Arbeit zu übernehmen. Dies beinhaltete unter anderem, bei allen Dienstreisen zur Stärkung der DDR beizutragen, durch planmäßige Publika-

---

11 Vgl. Campbell, Brian William: Resurrected from the Ruins, Turning to the Past. Historic Preservation in the SBZ/GDR 1945–1990, Cambridge 2005, S. 85.
12 Vgl. Schumacher-Lange: Denkmalpflege und Repräsentationskultur, S. 41.
13 Vgl. Brandt: Geschichte der Denkmalpflege, S. 29.

tionen das nationale Bewusstsein der Bevölkerung zu stärken oder nationalen Denkmalen vor allem der Arbeiterbewegung mehr Aufmerksamkeit zu schenken.[14]

1954 wurde das Ministerium für Kultur gegründet, welchem auch die Denkmalpflege zugeordnet wurde. Dies hatte wiederum Auswirkungen auf die Struktur des Institutes für Denkmalpflege. Statt eines Generalkonservators wurde nun ein Gremium an Konservatoren berufen, zudem wurden die technischen Denkmale und unter Denkmalschutz stehenden Anlagen wieder den fachlich versierteren Außenstellen zugeordnet. Als Direktor des neuausgerichteten Institutes wurde 1955 der linientreue Kurt Lade eingesetzt. Das Konzept des Institutes ging allerdings nicht auf, so dass es 1957 zunächst aufgelöst wurde. „Man habe versäumt, eine einheitliche, politische Linie in der Denkmalpflege durchzusetzen, die sich auf die Erhaltung und Verbesserung des Nutzwertes der historischen Bausubstanz gerichtet hätte."[15] Diese Entwicklung und vor allem das eigenmächtige Handeln der Landeskonservatoren und Denkmalpfleger in den Außenstellen, welche nach der Auflösung des Institutes weiterarbeiteten, setzten Diskussionen in Gang, wie viele Freiheiten und welche Organisation die neue Denkmalpflege der DDR wirklich brauche. Nach vielen Diskussionen wurde eine Neufassung der Verordnung von 1952 erarbeitet, welche 1961 als *Verordnung über die Pflege und den Schutz der nationalen Denkmale* verabschiedet wurde.[16] In ihrer Präambel wurde ein klares Bekenntnis der Denkmalpflege zum Sozialismus dargelegt:

„Bei der Entwicklung der sozialistischen deutschen Nationalkultur hat die Erhaltung und Pflege des kulturellen Erbes der Nation eine große Bedeutung. Die Denkmale sind ein wesentlicher Bestandteil unseres nationalen Kulturerbes. Ihre Erhaltung, Pflege, ordnungsgemäße Verwaltung, zweckdienliche Verwendung und Erschließung für die ganze Bevölkerung ist von großer Wichtigkeit für die Kulturarbeit und das Leben in der sozialistischen Gesellschaft."[17]

Im Gegensatz zur Verordnung von 1952, in welcher Denkmale im öffentlichen Interesse stehen sollten, trat nun der sozialistische Staat der Gesellschaft zur Seite und nahm eine zentrale Rolle ein, wenn es heißt, dass Denkmale Werke der Baukunst und des Städtebaus, aber auch der Technik seien und ihre Er-

---

14 Vgl. Schumacher-Lange: Denkmalpflege und Repräsentationskultur, S. 42.

15 Vgl. Brandt: Geschichte der Denkmalpflege, S. 32.

16 Zum Entstehungs- und Aushandlungsprozess der Verordnung siehe Campbell: Resurrected from the Ruins, S. 166–176; Brandt: Geschichte der Denkmalpflege, S. 30–37.

17 Verordnung des Ministerrates über die Pflege und den Schutz der Denkmale vom 28. September 1961.

haltung wegen ihrer künstlerischen, geschichtlichen oder wissenschaftlichen Bedeutung im Interesse von Staat und Gesellschaft läge.[18]

Diese Verordnung regelte klar die Aufgaben, die fachwissenschaftliche Stellung und Planung sowie die Finanzierung der Denkmalpflege in der DDR. Auch die Rolle und die Abhängigkeiten der Außenstellen wurden herausgearbeitet.[19] Diese blieben wie bisher bestehen, waren nun aber rechtlich vom Ministerium für Kultur abhängig, konnten also keine Entscheidungen über Denkmale ohne die Einwilligung des Ministeriums treffen. Mit der neuen Verordnung war auch die Neugründung des Institutes für Denkmalpflege verbunden, dessen Leitung bis 1986 der renommierte Denkmalpfleger und Mitglied der SED Ludwig Deiters übernahm.[20]

Allerdings erfolgte weder auf zentraler noch auf lokaler Ebene ein dazugehöriger administrativer Aufbau, so dass die Denkmalpflege in den Bezirken sachlich, rechtlich und auch personell darunter litt. In allen Bereichen kämpfte man in den 1960er Jahren mit zu geringer finanzieller Ausstattung und Unterstützung.[21] In den Bezirken ging man dazu über, die fehlende Unterstützung des Ministeriums für Kultur auf anderer Ebene zu kompensieren. So wurde vielerorts mit anderen Organisationen zusammengearbeitet, unter anderem mit dem Kulturbund. Zwischen dem Institut für Denkmalpflege und dem Zentralen Fachausschuss Bau- und Denkmalpflege (ZFA) im Kulturbund kam es zu Vereinbarungen hinsichtlich einer Zusammenarbeit. Der Zentrale Fachausschuss unterstützte das Institut bei der Erfassung der Denkmale auf Kreisebene, bei der Kennzeichnung und Zustandskontrolle der Objekte sowie deren Nutzbarmachung für die Öffentlichkeit. Dafür führten der Kulturbund und das Institut gemeinsame Schulungen und Tagungen mit den ehrenamtlichen Helfern durch. Die Organisation der ehrenamtlichen Denkmalpfleger übernahm ab 1975 schließlich die neugegründete Gesellschaft für Denkmalpflege im Kulturbund. Ihr Präsident und Mitglied der SED Prof. Dr. Werner Hartke[22] sagte über ihre Funktion: „Die Gesellschaft für Denkmalpflege wird mit Hilfe der Interessengemeinschaften schöpferische Aktivitäten im geistigen und kulturellen Leben der Territorien auslösen und besonders für eine qualifizierte Propaganda Sorge tra-

---

18 Vgl. ebd., § 2, Abs. 1.

19 Vgl. Brandt: Geschichte der Denkmalpflege, S. 35; vgl. Campbell: Resurrected from the Ruins, S. 179.

20 Vgl. Campbell: Resurrected from the Ruins, S. 180.

21 Vgl. Brandt: Geschichte der Denkmalpflege, S. 37.

22 Werner Hartke, Altphilologe und Althistoriker, war seit 1946 Mitglied der SED, seit 1955 ordentliches Mitglied der Deutschen Akademie der Wissenschaften und seit 1963 Mitglied des Präsidialrates des Kulturbundes.

gen."[23] Er sah die Gesellschaft für Denkmalpflege als Bindeglied zwischen der Denkmalpflege als Institution und der Bevölkerung.[24]

Mit der Neuausrichtung der Politik unter Erich Honecker in den 1970er Jahren veränderte sich die Denkmalpflege in der DDR. Mit der 1974 überarbeiteten Verfassung von 1968 wurde die SED zur Regierungspartei erklärt und die endgültige Loslösung von der BRD durch die Tilgung aller Verweise auf die mögliche Einheit der deutschen Nation aus dem Text eingeleitet. Man ging auf grundsätzliche Abgrenzung zur Bonner Republik unter gleichzeitigem Bekenntnis zur Sicherung des Friedens durch eine Koexistenz.[25] Aus diesen Entwicklungen heraus wurde die Schaffung eines neuen kulturellen Erbes und einer Geschichtsschreibung unabhängig von der BRD notwendig. Ziel der neuen Ideologie im Zusammenhang mit der Denkmalpflege sollte es sein, dass die Bürger der DDR statt ihrer Heimatkirche vorwiegend die Leistungen des sozialistischen Staates und der Arbeiterbewegung sahen.[26] Dieser Weg zielte vor allem auf die Prägung der jungen und neuen Generation ab. Unterstützt wurde er von dem 1975 erlassenen *Gesetz zur Erhaltung der Denkmale in der DDR*, welches bis zur Entstehung der einzelnen Landesdenkmalschutzgesetze nach der politischen Wende 1989/90 gültig war. Als Begründung für den Erlass stand in der Präambel: „Die Deutsche Demokratische Republik verfügt über einen bedeutenden Besitz an Denkmalen, die von geschichtlichen Entwicklungen und progressiven Taten zeugen, die städtebauliche und landschaftsgestalterische, bau- und bildkünstlerische, handwerkliche und technische Leistungen aus der Vergangenheit bis in die Gegenwart repräsentieren."[27] Das Gesetz legte als Ziel der Denkmalpflege fest, „[...] die Denkmale in der Deutschen Demokratischen Republik zu erhalten und so zu erschließen, daß sie der Entwicklung des sozialistischen Bewußtseins, der ästhetischen und technischen Bildung sowie der ethischen Erziehung dienen."[28] Zu den Denkmalen gehörten unter anderem solche bedeutender historischer und kultureller Ereignisse, Denkmale der Kultur der werktätigen Klassen und Schichten, Denkmale der Produktion und Verkehrsgeschichte sowie Denkmale des Städte- und Gartenbaus.[29]

---

23 Hartke, Werner: Zur Gründung der Gesellschaft für Denkmalpflege im Kulturbund der DDR, in: Denkmalpflege in der DDR 7 (1975), S. 18.

24 Vgl. Schumacher-Lange: Denkmalpflege und Repräsentationskultur, S. 53.

25 Vgl. Stickler, Matthias: „Uns gehört die Zukunft". Grundlinien der Geschichte der DDR, in: Thomas Goll/ Thomas Leuerer (Hg.): Ostalgie als Erinnerungskultur? Symposium zu Lied und Politik in der DDR, Baden-Baden 2004, S. 16–37, hier S. 32.

26 Vgl. Campbell: Resurrected from the Ruins, S. 279.

27 Gesetz zur Erhaltung der Denkmale in der DDR – Denkmalpflegegesetz 1975, Abschnitt 1.

28 Ebd., § 1, Abs. 1.

29 Ebd., § 3, Abs. 2.

Mit den Denkmalen der Produktions- und Verkehrsgeschichte fanden erstmalig auch Technische Denkmale Aufnahme in das Denkmalpflegegesetz der DDR. Die Besonderheit der Bestimmungen in der DDR war die Einteilung der Denkmale nach ihrer Bedeutung. Je nach Bedeutung für den Staat und die sozialistische Gesellschaft wurde das Denkmal in die zentrale Denkmalliste, wenn es eine Bedeutung für die gesamte Republik hatte, in die Bezirksdenkmalliste oder die Kreisdenkmalliste eingetragen.[30]

Als besonders funktional für den Prozess der Unterschutzstellung vor allem von Technischen Denkmalen stellte sich der § 13 heraus. Er besagte, dass wenn „im Zusammenhang mit Forschungs-, Planungs- oder Ausführungsarbeiten an einem Objekt Besonderheiten festgestellt werden, die dessen Denkmaleigenschaft vermuten lassen",[31] der für die Arbeiten am Ort Verantwortliche verpflichtet war, das betreffende Objekt unverzüglich dem zuständigen Rat des Kreises schriftlich zu melden. Das Objekt gelte dann seit dem Zeitpunkt der Feststellung als Denkmal im Sinne des Gesetzes.[32] Innerhalb dieser Entwicklungen und der Gesetzeslage lässt sich nun die Technische Denkmalpflege verorten.

Technische Denkmalpflege in der DDR und ihre Akteure

Frühes Interesse an Technischen Denkmalen ist in Sachsen nachweisbar. Hier kann man bereits im Zuge der Heimatschutzbewegung in den 1930er Jahren Ansätze erkennen, welche schließlich in die Veröffentlichung „Technische Kulturdenkmale" von Conrad Matschoss und Werner Lindner 1932 Eingang fanden.[33] An diese Erkenntnisse und entwickelten Vorgehensweisen setzte die Denkmalpflege nach dem Zweiten Weltkrieg an.

Bereits 1952 wurde in Görlitz eine Ausstellung zu Technischen Kulturdenkmalen initiiert. Hier wurden Pläne und Zeichnungen des Landesamtes für Volkskunde und Denkmalpflege und Modelle technischer Anlagen aus sächsischen Museen gezeigt. Dabei war der Schwerpunkt der Ausstellung nicht nur auf ausgewählte Einzelobjekte beschränkt, sondern auf die Vielfalt Technischer Kulturdenkmale wie Brücken, Wehre, Mühlen, Hammerwerke, Fabriken oder bergbau-

---

30 Ebd., § 5, Abs. 1.
31 Ebd., § 13.
32 Vgl. ebd. § 13.
33 Gemeint ist: Technische Kulturdenkmale unter Mitarbeit von August Hertwig, Hans von und zu Loewenstein, Otto Petersen und Carl Schiffner. Hrsg. von Werner Lindner im Auftrag der Agricola-Gesellschaft beim Deutschen Museum, München 1932.

technische Anlagen gelegt.[34] Der damalige Landeskonservator Sachsens, Hans Nadler, wies im Katalog zur Ausstellung bereits auf die Bedeutung technischer Objekte hin. Nicht nur Hammerwerke oder Windmühlen sollten als Technische Kulturdenkmale erhalten werden, „vielmehr wird mit einer bewußten kritischen Betrachtung und Pflege überlieferter Zeugnisse der technischen Entwicklung sowie aller Werkzeuge, Gerätschaften und Einrichtungen, die der Arbeit der schaffenden Menschen dienen oder gedient haben, der schöpferische Erfindungsgeist der Vergangenheit, der die Voraussetzung zum technischen Fortschritt, zu jeder Weiterentwicklung auf technischem Gebiet überhaupt bedeutet, erkannt und sichtbar vor Augen geführt."[35] Unterstützt wurde diese Ausstellung moralisch und rechtlich von der 1952 erlassenen Denkmalschutzverordnung, welche auch explizit Technische Kulturdenkmale unter Schutz stellte. Die Ausstellung sollte den Bürgern der neuen Republik vor Augen führen, dass Technik und Technische Kulturdenkmale als Vorbilder für weitere Generationen dienen könnten und müssten und zudem die „Liebe zur Heimat" vertiefen.[36] Eine zweite Veröffentlichung macht weiterhin die Bemühungen in Sachsen um den Erhalt und die Dokumentation von Technischen Kulturdenkmalen sichtbar. Ebenfalls Anfang der 1950er Jahre verfasste Walter Hentschel[37] einen Beitrag zur Erfassung und Dokumentation sächsischer Fabrikbauten. Dabei gab er einen Überblick über noch erhaltene, veränderte, verschwundene bzw. zerstörte Spinnereigebäude in Sachsen. Mit diesem versuchte er, eine architekturhistorische Annäherung zu leisten über das Verhältnis von Funktion, baulicher Gestalt und der Repräsentationsgestalt der Objekte. Seine Betrachtung schloss allerdings Bauwerke aus, die nach den 1840er Jahren errichtet worden waren.[38]

Vor allem Hans Nadler bemühte sich um die Erfassung der Technischen Kulturdenkmale in Sachsen. Er ließ bereits in den 1950er Jahren ehrenamtliche Helfer für die Pflege und Dokumentation von Denkmalen für verschiedene Bereiche unter dem Dach des Kulturbundes ausbilden. Über die Bedeutung dieser Helfer sagte er 1954: „Die Fülle der Arbeit auf dem Gebiet der Denkmalpflege kann

---

34 Vgl. Brandt: Geschichte der Denkmalpflege, S. 117.

35 Landesamt für Volkskunde und Denkmalpflege/ Rat des Stadtkreises Görlitz (Hg.): Ausstellung Technische Kulturdenkmale. Zeichnungen aus dem Planarchiv des Landesamtes für Volkskunde und Denkmalpflege und Modelle aus sächsischen Museen (Schriftenreihe des Städtischen Kunstsammlungen Görlitz NF 2), Görlitz 1952, S. 3.

36 Vgl. Brandt: Geschichte der Denkmalpflege, S. 117.

37 Walter Hentschel war seit 1945 Landesmuseumspfleger für Sachsen und leitete den Aufbau der nichtstaatlichen Museen. 1955 wurde er zum Professor für Kunstgeschichte und Denkmalpflege an die TH Dresden berufen. Er war auch Mitglied der Sächsischen Akademie der Wissenschaften.

38 Vgl. Brandt: Geschichte der Denkmalpflege, S. 119.

durch die wenigen am Institut tätigen Fachleute alleine nicht gelöst werden, sie bedarf der verständnisvollen Hilfe und Mitarbeit der Behörden, der der Organisationen und jedes Einzelnen. Das setzt voraus, daß die großen Aufgaben der Erhaltung des überlieferten kulturellen Erbes und die Methodik unserer Arbeit allgemein bekannt sind. Zu diesem Zwecke haben wir eine Reihe Maßnahmen in die Wege geleitet, von denen wir wissen, daß wir uns damit in das Grenzgebiet der eigentlichen Denkmalpflege begeben und das Aufgabengebiet des Kulturbundes berühren [...]."[39]

Eine wichtige Neuerung und Anerkennung für die Bedeutung der Technischen Denkmale brachte 1961 die *Verordnung über die Pflege und den Schutz der nationalen Denkmale*. Hier wurden, wie bereits erläutert, auch im Speziellen die Denkmale der Technik als denkmalwürdig eingestuft, wenn ihr Erhalt im Interesse des Staates und der Gesellschaft lag. Neben diesem Zugeständnis wurden sie nun aber nicht mehr als Technische Kulturdenkmale definiert, sondern als Technische Denkmale.

Für die Entwicklung der Technischen Denkmalpflege in der DDR waren zwei Männer von größter Bedeutung. Zum einen war dies Eberhard Wächtler, welcher als promovierter Politökonom 1962 als Professor für Geschichte des Bergbaus und Hüttenwesens an die Bergakademie Freiberg kam. Unter seiner Leitung entwickelte sich der Lehrstuhl zum montanhistorischen Forschungszentrum der DDR. Im Laufe der Jahre wurde er zur wohl einflussreichsten Persönlichkeit der Technischen Denkmalpflege der DDR, vor allem oder gerade wegen seiner Kontakte zur SED und seiner Loyalität dem Regime gegenüber. So wurde er unter anderem 1974 in das Exekutivkomitee des Internationalen Komitees für Geschichte der Technik (ICOHTEC) und 12 Jahre später in das Internationale Komitee für technische und wissenschaftliche Museen (CIMUSET) aufgenommen. Zudem war er seit 1980 Beauftragter der Regierung zur Erhaltung technischer Denkmale sowie für den Aufbau eines zentralen Technikmuseums der DDR zuständig.[40]

Neben Wächtler tat sich Otfried Wagenbreth hervor. Nach seinem Studium der Bergbaukunde an der Bergakademie in Freiberg arbeitete er als Dozent für Geologie und technische Gesteinskunde in Weimar und wechselte 1979 zur Technischen Hochschule Dresden als Dozent für die Geschichte und Dokumentation der Produktionsmittel. Mit dieser Anstellung konnte er seiner Leiden-

---

39 Landesamt für Denkmalpflege Sachsen (LfD Sachsen), Nachlass Nadler, Akte 3, Bericht von Dr. Hans Nadler über die Rolle und Bedeutung der Kreishelfer, 1954 oder 1955.

40 Vgl. Albrecht, Helmuth: Technische Denkmalpflege in der DDR. Eine historische Einführung, in: Otfried Wagenbreth/ Eberhard Wächtler (Hg): Technische Denkmale in der Deutschen Demokratischen Republik, 4. Auflage 1989, unveränderter Nachdruck, Berlin/ Heidelberg 2015, S. V-XXIV, hier S. VI.

schaft folgen, denn seit den 1950er Jahren arbeitete er bereits ehrenamtlich über den Kulturbund als freiwilliger Denkmalpfleger im Kreis Freiberg und half, die technischen Denkmale vor allem des Montanwesens zu erfassen und zu dokumentieren.[41]

Besonderen Einfluss auf die weitere Entwicklung der Technischen Denkmalpflege und ihre Arbeitsweise hatte der Vortrag des englischen Wirtschaftshistoriker William O. Henderson von der Universität Birmingham über die sich in Großbritannien entwickelnde Industrial Archaeolgy, den er auf dem Berg- und Hüttenmännischen Tag 1964 in Freiberg hielt. Ein Konzept, welches besonders Wächtler sehr beeindruckte und in seinem weiteren Vorgehen prägte, da es eine neue Herangehensweise an die Pflege und Dokumentation Technischer Denkmale und Anlagen ermöglichte.[42]

Wie bereits erläutert, gewann die Denkmalpflege in den 1970er Jahren an Bedeutung. Auch die Stellung der Technischen Denkmale war davon betroffen. Sie wurden nun vielerorts vorrangig als Relikte der Geschichte der Produktivkräfte gesehen, waren also aus Sicht der leitenden Organe der SED besonders geeignet, eine neue Identität des Staates aus sozialistischer Betrachtungsweise zu begründen. Immer wieder wurde auf den landschaftsprägenden Charakter der Industriebauten hingewiesen, welche ähnlich den Kirchen die gesamte Silhouette einer Stadt prägen könnten. Eine weitere Entwicklung verstärkte das Bestreben der Denkmalpfleger: mit dem Vorantreiben der Entwicklungen in der Industrie, in der DDR als technisch-wissenschaftliche Revolution bezeichnet, kam es zu vielen Stilllegungen veralteter Betriebe oder Betriebsteile. Die Technischen Denkmalpfleger sahen hierin die Möglichkeit, Anlagen als Schauanlagen zur technischen Bildung der Bevölkerung zu erhalten.

Vor allem Wächtler war sich bewusst, dass die Pflege der Technischen Denkmale in der Form und Ausprägung, wie man es sich nun an allen Stellen vorstellte, nur im Rahmen einer zentralstaatlich gelenkten Kulturorganisation möglich war. Die personell schlecht besetzte Denkmalpflege der DDR konnte dieses Mammutprojekt nicht leisten. So wurde in den 1970er Jahren mehr und mehr der Kulturbund hinzugezogen. Er ermöglichte durch die Organisation ehrenamtlicher Helfer in Interessengruppen u. a. den Erhalt Technischer Denkmale. Der Kulturbund konnte hier bereits auf eine Reihe erfolgreicher Tätigkeiten zurückgreifen. So konnte in den 1960er unter anderem die Happelshütte in Schmalkalden durch eine Interessengruppe rekonstruiert werden, genauso wie der Tobiashammer in Ohrdruf oder der Freibergsdorfer Hammer.[43] Die Grün-

---

41 Vgl. ebd., S. V.
42 Vgl. ebd., S. VIII.
43 Vgl. ebd.

dungen der Interessengruppen erfolgten ausnahmslos unter dem Dach des Kulturbundes.

Mit der nun angestrebten Aufwertung der Technischen Denkmale und ihrer Bedeutungszunahme war eine erhöhte Aufmerksamkeit seitens der Denkmalpflege notwendig. Auf Drängen von Wächtler gründete sich 1972 eine Arbeitsgruppe „Technische Denkmale" beim Zentralen Fachausschuss Bau- und Denkmalpflege des Kulturbundes. Sie beschäftigte sich vorwiegend mit der Organisation und der Ausbildung der ehrenamtlichen Kreishelfer.[44] Mit dem Denkmalpflegegesetz von 1975 und den damit überarbeiteten Denkmallisten wurden nun einige Technische Denkmale aufgenommen. Die für die praktische Denkmalpflege notwendigen Helfer wurden über den Kulturbund von den jeweils regional zuständigen Denkmalpflegern für die Dauer von fünf Jahren berufen. Unter anderem um ihre Aufgaben zu koordinieren, wurde 1977 innerhalb des Kulturbundes die „Gesellschaft für Denkmalpflege" mit dem Ausschuss für Technische Denkmale unter Leitung von Otfried Wagenbreth gegründet. Die Gesellschaft setzte sich selbst vier Schwerpunkte:

1. Sie wollte die politische und ideologische Haltung der Bürger zu Hinterlassenschaften der Geschichte der Arbeiterbewegung intensivieren.
2. Es sollten die Wechselbeziehungen zwischen den Sachzeugen und den Kulturleistungen durch die Erschließung der Sachzeugen verdeutlicht werden.
3. Es sollte die geschichtliche Funktion der Denkmale und Sachzeugen im historischen Prozess erforscht werden.
4. Man wollte Grundlagen zur Erfassung, Erschließung, Erforschung und Pflege Technischer Denkmale erarbeiten.[45]

Neben diesen Schwerpunkten sollten Tage der sozialistischen Denkmalpflege veranstaltet werden, um für die Ziele der Gesellschaft und der Technischen Denkmalpflege zu werben. Zudem sollten die Bürger animiert werden, sich an der Pflege, der Dokumentation und dem Erhalt der Denkmale zu beteiligen. Neben diesen übergeordneten Funktionen oblag es aber auch den Fachausschüssen, wie dem der Technischen Denkmale, Grundlagen für die Erfassung, Erschließung und Pflege der Denkmale zu erarbeiten und diese so vorzubereiten, dass sie durch die Kreise an die Mitglieder weitergegeben werden konnten.

So war zum Ende der 1980er Jahre ein Netzwerk entstanden aus freiwilligen Helfern, Denkmalpflegern und gesellschaftlichen Organisationen, das sich um

---

44 Vgl. ebd.
45 Meier, Helmut: Der Kulturbund im politischen System der DDR in den siebziger Jahren (Hefte zur DDR-Geschichte 62), Berlin 2000, S. 75.

den Erhalt Technischer Denkmale bemühte. Letztendlich darf aber nicht vergessen werden, dass die grundlegenden Entscheidungen im Ministerium für Kultur getroffen wurden.

Das Konzept der Authentizität für die Technische Denkmalpflege der DDR

Der öffentliche Raum fungierte in der DDR als „dienliche Kulisse", auf der die Leitbilder des sozialistischen Arbeiter- und Bauernstaates inszeniert und gefeiert werden sollten. Der Gattung des Denkmals kam in dem Versuch, mit der nationalsozialistischen Vergangenheit zu brechen und neue Ideale zu etablieren, aus Sicht der Partei eine große didaktische Aufgabe zu. Die wichtigste Aufgabe bestand in der Verkörperung des antifaschistischen Gründungsmythos, aus dem sich die Herrschaftslegitimation der SED ableitete.[46]

In dem Versuch der Legitimation des Staates und seiner Geschichtsschreibung kann man Züge des Konzeptes der Authentizität erkennen. Im politischen Sinne ist „Authentizität eine positiv konnotierte Eigenschaft demokratischer Institutionen und Verfahren, die subjektive Zustimmung erzeugt (z. B. aufgrund der Glaubwürdigkeit, Zuverlässigkeit)".[47] Die DDR, welche als Regime agierte, war umso mehr auf die Legitimation des Staates durch die Bevölkerung und die Funktion der Authentizität angewiesen. Historische Authentizität kann unter anderem durch den Rückgriff auf Geschichte geschaffen werden, welche durch die Bevölkerung nicht weiter hinterfragt wird. Das Authentische ist das für den Laien Greifbare und Nachvollziehbare und rückt in den Mittelpunkt des Handelns in der Gruppe, in der gemeinschaftliche Rituale mit historischem Bezug sinnstiftende Wirkung entfalten. Wo tatsächlich Anbindung an Geschichte fehlt, wird diese über Fiktion im Sinne einer rückwärtsgewandten Selbstvergewisserung als historisch-authentische Tradition geschaffen.[48]

Für die Technische Denkmalpflege der DDR war dies die Rückbesinnung auf die Arbeiterschaft und die damit verbundene Aktivistenbewegung. Die Denkmalpflege – und insbesondere die Technische Denkmalpflege – hatte für die DDR nur dann eine gesellschaftliche Daseinsberechtigung, wenn sie in das ge-

---

46 Vgl. Beiersdorf, Leonie: Die doppelte Krise. Ostdeutsche Erinnerungszeichen nach 1989, München/ Berlin 2015, S. 15.

47 Vgl. Saupe, Achim: Authentizität. Version 3.0, in: Docupedia-Zeitgeschichte (http://docupedia.de/zg/Authentizit%C3%A4t_Version_3.0_Achim_Saupe DOI: http://dx.doi.org/10.14765/zzf.dok.2.705.v3, letzter Abruf am 25.08.2017).

48 Vgl. Pirker/ Rüdiger: Annäherung, S. 24.

sellschaftliche System eingebunden war und spezifische Aufgaben erfüllte.[49] Als Hauptaufgabe wurde die Erhaltung der gesellschaftlichen Werte gesehen. Diese Werte lagen vor allem in der Bedeutung des Denkmals als Dokument der Geschichte und damit in seiner Brauchbarkeit für die Prägung eines zutreffenden Geschichtsbildes der Bevölkerung.[50] Sie sollten der Legitimation der marxistischen Geschichtsauffassung dienen,[51] in welcher den „Produktionsverhältnissen und den Produktionskräften" entscheidende Bedeutung zugesprochen wurde. Damit einher ging ein Anstieg des Legitimationscharakters Technischer Denkmale. Für die staatslenkende Partei dienten sie daher als Dokumente der Geschichte der Produktionskräfte, als Haupttriebkräfte der Geschichte und konnten aus dem Verständnis der Partei heraus das Geschichtsbild der Bevölkerung direkt prägen.

Im Fokus standen vor allem Objekte, welche die Geschichte der Produktivkräfte, die Tätigkeit der werktätigen Menschen und die landschaftsprägende Kraft der Industrie demonstrierten. Industrielle Anlagen, welche die Silhouette einer Landschaft über Jahrzehnte, wenn nicht Jahrhunderte prägten, wurden als authentisch angesehen.[52] Das 1975 erlassene Gesetz zur Erhaltung der Denkmale in der DDR nahm genau diesen Ansatz auf, indem in der Präambel auf die städtebauliche und landschaftsgestaltende Bedeutung sowie auf die damit verbundenen technischen Leistungen hingewiesen wird. Dieser Aspekt war auch für die BRD gebräuchlich, aber in der DDR wurde stets der Zusammenhang zur Arbeiterschaft hergestellt. So wurde unter anderem der Denkmalkomplex des Steinkohlenbergbaus Oelsnitz folgendermaßen begründet: „Ebenso wie bei anderen Schwerpunkten technischer Denkmale (z. B. Erzbergbau Freiberg) und ähnlich wie bei einer großen Anzahl von Kunstdenkmälern (z. B. Schlösser und Gärten Sanssouci, Denkmale in Dresden, Stadtbefestigung und Stadttore in Neubrandenburg, Altstadt Görlitz) kommt es auch im Steinkohlenbergbau Oelsnitz darauf an, nicht ein einzelnes Denkmal als Museum zu erhalten, sondern die Geschichte der Produktivkräfte, die Tätigkeit der werktätigen Menschen und die

---

49 Vgl. Wagenbreth: Die Pflege technischer Kulturdenkmale, S. 465.

50 Ebd.

51 Marxistische Geschichtsschreibung oder historische-materialistische Geschichtsschreibung bezieht sich in ihren Hauptsätzen auf die Zentralität der sozialen Klassen und den ökonomischen Zwängen bei der Bestimmung historischer Ereignisse. Siehe auch: Iggers, Georg: Geschichtswissenschaft im 20. Jahrhundert. Ein kritischer Überblick im internationalen Zusammenhang, Göttingen 2007.

52 Vgl. Wagenbreth: Pflege technischer Kulturdenkmale, S. 468.

landschaftsgestaltende Kraft der Industrie in einem optimal ausgewählten Komplex technischer Denkmale zu demonstrieren."[53]

Eine große Rolle spielte für den Legitimationsanspruch die Authentizitätszuschreibung durch den Begriff der Tradition. Dies konnte vor allem durch die Beteiligung der Bevölkerung über den Kulturbund erreicht werden. Durch die teils praktische Einbindung in den Erhalt technischer Denkmale und somit der Geschichte vor Ort kam es zu einer Identifizierung mit der marxistischen Geschichtsauffassung. Zur Begründung eines Steinkohlenmuseums in Oelsnitz wird neben der besonderen Bedeutung der Gebäude für die Industriegeschichte auch auf die Tradition der Bergarbeiter und der Arbeiterbewegung hingewiesen: „Mit dem sächsischen Steinkohlenbergbau sind revolutionäre Traditionen der deutschen Arbeiterbewegung verbunden, die in ihrer Bedeutung weit über die Grenzen der Reviere Zwickau und Lugau/Oelsnitz hinausgehen. Lugauer Bergarbeiter waren die ersten deutschen Industriearbeiter, die in direkte Verbindung mit Marx und Engels traten und um die Aufnahme in die I. Internationale baten. Im Steinkohlenbergwerk Karl Liebknecht löste der Genosse Adolf Hennecke mit seiner Leistung die Aktivistenbewegung in der Republik aus. Mit dem Zwickauer Plan wurden Bergarbeiter im Jahre 1952 zu den Begründern des Nationalen Aufbaus der DDR."[54]

So scheint in der Technischen Denkmalpflege der DDR die historische Authentizität vorwiegend durch die marxistische Geschichtsschreibung und die damit einhergehende Geschichtspolitik vorgegeben worden zu sein. Andererseits nutzte der Staat die Technischen Denkmale, um die Geschichtsschreibung und damit sein Bestehen zu legitimieren.

Literatur

Albrecht, Helmuth: Technische Denkmalpflege in der DDR. Eine historische Einführung, in: Otfried Wagenbreth/ Eberhard Wächtler (Hg): Technische Denkmale in der Deutschen Demokratischen Republik, 4. Auflage 1989, unveränderter Nachdruck, Berlin/ Heidelberg 2015, S. V-XXIV.

Brandt, Sigrid: Geschichte der Denkmalpflege in der SBZ/DDR. Dargestellt an Beispielen aus dem sächsischen Raum 1945–1961, Berlin 2003.

Campbell, Brian William: Resurrected from the Ruins, Turning to the Past. Historic Preservation in the SBZ/GDR 1945–1990, Cambridge 2005.

---

[53] Wagenbreth, Otfried: Kurzcharakteristik des Denkmalkomplexes Oelsnitz, 16.4.1971 [aus: Universitätsbibliothek TU Bergakademie Freiberg, Altbestand, Vorlass Otfried Wagenbreth, Kiste 32].

[54] Bergarchiv Freiberg, 40120-1/24, Aufbau des Bergmuseums Oelsnitz/Erzgebirge.

Hartke, Werner: Zur Gründung der Gesellschaft für Denkmalpflege im Kulturbund der DDR, in: Denkmalpflege in der DDR 7 (1975), S. 18.

Landesamt für Volkskunde und Denkmalpflege/ Rat des Stadtkreises Görlitz (Hg.): Ausstellung Technische Kulturdenkmale. Zeichnungen aus dem Planarchiv des Landesamtes für Volkskunde und Denkmalpflege und Modelle aus sächsischen Museen (Schriftenreihe des Städtischen Kunstsammlungen Görlitz NF 2), Görlitz 1952.

Meier, Helmut: Der Kulturbund im politischen System der DDR in den siebziger Jahren (Hefte zur DDR-Geschichte 62), Berlin 2000.

Moller, Sabine: Vielfache Vergangenheit. Öffentliche Erinnerungskulturen und Familienerinnerungen an die NS-Zeit in Ostdeutschland (Studien zum Nationalsozialismus 8), Tübingen 2003.

Pirker, Eva Ulrike/ Rüdiger, Mark: Echte Geschichte. Authentizitätsfiktion in populären Geschichtskulturen, Bielefeld 2010.

Pirker, Eva Ulrike/ Rüdiger, Mark: Authentizitätsfiktionen in populären Geschichtskulturen. Annäherungen, in: Dies. (Hg): Echte Geschichte. Authentizitätsfiktion in populären Geschichtskulturen, Bielefeld 2010, S. 11–30.

Saupe, Achim: Authentizität. Version 3.0, in: Docupedia-Zeitgeschichte (http://docupedia.de/zg/Authentizit%C3%A4t_Version_3.0_Achim_Saupe DOI: http://dx.doi.org/10.14765/zzf.dok.2.705.v3, letzter Abruf am 25.08.2017).

Schumacher-Lange, Silke: Denkmalpflege und Repräsentationskultur in der DDR. Der Wiederaufbau der Straße Unter den Linden 1945 -1989, Hildesheim 2011.

Stickler, Matthias: „Uns gehört die Zukunft". Grundlinien der Geschichte der DDR, in: Thomas Goll/ Thomas Leuerer (Hg.): Ostalgie als Erinnerungskultur? Symposium zu Lied und Politik in der DDR, Baden-Baden 2004, S. 16–37.

Wagenbreth, Otfried: Die Pflege technischer Kulturdenkmale. Eine neue gesellschaftliche Aufgabe unserer Zeit und unseres Staates zur Popularisierung der Geschichte der Produktivkräfte, in: Wissenschaftliche Zeitschrift der Hochschule für Architektur und Bauwesen Weimar 16 (1969:5), S. 465–472.

Quellen

Bergarchiv Freiberg
40120 VEB Steinkohlenwerk Oelsnitz (Erzgebirge) und Vorgängerbetriebe, Nr. 1/24.

Landesamt für Denkmalpflege Sachsen
Nachlass Nadler, Akte 3.

Universitätsbibliothek TU Bergakademie Freiberg, Altbestand
Vorlass Otfried Wagenbreth, Kiste 32, Kurzcharakteristik des Denkmalkomplexes Steinkohlenbergbau Oelsnitz, 14.4.1971.

Gesetz zur Erhaltung der Denkmale in der DDR – Denkmalpflegegesetz 1975.

Verordnung des Ministerrates über die Pflege und den Schutz der Denkmale vom 28. September 1961.

Eva-E. Schulte

Authentizität im Kontext der Baudenkmalpflege und Industriekultur, beispielhaft dargestellt anhand ausgesuchter Denkmale des rheinisch-westfälischen Steinkohlenreviers

Einleitung

Die Definition des Begriffes Authentizität ist im Hinblick auf das Welterbe und die Denkmalpflege auch Jahrzehnte nach der Abfassung der Charta von Venedig (1964) und der Welterbekonvention (1972) weiterhin Gegenstand ausgedehnter Debatten.[1] Der vorliegende Beitrag widmet sich in diesem Zusammenhang der Entwicklung der Industriedenkmalpflege sowie der Genese des Begriffs Authentizität, ebenso wie dessen Auslegung und Anwendung im Kontext der Baudenkmalpflege. Im Anschluss wird die praktische Handhabung im westfälischen Denkmalschutz anhand ausgewählter Beispiele des rheinisch-westfälischen Steinkohlenreviers beleuchtet. Dabei stehen Disziplinen wie die Denkmalpflege oder die Industriearchäologie wiederholt vor der Herausforderung, die unter Schutz gestellte Objekte in ihrer materiellen und immateriellen Dimension zu erhalten, zugleich aber auch eine neue Nutzung zu ermöglichen, die für eine dauerhafte Sicherung unabdingbar ist. Bei der Bewertung und Einordnung ergeben sich in der Regel Ermessensspielräume, mitunter auch Spannungsverhältnisse, sodass am Ende Fragen im Raum stehen, wie: Gibt es eine allgemeingültige Authentizität? Und wenn nicht, welcher Zustand ist dann authentisch oder gar authentischer als andere und inwiefern wirkt sich dies auf den Denkmalwert aus?

---

1 Jerome, Pamela: An Introduction to Authenticity in Preservation, in: APT Bulletin 39 (2008:2-3), S. 3–7, hier S. 3.

https://doi.org/10.1515/9783110683103-015

Kurzüberblick: Entwicklung der Industriedenkmalpflege

Erste Ansätze zur Würdigung von Bauten der Technik und Industrie gab es schon zu Beginn des 20. Jahrhunderts auf Initiative der Ingenieure, die auf die Traditionen ihres Berufsstandes verwiesen. Oskar von Miller, Gründer und erster Direktor des Deutschen Museums von Meisterwerken der Naturwissenschaft und Technik in München, lancierte in diesem Zusammenhang 1915 den Begriff „Technisches Kulturdenkmal", worunter zunächst vor allem vorindustrielle Objekte subsummiert wurden.[2] Auch der Rheinische Provinzialkonservator Paul Clemen merkte 1925 an, dass rückblickend gerade die technisch-industriellen Bauten und Anlagen als besonders prägend für die ersten Dekaden des 20. Jahrhunderts eingeschätzt werden und demnach als Zeugnisse der Entwicklung erhaltenswert sein könnten. Er setzte sich erstmals für die Erhaltung einer größeren Industrieanlage ein, der Gießerei der Sayner Hütte bei Koblenz, die heute unter Denkmalschutz steht.[3] Während in der Deutschen Demokratischen Republik (DDR) schon in den 1950er Jahren eine systematische Erfassung einsetzte, gerieten die Bauten der Technik und Industrie auf dem Gebiet der Bundesrepublik Deutschland zwischenzeitlich aus dem Blickfeld der Denkmalpflege und Öffentlichkeit. Eine Wende leitete die Debatte um die Jugendstil-Maschinenhalle der Zeche Zollern II/IV in Dortmund-Bövinghausen ein. Nach der Stilllegung der Anlage in Folge der Bergbaukrise der 1960er Jahre gelang es auf Initiative von Künstlern, Hochschul- sowie Pressevertretern und mit Unterstützung des Ministerpräsidenten, den Abbruch des bedeutenden Industriebauwerks zu verhindern.[4] Den Denkmalwert der Maschinenhalle begründete dabei allerdings nicht die technische Ausstattung, sondern die Jugendstilarchitektur. Jedoch wurde immer deutlicher, dass für Denkmale von nun an nicht mehr allein kunsthistorische Maßstäbe angesetzt werden konnten, sondern vielmehr auch wirtschafts-, technik- und sozialgeschichtliche Perspektiven zu berücksichtigen waren.[5]

---

2 Pfeiffer, Marita/ Stiens, Claus: Einblicke in Industriedenkmalpflege und Denkmalschutz. Schwerpunkt Nordrhein-Westfalen, Dortmund 2003, S. 7–12.
3 Ebd.
4 Ebd.
5 Oevermann, Heike: Über den Umgang mit dem industriellen Erbe. Eine diskursanalytische Untersuchung städtischer Transformationsprozesse am Beispiel der Zeche Zollverein, Essen 2010, S. 45.

Abb. 1: Maschinenhalle der Zeche Zollern 2/4 mit historischem Maschinenbestand

In den 1970er Jahren verbreitete sich außerdem die industriearchäologische Bewegung, diesmal ausgehend von England, wo Denkmalschützer, Wissenschaftler und Ehrenamtliche damit begonnen hatten, sich für die Erforschung, Dokumentation und Erhaltung des industriellen Erbes zu engagieren. Inzwischen
ging es nicht mehr vorrangig um vorindustrielle Objekte, sondern um Bauten
und Anlagen, die im Zuge der Industrialisierung bekanntlich en masse entstanden waren. Nachdem die Landesregierung 1970 das „Nordrhein-Westfalen Programm 1975" zur Erhaltung der für die Technik- und Wirtschaftsgeschichte des
Landes charakteristischen Bauwerke verabschiedet hatte, richteten die Land-
schaftsverbände Rheinland (LVR) und Westfalen-Lippe (LWL) Fachreferate für
Technische Kulturdenkmale ein, die sich ab 1973/74 – nun auch institutionell
verankert – der Inventarisation des industriellen Erbes widmeten und eine Reform des Denkmalschutzes einleiteten.[6]

Nordrhein-Westfalen verabschiedete 1980 als letztes Bundesland der alten
Bundesrepublik ein Denkmalschutzgesetz, welches jedoch mit der Maßgabe der
Anerkennung der Bedeutung der „Entwicklung der Arbeits- und Produktionsver-
hältnisse" eine sehr umfassende Anweisung zum Schutz des industriellen Erbes

---

6 Pfeiffer/ Stiens: Einblicke in Industriedenkmalpflege und Denkmalschutz, S. 10–12.

enthielt.[7] In den darauffolgenden Jahren erfolgten zahlreiche Begehungen, Dokumentationen und Unterschutzstellungen. Auf europäischer Ebene beschäftigte sich 1988 auch der Europarat mit Industriedenkmalen und sprach in Reaktion auf die Bedrohung des bergbaulichen Erbes in Folge der Umstrukturierung der Bergbauindustrie Empfehlungen für den Umgang mit diesen Objekten als kulturelles Erbe aus, auch bekannt als die Bochumer Resolution.[8] Auch die auf 10 Jahre angelegte Internationale Bauausstellung (IBA) Emscher Park thematisierte ab 1989 Strategien zur Erhaltung und Neunutzung der industriellen Hinterlassenschaften und trug damit ebenfalls zur nationalen Etablierung der Industriedenkmalpflege bei.[9] Im Jahr 1995 verfasste die Kultusministerkonferenz schließlich in Bezug auf Industriedenkmalpflege, Industriekultur und Industriemuseen eine Erklärung, da sie in dem schnellen Niedergang ganzer Branchen eine Veranlassung zur Beschäftigung mit potentiell zu erhaltenden materiellen Relikten sah. Darin wurden Industriedenkmale definiert als „jene technikgeschichtlichen Kulturdenkmäler, die mit der Industrialisierung entstanden sind, insbesondere gehören dazu Produktions- und Verkehrsanlagen einschließlich ihres sozialen Umfeldes, wie z. B. Fabrikgebäude, Zechen, Eisenhütten [...], aber auch Arbeitersiedlungen und andere Zeugnisse der Sozialgeschichte. Sie nehmen in den Denkmalschutzgesetzen keine Sonderstellung [...] ein, sondern werden rechtlich als Denkmäler, Baudenkmäler, Kulturdenkmäler behandelt".[10] Im Jahr 2010 existierten in Nordrhein-Westfalen rund 76 400 eingetragene Baudenkmale, davon circa 3 500 Denkmale der Technik und Industrie.[11] Ausdrückliche Erwähnung finden die Begriffe im nordrhein-westfälischen Denkmalschutzgesetz nicht,[12] zumal sie oftmals nicht klar voneinander abgegrenzt verwendet werden.[13] Seit 2005 eröffnet auch das UNESCO-Programm mit dem Ansatz „Filling

---

7 Ebd.

8 Gebel, Silvia: Von der Musterzeche zum Industriedenkmal. Die Zeche Zollern 2/4 in Dortmund Bövinghausen, o. O. 2006, S. 5–7 [aus: LWL- Denkmalpflege, Landschafts- und Baukultur in Westfalen, Münster: Technische Kulturdenkmale, Objektakte: Zeche Zollern 2/4, Grubenweg, Dortmund-Bövinghausen, Akte I – allgemein, vom 04.06.1980–22.09.2015 (Stand: 09.05.2016)].

9 Oevermann: Über den Umgang mit dem industriellen Erbe, S. 44.

10 Beschluss der Kultusministerkonferenz vom 27.01.1995, Nr. 2164: Industriekultur, Industriedenkmalpflege und Industriemuseen, S. 1 (http://www.kmk.org/fileadmin/Dateien/veroeffentlichungen_beschluesse/1995/1995_01_27-Industriekultur.pdf, letzter Abruf am 03.05.2017).

11 Pfeiffer/ Stiens: Einblicke in Industriedenkmalpflege und Denkmalschutz, S. 21.

12 Davydov, Dimitrij u. a.: Denkmalschutzgesetz Nordrhein-Westfalen, Kommentar, 5. Aufl., Wiesbaden 2016, S. 113.

13 Pfeiffer/ Stiens: Einblicke in Industriedenkmalpflege und Denkmalschutz, S. 19.

the Gaps" unter anderem für bisher in der Welterbeliste unterrepräsentierte industrielle Produktionsstätten sowie Transportinfrastrukturen und Technologien die Möglichkeit zur Beantragung des Welterbe-Status.[14]

Aufkommen und Genese des Begriffes Authentizität im Rahmen des Weltkulturerbes

Den mittlerweile fast schon inflationär verwendeten Terminus „Authentizität" kennzeichnen vor allem seine Pluralität und Vielschichtigkeit, sodass sich oft erst aus dem Kontext ergibt, was im jeweiligen Fall mit „authentisch" gemeint ist. Daher fallen auch Definitionsversuche und ihre Anwendung beispielsweise im Kontext von Weltkulturerbe und Denkmalpflege naturgemäß sehr unterschiedlich aus.[15] Der Begriff findet in allen erdenklichen Bereichen des gesellschaftlichen und wissenschaftlichen Diskurses Verwendung, allerdings werden die ihm zugrundeliegenden Annahmen praktisch kaum hinterfragt. Somit kann trotz der vermeintlich eindeutigen Verwendung des Begriffes eine gewisse Beliebigkeit festgestellt werden.[16] Eine inhaltliche Analyse der internationalen Dokumente spiegelt allerdings einen grundlegenden Konsens über die Wichtigkeit der Authentizität im Prozess der Bewahrung von Welterbestätten wider.[17] Gemäß der griechischen Wortherkunft meint der Begriff „authentisch" zunächst ganz generell etwas Echtes, Originales und Glaubwürdiges.[18] Dabei konstruieren diese Schlagworte ein Bedeutungsspektrum von „Authentizität", überschneiden sich teils aber auch oder werden gar synonym verwendet.[19] In Ermangelung einer genauen Definition fand 1964 in der „Charta von Venedig", die im Rahmen des zweiten Internationalen Kongresses der Architekten und Historiker für historische Denkmäler ausgearbeitet wurde, zunächst die Formulierung „ganzer

---

14 Oevermann: Über den Umgang mit dem industriellen Erbe, S. 48.

15 Sabrow, Martin/ Saupe, Achim: Historische Authentizität. Zur Kartierung eines Forschungsfeldes, in: Dies. (Hg.): Historische Authentizität, Göttingen 2016, S. 7–28, hier S. 11.

16 Seidenspinner, Wolfgang: Authentizität. Kulturanthropologisch-erinnerungskundliche Annäherungen an ein zentrales Wissenschaftskonzept im Blick auf das Weltkulturerbe, in: kunsttexte 4 (2007), S. 2 (http://edoc.hu-berlin.de/kunsttexte/2007-4/seidenspinner-wolfgang-4/PDF/seidenspinner.pdf, letzter Abruf am 27.02.2017).

17 Nezhad, Somayeh Fadaei u. a.: A Definition of Authenticity Concept in Conservation of Cultural Landscapes, in: Archnet-IJAR. International Journal of Architectural Research 9 (2015:1), S. 93–107, hier S. 94 (https://archnet.org/publications/10070, letzter Abruf am 27.02.2017).

18 Saupe, Achim: Authentizität, Version 3.0, in: Docupedia-Zeitgeschichte vom 25.08.2015 (http://docupedia.de/zg/saupe_authentizitaet_v3_de_2015, letzter Abruf am 07.02.17).

19 Seidenspinner: Authentizität, S. 3.

Reichtum" an Authentizität für die Charakterisierung potentieller Stätten Verwendung. Dies implizierte, dass neben dem historischen Aussagewert und der originalen Bausubstanz auch die im Verlauf der Entwicklung erworbenen Material- und Zeitschichten des Objektes von Belang waren. Als logische Schlussfolgerung galt, dass restauratorische Eingriffe zu vermeiden, zumindest aber im Vorfeld genauestens zu prüfen und als zeitgenössisch zu kennzeichnen waren.[20] Auch eine vollständige oder partielle Translozierung beeinträchtigte demnach die Bindung eines Objektes an Geschichte und Umwelt, sodass es „nur am Ort seiner ursprünglichen Errichtung Zeugniswert" besaß.[21] Der belgische Denkmalpfleger und Schriftführer des oben genannten Kongresses, Raymond Lemaire, gab im Nachhinein an, eine weitere Präzisierung des Begriffes „Authentizität" sei aus Sicht der Tagungsteilnehmer nicht erforderlich gewesen, da über dessen Inhalt, basierend auf dem europäischen Verständnis moderner Konservierungspraxis, Konsens geherrscht habe.[22] Gemäß der Charta zeichnen sich Denkmale vorrangig durch ihren historischen Wert aus, sodass ihre Unterschutzstellung auf die Erhaltung in einem möglichst unversehrten und echten Zustand abzielt. Dieses Interesse spiegelt sich auch in der Gewichtung der empfohlenen Maßnahmen wider, wobei stets möglichst geringfügige Eingriffe in die Denkmalsubstanz angestrebt werden. So hat die Instandhaltung Vorrang vor der Instandsetzung und konservierende Maßnahmen werden im Vergleich mit restaurierenden oder rekonstruierenden favorisiert, auch wenn derartige Arbeiten in einigen Fällen unumgänglich sind. Die genannten Maßnahmen sind dabei zu dokumentieren und reversibel zu gestalten.[23] Erst im Zusammenhang mit der Gründung des Internationalen Rates für Denkmalpflege (ICOMOS) 1965 wandelte sich der Begriff „Authentizität" hin zu einem allgemeinen Referenzbegriff der Denkmalpflege. Zwar tauchte er in dem Übereinkommen zum Schutz des Kultur- und Naturgutes der Welt von 1972, kurz Welterbekonvention, nicht auf, avancierte jedoch im Rahmen der seit 1977 festgelegten und laufend überarbeiteten „Richtlinien für die Durchführung des Übereinkommens zum Schutz des Kultur- und Naturerbes der Welt" zum zentralen Bewertungskriterium für die Aufnahme kultureller Stätten in die Liste des UNESCO-Welterbes.[24] Darauf aufbauend beschrieb das „Nara

---

20 Falser, Michael S.: Von der Charta von Venedig 1964 zum Nara Document on Authenticity 1994. 30 Jahre „Authentizität im Namen des kulturellen Erbes der Welt", in: Michael Rössner/ Heidemarie Uhl (Hg.): Renaissance der Authentizität? Über die Sehnsucht nach dem Ursprünglichen (Kultur- und Medientheorie 6/2012), Bielefeld 2012, S. 63–87, hier S. 65.
21 Römhild, Georg: Industriedenkmäler des Bergbaus, in: Berichte zur deutschen Landeskunde 55 (1981:1), S. 1–53.
22 Falser: Von der Charta von Venedig 1964 zum Nara Document on Authenticity 1994, S. 65.
23 Oevermann: Über den Umgang mit dem industriellen Erbe, S. 41–43.
24 Falser: Von der Charta von Venedig 1964 zum Nara Document on Authenticity 1994, S. 66.

Dokument zur Echtheit/Authentizität" von 1994 ein erweitertes Konzept von Authentizität: Da das Verständnis davon, was Authenzitität und Glaubwürdigkeit ausmacht, zwischen und auch innerhalb von Kulturen variiert, kann das potentielle Erbe nicht anhand von allgemeingültigen Kriterien bewertet und definiert werden, sondern nur in Relation zur jeweiligen Kultur. Je nach Art des Kulturerbes, des Kontextes und der Entwicklung steht für die Beurteilung der Authentizität jeweils ein immenses Spektrum an Informationsquellen zur Verfügung, darunter Form und Design, Material und Substanz, Nutzung und Funktion, Tradition und Technik, aber auch Ort und Umgebungsbedingungen sowie Sprache, Geist und Emotionen. All diese Aspekte können verschiedenste Dimensionen – sozial, historisch, künstlerisch oder wissenschaftlich – des zu prüfenden Kulturerbes näher beleuchten.[25] Erkannt wurde auch ein Bedarf an Flexibilität bei der Auslegung beziehungsweise Definition von Authentizität. Der Historiker und Geograf David Lowenthal resümierte mit den Worten „Authentizität ist niemals ein absoluter Wert, sondern immer relativ" überaus treffend.[26] Im Ergebnis kam es zur gänzlichen Anerkennung des Authentizitätsbegriffs, wobei der Fokus nun nicht mehr auf der Materialhaftigkeit lag, sondern auch immaterielle Werte an Bedeutung gewonnen hatten, darunter diverse Praktiken zur Authentisierung von Bauwerken.[27] Als problematisch stellte sich im Hinblick auf die Charta von Venedig und die ersten Richtlinien im Nachhinein die Identifikation des kulturellen Erbes als monumentale Architektur heraus, eine sehr westlich geprägte Sichtweise. In der Postmoderne rückte dann ein eher anthropologischer Blick in den Fokus.[28]

Authentizität im Kontext der Denkmalpflege

Zwar geht es beim Denkmalwert auf nationaler, regionaler und lokaler Ebene im Gegensatz zu demjenigen im Zusammenhang mit dem kulturellen Erbe der UNESCO nicht um die Einmaligkeit des Denkmals, also den außergewöhnlichen universellen Wert, jedoch stimmen die grundlegenden Kriterien zur Bewertung überein.[29] Dabei sieht sich die Denkmalpflege – nicht nur in Westfalen – mit ei-

---

25 UNESCO, ICCROM, ICOMOS: Das Nara-Dokument zur Echtheit/Authentizität. Entstanden im Nachgang der Nara-Konferenz zur Authentizität bezogen auf die Welterbe-Konvention vom 1. bis 6. November 1994 (http://www.dnk.de/_uploads/media/174_1994_UNESCO_NaraDokument.pdf, letzter Abruf am 27.02.2017).
26 Jerome: An Introduction to Authenticity in Preservation, S. 4.
27 Sabrow/ Saupe: Historische Authentizität, S. 22.
28 Jerome: An Introduction to Authenticity in Preservation, S. 4.
29 Oevermann: Über den Umgang mit dem industriellen Erbe, S. 43.

nem sehr heterogenen und vielfältigen Bestand an industriellen Denkmalen sowie den für dessen Erhaltung und Nachnutzung notwendigen Eingriffen konfrontiert. Aber ebenso wie die Begrifflichkeiten Industrie- oder Technikdenkmal nicht wörtlich im Denkmalschutzgesetz Nordrhein-Westfalens erscheinen, wird auch der Begriff Authentizität nicht ausdrücklich erwähnt. Lediglich im Kommentar zu § 2 „Begriffsbestimmungen: Kriterien der Denkmalerkenntnis" kommt er hinsichtlich der „künstlerische[n] Bedeutung einer Sache" zum Tragen, wird aber auch hierbei nicht näher bestimmt. Es ergeht lediglich der Hinweis, dass die künstlerische Bedeutung eines Objektes eine hohe ästhetische oder gestalterische Qualität voraussetzt bzw. dass es sich um eine Anlage mit Symbolgehalt handeln muss. Dieser ist allerdings nicht allein an die Authentizität gebunden, sondern kann auch Denkmalen zukommen, die aufgrund ihres desolaten Zustandes bereits saniert werden mussten.[30] Dies impliziert, dass eine Veränderung beziehungsweise Sanierung die Authentizität schmälert oder zumindest verändert. Vermutlich in Konsequenz der fehlenden Erwähnung des Begriffs Authentizität im Denkmalschutzgesetz Nordrhein-Westfalens findet dieser auch in den Denkmalwertbegründungen im Großen und Ganzen keine Verwendung. Als Entsprechung kommen hier häufiger die Begriffe „original", unversehrt, bauzeitlich oder historisch zum Tragen.[31] Das heißt zugleich, dass die Denkmalpflege tendenziell darauf abzielt, potentielle Denkmale in einem möglichst ursprünglichen, originalen und unversehrten Zustand zu erhalten, sodass die Authentizität in diesem Fachbereich stark an die materielle Substanz gebunden zu sein scheint, was auf den ersten Blick durchaus verständlich ist, da materielle Relikte den Ansatzpunkt bilden.[32] Als Richtlinie fungiert hier die altbewährte Maxime „So viel Originalsubstanz bewahren wie möglich, nur so viel Material ersetzen wie nötig", wobei naturgemäß große Ermessensspielräume bestehen – zumal sich Instandhaltungsarbeiten oder Veränderungen im Zuge eines Nutzungswandels meist nicht vermeiden lassen. Verbindliche und empirische Maßstäbe für einen Grad an Originalität bzw. Authentizität existieren nicht. Um authentische Baudenkmale zu erhalten und adäquat nachzunutzen, bedarf es einer Annäherung an das Wesen der Authentizität im Sinne der Denkmalpflege.[33]

---

30 Davydov u. a.: Denkmalschutzgesetz Nordrhein-Westfalen, S. 113.

31 Ebd. und LWL- Denkmalpflege, Landschafts- und Baukultur in Westfalen, Münster: Technische Kulturdenkmale, Objektakte: Zeche Hannover 1/2, Hannover Straße, Bochum-Hordel, Akte I, 01.01.1977–31.12.1980 (Stand: 07.11.2016) oder Objektakte: Zeche Alte Haase 1/2, Akte I – Verwaltungsgebäude/ Waschkaue, Büros, Magazin/ Stützmauer/ Werkstätten/ Zentralmaschinenhalle/ Stollenmundloch, 19.08.2004–08.12.2006, Hattinger Straße, Sprockhövel-Niedersprockhövel (Stand: 20.10.2016).

32 Oevermann: Über den Umgang mit dem industriellen Erbe, S. 20.

33 Seidenspinner: Authentizität, S. 6.

Auf eine Bindung der Authentizität an die Originalsubstanz verwies auch der Kunsthistoriker und Denkmalpfleger Eberhard Grunsky, indem er feststellte, dass nur „die Originalität der Substanz [...] ein Werk aus vergangener Zeit zum aussagekräftigen und glaubhaften Geschichtszeugnis" erheben kann.[34] Dabei ist wohl nicht zu bestreiten, dass Denkmale in der Praxis naturgemäß sehr unterschiedliche Erhaltungszustände und „Grade der Materialisierung" aufweisen können.[35] Legt man als Maßstab für Authentizität allein die Originalsubstanz zugrunde, kommt man nicht umher, danach zu fragen, wieviel Prozent Substanz erhalten bleiben müssen, ohne dass ein Denkmal seine Authentizität und damit seinen Denkmalcharakter einbüßt oder welche Zeitschicht, das Fachwerk oder der später aufgebrachte Putz, im Zweifelsfall die größere Authentizität besitzt und somit Vorrang genießt.[36] Bisher ist es nicht geglückt, eine allgemeingültige und verbindliche, dabei aber nicht willkürliche Grenze festzulegen.

Auch der Architekt Derek Linstrum hinterfragte 1993 den Begriff Authentizität, wobei er neben der originalen Substanz und dem Erscheinungsbild auch die historische Dimension oder gar die ursprüngliche Projektierung als Kriterien in Betracht zog.[37] In Richtung Abkehr von der vorherrschenden Materialbindung orientierte sich auch die beispielsweise von Michael Petzet, Kunsthistoriker und Denkmalpfleger, vorgeschlagene Auffächerung der Authentizität in verschiedene Teilaspekte, darunter die Form beziehungsweise das Erscheinungsbild, das Material, die Technik, die Funktion und der Ort.[38] Diese Entwicklung referenziert wohl auf die Überlegungen im Zusammenhang mit dem Nara Dokument zur Echtheit/Authentizität von 1994. Gerade im Hinblick auf Denkmale der Technik und Industrie sind die meist sehr komplexen technischen Anlagen und die Verortung des Objektes in der umgebenden Landschaft sowie den regionalen Strukturen nicht zu vernachlässigen. Die Zechengesellschaften und ihre Betriebe beeinflussten in der Vergangenheit die städtische Entwicklung, sowohl räumlich als auch wirtschaftlich, maßgeblich oder initiierten diese sogar. Dabei bedingten und förderten sie zugleich auch den Ausbau der Verkehrs- und Versorgungsinfrastruktur und wirkten in Bereichen wie dem Wohnungsbau, der

---

34 Grunsky, Eberhard: Kunstgeschichte und die Wertung von Denkmälern, in: Deutsche Kunst und Denkmalpflege 49 (1991), S. 107–118, hier S. 109.

35 Petzet, Michael: Grundsätze der Denkmalpflege, in: ICOMOS – Hefte des Deutschen Nationalkomitees 15 (1995), S. 92–98, hier S. 95 (http://journals.ub.uni-heidelberg.de/index.php/icomoshefte/article/view/22794/16555, letzter Abruf am 03.01.2017).

36 Seidenspinner, Wolfgang: Woran ist Authentizität gebunden? Von der Authentizität zu den Authentizitäten des Denkmals, in: kunsttexte 3 (2007), S. 1 (http://edoc.hu-berlin.de/kunsttexte/2007-3/seidenspinner-wolfgang-2/PDF/seidenspinner.pdf, letzter Abruf am 27.02.2017).

37 Seidenspinner: Authentizität, S. 5.

38 Ebd., S. 9.

schulischen Bildung oder dem Vorsorge- und Gesundheitssystem mit. Dies belegen daher nicht nur die Zechenrelikte und Anlagen an sich, sondern auch umgebende Bauten wie administrative und soziale Einrichtungen, Verkehrsanlagen und Arbeitersiedlungen.[39]

Die Fokussierung auf die Materialität als Grundvoraussetzung eines Denkmals ist nicht naturgegeben, sondern Ergebnis einer kulturpolitischen Entwicklung, was auch das jüngst von Wolfgang Seidenspinner aufgegriffene Beispiel der schintoistischen Holzdoppeltempel von Ise in Japan zeigt. Es verdeutlicht, dass nicht nur die Originalsubstanz Authentizität generiert, sondern diese beispielsweise auch durch eine mit dem Objekt verbundene Tradition entstehen kann, da besagte Heiligtümer seit dem 7. Jahrhundert stets nach zwei Dekaden neu errichtet werden. Ganz allgemein erschaffen Baumaterial und Form zunächst ein Bauwerk, bringen damit aber nicht automatisch ein Denkmal hervor. Dazu bedarf es einer Deutung oder Bedeutung als zusätzlicher Dimension. Ihr Wesen ist kulturell und nicht an das Material gebunden, es umfasst Faktoren wie den Symbolcharakter, Emotionen, Erinnerungen und die Funktion.[40] Auch hier wird abermals deutlich, dass Denkmaleigenschaft und Authentizität einem steten Wandel unterliegen. Es handelt sich um kulturelle Prozesse, dem Objekt zugesprochene Bedeutungen und Werte, die nicht zwangsläufig der Substanz anhaften, sondern immer wieder neu ausgehandelt werden.[41] Architektur und Denkmalpflege sind nicht autonom, sondern in die Entwicklung der Gesellschaft eingebettet, sodass sie auch deren Zustand, Probleme und Wertvorstellungen widerspiegeln.[42]

In der Zusammenschau münden alle dargelegten Ansätze und Feststellungen in die Erkenntnis, dass ein Objekt stets durch verschiedene, oftmals ineinander greifende Zuschreibungen von Authentizität charakterisiert wird, beispielsweise in verschiedenen Zeiten und Zuständen, und es eben nicht nur eine einzige Authentizität gibt. In ihrer Gesamtheit – so beschreibt es auch das Nara Dokument – erschaffen und gestalten Material, Form, Technik, Funktion, Ort und weitere immaterielle Faktoren die Authentizität eines Denkmals, wobei nicht immer alle gleichberechtigt vorhanden sein müssen, sondern Abstriche möglich und verhandelbar sind.[43] Zusätzlich verfügen die Objekte auch über ei-

---

39 Oevermann: Über den Umgang mit dem industriellen Erbe, S. 16.
40 Ebd.
41 Seidenspinner: Woran ist Authentizität gebunden?, S. 2.
42 Conradi, Peter: Rezension von Michael S. Falser: Zwischen Identität und Authentizität. Zur politischen Geschichte der Denkmalpflege in Deutschland, in: sehepunkte 8 (2008:11) (http://www.sehepunkte.de/2008/11/14115.html, letzter Abruf am 27.02.2017).
43 Seidenspinner: Authentizität, S. 15 f.

nen Symbolwert, das heißt sie enthalten eine immanente Botschaft, die mit Hilfe eines kulturell vermittelten Perzeptionscodes gelesen werden kann.[44]

Vor diesem Hintergrund können ehemalige Zechenstandorte mit den aufstehenden Gebäuden und Anlagen als wertvolle Mittler zwischen Vergangenheit und Gegenwart fungieren, wobei sie bei unterschiedlichen Rezipienten verschiedene Assoziationen hervorrufen können – je nach Wissensstand und Bezug zum Objekt. Daher ist auch die Kenntnis der damaligen Arbeitsverhältnisse, technischen und organisatorischen Abläufe sowie sozialen Verhältnisse – beispielsweise wiedergegeben von Zeitzeugen – durchaus von Wert für die Generierung und Verstärkung von Authentizität. Als Träger der Informationen ist zweifelsohne die Substanz prädestiniert, jedoch ist sie eben nicht als einzige, unumgängliche Bedingung im Hinblick auf die Zuschreibung von Authentizität beziehungsweise der Denkmaleigenschaft heranzuziehen.[45] Somit begründet auch die kulturelle Dimension in hohem Maß die Identität eines Baudenkmals und kann dessen Daseinsberechtigung darstellen. Dies zeigt sehr eindrücklich das Beispiel des Magdalenenbergs bei Villingen, einem hallstattzeitlichen Fürstengrabhügel. Er wurde bei Grabungsarbeiten Anfang der 1970er Jahre vollständig abgetragen, in der Folge aber wieder aufgeschüttet. Original ist demzufolge eigentlich nur der Ort der Ausgrabung, jedoch ist der Magdalenenberg als eingetragenes Kulturdenkmal auch fest im Bewusstsein der Bevölkerung verankert, sodass dem rekonstruierten Hügel auf diese Weise Authentizität zugestanden wird. Das heißt, es geht in diesem Fall nicht vorrangig um die Erhaltung der denkmalwerten Substanz, sondern um das Denkmal als kulturelle Manifestation, gewissermaßen also um die Aura und die Wahrnehmung des Objektes.

Das Kulturdenkmal ist selbst Bestandteil von Geschichte, seine Bedeutung wird nicht allein von der Denkmalpflege bestimmt, sondern im Rahmen eines öffentlichen Diskurses ausgehandelt.[46] Ein Beispiel dafür, dass für ein Denkmal verschiedene Deutungen gleichzeitig bestehen können, führte abermals Wolfgang Seidenspinner an: bei der Wahrnehmung des Weltkulturerbes Stonehenge scheinen in der Bevölkerung – ungeachtet der wissenschaftlichen Einordnung als Zeugnis prähistorischer Zeit – esoterische Deutungen vordergründig zu sein.[47] So zielt auch die Rekonstruktion historischer Authentizität inzwischen weniger auf die Wiederherstellung eines bestimmten ursprünglichen Zustandes, sondern vielmehr auf die Erhaltung und Sichtbarmachung verschiedener Zeit-

---

44 Seidenspinner: Woran ist Authentizität gebunden?, S. 2.

45 Sabrow/ Saupe: Historische Authentizität, S. 27–33.

46 Seidenspinner: Authentizität, S. 10, S. 16.

47 Seidenspinner: Woran ist Authentizität gebunden?, S. 4 und UNESCO: Stonehenge, Avebury and Associated Sites (World Heritage List) (http://whc.unesco.org/en/list/373/, letzter Abruf am 22.02.2017).

schichten ab.[48] Für die Aussagekraft verschiedener Schichten und Deutungen spricht auch der Ansatz, die Authentizität eines Denkmals als historische Konkretisation zu verstehen, durch die ein Denkmal zu verschiedenen Zeiten unterschiedliche Zuschreibungen von Authentizität aufweisen kann.[49]

Handhabung in der denkmalpflegerischen Praxis anhand ausgewählter Beispiele

Je nach Denkmalbestand, Erhaltungs- und Vermittlungsinteresse können somit auch im Rahmen der praktischen Denkmalpflege verschiedene Authentizitäten von Objekten in Erscheinung treten beziehungsweise als vordergründig bewertet werden, was im Folgenden exemplarisch erläutert werden soll. Dabei spielt auch immer wieder die Frage nach dem Maß an Originalsubstanz eine Rolle.

Am Beispiel der Zeche Friedrich der Große kann zunächst verdeutlicht werden, welche Relevanz die ursprüngliche Konzeption beziehungsweise – als Kontrapunkt dazu – der Baubestand zum Zeitpunkt der Stilllegung für die Feststellung der Denkmaleigenschaft und die Zuschreibung von Authentizität haben können. Die Zeche stellte während ihres Bestehens zwischen 1870 und 1978 einen der wichtigsten Wirtschaftsfaktoren in Herne-Horsthausen dar. Nach ihrer Stilllegung erfolgte der Abbau des denkmalwerten Strebengerüstes und dessen Translozierung zum Industriemuseum Dortmund. Am ursprünglichen Wirkungsort erinnern nur noch der Komplex der Verwaltung, die benachbarte Direktorenvilla und eine Gedenkstätte für das Grubenunglück von 1918 an die Zeche. Das Grundstück des Verwaltungsgebäudes umfasst zwei Pförtnerhäuser und eine Ziergartenanlage, wobei eine alleeartige Zufahrt die Achse zwischen dem Haupteingang der Verwaltung und der Toreinfahrt bildet. Von den zwei verputzten Pförtnerhäusern auf quadratischem Grundriss entstand das Gebäude mit den umlaufenden Gesimsbändern 1927, das zweite im gleichen Stil wurde erst 1950 errichtet. Die Anlage dokumentiert das Selbstverständnis einer Bergwerksgesellschaft Anfang des 20. Jahrhunderts, als repräsentative Verwaltungen losgelöst von den übrigen Betriebsanlagen errichtet wurden. Dabei bilden die Pförtnerhäuser ein harmonisches Gleichgewicht und eine untrennbare Einheit mit der Verwaltung. Beide entstanden während der Betriebszeit der Zeche, sodass sie aus dieser Perspektive als Teil der Betriebsgeschichte als authentisch anzusehen sind. Nichtsdestotrotz begrenzte sich der Schutzumfang 1992 auf

---

48 Sabrow/ Saupe: Historische Authentizität, S. 13.
49 Seidenspinner: Woran ist Authentizität gebunden?, S. 3.

Empfehlung der LWL-Denkmalpflege, Landschafts- und Baukultur auf die ursprüngliche Gestaltung und den bauzeitlichen Baubestand, das heißt die Verwaltung, den Ziergarten und das ältere, nördliche Pförtnerhaus.[50] Hierbei wurde ganz offensichtlich der bauzeitliche Zustand als Referenz für die Zuschreibung des Denkmalwertes herangezogen.

Anhand des zweiten Beispiels, der Bochumer Zeche Hannover, wird die erforderliche Abwägung zwischen der Erhaltung im Originalzustand und einer möglichen Rekonstruktion thematisiert. Bei der 1857 angelegten symmetrischen Doppelschachtanlage flankierten zwei Malakowtürme das mittig gelegene Maschinenhaus.

Abb. 2: Malakowturm der Zeche Hannover 1/2/5

Als eine der bei Ausbruch des Ersten Weltkrieges leistungsstärksten Anlagen des Ruhrgebietes bildete die Zeche im Verlauf ihrer Geschichte den Ausgangspunkt zahlreicher bergbautechnischer Neuerungen. Hier realisierte der Ingenieur Carl Friedrich Koepe 1878/88 die erste sog. Koepe-Förderung, allerdings existiert die charakteristische Turmfördermaschine heute nicht mehr. Sie wurde 1938 gemeinsam mit einem der Malakowtürme, den ein für die zunehmende Teufe besser geeigneter Förderturm ersetzte, entfernt. Die Doppelschachtanlage büßte in diesem Zusammenhang ihr architektonisches Gleichgewicht und ihre monumentale Wirkung ein.

---

50 Untere Denkmalbehörde der Stadt Herne (Rathaus Wanne): Objektakte zum Denkmal an der Albert-Klein-Straße 1 [ehem. Zeche Friedrich der Große] (Stand: 05.04.2016).

Abb. 3: Tagesanlagen der Zeche Hannover 1/2/5

Nichtsdestotrotz gelten die Relikte der Zeche, ein Malakowturm, ein Lüfterge-
bäude und das Maschinenhaus mit Dampffördermaschine, heute als vollstän-
digstes und aussagekräftigstes Dokument eines historischen Zechenbestandes
aus der Gründerzeit und repräsentieren die Entwicklungsphase zwischen dem
frühen Tiefbau der 1850er Jahre (Zeche Nachtigall, Witten) und dem modernen
Großbetrieb Anfang des 19. Jahrhunderts (Zeche Zollern, Dortmund). Nachdem
auch der zwischenzeitlich errichtete Förderturm Anfang der 1980er abgebrochen
und die Zeche 1973 stillgelegt worden war, begrüßte die LWL-Denkmalpflege,
Landschafts- und Baukultur in Westfalen einen Wiederaufbau des zweiten Malakowturms als Chance, der Anlage ihre bauzeitliche Aussagekraft zurückzuge-
ben. Wäre das Objekt rekonstruiert worden, böte sich hier eventuell ein Vergleich mit dem Magdalenenberg an, da die originale Substanz des Malakowturms dann zwar nicht mehr erhalten wäre, ein Ersatzbau jedoch stellvertretend
einen Eindruck von der Symmetrie und den Ausmaßen der ursprünglichen Anlage erkennen ließe. Aber welcher Zustand ist im vorliegenden Fall nun als authentisch oder authentischer zu bewerten: der historisch entwickelte Bestand,
wie er sich zum Zeitpunkt der Stilllegung darstellte, oder die Illusion des bauzeitlichen, monumentalen Erscheinungsbildes, das die ursprüngliche Intention
der Bergwerksgesellschaft widerspiegelt? Gemäß dem Ansatz, dass Objekte verschiedene Authentizitäten aufweisen, sind beide Zustände auf ihre Art authentisch, jedoch wurde ein Wiederaufbau im Rahmen der geplanten musealen Nutzung als Standort des LWL-Industriemuseums nicht mehr in Betracht gezogen.
Der damalige Zustand des Zechenrelikts eignete sich gut für eine facettenreiche
Präsentation der Bergbau- und Zechengeschichte und war zugleich mit Blick auf

die Kosten realistisch. Seit 1981 fungieren die ehemaligen Tagesbauten als Standort des LWL-Industriemuseums,[51] die historische Fördermaschine ist funktionstüchtig, wird allerdings nicht mehr mit Dampf, sondern elektrisch betrieben.[52] Ein Highlight bildet für die kleinen Besucher heute die „Zeche Knirps" – ein Spielplatz mit einem Holzaufbau, der sozusagen als Bezug zum bauzeitlichen Erscheinungsbild in Form eines Malakowturms gestaltet ist.[53]

Abb. 4: LWL-Industriemuseum Zeche Hannover

Das Fallbeispiel Adolf von Hansemann verdeutlicht stellvertretend das nicht selten auftretende Spannungsverhältnis zwischen dem möglichst vollständigen Erhalt der Originalsubstanz und einem Umbau, der eine zeitgemäße Neunutzung

---

51 LWL- Denkmalpflege, Landschafts- und Baukultur in Westfalen, Münster: Technische Kulturdenkmale, Objektakte: Zeche Hannover 1/2 (LWL-Industriemuseum), Hannover Straße/ Günnigfelder Straße 251, Bochum-Hordel, Bauantrag v. 13.11.1989 s. Dokumentenmappe Nr. 4, Akte III, ab 20.01.2015 und Objektakte: Zeche Hannover 1/2 (LWL-Industriemuseum), Hannover Straße, Bochum-Hordel, Bauantrag v. 13.11.1989 s. Dokumentenmappe Nr. 4, Akte II, 01.01.1981–02.10.2009 (Stand: 07.11.2016).
52 LWL- Denkmalpflege, Landschafts- und Baukultur in Westfalen, Münster: Technische Kulturdenkmale, Objektakte: Zeche Hannover 1/2 (LWL-Industriemuseum), Hannover Straße, Bochum-Hordel, Bauantrag v. 13.11.1989 s. Dokumentenmappe Nr. 4, Akte II, 01.01.1981–02.10.2009 (Stand: 07.11.2016).
53 Ruhr-Tourismus: Zeche Knirps (http://www.ruhr-tourismus.de/staedte-im-ruhrgebiet/bochum/zeche-knirps.html, letzter Abruf am 27.02.2017).

ermöglicht. Die Entstehungsgeschichte der Dortmunder Zeche geht auf die Gründung der Kommanditgesellschaft A. Boucard et Compagnie, Gesellschaft der Kohlenbergwerke in Mengede, zurück, die 1857 damit begann, eine erste Schachtanlage abzuteufen. Die zunächst durch eine im Ruhrkohlenbergbau einsetzende Wirtschaftskrise unterbrochenen Arbeiten konnten erst 1873 fortgeführt werden. Erhalten geblieben sind heute neben der Lohnhalle und der Waschkaue zwei Maschinengebäude, ein Torhaus und das Magazingebäude einschließlich Kriegerdenkmal. Die Tagesanlagen der Zeche wurden nach deren Stilllegung 1967 zunächst durch Gewerbebetriebe fortgenutzt und die Fördermaschinen entfernt. Nichtsdestotrotz stellen die Bauten in ihrer Gesamtheit ein hervorragendes Beispiel für die Industriearchitektur zwischen der Jahrhundertwende und dem Ersten Weltkrieg dar. Seit 1979 befindet sich das Gelände im Eigentum der Stadt Dortmund, wobei ein zunächst beantragter Abbruch der Bauten nicht genehmigt wurde. Mitte der 1980er Jahre wurde eine Restaurierung der Fenster der Lohnhalle erforderlich, wobei diese in ihrer ursprünglichen Aufteilung sowie im historisch vorgegebenen Material Holz rekonstruiert werden sollten. Um auch den Anforderungen des Wärme- und Schallschutzes gerecht zu werden, wurden in diesem Zusammenhang teils zusätzlich moderne Fenster innen vor die Laibung gesetzt. An anderer Stelle erfolgte hingegen der Einbau von Verbundfenstern, die sich zwar an den vorhandenen Fenstern orientierten, jedoch nicht die historisch vorgegebene Sprossung aufwiesen. Da an der nördlichen Traufseite, d. h. an der Schauseite, originale Exemplare restauriert, im Süden jedoch neuzeitliche Fenster eingebaut wurden, spielte neben dem Erhaltungszustand ganz offensichtlich die Ausrichtung hin zur Bahnstrecke bei der Entscheidung eine maßgebliche Rolle, zumal die originalgetreue Rekonstruktion von Fenstern stets auch eine Kostenfrage ist. Schon bei ihrem Bau wurde die repräsentative Lohnhalle, die wahrscheinlich dem Ünglinger Stadttor in Stendal nachempfunden ist, auf die Köln-Mindener-Eisenbahnlinie ausgerichtet. Anlass dürfte der Besuch von Kaiser Wilhelm II. gewesen sein, der das Zechengelände am 11. August 1899 auf seinem Weg zur Einweihung des Schiffshebewerkes Henrichenburg passierte. Anfang der 1990er Jahre setzte die Handwerkskammer Dortmund das Denkmal dann vollständig instand. Auf dem Gelände entstand eine Bundesfachschule für Gerüstbauer, wobei die Einrichtung einer Montagehalle eine bestimmte Raumhöhe erforderte, sodass eine Entkernung des Mittelschiffs im dreischiffigen Kauen- und Werkstattgebäude erfolgen musste. Da es sich hierbei um die einzige tiefgreifende Maßnahme am historischen Bestand handelte, gelang es, die Originalsubstanz und das Erscheinungsbild weitgehend zu erhalten, zugleich aber eine neue Nutzung zu ermöglichen, die den Anforderungen des modernen Wärme-, Schall- und Brandschutzes genügte.[54] Trotz der Umbauarbeiten wurde die Repräsentativität des Objektes nicht maßgeblich beeinträchtigt, da die Authentizität hier zu einem großen Teil durch das architektonische, auf Repräsentativität ausgelegte Erscheinungsbild generiert wird, sodass das Zechenensemble optisch wirksam bleibt, auch wenn der Innenraum verändert wurde. Zumal – wie im Falle der Fenster – am Objekt dadurch verschiedene Nutzungs- und Zeitschichten sichtbar sind.[55]

Abb. 5: Zeche Adolf von Hansemann

---

54 Wittkamp, Imme: „Gutachten zur ehem. Zeche Adolf von Hansemann" und „Westfalen – Zeche Adolf von Hansemann in Dortmund-Mengede – Umnutzung zur Bundesfachschule für Gerüstbauer" [aus: LWL-Denkmalpflege, Landschafts- und Baukultur in Westfalen, Münster: Technische Kulturdenkmale, Objektakte: Zeche Adolf von Hansemann, Akte I – Allgemein, Dortmund-Mengede, 31.03.1983] und Notiz der Unteren Denkmalbehörde Dortmund über einen Ortstermin am 3.8.90 [aus: Ebd., Objektakte: Zeche Adolf von Hansemann, Akte I – Torhaus, Dortmund-Mengede, 09.04.1986 und Objektakte: Zeche Adolf von Hansemann, Akte I – Lohnhalle/Waschkaue, Dortmund-Mengede, 21.05.1981] (Stand: 07.11.2016).
55 LWL-Denkmalpflege, Landschafts- und Baukultur in Westfalen, Münster: Technische Kulturdenkmale, Objektakte: Zeche Adolf von Hansemann, Akte I – Allgemein, Dortmund-Mengede, 31.03.1983 und Objektakte: Zeche Adolf von Hansemann, Akte I – Torhaus, Dortmund-Mengede, 09.04.1986 und Objektakte: Zeche Adolf von Hansemann, Akte I – Lohnhalle/Waschkaue, Dortmund-Mengede, 21.05.1981 (Stand: 07.11.2016).

Das dritte Beispiel zeigt den Umgang mit komplexen Großobjekten auf und behandelt insbesondere verschiedene Belange rund um die teils gegensätzlichen Aspekte Verfall nach Nutzungsaufgabe, Rekonstruktion und Konservierung. Die ab 1927 im Zuge weitreichender Rationalisierungsmaßnahmen errichtete leistungsfähige Zentralkokerei Hansa in Dortmund ersetzte zahlreiche veraltete Kleinanlagen verschiedener Zechen und stand so im Mittelpunkt der Verbundwirtschaft der Dortmunder Montanindustrie. Erst in Folge der Bergbau- und Stahlkrise verlor die Anlage ihre zentrale Rolle und wurde schließlich 1992 stillgelegt. Ein Abbruch des Industrie-Ensembles konnte auf Initiative von Politik und Bevölkerung abgewendet werden, bevor das Areal 1997 in den Besitz der Stiftung Geschichtskultur und Industriedenkmalpflege überging und erste Bestandteile der Kokerei in die Denkmalliste der Stadt Dortmund eingetragen wurden. Die Zeugnisse der letzten erhaltenen Zentralkokerei jener Zeit repräsentieren den Stand der modernen Kokereitechnik um die 1930er Jahre laut des Flyers „Die Kokerei Hansa im Überblick" weitgehend authentisch.[56] Im Umgang mit dem heterogenen Gebäudebestand industrieller Betriebe kann in der Denkmalpflege inzwischen auf einige Erfahrung zurückgegriffen werden, jedoch ist das Vorgehen in Bezug auf stillgelegte technische Anlagen, wie chemische Produktionsstätten auf Kokereien, bisher wenig bewährt. Oftmals sind Leitungen, Behälter und Apparate schutzlos den Witterungsbedingungen ausgesetzt, die den Verfall zusätzlich beschleunigen. Nicht zuletzt sehen sich Denkmalpfleger und Eigentümer auch vor gravierende Finanzierungsprobleme gestellt.[57] Gegenwärtig verfolgt die Stiftung auf dem Gelände parallel verschiedene Konzepte: Während die denkmalgeschützten Produktionsanlagen aktiv erhalten werden, überlässt man weitere Objekte dem „kontrollierten Verfall" und der Rückeroberung durch die Natur.[58]

---

56 Flyer „Die Kokerei Hansa im Überblick" [aus: LWL-Denkmalpflege, Landschafts- und Baukultur in Westfalen, Münster: Technische Kulturdenkmale, Objektakte: Kokerei Hansa, Allgemein – Akte V, Emscherallee 11, Dortmund-Huckarde, ab 23.08.2016] (Stand: 04.11.2016).
57 Pfeiffer/ Stiens: Einblicke in Industriedenkmalpflege und Denkmalschutz, S. 31 f.
58 Ebd., S. 33.

Abb. 6: Südansicht der Kokerei Hansa

Einerseits hat diese Vorgehensweise eine fortschreitende Dezimierung des Bestandes zur Folge und widerspricht so dem Kernanliegen der Denkmalpflege, andererseits eröffnen sich im Verlauf der Zeit eventuell neue Möglichkeiten der Erhaltung und Nutzung.[59] Bis dahin können die Bauten auch in solchen Verfallsbereichen über einen gewissen Zeitraum hinweg Auskunft über die Dimensionen, Anordnungen und Baumaterialien geben.[60] Welcher Zustand in diesem Fall als authentisch anzusehen ist, hängt auch von der Fragestellung an das Objekt und die Absicht der Handelnden ab. Die Stiftung hat sich dazu entschlossen, das Gelände der Öffentlichkeit zugänglich zu machen und die Denkmale und weiterer Anlagen als Anschauungsobjekte für nachfolgende Generationen zu erhalten. Dem Thema Industrienatur begegnet man auf Hansa mit einer Einbindung in das denkmalpflegerische Konzept und der Hervorhebung des Kontrastes zwischen Natur und Technik mittels eines 2002 fertiggestellten Erlebnispfades.[61] Das neue Wegesystem erschließt alle wesentlichen Produktionsbereiche, wobei Besucher beispielsweise durch ein Panoramafenster das Innere eines Kohlenturms erkunden können. Zudem betrafen die umfassenden Bau- und Sanierungsmaßnahmen auch das Verwaltungs- und Waschkauengebäude, in dem die Markenkontrolle heute wieder in ihren ursprünglichen Dimensionen erfahrbar ist. Auch die 1928 errichtete Kompressorenhalle wurde umfassend saniert

---

59 Oevermann: Über den Umgang mit dem industriellen Erbe, S. 48.

60 Pfeiffer/ Stiens: Einblicke in Industriedenkmalpflege und Denkmalschutz, S. 33.

61 LWL-Denkmalpflege, Landschafts- und Baukultur in Westfalen, Münster: Technische Kulturdenkmale, Objektakte: Kokerei Hansa, Koksofenbatterie, Nebenanlagen und maschineller Besatz – Akte I, Emscherallee 11, Dortmund-Huckarde, ab 01.04.2010 (Stand: 04.11.2016).

und bildet als Veranstaltungshalle mittlerweile das Kernstück des Erlebnispfades.[62] Die darin befindlichen, seit 1998 unter Denkmalschutz stehenden, dampfbetriebenen Kompressoren wurden von Restauratoren gereinigt und durch den Auftrag einer dünnen Wachsschicht konserviert, sodass alle Gebrauchsspuren sichtbar bleiben. Ein Exemplar von 1938 ist betriebsbereit, allerdings erfolgt der Antrieb auch hier nicht mehr per Dampf, sondern mittels Druckluft. Fraglich war im Zusammenhang mit der Restaurierung der Halle unter anderem, an welcher der 22 vorgefundenen Farbschichten sich der Neuanstrich orientieren sollte. Im Zuge der aufgrund von Feuchtigkeitsschäden erforderlichen großflächigen Sanierung einigten sich die Verantwortlichen auf die letzte Fassung.[63] Allgemeingültige Richtlinien existieren auch hier nicht, da streng genommen alle Farbschichten gleichermaßen gültige Interpretationen von Authentizität darstellen.

Trotz einiger Veränderungen, Konservierung und Restaurierung, die im Wesentlichen für den Besucher als solche erkennbar sind, ist es nur so möglich, das Objekt dauerhaft zu erhalten. Das Denkmal ermöglicht den Besuchern einen Blick hinter die Kulissen und vermittelt so – wenn auch mit Abstrichen – einen authentischen Eindruck einer ehemaligen Großkokerei. Rost und Verfall der Anlagen verweisen zusätzlich auf die Problematiken bei der Erhaltung und die Konsequenzen im Falle einer fehlenden Nutzung.[64]

Im Gegensatz zum sehr umfassend erhaltenen Bestand der Kokerei Hansa wird die Zentralkokerei Alma der Vereinigte Stahlwerke AG inzwischen nur noch durch das ehemalige Verwaltungsgebäude repräsentiert. Die Veredelungsanlage entstand 1927 in Gelsenkirchen, als die Schächte der gleichnamigen Zeche bereits im Begriff waren, verfüllt zu werden.[65] In Zusammenarbeit mit den Betriebsingenieuren erreichten die renommierten Architekten Fritz Schupp und Martin Kremmer „bei den komplexen Abläufen der Verkokung und der Nebenproduktgewinnung eine gestaltete Ordnung bei den rein technischen Aggregaten, die zusammen mit der einheitlichen Gestaltung der Baukörper jeder Ge-

---

62 Industriedenkmal-Stiftung NRW: Baumaßnahmen auf Kokerei Hansa, 27.02.2017 (www.industriedenkmal-stiftung.de/docs/9309643193124_de, letzter Abruf am 18.01.2017).
63 Stiftung Industriedenkmalpflege und Geschichtskultur, Forum Geschichtskultur an Ruhr und Emscher e. V. (Hg.): Forum Industriedenkmalpflege und Geschichtskultur (Magazin), 1/2005, S. 5.
64 LWL-Denkmalpflege, Landschafts- und Baukultur in Westfalen, Münster: Technische Kulturdenkmale, Objektakte: Kokerei Hansa, Koksofenbatterie, Nebenanlagen und maschineller Besatz – Akte I, Emscherallee 11, Dortmund-Huckarde, ab 01.04.2010 (Stand: 04.11.2016).
65 O. V.: Schupp-Bau verfällt. Wer rettet das Denkmal Kokerei Alma in Gelsenkirchen?, in: Ruhr-Nachrichten vom 30.01.2016 [aus: LWL-Denkmalpflege, Landschafts- und Baukultur in Westfalen, Münster: Technische Kulturdenkmale, Objektakte: ehem. Zentralkokerei Alma, Waschkaue/ Verwaltungsgebäude, Almastraße 81–87, Gelsenkirchen-Ückendorf] (Stand: 26.04.2016).

samtanlage ein ruhiges, geordnetes Aussehen verleiht".[66] In Folge des Abbruchs eines Großteils der Tagesanlagen in den 1970er Jahren blieb mehr oder weniger nur die ehemalige Verwaltung erhalten, die seit 1987 als bedeutendes Zeugnis expressionistischer Industriearchitektur unter Denkmalschutz steht. Trotz ihres äußerst desolaten Zustands lässt sie auch heute noch die ursprüngliche Intention erkennen, ein ästhetisch anspruchsvolles Bauwerk zu erschaffen. Im Inneren befand sich ein repräsentatives Foyer, wovon unter anderem die Reste eines Wasserbeckens zeugen. Daher eignet sich dieses Objekt als Beispiel für den nicht zu vermeidenden Verfall nach der Aufgabe der ursprünglichen Nutzung und die oftmals folgende Debatte um das Maß an zu erhaltender Originalsubstanz.

Abb. 7: Verwaltung der ehemaligen Kokerei Alma

Das Argument des ehemaligen Eigentümers, das Objekt sei nur noch ein Torso und ihm käme daher kaum mehr Denkmalwert zu, wurde abgewiesen. Dem Verwaltungsgericht zufolge sei auch ein minimaler Restbestand einer bedeutungsvollen Gesamtanlage von erheblichem Dokumentationswert. Mit dem Verlust an Originalsubstanz, der ja aufgrund der fehlenden Nutzung und Vernachlässigung de facto auch Teil der Geschichte des Objektes ist, ging nicht automatisch der Verlust der Denkmaleigenschaft einher. Im Jahr 2009 fiel die Zuständigkeit für das stark gefährdete Objekt an das Land Nordrhein-Westfalen, das zunächst

---

66 Busch, Wilhelm: F. Schupp, M. Kremmer. Bergbauarchitektur 1919–1974 (Landeskonservator Rheinland – Arbeitsheft 13), Bonn/ Köln 1980, S. 64.

eine grundlegende Gebäudesicherung veranlasste.[67] Neben anderen verdeutlicht auch dieses Beispiel, dass der Erhaltungsumfang, das Maß an erhaltener Originalsubstanz und das Erscheinungsbild von Fall zu Fall sehr unterschiedlich ausfallen können. Die ehemalige Verwaltung ist auch in verfallenem Zustand auf ihre Art authentisch, selbst wenn sie als Repräsentation einer hochkomplexen Kokerei als nicht ausreichend erscheint. Im vorliegenden Fall konzentrierte sich das Erhaltungsinteresse auf die architektonische Gestaltung und Bedeutung, was ebenfalls verdeutlicht, dass je nach Perspektive verschiedenste Authentizitäten relevant sein können.

Beim letzten Beispielobjekt handelt es sich um die 1898 errichtete Zeche Zollern 2/4, die im Folgenden zur Veranschaulichung der Thematik der Translozierung und der Präsentation im musealen Kontext dient. Die einleitend bereits als Ausgangspunkt für die Industriedenkmalpflege in Westfalen erwähnte Dortmunder Anlage wurde ab 1898 unter der Leitung des Direktors der Gelsenkirchener Bergwerks AG, Emil Kirdorf, errichtet. Die „Musterzeche" entstand vor dem Hintergrund, Arbeits- und Wohnstätten einladender zu gestalten und mit Grünflächen aufzuwerten.[68] Sie setzt sich im Zentrum aus fünf repräsentativen, historistisch gestalteten Bauten zusammen, die einen baumbestandenen Ehrenplatz einfassen. Östlich schließen die technischen Bauten samt zwei Fördergerüsten an.

Abb. 8: Zeche Zollern 2/4

---

67 O. V.: Alma-Torso unter Denkmalschutz. Verwaltungsgericht bewertet Gebäude als Dokument der Industriegeschichte, in: Buersche Zeitung vom 15.03.1990; O. V.: Schupp-Bau verfällt. [aus: LWL-Denkmalpflege, Landschafts- und Baukultur, Münster: Objektakte: ehem. Zentralkokerei Alma].

68 Untere Denkmalbehörde der Stadt Dortmund, Inventarisation und Baudenkmalpflege Innenstadt-Bezirke ohne Siedlungen: Auszug aus der ausführlichen Denkmalliste der Stadt Dortmund, Lfd.-Nr. 373, Zeche Zollern II/IV, Zechensiedlung „Kolonie Landwehr" einschl. Beamtenwohnhäuser, Straßenraum, Platzanlage und Einfriedungen, mit Anlage 1: Änderungen zur Denkmalliste Lfd.-Nr. 0373 vom 27.04.1990 und Anlage 2 (Stand: 14.04.2016).

Das ursprüngliche Fördergerüst über Schacht 4 war bereits 1940 abgebrochen worden, bevor die Zeche 1955 aufgrund der Verlagerung der Förderung zur Zentralschachtanlage Germania stillgelegt wurde. Anders als später die Maschinenhalle konnte auch das Fördergerüst über Schacht 2 nicht erhalten werden und wurde 1969 abgebrochen.[69]

Während die Bauwerke am Ehrenplatz auf die norddeutsche Backsteingotik Bezug nehmen, wurde die seit 1969 denkmalgeschützte Maschinenhalle erstmals in moderner Stahl-Glas-Architektur ausgeführt. Ab 1981 setzte auf dem Gelände in Vorbereitung einer musealen Nutzung die bauliche Wiederherstellung ein:[70] heute dokumentiert das Westfälische Industriemuseum auf dem Zollern-Gelände die historischen Arbeits- und Lebensbedingungen am „authentischen Ort".[71] Als Ersatz für die abgebrochenen Fördergerüste wurden in den 1980er Jahren zwei baugleiche, 36 Meter hohe Deutsche Strebengerüste nach Dortmund transloziert. Dasjenige für Schacht 4 stammt ursprünglich von der Zeche Friedrich der Große in Herne und ist nicht begehbar, das andere, über Schacht 2 neu errichtete stellte die Zeche Wilhelmine Victoria in Gelsenkirchen zur Verfügung, es ist begehbar. In Vorbereitung des Transports wurden die Nietverbindungen aufgebohrt und die Gerüste in Einzelteile zerlegt, welche dann am neuen Standort – nun allerdings mittels Schraubverbindungen – neu montiert wurden. Dadurch wurden trotz der Wiederverwendung originaler Materialien handwerkliche und entwicklungsgeschichtliche Spuren vernichtet, das Objekt wurde als historische Quelle entwertet.[72] Zudem büßten die Fördergerüste durch den Wiederaufbau auf Zeche Zollern ihren historischen Kontext ein: die ursprünglichen städtebaulichen, siedlungs- und sozialgeschichtlichen Bezüge, in denen die Objekte entstanden waren und die sie zugleich bezeugten, gingen verloren.[73] Durch die Einbettung in den neuen Kontext entstanden neue Bezüge, allerdings wird dadurch auch eine Situation vorgetäuscht, die nicht historisch gewachsen, sondern quasi „inszeniert" ist. Trotz dieser Nachteile kann eine Translozierung möglicherweise überhaupt erst den Erhalt eines Objektes ermöglichen, zumal

---

69 Neumann, Benedikt/ Schürmann, Stephan: Zeche Zollern II/IV. Fördergerüste-Schachthalle-Separation [gekürzte und für das Internet bearbeitete Fassung] (http://www.rheinische-industriekultur.de/objekte/Dortmund/zollern_foerdergeruste_separation/zollern_foerdergerueste.html, letzter Abruf am 27.02.2017).

70 LWL-Denkmalpflege, Landschafts- und Baukultur in Westfalen, Datenbank DELOS, Klara-ID: 17226, Objekt: Zeche Zollern II/IV, LWL-Industriemuseum (Stand: 27.06.2016).

71 Clarke, Michael/ Will, Martina: Industriekultur und Technikgeschichte in Nordrhein-Westfalen. Initiativen und Vereine, Essen 2001, S. 33.

72 Wi-Unternehmensgruppe: Translozierung (http://www.denkmalschutz.in/Translozierung.html, letzter Abruf am 27.02.2017).

73 Neumann/ Schürmann: Zeche Zollern II/IV.

die Besucher in diesem speziellen Fall am neuen Standort ein tieferes Verständnis von den ursprünglichen Funktionsabläufen einer Zeche erlangen.[74] Somit kommt es auch hier darauf an, aus welcher Perspektive man die Authentizität des Denkmals betrachtet und was mit der Erhaltung und Translozierung der Objekte erreicht werden soll, zumal sich auf dem Zechenareal zuvor vergleichbare Anlagen befunden haben.

Authentisch ist dabei in gewisser Weise ja auch der Vorgang der Musealisierung der Anlage im Rahmen einer wirtschaftlich tragfähigen Nachnutzung und der damit verbundene Wunsch nach Vervollständigung durch adäquate Objekte: Die Fördergerüste ergänzen das Ensemble der seit 1990 unter Denkmalschutz stehenden Torhäuser, der Lohnhalle mit Waschkaue und Magazin, des Verwaltungsgebäudes, mehrerer Werkstattgebäude, der Maschinenhalle mit Kesselhaus, der Trasse der Zechenbahn und der Zecheneinfriedung.[75] In jedem Fall sollte die Dokumentation einer derartigen Translozierung am neuen Standort mit präsentiert werden.[76]

Fazit

Unumstritten ist, dass die Erweiterung des Spektrums des zu schützenden Erbes neue Ansätze und Methoden erfordert, wobei immer wieder neu zu hinterfragen ist, was in welcher Form erinnert werden soll, das heißt wer das kulturelle Erbe und damit auch potentielle Denkmale sowie deren Authentizität definiert und bewertet.[77] Schlussendlich gibt es nicht die eine, allgemeingültige und mit Hilfe universeller Kriterien zu identifizierende Authentizität. Aber muss es das überhaupt? Fest steht, dass Bauwerke der Deutung bedürfen, wobei sich je nach Fragestellung und Perspektive mehrere Bedeutungen und Sinnzusammenhänge ergeben können. Da Disziplinen wie die Architektur und Denkmalpflege in die geistigen, sozialen, ökonomischen und politischen Entwicklungen der Gesellschaft eingebettet sind,[78] handelt es sich auch bei Denkmaleigenschaft und Authentizität um Objekten zugeschriebene Wertsetzungen, die dem kulturellen und gesellschaftlichen Wandel unterliegen und immer wieder neu verhandelt

---

74 Untere Denkmalbehörde der Stadt Dortmund: Auszug aus der ausführlichen Denkmalliste, Lfd.-Nr. 373; Clarke/ Will: Industriekultur und Technikgeschichte, S. 33.
75 Untere Denkmalbehörde der Stadt Dortmund: Auszug aus der ausführlichen Denkmalliste, Lfd.-Nr. 373; Clarke/ Will: Industriekultur und Technikgeschichte, S. 33.
76 Wi-Unternehmensgruppe: Translozierung.
77 Oevermann: Über den Umgang mit dem industriellen Erbe, S. 55.
78 Conradi: Rezension von Michael S. Falser.

werden müssen.[79] Der materiellen, anschaulichen Substanz kommt aus industriearchäologischer Perspektive als Informationsträger sicherlich eine Schlüsselrolle zu, jedoch bedarf diese der Erklärung und Deutung, sodass keine der Dimensionen (Material, Form, Bedeutung, Funktion) für sich allein stehen kann. Zudem zielt die Erhaltung materieller Substanz „nicht nur auf die Erhaltung eines geschichtlichen Zeugnisses [...], sondern auch auf die Erhaltung als Identitätsträger bzw. als Projektionsfläche von Identität und Erinnerung. Diese sind jedoch, anders als die materielle Substanz, subjektbezogen, heterogen und dynamisch. Damit müsste das Erbe auch in seiner Wahrnehmungs- und Rezeptionsgeschichte vielschichtig erhalten bleiben".[80] Bestimmte Bauten, wie Fördergerüste, erlangen durch ihre Wirkung als Orientierungspunkt zusätzlich Bedeutung.[81] Einerseits ist die Authentizität damit dem Informationsträger bzw. dem Substanziellen verhaftet, andererseits der Bedeutung, sodass es gewissermaßen um die Relation zum Rezipienten und der Umgebung, also um die Kontextualisierung, geht.[82] Die Auswahl und Bewertung von Denkmalen wird immer ein Abwägungsprozess bleiben, wobei die Denkmalpflege als wissenschaftlich arbeitende Instanz stets angehalten ist, die bauliche Überlieferung möglichst umfassend auf ihren Zeugniswert hin zu untersuchen.[83] Dies erklärt beispielsweise auch den Wandel des Erhaltungsinteresses – von reinen Kunstdenkmalen über vorindustrielle bzw. heimatkundliche Objekte bis hin zu Denkmalen der Technik und Industrie oder sogenannten unbequemen Denkmalen.[84] So gesehen, geht es nicht darum, ob ein Objekt authentisch ist, sondern wofür oder für wen beziehungsweise in welcher Hinsicht.[85] Entscheidet man sich für die Darstellung und Vermittlung einer der Authentizitäten, gehen möglicherweise andere verloren – beispielsweise bei Rekonstruktionen: hier wird mitunter das letzte, der Entwicklung geschuldete Erscheinungsbild zugunsten des ursprünglichen Eindrucks und des Entstehungskontexts verändert. Sind Eingriffe in die Denkmalsubstanz erforderlich, ist im Vorfeld zu bedenken, in welche Richtung oder in welchem Maß sich die Authentizität des Objektes eventuell verändert und welche inter-

---

79 Seidenspinner: Woran ist Authentizität gebunden?, S. 2 f.

80 Oevermann: Über den Umgang mit dem industriellen Erbe, S. 56.

81 Pfeiffer/ Stiens: Einblicke in Industriedenkmalpflege und Denkmalschutz, S. 13.

82 Seidenspinner: Authentizität, S. 4.

83 Parent, Thomas: Industriedenkmal und Industrielandschaft als Quellen zur Industriegeschichte, Essen 2001, S. 21–23.

84 Oevermann: Über den Umgang mit dem industriellen Erbe, S. 54.

85 Werner, Claus: Welche Authentizität hätten's gern? – Museumssystematiken und der relative Authentizitätsbegriff. Vortrag im Rahmen der Tagung „Museen – Orte des Authentischen?" vom 3. bis 4. März 2016 in Mainz, S. 3 (unveröff.).

pretativen Folgen sich daraus für das Denkmal als Informationsträger und Medium historischer Erkenntnis ergeben.[86]

Vor allem technische und Produktionsbauten, heute potentielle oder schon eingetragene Denkmale, unterlagen schon in der Vergangenheit wiederholt Veränderungen und Modernisierungen. Wird Substanz nicht als einziger Referenzwert angenommen, dann stellen bauliche Maßnahmen und Veränderungen nicht per se einen dramatischen Eingriff in den Denkmalwert und die Authentizität dar. Da funktionslos gewordene Denkmale ohne neue Nutzung bekanntermaßen nur schwer dauerhaft zu erhalten sind, sollten Nachnutzungen und damit einhergehende Veränderungen nicht grundlegend verworfen werden, denn auch sie selbst sind Teil der Geschichte des Objektes, und ihre Spuren können damit gewissermaßen auch als „originale Substanz" gedeutet werden. Andererseits stellt sich hier wieder die Frage nach der Grenzziehung im Hinblick auf das Maß an originaler Substanz. Damit das Baudenkmal sowie sein Entstehungs- und Entwicklungskontext möglichst vielschichtig erhalten bleiben, ist über den Wert „Authentizität" von Fall zu Fall denkmalgerecht, interdisziplinär und unter Einbeziehung möglichst vieler Informationsquellen zu entscheiden.

Literatur

Busch, Wilhelm: F. Schupp, M. Kremmer. Bergbauarchitektur 1919–1974 (Arbeitshefte – Landeskonservator Rheinland Nr. 13), Bonn/ Köln 1980.

Clarke, Michael/ Will, Martina: Industriekultur und Technikgeschichte in Nordrhein-Westfalen. Initiativen und Vereine, Essen 2001.

Davydov, Dimitrij u. a.: Denkmalschutzgesetz Nordrhein-Westfalen, Kommentar, 5. Aufl., Wiesbaden 2016.

Falser, Michael S.: Von der Charta von Venedig 1964 zum Nara Document on Authenticity 1994. 30 Jahre „Authentizität im Namen des kulturellen Erbes der Welt", in: Michael Rössner/ Heidemarie Uhl (Hg.): Renaissance der Authentizität? Über die Sehnsucht nach dem Ursprünglichen (Kultur- und Medientheorie 6/2012), Bielefeld 2012, S. 63–87.

Föhl, Axel: Bauten der Industrie und Technik in Nordrhein-Westfalen, Berlin 2000.

Gebel, Silvia: Von der Musterzeche zum Industriedenkmal. Die Zeche Zollern 2/4 in Dortmund Bövinghausen, o. O. 2006.

Grunsky, Eberhard: Kunstgeschichte und die Wertung von Denkmälern, in: Deutsche Kunst und Denkmalpflege 49 (1991), S. 107- 118.

Jerome, Pamela: An Introduction to Authenticity in Preservation, in: APT Bulletin 39 (2008:2-3), S. 3–7.

---

86 Sabrow/ Saupe: Historische Authentizität, S. 15.

Oevermann, Heike: Über den Umgang mit dem industriellen Erbe. Eine diskursanalytische Untersuchung städtischer Transformationsprozesse am Beispiel der Zeche Zollverein, Essen 2010.

O. V.: Alma-Torso unter Denkmalschutz. Verwaltungsgericht bewertet Gebäude als Dokument der Industriegeschichte, in: Buersche Zeitung vom 15.03.1990.

O. V.: Schupp-Bau verfällt. Wer rettet das Denkmal Kokerei Alma in Gelsenkirchen?, in: Ruhr-Nachrichten vom 30.01.2016.

Parent, Thomas: Industriedenkmal und Industrielandschaft als Quellen zur Industriegeschichte, in: Industriekultur und Technikgeschichte in Nordrhein-Westfalen, Essen 2001, S. 21–34.

Pfeiffer, Marita/ Stiens, Claus: Einblicke in Industriedenkmalpflege und Denkmalschutz. Schwerpunkt Nordrhein-Westfalen, Dortmund 2003.

Römhild, Georg: Industriedenkmäler des Bergbaus, in: Berichte zur deutschen Landeskunde 55 (1981:1), S. 1–53.

Sabrow, Martin/ Saupe, Achim: Historische Authentizität. Zur Kartierung eines Forschungsfeldes, in: Dies. (Hg.): Historische Authentizität, Göttingen 2016, S. 7–28.

Stiftung Industriedenkmalpflege und Geschichtskultur, Forum Geschichtskultur an Ruhr und Emscher e. V. (Hg.): Forum Industriedenkmalpflege und Geschichtskultur, 1/2005.

Werner, Claus: Welche Authentizität hätten's gern? – Museumssystematiken und der relative Authentizitätsbegriff. Vortrag im Rahmen der Tagung „Museen – Orte des Authentischen?" vom 3. bis 4. März 2016 in Mainz (unveröff.).

Internet-Ressourcen

Beschluss der Kultusministerkonferenz vom 27.01.1995, Nr. 2164: Industriekultur, Industriedenkmalpflege und Industriemuseen (http://www.kmk.org/fileadmin/Dateien/veroeffentlichungen_beschluesse/1995/1995_01_27-Industriekultur.pdf, letzter Abruf am 03.05.2017).

Conradi, Peter: Rezension von Michael S. Falser: Zwischen Identität und Authentizität. Zur politischen Geschichte der Denkmalpflege in Deutschland, in: sehepunkte 8 (2008:11) [15.11.2008] (http://www.sehepunkte.de/2008/11/14115.html, letzter Abruf am 27.02.2017).

Industriedenkmal-Stiftung NRW: Baumaßnahmen auf Kokerei Hansa, 27.02.2017 (www.industriedenkmal-stiftung.de/docs/9309643193124_de, letzter Abruf am 18.01.2017).

LWL-Industriemuseum, Zeche Hannover: Zeche Knirps (https://www.lwl.org/industriemuseum/standorte/zeche-hannover/besucherinfos/familien, letzter Abruf am 04.05.2017).

Nezhad, Somayeh Fadaei u. a.: A Definition of Authenticity Concept in Conservation of Cultural Landscapes, in: Archnet-IJAR. International Journal of Architectural Research 9 (2015:1), S. 93–107 (https://archnet.org/publications/10070, letzter Abruf am 27.02.2017).

Petzet, Michael: Grundsätze der Denkmalpflege, in: ICOMOS – Hefte des Deutschen Nationalkomitees 15 (1995), S. 92–98 (http://journals.ub.uni-heidelberg.de/index.php/icomos-hefte/article/view/22794/16555, letzter Abruf am 03.01.2017).

Neumann, Benedikt/ Schürmann, Stephan: Zeche Zollern II/IV. Fördergerüste-Schachthalle-Separation [gekürzte und für das Internet bearbeitete Fassung] (http://www.rheinische-in-

dustriekultur.de/objekte/Dortmund/zollern_foerdergerueste_ separation/zollern_foer-
dergerueste.html, letzter Abruf am 27.02.2017).

Ruhr-Tourismus, Zeche Knirps (http://www.ruhr-tourismus.de/staedte-im-ruhrgebiet/bo-
chum/zeche-knirps.html, letzter Abruf am 27.02.2017).

Saupe, Achim: Authentizität, Version 3.0, in: Docupedia-Zeitgeschichte vom 25.08.2015
(http://docupedia.de/zg/saupe_authentizitaet_v3_de_2015, letzter Abruf am
07.02.2017).

Seidenspinner, Wolfgang: Authentizität. Kulturanthropologisch-erinnerungskundliche Annäherungen an ein zentrales Wissenschaftskonzept im Blick auf das Weltkulturerbe, in: kunsttexte 4 (2007) (http://edoc.hu-berlin.de/kunsttexte/2007-4/seidenspinner-wolfgang-4/
PDF/seidenspinner.pdf, letzter Abruf am 27.02.2017).

Seidenspinner, Wolfgang: Woran ist Authentizität gebunden? Von der Authentizität zu den Authentizitäten des Denkmals, in: kunsttexte 3 (2007) (http://edoc.hu-berlin.de/kunsttex-
te/2007-3/seidenspinner-wolfgang-2/PDF/seidenspinner.pdf, letzter Abruf am
27.02.2017).

UNESCO, ICCROM, ICOMOS: Das Nara-Dokument zur Echtheit/Authentizität. Entstanden im
Nachgang der Nara-Konferenz zur Authentizität bezogen auf die Welterbe-Konvention
vom 1. bis 6. November 1994 (http://www.dnk.de/_uploads/media/174_1994_UNESCO_-
NaraDokument.pdf, letzter Abruf am 27.02.2017).

Wi-Unternehmensgruppe: Translozierung (http://www.denkmalschutz.in/Translozierung.html,
letzter Abruf am 27.02.2017).

UNESCO: Stonehenge, Avebury and Associated Sites (World Heritage List), (http://whc.
unesco.org/en/list/373/, letzter Abruf am 22.02.2017).

Quellen

LWL- Denkmalpflege, Landschafts- und Baukultur in Westfalen, Münster: Technische Kulturdenkmale, Objektakten

Ehem. Zentralkokerei Alma, Waschkaue/ Verwaltungsgebäude, Almastraße 81–87, Gelsenkir-
chen-Ückendorf (Stand: 26.04.2016).

Kokerei Hansa, Allgemein – Akte V, Emscherallee 11, Dortmund-Huckarde, ab 23.08.2016
(Stand: 04.11.2016).

Kokerei Hansa, Koksofenbatterie, Nebenanlagen und maschineller Besatz – Akte I, Emscherallee 11, Dortmund-Huckarde, ab 01.04.2010 (Stand: 04.11.2016).

Zeche Adolf von Hansemann, Akte I – Allgemein, Dortmund-Mengede, 31.03.1983.

Zeche Adolf von Hansemann, Akte I – Lohnhalle/Waschkaue, Dortmund-Mengede, 21.05.1981
(Stand: 07.11.2016).

Zeche Adolf von Hansemann, Akte I – Torhaus, Dortmund-Mengede, 09.04.1986.

Zeche Alte Haase 1/2, Akte I – Verwaltungsgebäude/Waschkaue, Büros, Magazin/Stützmauer/
Werkstätten/Zentralmaschinenhalle/Stollenmundloch, 19.08.2004–08.12.2006, Hattinger Straße, Sprockhövel-Niedersprockhövel (Stand: 20.10.2016).

Zeche Hannover 1/2, Hannover Straße, Bochum-Hordel, Akte I, 01.01.1977–31.12.1980 (Stand:
07.11.2016).

Zeche Hannover 1/2 (LWL-Industriemuseum), Hannover Straße, Bochum-Hordel, Bauantrag v. 13.11.1989, s. Dokumentenmappe Nr. 4, Akte II, 01.01.1981–02.10.2009 (Stand: 07.11.2016).

Zeche Hannover 1/2 (LWL-Industriemuseum), Hannover Straße/ Günnigfelder Straße 251, Bochum-Hordel, Bauantrag v. 13.11.1989, s. Dokumentenmappe Nr. 4, Akte III, ab 20.01.2015.

Zeche Zollern 2/4, Grubenweg, Dortmund-Bövinghausen, Akte I – allgemein, vom 04.06.1980– 22.09.2015 (Stand: 09.05.2016).

LWL-Denkmalpflege, Landschafts- und Baukultur in Westfalen, Datenbank DELOS

Klara-ID: 17226, Objekt: Zeche Zollern II/IV, LWL-Industriemuseum (Stand: 27.06.2016).

Untere Denkmalbehörde der Stadt Herne (Rathaus Wanne), Objektakten

Denkmal an der Albert-Klein-Straße 1, [ehem. Zeche Friedrich der Große], (Stand: 05.04.2016).

Untere Denkmalbehörde der Stadt Dortmund (Inventarisation und Baudenkmalpflege Innenstadt-Bezirke ohne Siedlungen)

Auszug aus der ausführlichen Denkmalliste der Stadt Dortmund, Lfd.-Nr. 373, Zeche Zollern II/IV, Zechensiedlung „Kolonie Landwehr" einschl. Beamtenwohnhäuser, Straßenraum, Platzanlage und Einfriedungen, mit Anlage 1: Änderungen zur Denkmalliste Lfd.-Nr. 0373 vom 27.04.1990 und Anlage 2 (Stand: 14.04.2016).

Gerhard Lenz

Authentische Orte der Industriekultur zwischen Bespielung und Vergessen – das Weltkulturerbe im Harz

Fläche ohne kollektives Gedächtnis

Das Welterbe Bergwerk Rammelsberg, Altstadt von Goslar und Oberharzer Wasserwirtschaft ist eine von 46 Welterbestätten in der Bundesrepublik Deutschland und erstreckt sich über eine Fläche von mehr als 200 km². Die Altstadt von Goslar und das Erzbergwerk Rammelsberg sind Welterbe seit dem Jahr 1992 und wurden im Jahre 2010 um die Oberharzer Wasserwirtschaft erweitert.

Abb. 1: Ausdehnung des Welterbegebietes und seiner Pufferzone im Harz

https://doi.org/10.1515/9783110683103-016

Dieses flächenhafte Welterbe ist nicht als eine geschlossene Kulturlandschaft in die Welterbeliste eingetragen, sondern besteht aus einer Ansammlung von mehr als 3 000 unterschiedlichen Objekten und Denkmalen, die „verstreut" in der Fläche aufzufinden sind. Dabei reicht das Spektrum der Artefakte vom kleinteiligen Wasserlauf im Oberharz über Profanbauten wie die in ihren Ursprüngen 1 000-jährige Kaiserpfalz in Goslar bis hin zu sakralen Elementen unter dem Dach des ZisterzienserMuseums Kloster Walkenried.[1]

Die Vielgestaltigkeit dieses Welterbes – die schon in seinem Titel inkludiert ist – erschwert dabei für viele Besucher sowohl das Auffinden als auch die Wahrnehmbarkeit. Zudem hat das *Welterbe im Harz* etwa im Gegensatz zum Kölner Dom keinen „abrufbaren" Platz im kollektiven Gedächtnis der Bevölkerung der Bundesrepublik Deutschland. Das heißt sowohl die Entwicklungs- als auch die Vermittlungsperspektive des Welterbes Altstadt von Goslar, Bergwerk Rammelsberg und Oberharzer Wasserwirtschaft sind von zentraler Bedeutung für das Erkennen und Verstehen der authentischen Orte.

Abb. 2: Kölner Dom

---

1 http://whc.unesco.org/uploads/nominations/623ter.pdf (letzter Abruf am 03.07.2017).

Abb. 3: Erzabfuhrwege am Rammelsberg

Gegenwartsperspektive und Unsichtbarkeit

Das *Welterbe im Harz* ist geprägt durch eine über 1 000-jährige Geschichte ununterbrochener bergbaulicher Tätigkeit; die Erkenntnisse der Montanarchäologie lassen sogar auf bergbauliche Aktivitäten in dieser Region seit der Bronzezeit schließen. Ziel ist also mindestens 1 000 Jahre Menschheitsgeschichte, verteilt über diese große Fläche, für die Besucher des Welterbes im Raum lesbar zu machen,[2] das heißt, diese so wahrnehmbar zu gestalten, ohne ihre historische Authentizität zu beeinträchtigen.

Erschwerend kommt hinzu, dass der zeitgenössische Betrachter den ihn umgebenden Raum lediglich anhand der sich aktuell zeigenden Oberflächennutzung wahrnimmt und deren historische Genese nicht selbstständig dekodieren kann.[3] Diese Wahrnehmungsperspektive korreliert mit der Kontinuität ständigen Wandels unserer Lebensumwelt, die zunehmend wie die Benutzeroberfläche eines Personal Computers permanenten Updates unterzogen wird.

Selbst die Wahrnehmung bekannter und großer Welterbeelemente, wie etwa des Bergwerks Rammelsberg, ist von der Gegenwartsperspektive geprägt. Das Internet und unser geistiges Auge vermitteln das Bild einer monumentalen Architektur, die geradezu in eine Hanglage hineingewachsen zu sein scheint. Es präsentiert sich ein industrielles Ensemble mit Förderturm, Erzaufbereitung und

---

2 Schlögel, Karl: Im Raume lesen wir die Zeit, München 2013, S. 12.
3 Lenz, Gerhard: Verlusterfahrung Landschaft, Frankfurt (Main) 1999, S. 10.

Kraftzentrale, welches schon die Ursache seines Seins, nämlich das darunterliegende Grubengebäude, dem Auge des Betrachters verstellt. Doch selbst die Wahrnehmung der Oberflächenperspektive repräsentiert keinesfalls die 1000 Jahre Bergbaugeschichte, sondern nur eine relativ dünne „Benutzeroberfläche" seit 1936, also der letzten rund 80 Jahre. Die Sichtung der Bild- und Schriftquellen offenbart uns einen anderen Rammelsberg: kein industrielles Ensemble, sondern eine Vielzahl von kleinen und Kleinstbetrieben, die verstreut über eine entwaldete Bergkuppe liegen – was ist also die authentische Situation?

Abb. 4: Rammelsberg heute

Abb. 5: Bergwerk Rammelsberg um 1900

Abb. 6: Bildkarte von Matz Sincken ‚Goslar und der Rammelsberg', 1574

Neben der Überlagerung mit zahlreichen historischen Schichten haben wir es beim *Welterbe im Harz* mit vielen unsichtbaren Elementen zu tun: Zahlreiche Stollenanlagen befinden sich unter Tage, Wasserläufe, die der Erzeugung von Energie dienten, entziehen sich verborgen im Wald liegend der Wahrnehmung des Betrachters.

Das *Welterbe im Harz* ist also geprägt von flächenhafter Themenvielfalt auf einer langen Zeitachse. Es ist in Teilen unsichtbar und löst im kollektiven Gedächtnis der Menschen nur in wenigen Fällen Assoziationsketten aus.

Welterbe Ernennung: Originalität und Authentizität

Zum Verständnis dieses vielgestalteten Welterbes soll ein kurzer Blick auf die Auswahlkriterien der UNESCO geworfen werden:

> Das Weltkulturerbe im Harz „[...] exhibits an important interchange of human values, in a field of mining and water management techniques, from the Middle Ages until the modern and contemporary periods in Europe. The ensemble is an outstanding example of human creative genius in the fields of mining techniques and industrial water-management [...] The historic mining network of The Mines of Rammelsberg, the Historic Town of Goslar and the Upper Harz Water-Management System constitutes [sic!] an outstanding and very comprehensive technological ensemble in the fields of mining techniques, non-ferrous metallurgy and the management of water for drainage and power. Its extent and its period of continuous operation are exceptional. It also provides a characteristic example of administrative and commercial organization in the Middle Ages and the Renaissance period, through the remains of the monastery of Walkenried and the town planning of the Historic Town of Goslar. [...] The integrity of the water-management system is excellent in terms of its very comprehensive embodiment in the property, its functional dimension which is still in use, and the quality of the associated landscapes in the Upper Harz mountains. With regard to the industrial and technical elements of the Rammelsberg mine, the authenticity of the surviving elements is unquestionable. Inevitably alterations and reconstructions have taken place at Goslar over a period of almost ten centuries, but most of the current historic centre is fully authentic."[4]

Gemäß der UNESCO Kommission ist also die Integrität und Authentizität der Welterbestätte unbestreitbar – das Tagungsthema Authentizität und industriekulturelles Erbe somit scheinbar erschöpfend behandelt.

Dies ist indes keineswegs der Fall, denn mit der Ernennung zum Welterbe beginnt die eigentliche Arbeit in der Interdependenz von Erhalt – Erschließung – Vermittlung. Denn das Welterbe ist keine Sache oder Stätte, die Objekte sind nicht für sich selbst Erbe. Entscheidend ist, was an den Stätten passiert – es ist ein kultureller Prozess.

---

4 http://whc.unesco.org/en/list/623 (letzter Abruf am 03.07.2017).

Erhalt und museale Verbindung des authentischen Ortes

Was passiert im Prozess der facettenreichen kulturellen Aneignung? Was ereignet sich schon allein beim Prozessschritt der Musealisierung authentischer Orte?

Beispiel 1: Der Förderturm des Ottiliae-Schachtes, erstellt 1873, ist das älteste noch erhaltene eiserne Schachtgerüst der Welt. Die Anlage war Bestandteil eines umfänglichen industriellen Komplexes. In ihrem Umfeld hat es zahllose Veränderungsprozesse gegeben; jetzt findet sich vor Ort fast nur noch das Schachtgerüst selbst als singuläres Denkmal, welches nahezu vollständig alle seine historisch gewachsenen übertägigen Bezüge verloren hat.

Unter anderem aufgrund seiner umfänglichen Bedeutung für das untertägige, wenn auch unsichtbare, Grubengebäude wird es in den Jahren 2016/17 für fast eine halbe Million Euro restauriert und in seinen „authentischen Zustand rückverwandelt".

Abb. 7: Roeder-Stollen mit Treppeneinbauten

Beispiel 2: Vor über 20 Jahren wurde im Weltkulturerbe Rammelsberg das sogenannte Roedersche-System, das heißt eine untertägige Einrichtung der Wasserhaltung zum Betrieb von Bergbau aus dem 18. Jahrhundert, für Besucher zugänglich gemacht. In diesem Zusammenhang war es unerlässlich, da weder die Besucher auf sogenannten Fahrten nach unter Tage geschickt werden konnten, noch das Tragen einer einfachen Grubenlampe ausreichend war, den Stollen zur Erschließung mit Treppeneinbauten, einem Beleuchtungssystem und entsprechender Rettungstechnik unter Tage auszustatten.

Dabei hat sich der Ort verändert und seine Authentizität als Stätte der Arbeit teilweise verloren, konnte aber durch diese Maßnahmen überhaupt erst für eine breite Öffentlichkeit erschlossen und wahrnehmbar gemacht werden.

Beispiel 3: Das zeitlich jüngste Beispiel zur Frage von Erhalt und musealer Veränderung ist die Restaurierung und Inbetriebnahme des Schrägaufzugs der Erzaufbereitung des Weltkulturerbes Rammelsberg. Dieser Anlagenteil, der in der Zeit zwischen 1936 und 1938 entstanden ist, diente sowohl der Personen- als auch der Materialbeförderung und ist ein prägender Baustein der Gesamtanlage. Die Restaurierung erfolgte in fast 5-jähriger akribischer Arbeit unter Einbeziehung der Institutionen der Denkmalpflege, wobei alle sicherheitstechnisch oder museal bedingten Veränderungen gekennzeichnet wurden, um dem Betrachter den Unterschied zwischen alt und neu zu verdeutlichen.

Trotzdem handelt es sich sowohl um einen massiven Eingriff als auch um eine denkmalpflegerische Inwertsetzung, aber nicht zuletzt verbunden mit dem finalen Ziel der Erschließung der musealen Zentralansicht des Weltkulturerbes Rammelsberg.

Vernetzung und Erschließung

Eine wichtige Rolle für die Wertschätzung des Welterbes spielt das Erschließende – Sichtbar- und Begehbarmachen desselben. Dies geschieht unter anderem durch zertifizierte Welterbe-Guides, die unter dem Gesamttitel „Steig ein in das verborgene Labyrinth der Schätze"[5] über- und untertägige Touren anbieten. Zum anderen entstehen an einer „Achse der Kulturlandschaft"[6] sogenannte Erkenntniswege, die ein autonomes, selbstführendes Kennenlernen ermöglichen und die zum Teil völlig in der Landschaft isoliert liegenden authentischen Objekte vernetzen.

---

5 Konzeptstudie Welterbe-Infozentren. Touristische Entwicklung und Inwertsetzung des flächenhaften UNESCO-Welterbes Bergwerk Rammelsberg, Altstadt von Goslar und Oberharzer Wasserwirtschaft, 2015 (unveröff.). Auftraggeber: Stiftung Bergwerk Rammelsberg, Altstadt von Goslar und Oberharzer Wasserwirtschaft. Förderprojekt Europäischer Fonds für regionale Entwicklung.
6 Ebd.

Dabei offenbart sich das Problem, dass technologische Sinnzusammenhänge – gerade im Bereich der Oberharzer Wasserwirtschaft – unvollständig vorhanden sind oder durch Überformungen wie Straßenbau und Waldbewuchs unterbrochen wurden.

Abb. 8: Ehem. Radstube am Welterbe-Erkenntnisweg ‚Pumpen und Speichern' in Clausthal-Zellerfeld

Abb. 9: Wasserrad-Inszenierung am Welterbe-Erkenntnisweg ‚Pumpen und Speichern' in Clausthal-Zellerfeld

So befinden sich im Wald versteckt, im Erdboden versenkte, leere Baukörper, die ursprünglich als sogenannte Radstuben Wasserräder zur Energieerzeugung beherbergt haben. In solcher Art Fällen arbeitet das *Welterbe im Harz* bewusst mit landschaftsbaulichen Inszenierungen, die als klarer gestalterischer Kontrapunkt neben der noch vorhandenen originalen Substanz stehen, die weder durch einen Nachbau noch vergleichbare Maßnahmen zerstört werden soll. Gleichzeitig können diese Objekte der interaktiven Beteiligung der Besucher dienen und die historische Funktionsweise des Originals erkennbar machen.

Abb. 10: Stele am Welterbe-Erkenntnisweg ‚Ideen und Innovationen' in Clausthal-Zellerfeld

An anderen Stellen des Welterbes kennen wir zwar die Ideengeschichte eines Artefaktes und dessen Standort, es fehlt aber jedweder archäologische Nachweis oder sonstige Beweislagen jenseits von Schriftquellen. Um die Kette des Verstehens hier nicht zu unterbrechen, haben wir uns entschieden, die Entwurfszeichnungen des Objektes auf eine transparente Tafel aufzubringen und für den Besucher auf eine Sichtachse im Raum zu positionieren.

Aber es bleibt festzustellen, auch wir belegen die Landschaft mit einer neuen „Nutzeroberfläche".

„Rekonstruktion" der Zusammenhänge – Welterbe-Informationszentren

Mit dem Ziel, den Bildungsauftrag der UNESCO zu gestalten, entstehen derzeit bis Mitte des Jahres 2019 drei Welterbe-Informationszentren. Sie sollen die Originalstandorte miteinander verbinden und wie „Scheinwerfer" anstrahlen. Des Weiteren sind sie die einzigen Orte, die es den Besuchern ermöglichen, den Gesamtzusammenhang des Welterbes zu erfassen und die „Unsichtbarkeit" zahlreicher kleinerer Standorte zu überwinden. Nach einer allgemeinen Einführung in die „weltweite Welterbe-Familie" und deren spezifischer Problemlagen im Rahmen von Krieg, Zerstörung und Armut folgt ein Blick auf das Welterbe in Deutschland.

Des Weiteren wird das *Welterbe im Harz* für die Besucher in vier Themenschwerpunkte geclustert, die mit jeweils authentischen Orten, die ein spezifisches Alleinstellungsmerkmal aufweisen, hinterlegt sind. Die vier Bereiche sind das Montanwesen, die Energieerzeugung, die Bereiche Architektur und Siedlungswesen und der fundamentale Wandel der Kulturlandschaft.

Im Mittelpunkt der Welterbe-Informationszentren entsteht ein interaktives Landschaftsrelief mit einer 3D-Animation, welche den Entstehungsprozess des *Welterbes im Harz* veranschaulicht. Es spiegelt die Erschließung durch den Bergbau, die Entwaldung der Landschaft, das Entstehen und Verschwinden von Dörfern, Wasserläufen und Handelsbeziehungen. Das Modell bietet dem Besucher die einmalige Gelegenheit, die Sinnzusammenhänge des 200 km² großen Welterbes gleichsam in einer Aufsicht zu erfahren und sich einen Überblick zu verschaffen. Eine ähnliche Übersicht gäbe es nur aus der Vogelperspektive und an keinem authentischen Standort.[7]

Die Besucher verlassen das Welterbe-Informationszentrum mit einer individuellen Road-Map, entweder in Form analoger Informationen oder mit der Möglichkeit, digitale Informationen auf dem Mobilfunkgerät herunterzuladen. Eine qualitätvolle Bespielung der Originalschauplätze oder deren Auffindbarkeit wären ohne die Vermittlungsebene der Welterbe-Informationszentren schwer vorstellbar.

---

7 Lenz, Gerhard: Strukturelle Erschließung des Weltkulturerbes Erzbergwerk Rammelsberg, Altstadt von Goslar und Oberharzer Wasserwirtschaft. Projektskizze Welterbe-Infozentren, Goslar 2013 (unveröff.).

Kulturlandschaft als Benutzeroberfläche

Generell ist festzustellen, dass die Kulturlandschaft einem kontinuierlichen Wandel unterworfen ist, deren Zeit-/bzw. Nutzungsintervalle durch ständige eventbezogene Upgrades zunehmend kürzer werden.

So ist sowohl die Inszenierung des Natur- als auch Kulturraumes zu einem kaum wegzudenkenden Phänomen der vergangenen drei Jahrzehnte geworden.

Dabei steht nur bedingt die Vermittlung von Themen im Zentrum; viel stärker wird der Kultur oder Natur der Charakter eines Bühnenbildes oder einer Kulissenarchitektur zugeschrieben.

Dies realisiert sich sowohl im Rahmen pädagogisch anspruchsvoller Vermittlungsformen, wie beispielsweise im Kontext eines Baumwipfelpfades in der Nähe von Goslar als auch im Rahmen einer ausgeprägten Festkultur, die unter anderem bei der Durchführung von Weihnachtsmärkten das Welterbe zur Theaterkulisse degradieren.

Luftaufnahmen des *Welterbes im Harz* zeigen, dass auch – wie am Beispiel des Ottiliaeschachtes in Clausthal Zellerfeld – durch Inszenierung unterbrochene Funktionszusammenhänge wieder hergestellt werden. Dabei wird allerdings darauf verzichtet, durch Stilisierung zu einer Industrie-Natur „die schlechten Erinnerungen an den Niedergang der Industrie"[8] aufzulösen und deren bauliche Relikte zum Bühnenbild zu machen.

Dabei erfolgt die „Bespielung" so zurückgenommen wie möglich, zum Beispiel im Rahmen eines Pfades, der die Besucher mittels QR-Code durch die Landschaft führt oder durch transparente Landschaftsoverlays, die das historische Ensemble einer Industrielandschaft „gleichsam wiedererstehen" lassen.

Die maßstäbliche Inszenierung wird als ein unverzichtbarer Begleiter bei der Decodierung von über 1 000 Jahren Menschheitsgeschichte zum Verstehen, Vermitteln und letztendlich auch zur Bewahrung des authentischen Ortes angesehen.

---

8 Golombek, Jana/ Meyer, Torsten: Das (post-)industrielle Erbe des Anthropozän. Überlegungen zu einer Weitung des Blickfelds, in: Der Anschnitt. Zeitschrift für Kunst und Kultur im Bergbau 68 (2006:6), S. 198–215, hier S. 210.

Literatur

Golombek, Jana/ Meyer, Torsten: Das (post-)industrielle Erbe des Anthropozän. Überlegungen zu einer Weitung des Blickfelds, in: Der Anschnitt. Zeitschrift für Kunst und Kultur im Bergbau 68 (2016:6), S. 198–215.

Lenz, Gerhard: Verlusterfahrung Landschaft, Frankfurt (Main) 1999.

Schlögel, Karl: Im Raume lesen wir die Zeit, München 2013.

Internet-Ressourcen

http://whc.unesco.org/uploads/nominations/623ter.pdf (letzter Abruf am 03.07.2017).

http://whc.unesco.org/en/list/623 (letzter Abruf am 03.07.2017).

Quellen

Konzeptstudie Welterbe-Infozentren. Touristische Entwicklung und Inwertsetzung des flächenhaften UNESCO-Welterbes Bergwerk Rammelsberg, Altstadt von Goslar und Oberharzer Wasserwirtschaft, 2015 (unveröff.). Auftraggeber: Stiftung Bergwerk Rammelsberg, Altstadt von Goslar und Oberharzer Wasserwirtschaft. Förderprojekt Europäischer Fonds für regionale Entwicklung.

Lenz, Gerhard: Strukturelle Erschließung des Weltkulturerbes Erzbergwerg Rammelsberg, Altstadt von Goslar und Oberharzer Wasserwirtschaft. Projektskizze Welterbe-Infozentren, Goslar 2013 (unveröff.).

Friederike Hansell

Authentische Räume im Kontext des UNESCO-Welterbes – die Montanregion Erzgebirge/Krušnohoří als Welterbe-Kulturlandschaft

Einleitung

Im Jahr 1972 wurde das Übereinkommen zum Schutz des Kultur- und Naturerbes der Welt (Welterbe-Konvention) verabschiedet. Leitidee der Welterbe-Konvention ist die „Erwägung, dass Teile des Kultur- oder Naturerbes von außergewöhnlicher Bedeutung sind und daher als Bestandteil des Welterbes der ganzen Menschheit erhalten werden müssen".[1] 193 Staaten haben das Übereinkommen bis heute ratifiziert. Die Welterbe-Konvention gehört somit zum international bedeutendsten Instrument, das jemals von der Völkergemeinschaft zum Schutz ihres kulturellen und natürlichen Erbes beschlossen wurde und bildet die Grundlage für die Eintragung in die Liste des UNESCO-Welterbes.

Der Nachweis der Authentizität eines nominierten Gutes gehört neben dem Nachweis der Integrität zu einem der zentralen Bedingungskriterien, die für die Eintragung eines Kulturerbes in die Welterbeliste erfüllt sein muss. Beide Konzepte sind von grundlegender Bedeutung für den Schutz und das Management einer Welterbestätte. Sie sind integraler Bestandteil der Erklärung zum außergewöhnlichen universellen Wert (OUV). Die Prüfung der beiden Bedingungskriterien erfolgt unter Berücksichtigung der Kategorie des nominierten Gutes. Der vorliegende Artikel erläutert einführend die Welterbe-Kategorie der Kulturlandschaft, den außergewöhnlichen universellen Wert als zentrales Kriterium für die Einschreibung in die Welterbeliste und die Bedeutung des Konzepts der Authentizität im Welterbekontext. Nachfolgend wird auf die Problematik in der Anwendung des Konzepts der Authentizität im Welterbekontext eingegangen und der aktuelle Diskurs kurz skizziert.

Vor diesem Hintergrund wird am Beispiel der Welterbe-Bewerbung der Montanregion Erzgebirge/ Krušnohoří die Anwendung des Konzepts der Authentizi-

---

1 Präambel, in: UNESCO (Hg.): Übereinkommen zum Schutz des Kultur- und Naturerbes der Welt. Convention Concerning the Protection of the World Cultural and Natural Heritage, Paris 1972, S. 1 (https://www.unesco.de/sites/default/files/2018-02/UNESCO_WHC_%C3%9Cbereinkommen%20Welterbe_dt.pdf, letzter Abruf am 08.06.2018).

https://doi.org/10.1515/9783110683103-017

tät im Rahmen einer seriellen Kulturlandschaft exemplarisch aufgezeigt. Bei seriellen Nominierungen im Welterbekontext handelt es sich um so genannte Sammelgüter, die sich aus zwei oder mehreren getrennt voneinander liegenden Bestandteilen zusammensetzen.[2] Zwischen den Bestandteilen müssen klar definierte Zusammenhänge bestehen und das Gut als Ganzes muss den außergewöhnlichen universellen Wert erfüllen, nicht die einzelnen Bestandteile.

Bis Juli 2017 wurden 102 Güter als Kulturlandschaften gelistet, darunter fünf industriell geprägte.[3] Weitere eingetragene Industrieerbestätten weisen zwar Merkmale einer Kulturlandschaft auf, sind aber nicht als solche eingetragen.[4] Eine einheitliche Definition von Bergbau- bzw. Industriekulturlandschaften im Welterbekontext existiert bisher nicht.[5] Die eingetragenen Bergbau- bzw. Industrielandschaften setzen sich aus unterschiedlichen technischen Baudenkmalen, Siedlungsstrukturen und Landschaftsformen zusammen und werden entweder aus einzelnen Bestandteilen oder größerflächigen Landschaftseinheiten gebildet. Beispiele sowohl von vom Bergbau geprägten Kulturlandschaften als auch von weiteren Bergbaulandschaften zeigen, dass diese Landschaften aufgrund der naturräumlichen Voraussetzungen über eine Serie von Bestandteilen darge-

---

2 Paragraf 137, in: UNESCO (Hg.): Richtlinien zur Durchführung des Übereinkommens zum Schutz des Kultur- und Naturerbes der Welt, Paris 2015 (Übersetzung des Sprachendienstes des Auswärtigen Amts der Bundesrepublik Deutschland von 2017), S. 44 (whc.unesco.org/document/158581, letzter Abruf am 08.06.2018) [nachfolgend Operative Richtlinien].
3 Als Kulturlandschaften eingetragen wurden Kulturlandschaft Hallstatt-Dachstein/Salzkammergut (Österreich, 1997), Industrielandschaft Blaenavon (Großbritannien, 2000), Bergbau-Landschaft von Cornwall und West-Devon (Großbritannien, 2006), Bergbaugebiet Nord-Pas de Calais (Frankreich, 2012) und Industrielandschaft von Fray Bentos (Uruguay, 2015).
4 U. a. die 1980 eingetragene und 2010 erweiterte Welterbestätte Bergbaustadt Røros und Umgebung (Norwegen).
5 Mögliche Definitionen der Industriekulturlandschaften und ihrer Merkmale im Welterbekontext wurden in den letzten Jahren im Rahmen zweier Tagungen in Freiberg und Dortmund diskutiert. Vergleiche hierzu Albrecht, Helmuth/ Hansell, Friederike (Hg.): Industrial and Mining Landscapes within World Heritage Context. International Workshop TU Bergakademie Freiberg/Germany, 25th October 2013 (INDUSTRIEarchäologie – Studien zur Erforschung, Dokumentation und Bewahrung von Quellen zur Industriekultur 15), Chemnitz 2014; und ICOMOS (Hg.): Industrielle Kulturlandschaften im Welterbe-Kontext. Internationale Tagung von ICOMOS Deutschland und TICCIH Deutschland, 26. und 27. Februar 2015, Kokerei Hansa, Dortmund (ICOMOS. Hefte des deutschen Nationalkomitees LXII), Berlin 2016.

stellt werden.[6] Die Welterbe-Bewerbung der Montanregion Erzgebirge/ Krušnohoří, die den gesamten Kontext eines klar definierten vom Bergbau entscheidend geprägten, grenzübergreifenden Raums umfasst, könnte einen weiteren wichtigen Beitrag für eine zukünftige Definition von Bergbaulandschaften im Welterbekontext leisten.[7]

Kulturlandschaften im Welterbekontext

Im Jahre 1992 vom Welterbekomitee auf seiner 16. Tagung in Santa Fe als weitere Kategorie in die Richtlinien aufgenommen, gelten Kulturlandschaften als bedeutender Meilenstein in der Anerkennung der Wechselwirkungen zwischen Mensch und Umwelt im globalen Maßstab.[8] Die Welterbe-Konvention ist das erste und einzige weltweite Rechtsinstrument, das Kulturlandschaften anerkennt und schützt.[9] Gemäß der von einer Expertengruppe zu Kulturlandschaften erarbeiteten Begriffsbestimmung[10] sind Kulturlandschaften „Kulturgüter und stellen die in Artikel 1 des Übereinkommens bezeichneten ‚gemeinsamen Werke von Natur und Mensch' dar. Sie sind beispielhaft für die Entwicklung der menschlichen Gesellschaft und Ansiedlung im Verlauf der Zeit unter dem Einfluss der physischen Beschränkungen und/oder Möglichkeiten, die ihre natürliche Umwelt aufweist, sowie der von außen und von innen einwirkenden Abfolge von gesellschaftlichen, wirtschaftlichen und kulturellen Kräften."[11] Die Kategorie Kulturlandschaft hat drei Unterkategorien: Gestaltete Landschaften, organisch entwickelte Landschaften und assoziative Landschaften (siehe Tab. 1).

---

6 Vergleiche hier die Zusammensetzung der Welterbe-Kulturlandschaften Bergbau-Landschaft von Cornwall und West-Devon oder des Bergbaugebiets Nord-Pas de Calais sowie die Zusammensetzung der Welterbestätten Bergbaustadt Røros und Umgebung (Norwegen, 2010) oder die historische Industrielandschaft „Großer Kupferberg" in Falun (Schweden, 2001).
7 Im Juli 2019 wurde die Montanregion Erzgebirge/ Krušnohoř in die Liste des UNESCO-Welterbe aufgenommen.
8 UNESCO (Hg.): Convention Concerning the Protection of the World Cultural and Natural Heritage (WHC-92/CONF.002/12), Santa Fe 1992 (http://whc.unesco.org/archive/1992/whc-92-conf002-12e.pdf, letzter Abruf am 15.07.2017).
9 Rössler, Mechthild: Applying Authenticity to Cultural Landscapes, in: APT Bulletin 39 (2008:2-3), S. 47–52, hier S. 47.
10 In La Petite Pierre, Frankreich, 24. bis 26. Oktober 1992.
11 Paragraf 47, in: Operative Richtlinien, S. 17.

Tab. 1: Übersicht über die Kategorien der Kulturlandschaften im Welterbekontext

Kategorie[12]	Beschreibung[13]
i) vom Menschen absichtlich gestaltete und geschaffene Landschaft	Dies umfasst aus ästhetischen Gründen angelegte Garten- und Parklandschaften, die häufig (jedoch nicht immer) im Zusammenhang mit religiösen oder anderen Monumentalbauten und Ensembles stehen.
ii) Landschaft, die sich organisch entwickelt hat	Sie ist das Ergebnis einer ursprünglichen gesellschaftlichen, wirtschaftlichen, verwaltungsmäßigen und/oder religiösen Notwendigkeit und hat ihre gegenwärtige Form durch die Einbindung in ihre natürliche Umwelt und in der Reaktion auf sie entwickelt. Solche Landschaften spiegeln diesen Entwicklungsprozess in ihrer Form und ihren Merkmalen wider. Sie lassen sich in zwei Unterkategorien einteilen: – Bei einer Relikt-Landschaft oder fossil geprägten Landschaft handelt es sich um eine Landschaft, in welcher der Entwicklungsprozess irgendwann in der Vergangenheit entweder abrupt oder allmählich zum Stillstand gekommen ist. Ihre besonderen Unterscheidungsmerkmale sind jedoch in materieller Form immer noch sichtbar. – Bei einer fortbestehenden Landschaft handelt es sich um eine Landschaft, die weiterhin eine eng mit der traditionellen Lebensweise verbundene aktive soziale Rolle in der heutigen Gesellschaft spielt und deren Entwicklungsprozess noch in Gang ist. Gleichzeitig weist sie bemerkenswerte materielle Spuren ihrer Entwicklung im Verlauf der Zeit auf.
iii) assoziative Kulturlandschaften	Die Aufnahme solcher Landschaften in die Liste des Erbes der Welt lässt sich eher aufgrund der starken religiösen, künstlerischen oder kulturellen Bezüge des Naturbestandteils als aufgrund materieller kultureller Spuren rechtfertigen, die unwesentlich sein oder sogar ganz fehlen können.

Für Auswahl und Begründung von Kulturlandschaften stehen dieselben Kriterien wie für Weltkulturerbestätten zur Verfügung. Wesentlicher Unterschied zwischen den beiden Kategorien ist, dass Kulturlandschaften insbesondere auch die Wechselbeziehungen zwischen Mensch und natürlicher Umwelt berücksichtigen, deren Auswirkungen auf die Natur widerspiegeln und daher neben den Kultur- auch immer Naturwerte umfassen. Kulturlandschaften sind häufig durch spezielle Techniken nachhaltiger Bodennutzung und deren Auswirkungen auf die natürliche Umgebung charakterisiert; sie umfassen aber auch immaterielle

---

12 Nachfolgende Beschreibung nach Anlage 3, Paragraf 10, in: Operative Richtlinien, S. 108 f.
13 Nachfolgende Beschreibung nach ebd.

Assoziationen wie spirituelle Beziehungen sozialer Gemeinschaften zur Natur.[14] Die Anwendung der Kategorie Kulturlandschaft erfordert eine räumliche Kontinuität sowie eine hohe Dichte der den außergewöhnlichen universellen Wert einer Welterbestätte tragenden Attribute, einschließlich einer Berücksichtigung der charakteristischen Prozesse, Wechselbeziehungen und dynamischen Funktionen: „Die Ausdehnung einer Kulturlandschaft bemisst sich [...] nach ihrer Funktionalität und Fassbarkeit. In jedem Fall muss das ausgewählte Beispiel groß genug sein, um die Gesamtheit der Kulturlandschaft, für die es steht, angemessen zu vertreten."[15] Das Konzept der Integrität spielt daher bei der Bestimmung der Grenzen einer Kulturlandschaft eine wichtige Rolle, da sich an der Integrität die Intaktheit und Ganzheit des Gutes und der Welterbe-Attribute bemisst. Das zum Welterbe angemeldete Gut soll alle für die Darstellung des außergewöhnlichen universellen Wertes erforderlichen Elemente umfassen und von angemessener Größe sein, um alle für die Bedeutung entscheidenden Merkmale und Prozesse vollständig wiederzugeben.[16] Bestehende Beziehungen und dynamische Funktionen sind ebenfalls zu berücksichtigen, wenn diese zu den besonderen Merkmalen gehören. Hierzu gehören auch visuelle Zusammenhänge sowie immaterielle Aspekte. Dies trifft insbesondere für Kulturlandschaften zu.

Der außergewöhnliche universelle Wert

Der außergewöhnliche universelle Wert (OUV) bildet das Grundgerüst der Welterbe-Konvention. 1 121 Stätten weltweit wurden bis heute in die Liste des Erbes der Welt eingetragen (Stand: Juli 2020). Die Anerkennung des außergewöhnlichen universellen Wertes einer Stätte durch das Welterbekomitee ist die Voraussetzung für die Eintragung in die Welterbeliste und für den Schutz und Erhalt als kulturelles Erbe der gesamten Menschheit. Aus der Begründung sollten die Attribute und Werte, die den Charakter und die Bedeutung des vorgeschlagenen Gutes ausmachen, hervorgehen. Der Nachweis der Bedeutung erfolgt über eine internationale Vergleichsstudie.[17] Grundsätzlich muss die Welterbe-Würdigkeit

---

14 Anlage 3, Paragraf 9, in: Operative Richtlinien, S. 108.
15 Paragraf 11, in: Operative Richtlinien, S. 3.
16 Paragraf 88, in: Operative Richtlinien, S. 28.
17 Zur Bedeutung der Vergleichenden Analyse siehe UNESCO (Hg.): Preparing World Heritage Nominations (World Heritage Resource Manual), Paris 2011, S. 67–71 (https://whc.unesco.org/document/116069, letzter Abruf am 08.06.2018).

im internationalen Kontext dargestellt werden, ein alleiniger Nachweis regionaler oder lokaler Bedeutung ist nicht ausreichend. Der außergewöhnliche universelle Wert einer Welterbestätte manifestiert sich dabei an materiellen und immateriellen Attributen und den daraus resultierenden Werten. Da die Welterbe-Konvention sich an den Stätten orientiert, müssen sich die Attribute immer an materiellen Elementen festmachen lassen, die den vorgeschlagenen außergewöhnlichen universellen Wert tragen und zu seinem Verständnis beitragen.[18] Im Welterbekontext ist daher die eindeutige Bestimmung der Attribute sowohl für die Beurteilung der Authentizität und Integrität als auch für die Bestimmung der Grenzen des vorgeschlagenen Gutes ausschlaggebend und somit auch für die zukünftige Verwaltung und den Schutz und Erhalt der Welterbestätte. Der Nachweis der Authentizität wird dabei nur für Kulturerbestätten verlangt. Der Nachweis der Integrität wird für Naturerbestätten und seit der Revision der Operativen Richtlinien im Jahr 2005[19] auch für Kulturerbestätten einschließlich der Kulturlandschaften gefordert.[20] Beide Konzepte lassen sich nicht unabhängig voneinander betrachten und sind zentrale Bestandteile der Begründung des außergewöhnlichen universellen Wertes.[21] Die Darstellung des außergewöhnlichen universellen Wertes für Kulturerbestätten umfasst folgende Angaben:

– Kurzbeschreibung des nominierten Gutes;
– Begründung der Bedeutung der Stätte über mindestens eins von zehn Aufnahmekriterien;
– Nachweis der beiden Bedingungskriterien Authentizität und Integrität;
– Darstellung der Erfordernisse hinsichtlich adäquater Schutz- und Erhaltungsmechanismen.[22]

---

18 Ebd.
19 Albert, Marie-Theres/ Ringbeck, Birgitta: 40 Jahre Welterbe-Konvention. Zur Popularisierung eines Schutzkonzeptes für Kultur-Naturgüter, Berlin u. a. 2015, S. 27.
20 Die Einführung des Konzepts der Integrität für Kulturerbestätten steht im engen Zusammenhang mit der Einführung von Pufferzonen und basiert auf der Erkenntnis, dass nicht nur Naturerbestätten, sondern auch Kulturerbestätten durch Entwicklungen im unmittelbaren Umfeld in ihrer Integrität gestört bzw. gefährdet sein können.
21 Siehe Anlage 5, in: Operative Richtlinien, S. 126–145.
22 Ebd.

Definition des Bedingungskriteriums der Authentizität

Die Operativen Richtlinien enthalten Definitionen der beiden Bedingungskriterien sowie Anmerkungen zur Anwendung.[23] Darüber hinaus hat die UNESCO in Zusammenarbeit mit den beratenden Gremien ICCROM, ICOMOS und IUCN[24] einen Leitfaden zur Erstellung von Welterbeanträgen veröffentlicht, der weiterführende Erläuterungen zur Anwendung der beiden Konzepte im Welterbekontext enthält.[25] Nachfolgend werden die Kernaussagen beider Dokumente zum Konzept der Authentizität (Echtheit), ihrer Definition und ihrer Anwendung dargelegt.

Die Authentizität stellt die Verbindung zwischen den Attributen und dem außergewöhnlichen universellen Wert her.[26] Die Erklärung zur Authentizität soll darlegen, wie gut die Attribute des zum Welterbe angemeldeten Gutes den außergewöhnlichen universellen Wert reflektieren. Je nach Art des Kulturerbes und seines kulturellen Kontextes erfüllt ein nominiertes Gut die Bedingung der Authentizität „[...], wenn ihr kultureller Wert (wie er in den Kriterien für die vorgeschlagene Anmeldung berücksichtigt ist) wahrheitsgemäß und glaubwürdig durch eine Vielzahl von Merkmalen zum Ausdruck gebracht wird, [...].“[27] Der Nachweis der Glaubwürdigkeit erfolgt dabei über verschiedene in den Operativen Richtlinien festgelegte „materielle und immaterielle Attribute“:[28]

- Form und Gestaltung;
- Material und Substanz;
- Gebrauch und Funktion;
- Traditionen, Techniken und Verwaltungssysteme;
- Lage und Umfeld;
- Sprache und andere Formen des immateriellen Erbes;
- Geist und Gefühl;
- andere interne und externe Faktoren.

Auch wenn alle Authentizitäts-Kriterien im Rahmen eines Beurteilungsprozesses betrachtet werden sollten, bleibt die Erfüllung grundsätzlich abhängig von

---

23 Paragraf 82, in: Operative Richtlinien, S. 27.
24 ICOMOS (Internationaler Rat für Denkmalpflege), ICCROM (Internationales Studienzentrum für die Erhaltung und Restaurierung von Kulturgut), IUCN (Weltnaturschutzunion).
25 UNESCO (Hg.): Preparing World Heritage Nominations, S. 61–67.
26 Ebd., S. 61.
27 Paragraf 82, in: Operative Richtlinien, S. 27.
28 Ebd.

dem vorgeschlagenen außergewöhnlichen universellen Wert, der Kategorie des Kulturerbes und dem jeweiligen kulturellen Kontext.

Herausforderungen und Diskussionen in der Anwendung des Konzepts der Authentizität

Das Konzept der Authentizität und dessen Anwendung wird seit der Einführung auf der ersten Sitzung des Welterbekomitees in Paris im Jahr 1977 diskutiert.[29] Eine erste Überarbeitung der Authentizitäts-Kriterien wurde 1992 durch das Welterbekomitee in Zusammenarbeit mit ICOMOS angeregt, um der Erweiterung des Kulturerbebegriffs und der durch die Vielzahl an vorliegenden Chartas beförderten Unklarheit über wesentliche Grundsätze gerecht zu werden.[30] Eine richtungsweisende Erweiterung der praktischen Grundlagen zur Prüfung der Authentizität vorgeschlagener Güter erfolgte im Rahmen einer internationalen Konferenz im Jahre 1994 in Japan, der sogenannten Nara-Konferenz. Im Ergebnis führte aber weder die stetige Erweiterung des Begriffs der Authentizität seit den 1970er Jahren noch die Einführung praktischer Grundlagen zur Prüfung, insbesondere durch das Nara-Dokument zur Echtheit/Authentizität,[31] zu einem Ende der Diskussionen.

Eine 2007 veröffentlichte Auswertung der eingereichten Welterbeanträge im Hinblick auf die Anwendung der beiden Bedingungskriterien von Herb Stovel[32] verdeutlicht die teilweise erheblichen Verständnisschwierigkeiten der zugrundliegenden Konzepte und Ideen.[33] Laut Stovel lassen sich insbesondere vier Ursachen in der Anwendung des Konzepts der Authentizität identifizieren, die sich alle aus einer mangelnden Anerkennung der Bedeutung, die entscheidende Ver-

---

29 Cameron, Christina/ Rössler, Mechthild: Many Voices, One Vision. The Early Years of The World Heritage Convention, Surrey 2013, S. 39–42.

30 Falser, Michael: Von der Venice Charter 1964 zum Nara-Dokument on Authenticity 1994. 30 Jahre Authentizität im Namen des kulturellen Erbes der Welt, in: Kunstgeschichte. Open Peer Reviewed Journal (2011), S. 1–27, hier S. 3 (http://www.kunstgeschichte-ejournal.net/239/, letzter Abruf am 14.09.2017).

31 Das Nara-Dokument zur Echtheit/Authentizität ist das Ergebnis der so genannten Nara-Konferenz zur Authentizität bezogen auf die Welterbe-Konvention, die vom 1. bis 6. November 1994 in Japan stattfand.

32 Herb Stovel war unter anderem wesentlich an der Ausarbeitung des Entwurfs des Nara-Dokuments zur Authentizität/Echtheit beteiligt.

33 Stovel, Herb: Effective Use of Authenticity and Integrity as World Heritage Qualifying Conditions, in: City & Time 2 (2007:3), S. 21–36 (http://www.ceci-br.org/novo/revista/docs2007/CT-2007-71.pdf, letzter Abruf am 15.07.2017).

bindung zwischen der Authentizität und dem außergewöhnlichen universellen Wert zu erhalten, ableiten lassen:[34]

1. die weitgehende Wahrnehmung, dass die Echtheit mit dem „ursprünglichen" Zustand eines Ortes zusammenhängt;
2. die Betrachtung der Echtheit, als ob sie ein eigenständiger Wert ist;
3. das Bestreben, die Echtheit nach allen in den Operativen Richtlinien dargestellten materiellen und immateriellen Attributen zu identifizieren;
4. die Handhabung der Echtheit, als ob es ein absolutes Konzept ist – entweder vorhanden oder nicht.[35]

Werden diese Schwierigkeiten in der Anwendung des Konzepts der Authentizität bereits bei einzelnen Weltkulturerbestätten offensichtlich, so offenbaren sie sich insbesondere bei Welterbeanträgen, die größere räumliche Einheiten umfassen wie Kulturlandschaften. Herausforderungen in der Darstellung der Authentizität ergeben sich per se schon aus der für Kulturlandschaften geforderten Verbindung von kulturellen Attributen und natürlichen Merkmalen sowie der sich wandelnden Wechselwirkung zwischen Menschen und ihrer Umwelt. Bereits seit 1993 wurde auf verschiedenen internationalen Expertentreffen zu Kulturlandschaften der Bedarf an konkreten Handlungsanweisungen zur Umsetzung beider Bedingungskriterien angemerkt.[36] Grundsätzlich wurde dem Nachweis der Authentizität von den Experten weniger Relevanz in der Beurteilung von Kulturlandschaften beigemessen als dem Nachweis der Integrität.[37] Bei großflächigen Gütern und hier vor allem bei fortbestehenden Kulturlandschaften spielt demnach die funktionale, strukturelle und visuelle Integrität eine wesentlich größere Rolle. Interessant ist das insbesondere vor dem Hintergrund, dass erst seit 2005 der Nachweis der Integrität für Kulturerbestätten gefordert wird. Eine 2008 veröffentlichte Untersuchung zur Authentizität von 60 ausgewählten Kulturlandschaften verdeutlicht die Schwierigkeit in der Bewertung der beiden Bedingungskriterien vor allem vor dem Hintergrund der Abgrenzung der beiden Konzepte.[38] Darüber hinaus zeigten die Beispiele, dass v. a. materielle Attribute zur Beurteilung angewandt wurden, dagegen immaterielle Attribute wie Geist und Gefühl kaum in den Erläuterungen zur Authentizität berücksichtigt wurden.[39]

---

34 Ebd., S. 28.
35 Ebd., S. 28 f.
36 Rössler: Applying Authenticity to Cultural Landscapes, S. 48.
37 Ebd., S. 48.
38 Ebd., S. 49.
39 Ebd.

Die Bemühungen der UNESCO und der beratenden Gremien (u. a. ICOMOS), klare Vorgaben zur Anwendung beider Konzepte zu machen, scheinen bisher nur bedingt erfolgreich zu sein. So enthält unter anderem das Handbuch zur Erstellung von Welterbeanträgen einen erläuternden Abschnitt zum Thema Authentizität sowie einen Katalog an möglichen Fragen, der die Antragsteller bei der Bewertung der Authentizitäts-Attribute unterstützen soll. Die Fragen beziehen sich unter anderem auf Aussagen

- zur Veränderung der Form und Gestalt und deren Umfang (Form und Gestalt);
- zum Austausch oder zur Veränderung von Materialien, Bausubstanz oder Werkstoffen und deren Umfang sowie die Instandsetzung unter Verwendung traditioneller Materialien (Material und Substanz);
- zur Kontinuität der ursprünglichen Funktion oder zu Ursachen ihrer Änderung; zu immateriellen Attributen, wie der Bewahrung des immateriellen Erbes und zur Art und Umfang der gegenwärtigen Anerkennung von Praktiken.[40]

In den letzten Jahrzehnten wurde die Thematik im Welterbekontext auf verschiedenen internationalen Expertentreffen diskutiert – mit unterschiedlichen Ergebnissen. Zum einen wurden Vorschläge zu einer einfacheren Beurteilung der Authentizitäts-Attribute in Verbindung mit den Welterbe-Kriterien gemacht, zum anderen umfassen die Vorschläge eine umfassende Anpassung des existierenden Bewertungssystems. So wurde dem Welterbekomitee auf seiner 22. Sitzung in Kyoto 1998 ein Entwurf zur Revision der Operativen Richtlinien vorgelegt, der weiterführende Erläuterungen zur Anwendung der Authentizität in Verbindung mit den Kriterien enthielt. In einer tabellarischen Darstellung wurde exemplarisch erläutert, welche der Authentizitäts-Attribute für die Beurteilung des jeweiligen Welterbe-Kriteriums geeignet sein könnten.[41] Eine gemeinsame Beurteilung der beiden Bedingungskriterien Authentizität und Integrität hat unter anderem der renommierte Experte Herb Stovel 2007 als Diskussionsgrundlage vorgeschlagen. Sein Beitrag beinhaltet ein gemeinsames Bewertungssystem über sechs Teilaspekte unter Berücksichtigung der spezifischen Merkmale der jeweiligen Kulturerbestätte. Die Typen von Kulturerbestätten umfassen hierbei vier Kategorien – Archäologische Stätten, Historische Städte, Architekturdenkmale und Gebäudekomplexe sowie Kulturlandschaften –, deren Beurteilung

---

40 UNESCO (Hg.): Preparing World Heritage Nominations, S. 63 f.
41 UNESCO (Hg.): Revision of the Operational Guidelines for the Implementation of the World Heritage Convention (WHC-98/CONF.203/16), Paris 1998 (http://whc.unesco.org/archive/1998/whc-98-conf203-16e.pdf, letzter Abruf am 08.10.2017).

über die sechs Kriterien Ganzheit, Intaktheit, Echtheit des Materials, Echtheit der Organisation des Raums und der Gestalt, Kontinuität der Funktion sowie Kontinuität des Umfelds erfolgt.[42]

Trotz aller Diskussionen steht in Expertenkreisen außer Frage, dass Authentizität und Integrität entscheidend sind für die Bestimmung, Beurteilung und Verwaltung des Weltkulturerbes. Beide Kriterien sind zentrale Elemente für den zukünftigen Schutz und Erhalt einer Welterbestätte und spielen eine wichtige Rolle in der Umsetzung der Welterbe-Konvention. Dennoch wurde bisher keiner der gemachten Vorschläge bei der Überarbeitung der Operativen Richtlinien berücksichtigt.[43]

Die Montanregion Erzgebirge/ Krušnohoří als Welterbe-Kulturlandschaft: Ausgangslage und die Anwendung der beiden Bedingungskriterien

Der grenzübergreifende serielle Welterbeantrag Montanregion Erzgebirge/ Krušnohoří wurde Ende Januar 2014 erstmals von den beiden Vertragsstaaten Deutschland und der Tschechischen Republik beim Welterbezentrum in Paris eingereicht. In dem sich daran anschließenden Evaluierungsverfahren durch das für Kulturerbe zuständige Beratungsgremium ICOMOS wurde den Antragstellern empfohlen, den Antrag zurückzunehmen und zu überarbeiten. Eine Überarbeitung war insbesondere im Hinblick auf einen schlüssigen Kulturlandschaftsansatz erforderlich. Dabei spielte insbesondere die Anwendung der Integrität für die Definition der Kulturlandschaft – des Raumes – eine tragende Rolle. Die ursprünglich ausgewählten, eher kleinteiligen Bestandteile der seriellen grenzübergreifenden Welterbeanmeldung wurden zu größeren landschaftlichen Einheiten zusammengefasst, um die für Welterbe-Kulturlandschaften erforderlichen funktionalen, räumlichen und historischen Zusammenhänge vollständig darzustellen.

Im Ergebnis setzt sich die Montanregion Erzgebirge/ Krušnohoří nunmehr aus insgesamt 22 Bestandteilen zusammen, die sich entsprechend der geografischen Verteilung der Erze über die gesamte Region verteilen. Der Antrag wird durch die Anwendung zweier komplementärer Perspektiven strukturiert. Zum einen erfolgt die Bewerbung als eine Serie aufeinanderfolgender und sich entwickelnder sozio-technischer Systeme, die anhand von klar identifizierten und da-

---

42 Stovel: Effective Use of Authenticity, S. 32–36.
43 Vergleiche die Diskussion zur Thematik Integrität und Authentizität in: Albert/ Ringbeck: 40 Jahre Welterbe-Konvention, S. 28.

tierten Bestandteilen und ihren konstituierenden Elementen abgebildet werden. Die Bestandteile verdeutlichen jeweils den Charakter der für verschiedene Perioden und Erzvorkommen typischen Systeme. Zum anderen stellt das nominierte Gut aufgrund seiner charakteristischen historischen, funktionalen und visuellen Beziehung zwischen einer großen Anzahl von spezifischen Attributen und der räumlichen Kontinuität eine Serie von Kulturlandschaften dar, die die Montanregion Erzgebirge/ Krušnohoří als Ganzes abbilden. Der Nachweis der Authentizität erfordert daher neben einer Erklärung zur Authentizität der gesamten Serie auch eine Darstellung der Authentizität der einzelnen Bestandteile. Die Beurteilung beschränkt sich nicht auf materielle, sondern umfasste auch explizit immaterielle Aspekte.

Abb. 1: Neben obertägigen Schachtanlagen und wasserwirtschaftlichen Anlagen prägen insbesondere mit Bäumen bewachsene Haldenzüge, die den Verlauf der untertägigen Stolln oberirdisch verdeutlichen, das Landschaftsbild des Erzgebirges, wie hier im Goldbachtal, Bergbaulandschaft Brand-Erbisdorf, 2015

Die Begründung des außergewöhnlichen universellen Wertes

Der außergewöhnliche Rohstoffreichtum des Erzgebirges, das im Südosten der Bundesrepublik Deutschland und im Nordwesten der Tschechischen Republik liegt, war ausschlaggebend für eine intensive 800-jährige, auf dem Montanwesen beruhende wirtschaftliche Entwicklung, die im Laufe der Jahrhunderte die gesamte Region umfasste. Der Bergbau auf verschiedene Erze war bis in das 20. Jahrhundert hinein die dominierende Wirtschaftsform. Die Lagerstätten bildeten die Hauptressourcen für die regionale Wirtschaft. Der Zeitraum zwischen dem 16. und dem 20. Jahrhundert wurden unter anderem bestimmt durch ein sich entwickelndes empirisches Wissen, beispielhafte Praktiken und Technologien im Bergbau und Hüttenwesen sowie der Bergbauverwaltung, die teilweise im Erzgebirge erfunden oder weiterentwickelt wurden. Das Erzgebirge spielte in verschiedenen Bergbauperioden eine bedeutende Rolle bei der Gewinnung von Zinn (15./16. Jahrhundert), Silber (16. Jahrhundert), Kobalt (17./18. Jahrhundert) und Uran (19./20. Jahrhundert) sowohl auf europäischer Ebene als auch im globalen Kontext.

Grundlage für die Entwicklung bildete der Silbererzbergbau, der mit den ersten Silberfunden im Jahre 1168 in Freiberg begann. Das Erzgebirge war vor allem zwischen 1460 und 1560 die wichtigste Silberquelle in Europa, zu einem Zeitpunkt, als der Wert der sächsisch-böhmischen Silberproduktion um über 600% anstieg und die europäische Silberproduktion die internationalen Edelmetallmärkte beherrschte. Silber war insbesondere der Auslöser für die Entwicklung einer neuen staatlich kontrollierten Organisation und von bahnbrechenden Technologien im Bergbau. Auch Zinn wurde während der langen Geschichte des Erzgebirges kontinuierlich abgebaut und übertraf teilweise zwischen dem 14. und 16. Jahrhundert die Zinngewinnung im englischen Cornwall, das bis in die 2. Hälfte des 19. Jahrhunderts mehr als die Hälfte des weltweiten Zinnbedarfs deckte. Der Abbau von Kobalterz machte das Erzgebirge vom 16. bis zum 18. Jahrhundert zu einem führenden europäischen, wenn nicht sogar weltweiten Marktführer. Schließlich wurde das Erzgebirge im späten 19. und 20. Jahrhundert zu einem bedeutenden globalen Uranerzlieferanten. Waren für die Frühzeit des Bergbaus vor allem weltweit bedeutende wissenschaftliche und technologische Errungenschaften kennzeichnend, wurde der Bergbau der letzten 50 Jahre im Erzgebirge durch die politischen Rahmenbedingungen der ehemaligen Deutschen Demokratischen Republik und der ehemaligen Tschechoslowakei bestimmt.

Die gesamte Bergbauregion verfügt über eine Vielzahl von materiellen und immateriellen Attributen, die sich alle in den zum Welterbe vorgeschlagenen Bestandteilen und ihren konstituierenden Elementen – den Bergbaulandschaften – finden. Ab dem 12. Jahrhundert entwickelten sich entsprechend der geografischen Verteilung der Lagerstätten auf beiden Seiten des Erzgebirges separate Bergbaulandschaften. Diese werden gebildet durch eine Anzahl von charakteristischen Elementen, die sie eindeutig von anderen (Kultur)Landschaften unterscheiden. Der Einfluss des Bergbaus beschränkte sich nicht auf die Errichtung der Bergwerke selbst, sondern umfasste auch den weiteren Kontext. Folglich sind auch mit dem Bergbau in Verbindung stehende Anlagen wie Aufbereitungsanlagen, Infrastrukturen aber auch bergmännische Siedlungen und Bergstädte entstanden. Darüber hinaus hat der Bergbau die Landschaft sowohl übertage – sichtbar vor allem an den landschaftsprägenden Halden und Pingen – als auch untertage verändert. Die meisten Bergbaulandschaften sind zwar vielschichtig und bezeugen Bergbauaktivitäten auf unterschiedliche Erze in verschiedenen zeitlichen Phasen, doch lässt sich trotz der häufig kontinuierlichen Weiterentwicklung der Bergbauaktivitäten die Entstehung oder entscheidende Prägung der materiellen Elemente wie der Bauwerke und Halden auf ein bestimmtes Erz und einen bestimmten Zeitraum festlegen. Insgesamt reflektieren so die zum Welterbe nominierten 22 Bestandteile die Entwicklung von fünf charakteristischen Bergbaulandschaftstypen, die sich durch regional spezifische, für ein bestimmtes Erz und einen bestimmten Zeitraum kennzeichnende Elemente auszeichnen:

- Bergbaulandschaften des **Silberbergbaus** des 12. bis 20. Jahrhunderts im Gebiet um Freiberg, Dippoldiswalde, Hoher Forst, Annaberg-Frohnau, Pöhlberg, Olbernhau (Saigerhütte Grünthal), Jáchymov und Marienberg;
- Bergbaulandschaften des **Zinnbergbaus** des 14. bis 20. Jahrhunderts im Gebiet um Krupka, Ehrenfriedersdorf, Eibenstock, Altenberg-Zinnwald, Abertamy-Boží Dar-Horní Blatná und Buchholz;
- Bergbaulandschaften des **Kobaltbergbaus** des 16. bis 18. Jahrhunderts Schneeberg und Zschorlau (Schindlers Werk);
- Bergbaulandschaften des **Uranbergbaus** vom 19. bis zum Ende des 20. Jahrhunderts im Gebiet um Jáchymov, Roter Turm des Todes, Buchholz und Hartenstein-Aue-Schlema.

Diese Bergbaulandschaften ermöglichen einen umfassenden Einblick in den Abbau und die Verarbeitung der bedeutendsten Rohstoffe. Sie belegen die Bergbautechnologien der verschiedenen Bergbauperioden bis zur Schließung der Bergwerke um 1990.

Der vorgeschlagene außergewöhnliche universelle Wert der Montanregion Erzgebirge/ Krušnohoří basiert auf der Begründung der Welterbe-Kriterien (ii), (iii) und (iv),[44] deren bestimmende Attribute das Ergebnis einer internationalen Vergleichsstudie sind.

---

44 Gemäß Paragraf 77, in: Operative Richtlinien, S. 25 f., werden die Welterbe-Kriterien wie folgt definiert: (ii) für einen Zeitraum oder in einem Kulturgebiet der Erde einen bedeutenden Schnittpunkt menschlicher Werte in Bezug auf Entwicklung der Architektur oder Technik, der Großplastik, des Städtebaus oder der Landschaftsgestaltung aufzeigen; (iii) ein einzigartiges oder zumindest außergewöhnliches Zeugnis von einer kulturellen Tradition oder einer be-

Die Begründung für Kriterium (ii) ergibt sich aus der herausragenden Rolle, die das Erzgebirge als Zentrum für technologische und wissenschaftliche Innovationen von der Renaissance bis in die Neuzeit spielte. Der Austausch und Wissenstransfer lässt sich dabei im Wesentlichen an drei zentralen Informationsquellen festmachen, die sich im vorgeschlagenen Gut manifestieren:

–   der weltweiten Verbreitung von Agricolas „De re metallica", dessen Grundlage die erzgebirgischen Bergwerke bildeten;
–   der Entwicklung eines bergmännischen Ausbildungssystems, das seinen Höhepunkt in der Gründung der Bergakademie in Freiberg hatte;
–   der kontinuierlichen Auswanderung erzgebirgischer Bergleute in andere Bergbauregionen und der daraus resultierenden Verbreitung der erzgebirgischen Bergbauexpertise.

Abb. 2: Die Wäsche IV Altenberg in der Bergbaulandschaft Altenberg-Zinnwald ist ein vollständig erhaltenes und authentisches Zeugnis einer Erzaufbereitungsanlage. Der Prozess des Nasspochens wurde im 16. Jahrhundert im Erzgebirge entwickelt und von hier aus weltweit verbreitet

Die Begründung für Kriterium (iii) basiert auf den weitreichenden Einflüssen des im Erzgebirge entwickelten und später in Europa weit verbreiteten staatlich kontrollierten Bergbausystems auf alle gesellschaftlichen Bereiche. Die Einfüh-

stehenden oder untergegangenen Kultur darstellen; (iv) ein hervorragendes Beispiel eines Typus von Gebäuden, architektonischen oder technologischen Ensembles oder Landschaften darstellen, die einen oder mehrere bedeutsame Abschnitte der Menschheits-Geschichte versinnbildlichen.

rung dieses Systems hat nicht nur die Verwaltung revolutioniert, sondern hatte auch weitreichende soziale und kulturelle Konsequenzen und führte zur Herausbildung einer auf dem Bergbau beruhenden Kultur. Neben der Bedeutung des Erzgebirges als technologisches Zentrum hat der Bergbau die kulturellen Traditionen in der Region, die Entwicklung eines weltweit anerkannten bergbaulichen Ausbildungssystems und der damit in Verbindung stehenden Forschung und Wissenschaft sowie die Herausbildung des frühneuzeitlichen europäischen Währungssystems erheblich beeinflusst. All diese Entwicklungen lassen sich auch heute noch an materiellen Elementen belegen.

Die Begründung für Kriterium (iv) ergibt sich aus der exemplarischen Darstellung einer Region, deren Wirtschaft über Jahrhunderte ausschließlich vom Bergbau geprägt wurde. Das nominierte Gut verdeutlicht die auf der außergewöhnlichen Vielfalt an Erzen und deren Konzentration auf bestimmte Bereiche beruhende, allmähliche Umwandlung der Landschaft in eine zusammenhängende vom Bergbau geprägte Kulturlandschaft als Ergebnis der sozio-technischen Geschichte des Bergbaus, die bis heute an den Bergstädten und den zugehörigen Erzbergbaulandschaften sichtbar und so im weltweiten Kontext einzigartig ist.

Die Bestandteile und ihre konstituierenden Elemente

Die Kombination aus wechselnden Orten der Erzgewinnung, der Topographie und einem überwiegend staatlich kontrollierten Bergbau bestimmte die Landnutzung in der Montanregion: Bergbau, Wasserwirtschaft und -transport, Aufbereitung, Besiedlung, Forstwirtschaft und Landwirtschaft. Aufgrund des jahrhundertelangen intensiven Bergbaus ist die gesamte Kulturlandschaft stark von dessen Auswirkungen beeinflusst und das Montanwesen hat ein außergewöhnlich reiches Erbe hervorgebracht. Neben einer Definition der Attribute und Werte im Hinblick auf die Begründung der Kriterien wurden die Elemente identifiziert, die den vorgeschlagenen außergewöhnlichen universellen Wert tragen. Die Werte manifestieren sich dabei nicht nur in den direkt mit dem Bergbau in Verbindung stehenden montanen Sachzeugen, sondern umfassen auch weitere mit dem Bergbau in Verbindung stehende Prozesse, natürliche Merkmale und immaterielle Attribute. Die Auswahl der Bestandteile umfasst die Bereiche mit der größten Dichte der wichtigsten Attribute, die sich auf eng begrenzte räumliche Einheiten konzentrieren, sowie hochwertige Denkmäler, Orte und durch materielle Belege miteinander verbundene kulturelle Prozesse. In den Landschaften sind die Attribute und Werte verankert durch:
– Bergwerke (über und unter Tage);

- durch den Bergbau hervorgerufene Veränderungen in der Landschaft (Vegetation, Halden, etc.);
- Wassermanagementsysteme;
- Erzaufbereitungs- und Hüttenstandorte;
- Bergstädte mit ihrer prägende Architektur aus mehreren Epochen;
- agrarische Strukturen;
- nachhaltig bewirtschaftete Wälder.

Abb. 3: Zahlreiche untertägige Strukturen vom 12. bis in das 20. Jahrhundert hinein sind im Erzgebirge erhalten. Die Ende des 20. Jahrhunderts zufällig wiederentdeckten Grubenbaue des Bergwerks Im Gößner – unter der Annaberger Altstadt gelegen – ermöglichen einen eindrucksvollen Einblick in einen nicht überprägten Silberbergbau des 15. und 16. Jahrhunderts im städtischen Kontext

Der Wert der Kulturlandschaft beruht auf der Wechselbeziehung zwischen den Menschen und ihrer Umwelt, die nicht nur durch die genannten materiellen Elemente des Guts bezeugt wird, sondern auch durch immaterielle Aspekte, die sich in ihnen manifestieren und mit dem nominierten Gut assoziiert werden. Zu den immateriellen Attributen gehören Bildung und Literatur, Traditionen, Bräuche und künstlerische Entwicklungen sowie soziale und politische Einflüsse, die durch den Bergbau entstanden oder maßgeblich von ihm geprägt wurden.

Die Auswahl der 22 Bestandteile stellt sicher, dass die bestimmenden Merkmale und historischen Prozesse vollständig repräsentiert werden. Jeder Bestandteil weist eine spezifische Kombination von Merkmalen auf, die die bergbauliche Funktion und die bedeutenden Elemente der sozialen und kulturellen Entwicklung umfassen. Die Bestandteile dokumentieren das kulturelle, funktionale, soziale und administrative Zusammenspiel innerhalb und zwischen den Bergbaugebieten. Gemeinsam bezeugen sie alle wichtigen Meilensteine in der Geschichte sowie die Dynamik einer grenzübergreifenden Bergbauregion. Bei der Montanregion Erzgebirge/ Krušnohoří handelt sich weitestgehend um relikte Landschaften, in denen der Bergbau zwar spätestens Anfang der 1990er Jahre zum Erliegen gekommen ist, die aber bis heute in eine eng mit dem Bergbau verbundene, lebendige und fortbestehende Kulturlandschaft eingebettet sind.

Die Anwendung des Konzepts der Authentizität

Die 22 Bestandteile enthalten die größte Dichte an materiellen Manifestationen der Welterbe-Attribute, die gemeinsam und als Ganzes den geographischen Zusammenhang bereitstellen. Im regionalen Maßstab bilden die Bestandteile – gemeinsam und als Ganzes – eine geografische Einheit, die die ungleichmäßige Verteilung und Konzentration der Erze repräsentiert und zugleich über vollständige sozio-technische Systeme ihre Ausbeutung glaubwürdig in der Landschaft belegt. Die Bestandteile bezeugen durch die Anlage der Siedlungen und der Bergwerke die Strukturierung des Raumes durch den Bergbau. Das nominierte Gut verkörpert zudem die mit dem staatlich kontrollierten Bergbausystem in Verbindung stehenden immateriellen kulturellen Traditionen sowie alle zugehörigen administrativen, technologischen und zur Ausbildung gehörenden Dimensionen. Damit verbunden ist ein außergewöhnlicher Bestand an beweglichen technologischen und wissenschaftlichen Sammlungen, Archiven und eine erfolgreiche, fortbestehende akademische Einrichtung.

Der prägende Einfluss des Bergbaus auf die Entwicklung des Raums ist anhand von Welterbe-Attributen sehr gut ablesbar. Die Attribute und ihr Verteilungsmuster, ihre Kombination, ihr Zusammenhang und ihre Wechselbeziehung sind eindeutig identifiziert und datiert. Die Attribute und ihre Bezüge zu bestimmten Bergbauperioden werden durch die Bestandteile und ihre konstituierenden Elemente zum Ausdruck gebracht. Zudem werden die Attribute von einem sehr authentischen und glaubwürdigen Ort und Umfeld getragen, die die Bedeutung des nominierten Gutes klar vermitteln und zum seinem Verständnis beitragen. Sie stammen aus einer zeitlich aufeinanderfolgender Aktivität, die untrennbar mit aufeinanderfolgenden Phasen der Erzgewinnung verknüpft ist und die eine Serie von Kulturlandschaften schuf, die in sich stimmige funktionale, historische und visuelle Beziehungen offenbart. Auch die Teile der Landschaften, in denen die Bergbauaktivitäten vor langer Zeit beendet wurden, zeigen, wie die Prozesse organisiert waren und die ursprüngliche Landschaft verändert wurde.

Abb. 4: Blick vom Arno-Lippmann-Schacht auf das an die ehemalige Bergbaustadt angrenzende Altbergbaugebiet am Neufang und die Altenberger Pinge in der Bergbaulandschaft Altenberg-Zinnwald. Das Erscheinungsbild und die Struktur der Landschaft sind wesentlich vom Bergbau auf Zinn des 14. bis 20. Jahrhunderts geprägt, 2017

Von den in den Operativen Richtlinien festgelegten Authentizitäts-Kriterien lassen sich insbesondere folgende auf das nominierte Gut anwenden:

– *Form und Gestaltung:* Die Elemente sind von den zahlreichen technischen Installationen und der Ausstattung und Anordnung technologischer Ensembles bis hin zu den ursprünglichen Strukturen und Grundrissen der Bergbaustädte und ihrer aufeinanderfolgenden architektonischen Ensembles größtenteils original. Die konsequente Form und Gestaltung der verwendeten Technologie wird durch aufeinanderfolgende Phasen, in denen neue Technologien erfunden, importiert und verbessert werden, offenkundig. Verschiedene technologische Entwicklungshasen lassen sich häufig nebeneinander nachweisen.

Abb. 5: Segen Gottes Erbstolln, Bergbaulandschaft Gersdorf: Die archäologischen Reste und die untertägigen Strukturen in der Bergbaulandschaft Gersdorf sind außergewöhnliche Zeugnisse für verschiedene Wasserhebetechniken wie dem Kunstgezeug – Gemauerte Gestängeeingänge zum Joseph Schacht der beiden Gestängebahnen aus den Jahren 1791/1810

– *Material und Substanz* spiegeln generell ein hohes Maß an Authentizität wider, u. a. ersichtlich am Mauerwerk der Radstuben, der Pochwerke und Erzwäschen mit ihren massiven Holzkonstruktionen, breiten Schindeldächern und niedrigen Wänden sowie den untertägigen Strukturen. Der Austausch zum Beispiel abgenutzter Holzbestandteile der Aufbereitungsanlagen erfolgte jahrhundertlang unter normalen industriellen Betriebsbedingungen unter Anwendung der gleichen Materialien und Techniken. Reparatur- und Erhaltungsarbeiten berücksichtigen bis heute die traditionellen Materialien und Techniken und erfolgen unter denkmalpflegerischer Anleitung.

Abb. 6: Die vollständig mit Bruchsteinen gemauerte und einem Tonnengewölbe abschließende Kehrradstube aus dem Jahr 1853 der Fundgrube Weißer Hirsch, Bergbaulandschaft Schneeberg, befindet sich in der Halde des Schachtes. Es handelt sich um einen beeindruckenden Maschinenraum, der gemeinsam mit dem Treibehaus eine technische Einheit bildet

- *Nutzung und Funktion* bleiben in fortbestehenden Elementen originalgetreu, wie auch technologische Prozesse, Techniken und Verwaltungssysteme. So sind die Wassermanagementsysteme noch heute wasserführend, liefern jetzt aber Brauch- und Trinkwasser. Die Gruben werden bis heute durch ein dichtes Netzwerk an Stollen entwässert.
- *Lage und Umfeld* der Bestandteile und ihrer konstituierenden Elemente – und des weiteren Umfelds des Erzgebirges als Ganzes – sind in einem hohen Maß authentisch und belegen die ab dem 12. Jahrhundert begonnene und auf dem Bergbau beruhende Entwicklung der Bergbaulandschaften, der zugehörigen Siedlungen und des gesamten Raumes.
- Die *immateriellen Attribute* wie die lebendige Bergbaukultur des Erzgebirges werden von jüngeren Generationen getragen und sind ein Zeugnis für die fortwährende Bedeutung und Bewahrung der Geschichte. Eine Vielzahl von Vereinen befasst sich aktiv mit der Bewahrung des immateriellen Erbes. Hierzu gehört insbesondere auch die Erhaltung der zugehörigen bergbaulichen Elemente unter Anwendung traditioneller Techniken. Die überwiegend relikten Bestandteile sind in eine lebendige, mit dem Bergbau noch immer eng verbundene Gesellschaft eingebunden.

Das Gut – als Ganzes und auf der Ebene der Bestandteile und ihrer konstituierenden Elemente – erfüllt die Bedingung der Authentizität, die für die Eintragung erforderlich ist.

Bedeutung der Authentizität für die Montanregion Erzgebirge/ Krušnohoří und das Welterbe-Management

Auch wenn die Authentizität im Kontext der Welterbe-Kulturlandschaft eine un-
tergeordnete Rolle zu spielen scheint, ist sie doch entscheidend für die Begründung zum außergewöhnlichen universellen Wert und der darauf basierenden
Auswahl der Bestandteile sowie für den Schutz und Erhalt im Rahmen des Welt-
erbe-Managements. Die Beurteilung der Authentizität umfasst dabei zwei verschiedene Ebenen: Zum einen erfolgt sie unter Berücksichtigung des gesamten
Gutes, zum anderen auf der Ebene der einzelnen Bestandteile und ihrer konstituierenden Elemente. Im Ergebnis hat sich gezeigt, dass nicht alle in den Operativen Richtlinien aufgeführten Authentizitäts-Kriterien auf alle Ebenen anwend-
bar sind. Auf der Ebene der Landschaft spielt die glaubwürdige und nachvollziehbare – also authentische – Darstellung der mit dem Bergbau in Verbindung
stehenden kulturellen Prozesse und der räumlichen sowie funktionalen Zusammenhänge eine entscheidende Rolle. Diese lassen sich insbesondere über das
Attribut Lage und Umfeld sowie Form und Gestalt, aber auch über immaterielle
Attribute wie die lebendigen Traditionen belegen. Auf der Ebene der konstituierenden Elemente liegt ein Schwerpunkt der Beurteilung zudem auf Material und
Substanz sowie der Verwendung traditioneller Techniken zur Instandsetzung
und der ursprünglichen Funktion bzw. der sich aus der Aufgabe des Bergbaus
hier ergebenden Änderungen.

Die wichtige Rolle der Authentizität, und auch der Integrität, hat sich anhand der Fragestellungen der Akteure vor Ort im Rahmen des Nominierungspro-
zesses immer wieder gezeigt. Zentrale, immer wieder auftauchende Fragen waren: Was schützen wir eigentlich im Welterbekontext und anhand welcher konkreten Merkmale (Attribute) können wir die Welterbeeigenschaften festmachen?

Die Bestimmung der Welterbe-Attribute und der konstituierenden Elemente
und somit die Erklärung der Authentizität und Integrität sind hier von aus-
schlaggebender Bedeutung. Darauf basierend wurde für jeden Bestandteil ein
Beitrag zum außergewöhnlichen universellen Wert definiert. Diese Charakterisierung ermöglicht es, Welterbe-Attribute unter Berücksichtigung des landschaftlichen Kontextes näher zu definieren, die möglicherweise nicht im Rahmen des Denkmalschutzes erfasst sind und bei möglichen zukünftigen Entwick-

lungsvorhaben berücksichtigt werden sollten. Darüber hinaus sollten neben den materiellen auch stärker die immateriellen Aspekte bedacht werden, die im Kulturlandschaftskontext allgemein und insbesondere im Erzgebirge eine wesentliche Rolle spielen und im Denkmalschutz keine Beachtung finden. Neben einer Kartierung der materiellen Elemente erfolgte daher eine Beschreibung des Erhaltungszustands der Bestandteile und ihrer konstituierenden Elemente unter Berücksichtigung der Authentizitäts-Kriterien. Darüber hinaus wurden alle möglichen Gefährdungen erfasst und bestehende Schutzmechanismen aufgezeigt, um langfristig Authentizität und Integrität des nominierten Gutes sicherzustellen.

Eine zentrale Rolle kommt hierbei neben den im Antrag vorliegenden Beschreibungen der Bestandteile und des außergewöhnlichen universellen Wertes vor allem dem Managementplan zu. Dieser legt fest, wie das Welterbe für zukünftige Generationen erhalten werden soll und wie sich eine nachhaltige Weiterentwicklung gestalten kann. Alle erforderlichen Angaben sind im Managementplan zusammengefasst dargestellt, um den Kommunen, den Planungsbehörden und den Denkmal- und Naturschutzbehörden einen umfassenden Einblick und eine einfachere Handhabung zu ermöglichen. Darüber hinaus wird im Rahmen der Arbeitsgruppe Denkmalpflege unter Berücksichtigung des außergewöhnlichen universellen Wertes, des Beitrages eines jeden Bestandteiles sowie der Bedingungskriterien Integrität und Authentizität auf Ebene des nominierten Gutes und der Bestandteile ein Leitfaden entwickelt, der sowohl den Schutz des nominierten Gutes sicherstellen als auch zukünftige Entwicklungen im Einklang mit dem Welterbe ermöglichen soll. Den zuständigen Kommunen und Behörden soll der Leitfaden als Richtlinie für eine umfassende Bewertung möglicher Maßnahmen und deren Einschätzung dienen. Im Rahmen der Vorbereitung der Welterbeanmeldung der Montanregion Erzgebirge/ Krušnohoří sind darüber hinaus eine Vielzahl von Aktivitäten erfolgt bzw. erfolgen noch immer, um den in der Region beteiligten Akteuren – den Trägern und Bewahrern des Welterbes – die im Rahmen des Welterbes festgelegten Attribute und Werte in Verbindung mit den sie tragenden Bestandteilen und ihren konstituierenden Elementen zu verdeutlichen. Zielstellung bei allen Maßnahmen war und ist eine Einbindung aller am Schutz und der Verwaltung beteiligten Behörden, Institutionen und Vereine, aber auch der Bevölkerung vor Ort, um die nachhaltige zukünftige Sicherung des Welterbes langfristig sicherzustellen.

Abb. 7: Bergparade Freiberg. Bergparaden gehören zu den bedeutenden Traditionen im Erzgebirge, die von einer Vielzahl an Vereinen bis heute bewahrt und lebendig gehalten werden. Sie
haben ihren Ursprung im 17. Jahrhundert und dienten als Vorbild für Bergparaden in anderen
Bergbauregionen auf dem europäischen Festland. Im Jahr 2016 wurden sie in das bundesweite
Verzeichnis des Immateriellen Kulturerbes in Deutschland aufgenommen

Literatur

Albert, Marie-Theres/ Ringbeck, Birgitta: 40 Jahre Welterbe-Konvention. Zur Popularisierung
    eines Schutzkonzeptes für Kultur-Naturgüter, Berlin u. a. 2015.
Albrecht, Helmuth/ Hansell, Friederike (Hg.): Industrial and Mining Landscapes Within World
    Heritage Context. International Workshop TU Bergakademie Freiberg/Germany, 25th Octo-
    ber 2013 (INDUSTRIEarchäologie – Studien zur Erforschung, Dokumentation und Bewah-
    rung von Quellen zur Industriekultur 15), Chemnitz 2014.
Cameron, Christina/ Rössler, Mechthild: Many Voices, One Vision. The Early Years of The
    World Heritage Convention, Surrey 2013.
Falser, Michael S.: Von der Venice Charter 1964 zum Nara-Dokument on Authenticity 1994. 30
    Jahre Authentizität im Namen des kulturellen Erbes der Welt, in: Kunstgeschichte. Open
    Peer Reviewed Journal (2011) (http://www.kunstgeschichte-ejournal.net/239/, letzter Ab-
    ruf am 14.09.2017).
ICOMOS (Hg.): Industrielle Kulturlandschaften im Welterbe-Kontext. Internationale Tagung von
    ICOMOS Deutschland und TICCIH Deutschland, 26. Und 27. Februar 2015, Kokerei Hansa,
    Dortmund (ICOMOS. Hefte des deutschen Nationalkomitees LXII), Berlin 2016.

Rössler, Mechthild: Applying Authenticity to Cultural Landscapes, in: APT Bulletin 39 (2008:2-3), S. 47–52.

Stovel, Herb: Effective Use of Authenticity and Integrity as World Heritage Qualifying Conditions, in: City & Time 2 (2007:3), S. 21–36 (http://www.ceci-br.org/novo/revista/docs2007/CT-2007-71.pdf, letzter Abruf am 15.07.2017).

UNESCO (Hg.): Übereinkommen zum Schutz des Kultur- und Naturerbes der Welt. Convention Concerning the Protection of the World Cultural and Natural Heritage, Paris 1972 (https://www.unesco.de/sites/default/files/2018-02/UNESCO_WHC_%C3%9Cbereinkommen%20Welterbe_dt.pdf, letzter Abruf am 08.06.2018).

UNESCO (Hg.): Convention Concerning the Protection of the World Cultural and Natural Heritage (WHC-92/CONF.002/12), Santa Fe 1992 (http://whc.unesco.org/archive/1992/whc-92-conf002-12e.pdf, letzter Abruf am 15.07.2017).

UNESCO (Hg.): Revision of the Operational Guidelines for the Implementation of the World Heritage Convention (WHC-98/CONF.203/16), Paris 1998 (http://whc.unesco.org/archive/1998/whc-98-conf203-16e.pdf, letzter Abruf am 08.10.2017).

UNESCO (Hg.): Preparing World Heritage Nominations (World Heritage Resource Manual), Paris 2011 (https://whc.unesco.org/document/116069, letzter Abruf am 08.06.2018).

UNESCO (Hg.): Richtlinien zur Durchführung des Übereinkommens zum Schutz des Kultur- und Naturerbes der Welt, Paris 2015 (Übersetzung des Sprachendienstes des Auswärtigen Amts der Bundesrepublik Deutschland von 2017) (whc.unesco.org/document/158581, letzter Abruf am 08.06.2018).

Anhang

Abbildungsnachweis

Heike Oevermann
Abb. 1: © Courtesy of Historical Archives Ljubljana
Abb. 2: © Tomaž Pipin
Abb. 3: © Heike Oevermann, 2015
Abb. 4: © Györgyi Németh, Courtesy of National Office of Cultural Heritage, Budapest
Abb. 5: © Újirány Tájépítész, Landscape Architects
Abb. 6: © Heike Oevermann, 2017 (Plangrundlage Walter Buschmann 1998)
Abb. 7: © Heike Oevermann, 2009

Andreas Putz
Abb. 1: Die Farbige Stadt 3 (1928:2), Farbtafeln 1 und 2
Abb. 2: Die Farbige Stadt 1 (1926: 1), Tafel 1 und 2
Abb. 3: Projektgruppe Eisenheim (Fachhochschule Bielefed) [Günter, Roland/ Bosström, Jörg] (Hg.): Rettet Eisenheim. Eisenheim 1844–1972. Gegen die Zerstörung der ältesten Arbeitersiedlung des Ruhrgebietes, West-Berlin 1973, S. 106–107
Abb. 4: © Andreas Putz, 2017

Uta Bretschneider
Abb. 1: privat, 2012
Abb. 2: privat, 2013
Abb. 3: privat, 2016
Abb. 4: privat, 2016
Abb. 5: privat, 2017
Abb. 6: privat, 2016
Abb. 7: privat, 2011
Abb. 8: privat, 2016
Abb. 9: privat, 2016
Abb. 10: privat, 2013

Jana Golombek
Abb. 1: © Jana Golombek
Abb. 2 und 3: © Belt Publishing
Abb. 4: © Infilpress 2005
Abb. 5: © Mike Boening: Michigan Central Station, Detroit-KEEP OUT, 16.3.2013, digitales Farbfoto. / Quelle: https://www.flickr.com/photos/memoriesbymike/8564549373/in/album-72157633018630706/, letzter Abruf am 24. Juli 2018

Anna Storm
Fig. 1: © Anna Storm, 2005
Fig. 2: © Anna Storm, 2002
Fig. 3: © Anna Storm, 2003

https://doi.org/10.1515/9783110683103-018

Fig. 4: © Anna Storm, 2005
Fig. 5: © Raimond Spekking, CC BY-SA 3.0, https://commons.wikimedia.org/w/index.php?curid=941273
Fig. 6: © Anna Storm, 2016
Fig. 7: © Anna Storm, 2017
Fig. 8: Archiv Corps Silesia, Public Domain, https://commons.wikimedia.org/w/index.php?curid=7618792
Fig. 9 und 10: © Anna Storm, 2007

Carla-Marinka Schorr
Abb. 1: © FUNKE Foto Services, Foto: Thomas Nitsche
Abb. 2: © LWL-Industriemuseum, Foto: Sebastian Cintio
Abb. 3: © Carla-Marinka Schorr; Grafische Umsetzung: Christof Heinz

Katarzyna Nogueira
Abb. 1 bis 3: © Gabriele Voss/ Christoph Hübner.
Abb. 4: © Verein für Internationale Freundschaften e. V., Foto: Cornelia Suhan
Abb. 5: © Vivawest, Foto: Dirk Bannert

Susanne Abeck und Uta C. Schmidt
Abb. 1: Farrenkopf, Michael: Zechensterben, in: Prossek, Achim u. a. (Hg.): Atlas der Metropole Ruhr. Vielfalt und Wandel des Ruhrgebiets im Kartenbild, Köln 2009, S. 102–103, S. 103
Abb. 2: © LVR-Industriemuseum
Abb. 3: © Rainer Halma
Abb. 4: © Forum Geschichtskultur
Abb. 5: © Forum Geschichtskultur
Abb. 6: © Forum Geschichtskultur
Abb. 7: Abeck, Susanne/ Schmidt, Uta C. (Hg.): Stulle mit Margarine und Zucker. Heimat Ruhrgebiet, Essen 2015
Abb. 8: © INDUSTRIEKULT-Verlags GmbH
Abb. 9: © Forum Geschichtskultur
Abb. 10: © Deutsches Plakat Museum im Museum Folkwang
Abb. 11: © Universitätsarchiv, Ruhr-Universität Bochum

Helen Wagner
Abb. 1 und 2: © Stiftung Industriedenkmalpflege und Geschichtskultur
Abb. 3: © Regionalverband Ruhr
Abb. 4: © Stiftung Zollverein

Gerhard A. Stadler
Abb. 1 und 2: © Elfriede Mejchar, Technische Universität Wien / E251/2
Abb. 3 bis 9: © Gerhard A. Stadler, Technische Universität Wien / E251/2

Sönke Friedreich

Abb. 1: © Stadtarchiv Plauen

Abb. 2: Hempel, Albert: Weltplätze des Handels und der Industrie, Bd. 25: Plauen, Vogtland, Chemnitz 1925, S. 21

Abb. 3 und 4: © Sönke Friedreich, 2017

Abb. 5: Qualifizierung der Bewerbung der Stadt Plauen für die 4. Sächsische Landesausstellung 2018 „Industriekultur in Sachsen", S. 12–13

Eva-E. Schulte

Abb. 1: © LWL-Denkmalpflege, Landschafts- und Baukultur in Westfalen, Foto: Hartwig Dülberg

Abb. 2: © Stiftung Industriedenkmalpflege und Geschichtskultur, Foto: Klaus-Peter Schneider, 2009

Abb. 3: © LWL

Abb. 4: © Werner Köhler (Köhler PhotoArt, Industrie- und Architekturfotografie, Krefeld)

Abb. 5: © Montanhistorisches Dokumentationszentrum (montan.dok) beim Deutschen Bergbau-Museum Bochum 024901772003

Abb. 6: © montan.dok 024901798012

Abb. 7: © montan.dok 024901949002

Abb. 8: © LWL / Holtappels

Gerhard Lenz

Abb. 1: © Stiftung Bergwerk Rammelsberg, Altstadt von Goslar und Oberharzer Wasserwirtschaft; Schmidt Verlag/Hinz und Kunst

Abb. 2: © Thomas Wolf, www.foto-tw.de / Wikimedia Commons / CC BY-SA 3.0

Abb. 3: © Sammlung Weltkulturerbe Rammelsberg, Foto: Richard Bothe

Abb. 4: © Sammlung Weltkulturerbe Rammelsberg, Foto: Martin Wetzel

Abb. 5: © Sammlung Weltkulturerbe Rammelsberg, Fotograf unbekannt

Abb. 6: © Sächsisches Hauptstaatsarchiv Dresden

Abb. 7: © Sammlung Weltkulturerbe Rammelsberg, Foto: Johannes Großewinkelmann

Abb. 8 bis 10: © Stiftung Bergwerk Rammelsberg, Altstadt von Goslar und Oberharzer Wasserwirtschaft, Foto: Lea Dirks

Friederike Hansell

Abb. 1: © Institut für Industriearchäologie, Wissenschafts- und Technikgeschichte (IWTG) der TU Bergakademie Freiberg, Foto: Friederike Hansell

Abb. 2: © Institut für Industriearchäologie, Wissenschafts- und Technikgeschichte (IWTG) der TU Bergakademie Freiberg, Foto: Jens Kugler

Abb. 3: © Institut für Industriearchäologie, Wissenschafts- und Technikgeschichte (IWTG) der TU Bergakademie Freiberg, Foto: Helmuth Albrecht

Abb. 4: © Institut für Industriearchäologie, Wissenschafts- und Technikgeschichte (IWTG) der TU Bergakademie Freiberg, Foto: Friederike Hansell

Abb. 5 bis 7: © Institut für Industriearchäologie, Wissenschafts- und Technikgeschichte (IWTG) der TU Bergakademie Freiberg, Foto: Jens Kugler

Die Autorinnen und Autoren

Susanne Abeck M. A.
studierte an der Ruhr-Universität Bochum Geschichte, Politikwissenschaft und Germanistik. Sie wirkte bei dem IBA-Ausstellungsprojekt „Feuer & Flamme" in dem damals frisch umgebauten Gasometer mit und war später für unterschiedliche Ausstellungsprojekte tätig. Seit 2009 ist sie selbstständige Historikerin, u. a. als Redakteurin der Zeitschrift „Forum Geschichtskultur Ruhr", Lehrbeauftragte an der Ruhr-Universität Bochum, Mitbegründerin des Forschungsportals Frauen.*ruhr*.Geschichte. 2017/2018 – neben Dr. Uta C. Schmidt – Geschäftsführerin des 7. Geschichtswettbewerbs „Hau rein! Bergbau im Ruhrgebiet. Alltag. Wissen. Wandel."
Zuletzt sind von ihr erschienen:
- Abeck, Susanne: Essen, Zeche Zollverein. Ehrenamt auf Anfrage, in: Andrea Pufke (Hg.): Schall und Rauch. Industriedenkmäler bewahren. Dokumentation der Jahrestagung der Vereinigung der Landesdenkmalpfleger in der Bundesrepublik Deutschland, 13. bis 15. Juni 2016 in Oberhausen (Arbeitsheft der rheinischen Denkmalpflege 84), Petersberg 2017, S. 66–71.
- Abeck, Susanne/ Schmidt, Uta C.: War was? Heimat im Ruhrgebiet. Erinnerungsorte und Gedächtnisräume. Selbstzeugnisse als Überlieferungen in der Geschichtskultur des Ruhrgebiets, in: Dies. (Hg.): Stulle mit Margarine und Zucker. Heimat Ruhrgebiet, Essen 2015, S. 146–161.
- Abeck, Susanne (Hg.): heimat handwerk industrie. Museumshandbuch Bergisches Land, Essen 2015.

Dr. Uta Bretschneider
studierte von 2003 bis 2008 Volkskunde/ Kulturgeschichte und Soziologie an der Friedrich-Schiller-Universität Jena. 2014 wurde sie mit einer Arbeit zur Integration der deutschen Flüchtlinge und Vertriebenen des Zweiten Weltkriegs im ländlichen Raum promoviert. Von 2016 bis 2020 war sie Direktorin des Hennebergischen Museums Kloster Veßra. Seit 2020 ist sie Direktorin des Zeitgeschichtlichen Forums Leipzig, Stiftung Haus der Geschichte der Bundesrepublik Deutschland. Ihre Forschungsinteressen liegen in den Bereichen DDR-Alltagskultur, Geschichte des ländlichen Raumes, Biografieforschung, Industriekultur.
Zu ihren wichtigsten Publikationen zählen:
- Bretschneider, Uta: Heimat – Räume, Gefühle, Konjunkturen (LpB), Erfurt 2019.

- Bretschneider, Uta/ Panzer-Selz, Lena: LPG-Dinge. Erinnerungen an die Landwirtschaft der DDR, Dresden 2019.
- Bretschneider, Uta: „Vom Ich zum Wir"? Flüchtlinge und Vertriebene als Neubauern in der LPG (Schriften zur Sächsischen Geschichte und Volkskunde 53), Leipzig 2016.
- Bretschneider, Uta: Neue Heimat Thüringen? Flüchtlinge und Vertriebene um 1945 (LpB), Erfurt 2016.
- Bretschneider, Uta/ Friedreich, Sönke/ Spieker, Ira (Hg.): Verordnete Nachbarschaften. Transformationsprozesse im deutsch-polnisch-tschechischen Grenzraum seit dem Zweiten Weltkrieg (Bausteine aus dem Institut für Sächsische Geschichte und Volkskunde 35), Dresden 2016.
- Bretschneider, Uta: Wolle aus Amerika. Erkundungen zu Spinnerei und Siedlung im Muldental (Reihe Weiß-Grün. Sächsische Geschichte und Volkskultur 43), Dresden 2014.

Dr. Michael Farrenkopf

Jahrgang 1966, Studium der Geschichte, Publizistik und Kunstgeschichte an den Universitäten Mainz und Berlin; Promotion über „Schlagwetter und Kohlenstaub. Das Explosionsrisiko im industriellen Ruhrbergbau (1850–1914)" an der TU Berlin; seit 2001 Leiter des Montanhistorischen Dokumentationszentrums (montan.dok) mit den Bereichen Bergbau-Archiv, Bibliothek/ Fotothek sowie Museale Sammlungen beim Deutschen Bergbau-Museum Bochum; Lehrbeauftragter an der Ruhr-Universität Bochum sowie am Institut für Industriearchäologie, Wissenschafts- und Technikgeschichte der TU Bergakademie Freiberg; seit 2014 Mitglied im Direktorium des Deutschen Bergbau-Museums Bochum.

Zu seinen wichtigsten Publikationen zählen:

- Bluma, Lars/ Farrenkopf, Michael/ Przigoda, Stefan: Geschichte des Bergbaus (Veröffentlichungen aus dem Deutschen Bergbau-Museum Bochum 225/ Schriften des Bergbau-Archivs 31), Berlin 2018.
- Brüggemeier, Franz-Josef/ Farrenkopf, Michael/ Grütter, Heinrich Theodor (Hg.): Das Zeitalter der Kohle. Eine europäische Geschichte. Katalogbuch zur Ausstellung des Ruhr Museums und des Deutschen Bergbau-Museums auf der Kokerei Zollverein, 27. April bis 11. November 2018, Essen 2018.
- Eser, Thomas/ Farrenkopf, Michael/ Kimmel, Dominik/ Saupe, Achim/ Warnke, Ursula (Hg.): Authentisierung im Museum. Ein Werkstatt-Bericht (RGZM – Tagungen 32), Mainz 2017.
- Kretschmann, Jürgen/ Farrenkopf, Michael (Hg.): Das Wissensrevier. 150 Jahre Westfälische Berggewerkschaftskasse/ DMT-Gesellschaft für Lehre und Bildung, 2 Bde., Bochum 2014.

- Farrenkopf, Michael: Wiederaufstieg und Niedergang des Bergbaus in der Bundesrepublik Deutschland, in: Dieter Ziegler (Hg.): Rohstoffgewinnung im Strukturwandel. Der deutsche Bergbau im 20. Jahrhundert (Geschichte des deutschen Bergbaus 4), Münster 2013, S. 183–302.

Dr. Sönke Friedreich

studierte von 1989 bis 1998 an den Universitäten Göttingen und Marburg Volkskunde/ Europäische Ethnologie, Mittlere und Neuere Geschichte und Wirtschafts- und Sozialgeschichte, 1999 erfolgte die Promotion an der Universität Göttingen, 2006 die Habilitation an der Universität Kiel, jeweils im Fach Volkskunde/ Europäische Ethnologie. 1999–2000 war er als Wissenschaftlicher Mitarbeiter am Institut für Wirtschafts- und Sozialgeschichte der Universität Göttingen tätig, seit 2001 ist er Wissenschaftlicher Mitarbeiter am Institut für Sächsische Geschichte und Volkskunde (Dresden). Seine Forschungsschwerpunkte sind regionale Alltags- und Kulturgeschichte Sachsens, speziell des Industriezeitalters, Arbeit und Arbeitskulturen sowie biografische Forschung.
Zu seinen wichtigsten Publikationen zählen:
- Bretschneider, Uta/ Friedrich, Sönke/ Spieker, Ira (Hg.): Verordnete Nachbarschaften. Transformationsprozesse im deutsch-polnisch-tschechischen Grenzraum seit dem Zweiten Weltkrieg (Bausteine aus dem Institut für Sächsische Geschichte und Volkskunde 35), Dresden 2016.
- Friedrich, Sönke/ Spieker, Ira (Hg.): Fremde – Heimat – Sachsen. Neubauernfamilien in der Nachkriegszeit, Beucha/ Markkleeberg 2014.
- Bünz, Enno/ Friedrich, Sönke/ Ranacher, Christian/ Vogel, Lutz: Vogtland (Kulturlandschaften Sachsens 5), Leipzig 2013.

Jana Golombek M. A.

studierte Europäische Ethnologie, Neuere Deutsche Literatur und Französisch an der Humboldt-Universität Berlin, der Philipps-Universität Marburg und der Université de Poitiers. Im Anschluss arbeitete sie als wissenschaftliche Volontärin am LWL-Industriemuseum Zeche Hannover in Bochum. Von 2014–2016 war sie wissenschaftliche Mitarbeiterin am Institut für soziale Bewegungen im Rahmen des Projekts „Das Ruhrgebiet: Ein globaler Leuchtturm der Industriekultur" und untersuchte die Bedeutung von Industriekultur in unterschiedlichen Regionen weltweit. Als wissenschaftliche Mitarbeiterin im Forschungsbereich Bergbaugeschichte des Deutschen Bergbau-Museums arbeitete sie von 2015–2018 im Projekt „Steinkohle als Georessource der Moderne" und forschte für ihr Dissertationsprojekt zu den kulturellen Auswirkungen der Deindustrialisierung am Beispiel von Industriekultur im Ruhrgebiet und Pittsburgh, das sie fortführt. Seit

2016 ist sie außerdem wissenschaftliche Referentin am LWL-Industriemuseum mit den Schwerpunkten Bergbau und Deindustrialisierung.

Zu ihren wichtigsten Publikationen zählen:

- Berger, Stefan/ Golombek, Jana: Memory Culture and Identity Construction in the Ruhr Valley in Germany, in: Stefan Berger (Hg.): Constructing Industrial Pasts. Heritage. Historical Culture and Identity in Regions Undergoing Structural Economic Transformation (Making Sense of History 38), New York 2019, S. 199–215.
- Golombek, Jana/ Wagner, Jorma: Adam, Mücke und ein Stößchen. Der Erinnerungsort Bier, in: Stefan Berger/ Ulrich Borsdorf/ Ludger Claßen/ Dieter Nellen (Hg.): Zeit-Räume Ruhr. Die Erinnerungsorte des Ruhrgebiets, Essen 2019, S. 577–596.
- Wicke, Christian/ Berger, Stefan/ Golombek, Jana (Hg.): Industrial Heritage and Regional Identities (Routledge Cultural Heritage and Tourism Series), New York 2018.
- Berger, Stefan/ Golombek, Jana/ Wicke, Christian: A Post-Industrial Mindscape? The Mainstreaming and Touristification of Industrial Heritage in the Ruhr, in: Dies. (Hg.): Industrial Heritage and Regional Identities (Routledge Cultural Heritage and Tourism Series), New York 2018, S. 74–94.
- Golombek, Jana/ Flieshart, Jana (Hg.): RevierGestalten. Von Orten und Menschen, Essen 2018.

Friederike Hansell M. A.

studierte in Berlin und München Vor- und Frühgeschichte, Klassische Archäologie und Ethnologie und schloss an der BTU Cottbus den internationalen Masterstudiengang World Heritage Studies ab. Seit 2010 ist sie als Wissenschaftliche Mitarbeiterin am Institut für Industriearchäologie, Wissenschafts- und Technikgeschichte an der Technischen Universität Bergakademie Freiberg für den grenzübergreifenden Welterbeantrag für die Montanregion Erzgebirge/ Krušnohoří zuständig. Zudem ist sie seit September 2015 im Auftrag des Sächsischen Staatsministeriums des Innern die zuständige sächsische Welterbekoordinatorin. Friederike Hansell ist Mitglied im Deutschen Nationalkomitee von ICOMOS sowie beim Deutschen TICCIH-Nationalkomitee.

Zu ihren wichtigsten Publikationen zählen:

- Hansell, Friederike/ Albrecht, Helmuth: Das Welterbe-Projekt Montanregion Erzgebirge/ Krušnohoří und das montanhistorische Erbe. Grundlage für die regionale Identität und Basis für die Vermittlung, in: Weltkulturerbe Rammelsberg (Hg.): Montanregion als historisches Erbe. Reflexionen und Ausblicke. Beiträge zum Kolloquium „25 Jahre Welterbe im Harz" am 22.

und 23. September 2017 im Weltkulturerbe Rammeslberg, Museum & Besucherbergwerk in Goslar, Goslar 2017, S. 87–96.
- Albrecht, Helmuth/ Hansell, Friederike: The World Heritage Project Mining Cultural Landscape Erzgebirge/ Krušnohoří, in: Dies. (Hg.): Industrial and Mining Landscapes within World Heritage Context (INDUSTRIEarchäologie – Studien zur Erforschung, Dokumentation und Bewahrung von Quellen zur Industriekultur 15), Chemnitz 2014, S. 166–181.

Kathrin Kruner M. A., M. Sc.
studierte von 2004 bis 2015 Alte Geschichte, Technikgeschichte, Germanistische Literaturwissenschaften und Industriekultur an der TU Dresden und der TU Bergakademie Freiberg. Seit 2015 war sie Wissenschaftliche Mitarbeiterin am Institut für Industriearchäologie, Wissenschafts- und Technikgeschichte an der TU Bergakademie Freiberg im Forschungsprojekt „Vom Boom zur Krise. Der Steinkohlenbergbau in Deutschland nach 1945" – ein Kooperationsprojekt mit dem Deutschen Bergbau-Museum Bochum. Ihre Forschungsinteressen liegen im Bereich der Erinnerungskultur, Industriekultur sowie der DDR-Geschichte.
Zu ihren wichtigsten Publikationen gehören:
- Kruner, Kathrin: Baumwollspinnerei E. I. Clauß in Plaue, in: Helmuth Albrecht/ Katharina Jesswein/ Julia Petzak/ Axel Rüthrich (Hg.): Verlorene Fäden. Denkmale der sächsischen Textilindustrie in den Tälern von Zschopau und Flöha (INDUSTRIEarchäologie – Studien zur Erforschung, Dokumentation und Bewahrung von Quellen zur Industriekultur 16), Chemnitz 2016, S. 173–184.
- Kruner, Kathrin: 50 Jahre „Verfügung 11/67 zur schrittweisen Einstellung des Steinkohlenbergbaus" in der DDR, in: Der Anschnitt. Zeitschrift für Kunst und Kultur im Bergbau 69 (2017:5-6), S. 272–274.

Gerhard Lenz M. A.
geb. 1958, Geschichtswissenschaftler, Ausstellungsmacher und Soziologe. Seit 1. Juli 2012 Geschäftsführer/ Museumsleiter des Weltkulturerbes Bergwerk Rammelsberg in Goslar und Stiftungsdirektor des Welterbes Bergwerk Rammelsberg, Altstadt von Goslar und Oberharzer Wasserwirtschaft. Langjährige Tätigkeiten als Abteilungsleiter bei der Stiftung Bauhaus Dessau (Sachsen-Anhalt), als Direktor des Hessischen Braunkohle Bergbaumuseum in Borken (Hessen) und stellvertretender Vorsitzender des Hessischen Museumsverbandes. Zahlreiche Ausstellungen und Publikationen zur Umweltgeschichte und Industriekultur des 19. und 20. Jahrhunderts.

Zu seinen wichtigsten Publikationen zählen:
- Lenz, Gerhard: Verlusterfahrung Landschaft. Über die Herstellung von Raum und Umwelt im mitteldeutschen Industriegebiet seit der Mitte des 19. Jahrhunderts, Frankfurt (Main) 1999.
- Lenz, Gerhard: Ideologisierung und Industrialisierung der Landschaft im Nationalsozialismus, in: Günter Bayerl/ Torsten Meyer (Hg.): Die Veränderung der Kulturlandschaft. Nutzungen – Sichtweisen – Planungen (Cottbuser Studien zur Geschichte von Technik, Arbeit und Umwelt 22), Münster/ New York 2003, S. 177–197.
- Lenz, Gerhard: Benutzeroberfläche mit Verlusterfahrung. Industrialisierte Landschaft im 19. und 20. Jahrhundert, in: Staatliche Galerie Moritzburg (Hg.): Projekt Kunst Sachsen-Anhalt 2. Landschaft(en) – Wildflecken und Gartenreich, Halle (Saale) 2003, S. 28–41.

Dr. Torsten Meyer
studierte Sozial- und Wirtschaftsgeschichte, Mittlere und Neuere Geschichte sowie Politische Wissenschaften an der Universität Hamburg. Von 1993 bis 1994 war er Wissenschaftlicher Mitarbeiter am Institut für Sozial- und Wirtschaftsgeschichte, Universität Hamburg, und von 1994 bis 2006 Wissenschaftlicher Mitarbeiter und Assistent am Lehrstuhl Technikgeschichte, BTU Cottbus(-Senftenberg). Von 2007 bis 2015 arbeitete er als Höherer Wissenschaftlicher Mitarbeiter am Institut für Denkmalpflege und Bauforschung, ETH Zürich, seit 2015 ist er Wissenschaftlicher Mitarbeiter am Deutschen Bergbau-Museum Bochum.
Zu seinen Forschungsinteressen gehören die Technik- und Umweltgeschichte der Frühen Neuzeit, die Wissensgeschichte des Bauens vom 18. bis zum 20. Jahrhundert und die Landschaftsgeschichte des 20. Jahrhunderts.
Neuere Veröffentlichungen (Auswahl):
- Hassler, Uta/ Meyer, Torsten/ Rauhut, Christoph: Versuch über die polytechnische Bauwissenschaft, München 2019.
- Meyer, Torsten: Die kameralistische „Ökonomie der (Geo-)Ressourcen" im 18. Jahrhundert. Das Beispiel der Baumaterialien, Baukosten und die Emergenz des Genres der Bauanschläge, in: Der Anschnitt. Zeitschrift für Montangeschichte 70 (2018:5), S. 216–234.
- Golombek, Jana/ Meyer, Torsten: Das (post-)industrielle Erbe des Anthropozän. Überlegungen zu einer Weitung des Blickfeldes, in: Der Anschnitt. Zeitschrift für Kunst und Kultur im Bergbau 68 (2016:6), S. 198–215.
- Hassler, Uta/ Meyer, Torsten (Hg.): Kategorien des Wissens. Die Sammlung als epistemisches Objekt, Zürich 2014.

Katarzyna Nogueira M. A.
studierte bis 2012 Kultur- und Literaturwissenschaften an der Westfälischen Wilhelms-Universität in Münster. Von 2012 bis 2014 absolvierte sie ein wissenschaftliches Volontariat im LWL-Industriemuseum Zeche Hannover in Bochum. Währenddessen absolvierte sie im Rahmen eines Stipendiums einen mehrmonatigen Arbeitsaufenthalt am Pariser Musée de l'Histoire de l'Immigration. Seit 2014 ist sie wissenschaftliche Mitarbeiterin der Stiftung Geschichte des Ruhrgebiets in Bochum und dort für das Oral History-Projekt „Digitaler Gedächtnisspeicher: Menschen im Bergbau" tätig. Sie arbeitet zudem als freiberufliche Kuratorin und Oral Historian und promoviert gegenwärtig zur Zeitzeugenschaft und Oral History des Ruhrbergbaus. Ihre Forschungsinteressen liegen neben der Oral- und Public History in der Regional- und Migrationsgeschichte.
Zu ihren wichtigsten Publikationen zählen:
-   Osses, Dietmar/ Nogueira, Katarzyna: Representations of Immigration and Emigration in Germany's Historic Museums, in: Cornelia Wilhelm (Hg.): Migration, Memory, and Diversity. Germany from 1945 to the Present (Contemporary European History 21), Oxford/ New York 2018, S. 155–175.
-   Aysel, Asligül/ Nogueira, Katarzyna: Geschichte von unten? Zur Theorie und Praxis musealer Zeitzeugenschaft in Migrationsausstellungen, in: IMIS-Beiträge 51 (2017), S. 263–276.
-   Osses, Dietmar/ Nogueira, Katarzyna: Einfach anders! Jugendliche Subkulturen im Ruhrgebiet, Essen 2014.

Dr. Heike Oevermann
studierte Architektur und World Heritage Studies in Braunschweig, Sevilla und Cottbus. Promoviert wurde sie für ihre Arbeit über die Transformationsprozesse der Zeche Zollverein an der TU Berlin. Seit 2010 arbeitet sie am Georg-Simmel-Zentrum für Metropolenforschung, wo sie zwei DFG Projekte über die Konversion von historischen Industriekomplexen in Europa bearbeitet hat. Derzeit schließt daran ein Erkenntnis-Transfer Projekt der DFG an, das das Heritage Management solcher Industrieerbestätten thematisiert und fragt, wie in der Praxis Denkmalschutz und nachhaltige Stadtentwicklungsplanung gut integriert werden können. Ihre Forschungsinteressen liegen in der Stadtbaugeschichte, Denkmalpflege und Stadtentwicklung des 19.-21. Jahrhunderts, sowie in den Themenfeldern Industrial Heritage and Urban Heritage.
Zu ihren Publikationen zählen:
-   Oevermann, Heike: Rem Koolhaas. Delirious New York. Architektur und das Großstädtische der Metropole, in: Frank Eckardt (Hg.): Schlüsselwerke der Stadtforschung, Heidelberg 2017, S. 107–126.

- Oevermann, Heike/ Frank, Sybille/ Gantner, Eszter (Hg.): Städtisches Erbe – Urban Heritage (Themenschwerpunktheft: Informationen zur modernen Stadtgeschichte 2016:1).
- Oevermann, Heike/ Mieg, Harald A.: Nutzbarmachung historischer Industrieareale für die Stadtentwicklung. Erhaltungsbegriffe und Fallbeispiele in der Praxis, in: disP – The Planning Review 52 (2016:1), S. 31–41.
- Oevermann, Heike u. a.: Participation in the Reuse of Industrial Heritage Sites. The Case of Oberschöneweide, Berlin, in: International Journal of Heritage Studies 22 (2016:1), S. 43–58.
- Oevermann, Heike/ Mieg, Harald A. (Hg.): Transformation of Industrial Heritage Sites. Clash of Discourses (Routledge Studies in Heritage 6), London/ New York 2015.

Prof. Dr. Andreas Putz
studierte Architektur an der TU Dresden, der University of Edinburgh und der ETH Zürich. Er war zunächst als angestellter Architekt in Basel, später in Dresden tätig, und betreute ab 2009 den Umbau des ehemaligen Kaufhauses Schocken von Erich Mendelsohn in Chemnitz. Von 2011 bis 2015 war er wissenschaftlicher Assistent und Doktorand am Institut für Bauforschung und Denkmalpflege der ETH Zürich bei Prof. Uta Hassler. Seine Dissertation zu den Leitbildern und Praktiken der Erhaltung der Zürcher Altstadt wurde 2016 mit dem Theodor-Fischer-Preis des Zentralinstituts für Kunstgeschichte München ausgezeichnet. Seit 2015 freiberufliche Tätigkeit als Architekt sowie wissenschaftlicher Mitarbeiter am Leibniz-Institut für Raumbezogene Sozialforschung Erkner/ Berlin und Postdoc am Institut für Geschichte und Theorie der Architektur der ETH Zürich. 2018 erfolgte die Berufung auf die Tenure Track Assistant Professur für Neuere Baudenkmalpflege an der Technischen Universität München.
Zu seinen Publikationen zählen:
- Putz, Andreas: Wo Paul und Paula lebten. Zur Erhaltung und „Rekonstruktion" des Baubestands in der DDR, in: Tino Mager/ Bianka Trötschel-Daniels (Hg.): Rationelle Visionen. Raumproduktion in der DDR (Forschungen zum baukulturellen Erbe der DDR 8), Weimar 2019, S. 80–99.
- Putz, Andreas: Towards the Re-Reading of the 20th Century Principles of Architectural Conservation-Restoration, in: Ursula Schädler-Saub/ Bogusław Szmygin (Hg.): Conservation Ethics Today. Are our Conservation-Restoration Theories and Practice Ready for the 21st Century? (Heritage for Future), Florenz/ Lublin 2019, S. 153–164.
- Putz, Andreas: Zu Tod und Wiederkehr des Architekten im Denkmal. Baudenkmalpflege zwischen Urheberschutz und Denkmalschutz, in: Ministeri-

um für Heimat, Kommunales, Bau und Gleichstellung Nordrhein-Westfalen (Hg.): Perspektiven der Denkmalpflege (online-Publikation Nr. S-260), Düsseldorf 2020, S. 10–31.

Dr. Uta C. Schmidt

studierte Geschichte und Kunstgeschichte an der Ruhr-Universität Bochum und der Universität Hamburg. Im Anschluss erfolgte die Promotion bei Jörn Rüsen; danach Forschungsprojekte zu Medien, Geschlecht, Repräsentation und Macht. Seit den 1980er Jahren Studien zur Klanglandschaft Ruhrgebiet; Lehrbeauftragte an der Universität Duisburg-Essen, Bereich Erwachsenenbildung; seit 2003 Historikerin am DA. Kunsthaus Kloster Gravenhorst; Mitbegründerin des Forschungsportals Frauen.*ruhr*.Geschichte. 2017/2018 – neben Susanne Abeck – Geschäftsführerin des 7. Geschichtswettbewerbs „Hau rein! Bergbau im Ruhrgebiet. Alltag. Wissen. Wandel."
Zuletzt sind erschienen:

– Schmidt, Uta C.: Netzwerk: Konturen und Konjunkturen eines Begriffs, in: Dies./ Beate Kortendiek (Hg.): Netzwerke im Schnittfeld von Organisation, Wissen und Geschlecht (Studien Netzwerk Frauenforschung NRW), Essen 2016, S. 140–153.
– Schmidt, Uta C./ Abeck, Susanne: War was? Heimat im Ruhrgebiet. Erinnerungsorte und Gedächtnisräume. Selbstzeugnisse als Überlieferungen in der Geschichtskultur des Ruhrgebiets, in: Dies. (Hg.): Stulle mit Margarine und Zucker. Heimat Ruhrgebiet, Essen 2015, S. 146–161.
– Schmidt, Uta C.: Das Netzwerk Frauenforschung NRW. Geschichte und Gegenwart einer Wissenschaftsorganisation, Essen 2012.

Carla-Marinka Schorr M. A.

studierte von 2012 bis 2015 Museologie und Europäische Ethnologie/ Volkskunde an der Julius-Maximilians-Universität Würzburg sowie von 2015 bis 2017 Museology an der Reinwardt Academie der Amsterdamse Hogeschool voor de Kunsten. Seit dem Wintersemester 2016 ist sie als Lehrbeauftragte an der Professur für Museologie der Julius-Maximilians-Universität Würzburg beschäftigt und war projektbezogen für das LWL-Industriemuseum Henrichshütte Hattingen tätig. Ihr Forschungsinteresse liegt in den Strukturen hinter der Praxis im Kulturerbe- und Museumsbereich und in deren Auswirkungen. Dementsprechend untersucht sie derzeit im Rahmen ihres Promotionsstudiums an der Julius-Maximilians-Universität Würzburg die Prämissen, Prinzipien und Perspektiven für eine museologische Ausstellungsanalysemethode.
Ihre Publikation:

- Fiocco, Fabiola/ Schorr, Carla-Marinka: Sweeter than Honey, better than Gold. A Hive-Minded Approach to Collections Mobility, in: COMCOL newsletter 31 (2017), S. 5–9.

Dipl.-Ind.-Arch. Eva-E. Schulte

studierte Industriearchäologie an der Technischen Universität Bergakademie Freiberg und war im Anschluss als Wissenschaftliche Volontärin sowie Wissenschaftliche Mitarbeiterin im Deutschen Bergbau-Museum Bochum tätig, wo sie am Montanhistorischen Dokumentationszentrum (montan.dok) auch ihre Promotion über denkmalgeschützte Zechenanlagen des rheinisch-westfälischen Steinkohlenreviers begann, um den vorhandenen Bestand sowie die Prozesse der „Denkmalwerdung" zu analysieren. Seit Anfang Januar 2020 ist sie als Wissenschaftliche Referentin im Referat Praktische Denkmalpflege der LWL-Denkmalpflege, Landschafts- und Baukultur für den Bereich Technische Kulturdenkmäler zuständig. Ihre Forschungsinteressen liegen im Bereich Industriedenkmalpflege, Wissenschafts- und Technikgeschichte, Industriearchäologie und Industriekultur.

Zu ihren wichtigsten Publikationen zählen:

- Nüsser, Eva-E.: Die Baumwollspinnerei Oehme in Zschopau, in: Helmuth Albrecht/ Katharina Jesswein/ Julia Petzak/ Axel Rüthrich (Hg.): Verlorene Fäden. Denkmale der sächsischen Textilindustrie in den Tälern von Zschopau und Flöha (INDUSTRIEarchäologie – Studien zur Erforschung, Dokumentation und Bewahrung von Quellen zur Industriekultur 16), Chemnitz 2016, S. 111–121.
- Nüsser, Eva-E.: Work with Sounds. Tagung im LWL-Industriemuseum – Zeche Zollern, in: Der Anschnitt. Zeitschrift für Kunst und Kultur im Bergbau 67 (2015:6), S. 210–215.
- Nüsser, Eva-E.: Der Stand des Industriekulturtourismus in Sachsen, in: Kulturstiftung Hohenmölsen (Hg.): Dokumentation Sommerakademie 2011 „Bergbaulandschaft als Tourismusmagnet" zwischen Aktivposten und Erfahrungen des Scheiterns, Hohenmölsen 2012, S. 114–121.

Prof. Dr. Gerhard A. Stadler

studierte Wirtschafts- und Sozialgeschichte sowie Ethnologie und Philosophie an der Universität Wien. Seit 1986 wissenschaftlicher Mitarbeiter am Institut für Sozial- und Wirtschaftsgeschichte der Johannes Kepler-Universität Linz, seit 1990 zunächst als Assistent, ab 2001 als außerordentlicher Universitätsprofessor am Lehrstuhl für Denkmalpflege und Bauen im Bestand der Technischen Uni-

versität Wien tätig. Forschungsschwerpunkte bilden Industriearchäologie und Industriekultur Mitteleuropas sowie historische Umweltforschung.
Zu seinen Publikationen zählen:
- Lackner, Helmut/ Stadler, Gerhard A.: Fabriken in der Stadt. Eine Industriegeschichte der Stadt Linz, Linz 1990.
- Stadler, Gerhard A.: Das industrielle Erbe Niederösterreichs. Geschichte – Technik – Architektur, Wien 2006.
- Stadler, Gerhard A./ Wehdorn, Manfred u. a.: Architektur im Verbund (Schriftenreihe der Forschung im Verbund 100), Wien 2007.
- Streitt, Ute/ Stadler, Gerhard A./ Schiller, Elisabeth (Hg.): Die Linzer Eisenbahnbrücke. Von der Neuen Brücke zur Alten Dame, Linz/Weitra 2017.
- Eßer, Gerold/ Stadler, Gerhard A.: Mühlen an der Zaya. Bauform – Technik – Geschichte, Weitra 2018.

Dr. Anna Storm
is Professor of Technology and Social Change at Linköping University in Sweden. Her research interests are centered on industrial and post-industrial landscapes and their transformation, in physical as well as imaginary sense, and comprising both cultural and 'natural' environments. Such landscapes not only trigger perspectives of power relations but challenge our understandings of ecology, aesthetics, memory and heritage. Recent work more specifically deals with nuclear nature imaginaries, deployed through human relations to animals in nuclear settings, such as fish, snakes, bison and wild boar. Anna Storm is currently leading the multidisciplinary project 'Atomic Heritage goes Critical: Waste, Community and Nuclear Imaginaries', and is senior researcher in 'Cold War Coasts: The Transnational Co-Production of Militarized Landscapes' and 'Nuclearwaters: Putting Water at the Centre of Nuclear Energy History'.
Among her publications are:
- Storm, Anna/ Kasperski, Tatiana: Eternal care: Nuclear waste as toxic legacy and future fantasy, in: Geschichte und Gesellschaft. Special issue Writing History in the Anthropocene, accepted.
- Storm, Anna: When we have left the nuclear territories: Nonhuman entanglements with radioactive remains, in: Colin Sterling/ Rodney Harrison (Eds.): Deterritorialising the Future: Heritage in, of and after the Anthropocene (Open Humanities Press, Critical Climate Change Series), in press.
- Storm, Anna/ Kasperski,Tatiana: Social contracts of the mono-industrial town: A proposed typology of a historic phenomenon and contemporary challenge, in: Industrial Archeology, in press.

- Storm, Anna, Scars: Living with ambiguous pasts, in: Þora Pétursdóttir/ Torgeir Rinke Bangstad (Eds.): Heritage Ecologies (Archaeological Orientations Series), London 2020, forthcoming.
- Storm, Anna/ Krohn Andersson, Fredrik/ Rindzevičiūtė, Eglė: Urban nuclear reactors and the security theatre: The making of atomic heritage in Chicago, Moscow and Stockholm, in: Heike Oevermann/ Eszter Gantner (Eds.): Urban Heritage: Agents, Access, and Securitization, London 2019, S. 111–129.
- Storm, Anna: Atomic Fish: Sublime and Non-Sublime Nuclear Nature Imaginaries, in: Azimuth. International Journal of Philosophy VI (2018:12), S. 59–75.
- Storm, Anna: Post-Industrial Landscape Scars (Palgrave Studies in the History of Science and Technology), New York 2014.

Helen Wagner M. A.
studierte von 2008–2011 und 2012–2015 an den Universitäten Münster, Berlin (FU) und Amsterdam (UVA) Geschichte, Philosophie und Public History. Von 2011–2012 war sie als freie Mitarbeiterin unter anderem für das Ruhr Museum in Essen tätig. 2015 bis 2018 war sie als Wissenschaftliche Mitarbeiterin am DFG Graduiertenkolleg 1919 der Universität Duisburg-Essen tätig, wo sie ihr Dissertationsprojekt unter dem Arbeitstitel „Vergangenheit als Zukunft? Geschichtskultur als Feld von Zukunftshandeln zur Bewältigung strukturellen Wandels" bearbeitet. Seit 2018 ist sie Wissenschaftliche Mitarbeiterin am Lehrstuhl für Neueste Geschichte und Zeitgeschichte der FAU Erlangen-Nürnberg. Ihre Forschungsinteressen liegen im Bereich Zeitgeschichte, Geschichtskultur/ Public History, Sound History und Geschichte des Ruhrgebiets.
Zu ihren Publikationen zählen:
- Wagner, Helen: Zukunftsmusik aus vergangenen Klängen. Geschichtskultur als Feld von Zukunftshandeln im Ruhrgebiet, in: Zeitschrift für Geschichtsdidaktik 16 (2017), S. 67–81.
- Wagner, Helen: „Reisst die Mauern ein! Kein Stein bleib' auf dem Andern". Schillers Wilhelm Tell als Zeitstück zur Friedlichen Revolution 1989, in: Jutta Braun/ Michael Schäbitz (Hg.): Von der Bühne auf die Straße. Theater und Friedliche Revolution in der DDR, Berlin 2016, S. 153–160.